Computer

ganz einfach!

Die Anleitung in Bildern

von
Christine Peyton und Olaf Altenhof

Vierfarben

Sie haben Fragen, Wünsche oder Anregungen zum Buch?
Gerne sind wir für Sie da:

Anmerkungen zum Inhalt des Buches: vaclav.demling@vierfarben.de
Bestellungen und Reklamationen: service@vierfarben.de
Rezensions- und Schulungsexemplare: thomas.losch@vierfarben.de

An diesem Buch haben viele mitgewirkt, insbesondere:

Lektorat Vaclav Demling
Korrektorat Annette Lennartz, Bonn
Herstellung Iris Warkus
Einbandgestaltung Daniel Kratzke
Coverentwurf Daniel Kratzke
Coverfotos iStockphoto: 13831993 © kristian_sekulic, 16146668 © CountryStyle_Photography, 13911426 © Rüstem_GÜRLER
Fotos Ein besonderer Dank gilt der Fotografin Laura Schleicher (*www.lauraschleicher.de*) für die Hardware-Abbildungen in Kapitel 1 und weitere Bilder in Kapitel 10.
Typographie und Layout Vera Brauner
Satz Ulrich Borstelmann, Dortmund
Druck aprinta druck, Wemding

Gesetzt wurde dieses Buch aus der Linotype Syntax (10,25 pt/14,25 pt) in Adobe InDesign CS6. Und gedruckt wurde es auf mattgestrichenem Bilderdruckpapier (115 g/m²).
Hergestellt in Deutschland.

Bibliografische Information der Deutschen Nationalbibliothek
Die Deutsche Nationalbibliothek verzeichnet diese Publikation in der Deutschen Nationalbibliografie; detaillierte bibliografische Daten sind im Internet über http://dnb.d-nb.de abrufbar.

ISBN 978-3-8421-0088-6

1. Auflage 2013

Vierfarben ist ein Verlag der Galileo Press GmbH
Rheinwerkallee 4, D-53227 Bonn
www.vierfarben.de

Der Verlagsname Vierfarben spielt an auf den Vierfarbdruck, eine Technik zur Erstellung farbiger Bücher. Der Name steht für die Kunst, die Dinge einfach zu machen, um aus dem Einfachen das Ganze lebendig zur Anschauung zu bringen.

Liebe Leserin, lieber Leser,

Computer können Ihr Leben vereinfachen. Statt mühsam einen Brief aufzusetzen, nutzen Sie eine Vorlage aus Microsoft Word. Statt lange auf die Entwicklung Ihrer Fotos zu warten, übertragen Sie die Bilder einfach von der Digitalkamera auf den PC und leiten sie per E-Mail an Ihre Freunde weiter. Statt am Bahnhof lange in der Schlange zu stehen, buchen Sie Ihre Reise bequem im Internet. Kurz: Mit Computern lässt sich vieles von zuhause aus erledigen. Doch das ist leichter gesagt als getan. Der Umgang mit dem Computer will gelernt sein, und ohne Hilfe ist ein Rechner nicht so ohne Weiteres zu bedienen.

An diesem Punkt setzen wir mit unserem Buch an. Christine Peyton und Olaf Altenhof zeigen Ihnen unter anderem, wie Sie Ihren Computer einrichten, wie Sie Texte und E-Mails schreiben, wie Sie sicher im Internet surfen und Fotos auf Ihren PC übertragen, dort bearbeiten und präsentieren. Die beiden erklären Ihnen jeden einzelnen Schritt ganz genau und zeigen Ihnen am Bild, wo Sie mit der Maus klicken oder wo Sie etwas eingeben müssen. So können Sie sich schon bald über erste Ergebnisse freuen: die mit Microsoft Word verfasste Einladung, die ausgedruckten Urlaubsbilder oder Ihren ersten Internet-Einkauf.

Dieses Buch wurde mit größter Sorgfalt geschrieben und hergestellt. Vereinzelte Fehler lassen sich dennoch nie ganz ausschließen. Sollten Sie einen Fehler bemerken oder aber ein wichtiges Thema vermissen, können Sie mir gerne schreiben. Über Lob freue ich mich genauso wie über Kritik. Ich wünsche Ihnen viel Freude beim Lesen dieser Anleitung!

Ihr Vaclav Demling
Lektorat Vierfarben

vaclav.demling@vierfarben.de

Inhalt

1 Machen Sie Ihren Computer startklar 8

Welchen Computer haben Sie? 10
Welche Anschlüsse hat Ihr Computer? 12
Den Computer ein- und ausschalten 16
Den Bildschirm richtig einrichten 18

2 So bedienen Sie Ihren Computer 20

Die Tastatur benutzen 22
Die Bildschirmtastatur benutzen 26
Mit der Maus umgehen 28
Ein Touchpad bedienen 30
Den Touchscreen verwenden 32

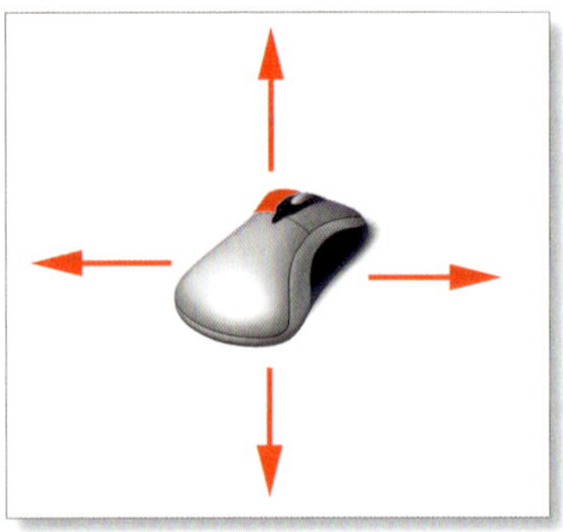

3 Was ist wo auf dem Bildschirm? 34

Was ist Windows? 36
Der Startbildschirm – was Sie wo finden 38
Die Kacheln neu anordnen 42
Auf dem Desktop arbeiten 44
Windows passend einrichten 46
Wichtige Grundeinstellungen vornehmen 48
Ein Microsoft-Konto eröffnen 54
Programme starten und beenden 56
Mit Fenstern umgehen 60

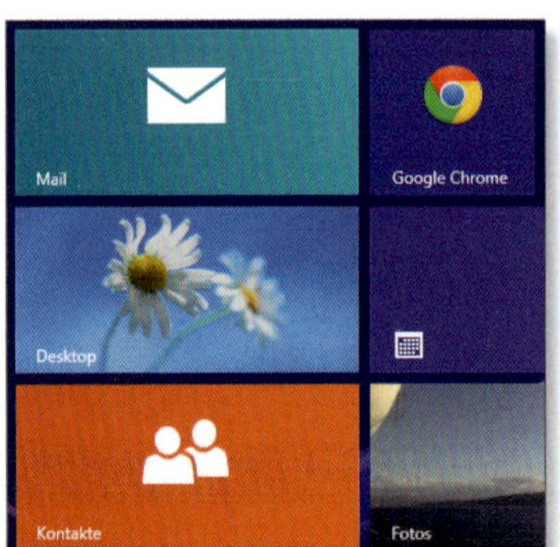

4 Mit Dateien arbeiten 64

Dateien und Ordner anzeigen lassen 66
Dateien löschen, verschieben und kopieren 68
Dateien speichern – lokal oder in der Cloud 72
Ordner anlegen, verschieben und löschen 76

Dateien öffnen und suchen 78
Daten auf einen USB-Stick kopieren 82
Eine DVD brennen 84

5 Im Internet surfen 86

Eine DSL-Verbindung einrichten 88
Mit einem WLAN verbinden 92
Den Browser kennenlernen 94
Im Internet mit Google suchen 98
Lesezeichen setzen 102
Die Nachrichten im Internet lesen 104
Orte mit Google Maps suchen 106
Eine Bahnreise buchen 108
Bei Amazon einkaufen 112
Programme und Dateien herunterladen 116
Sicherheit und Virenschutz 118
Die besten Webseiten-Empfehlungen 122

6 E-Mails schreiben 126

Eine E-Mail-Adresse einrichten 128
E-Mails lesen 132
E-Mails senden 134
E-Mails löschen 138
E-Mails mit Anlage versenden 140
Anlagen öffnen und speichern 142
Ein Adressbuch pflegen 144

7 Fotos sortieren und bearbeiten 148

Die Foto-App von Windows benutzen 150
Picasa herunterladen und installieren 154

Inhalt

Fotos auf den Computer kopieren 156
Fotos sortieren und selektieren 158
Die Darstellung der Fotos ändern 162
Fotos verbessern und bearbeiten 164
Fotos zuschneiden 166
Farb- und Belichtungskorrekturen vornehmen 168
Fotos mit Effekten versehen 170
Fotos drucken 172
Fotos auf DVD brennen 174
Fotos im Internet präsentieren 176

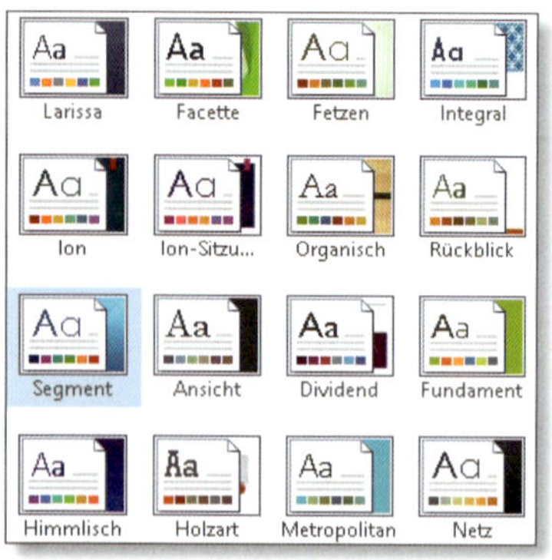

8 Texte am Computer schreiben 180

Word 2013 kennenlernen 182
Dokumente öffnen und neu anlegen 184
Im Modus »Fingereingabe« arbeiten 186
Die Seite einrichten 188
Text eingeben 190
Text markieren – mit Maus oder Finger 192
Text korrigieren 194
Die Rechtschreibkorrektur 196
Schrift und Layout gestalten 200
Absätze und Aufzählungen formatieren 204
Text ausschneiden, kopieren und einfügen 208
Tabellen und Grafiken einfügen 210
Dokumente speichern 214
Dokumente ausdrucken 216

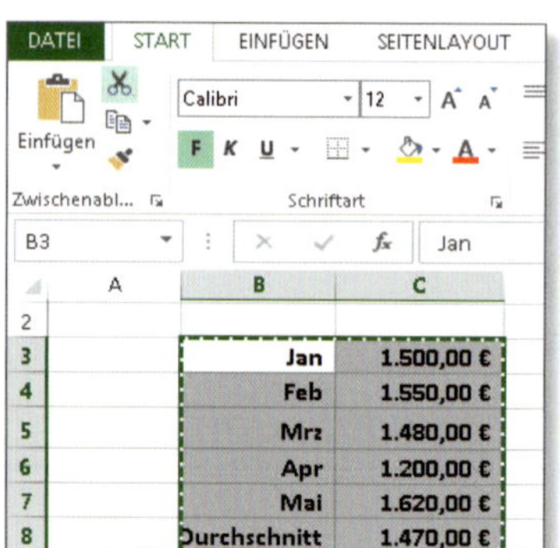

9 Rechnen mit dem Computer 218

Den Taschenrechner nutzen 220
Excel 2013 kennenlernen 222
Daten in Tabellen eingeben 226

Flash-Fill – Daten blitzschnell ausfüllen 230
Rechnen in Tabellen 232
Zellen kopieren, verschieben und ausfüllen 236
Daten sortieren und filtern 238

10 Weitere Geräte anschließen 242

Eine USB-Festplatte anschließen 244
Einen Drucker anschließen 246
Einen Kopfhörer anschließen 248

11 Persönliche Einstellungen vornehmen ... 250

Uhrzeit und Datum einstellen 252
Bildschirmschoner auswählen 256
Bildschirmauflösung anpassen 260
Die Darstellung auf dem Bildschirm verbessern 262
Windows-Update 264

12 Für Sicherheit sorgen 266

Das richtige Antivirenprogramm auswählen 268
Das Antivirenprogramm Avira einsetzen 270
Wichtige Daten sichern 274
Die Systemwiederherstellung nutzen 278

13 Hilfe bei Problemen 280

Hilfe übers Internet beziehen 282
Die Windows-Hilfe 284

Glossar 288
Index 305

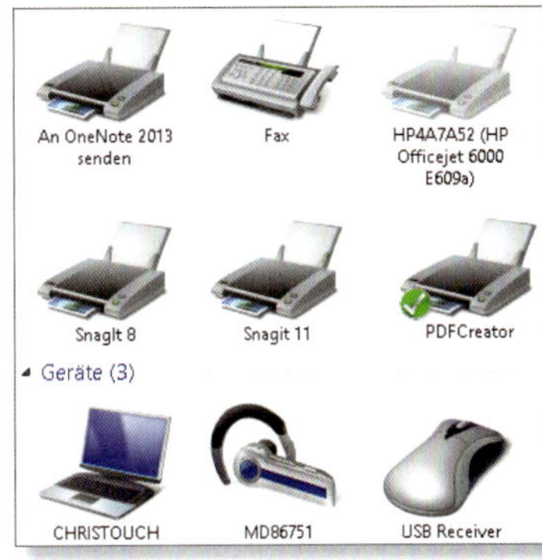

Kapitel 1

Machen Sie Ihren Computer startklar

Der Computer thront auf Ihrem Schreibtisch, aber so recht darangetraut haben Sie sich noch nicht? Dann wollen wir damit beginnen, das Gerät genau unter die Lupe zu nehmen. Wir zeigen Ihnen in diesem Kapitel, wie Sie die einzelnen Komponenten miteinander verbinden, sodass den ersten Schritten bei Ihrer Arbeit mit dem Computer bald nichts mehr im Wege steht.

Bildschirm, Tastatur und Maus anschließen

Machen Sie Ihren Computer startklar, indem Sie zunächst die notwendigen Geräte ❶ anschließen. Für den Bildschirm verwenden Sie das DVI-Kabel, die Kabel für die Tastatur und die Maus verbinden Sie über die USB-Anschlüsse mit Ihrem Computer.

Ein Notebook nutzen

Notebooks sind mobile Computer, die fast so ausgestattet sind wie ein PC. Sie haben eine integrierte Tastatur und eine integrierte Maus in Form eines Touchpads ❷. Mithilfe eines Akkus können Notebooks eine Zeitlang auch ohne Strom benutzt werden.

Zwischen Notebook und Tablet

Manche der neuen Notebooks, sogenannte Convertibles oder Hybridgeräte, sind mit einem Touchscreen ❸ ausgestattet, sodass Sie weder eine Tastatur noch eine Maus brauchen, sondern Symbole einfach mit dem Finger berühren.

© iStockphoto, pagadesign

1 Bevor Sie richtig loslegen können, müssen Sie erst einmal die notwendigen Teile verbinden: Monitor, Tower, Tastatur und Maus.

2 Das Notebook ist Bildschirm, Tastatur und Maus in einem.

© Microsoft

3 Hybridgeräte wie das Microsoft Surface können Sie sowohl per Touchscreen, als auch über eine angedockte Tastatur bedienen.

Welchen Computer haben Sie?

1

© iStockphoto, pagadesign

2

© iStockphoto, Michael Bodmann

3

Sitzen Sie an einem Computer oder haben Sie ein Notebook vor sich? Lassen Sie uns zunächst einen Blick auf das Gerät selbst werfen.

Schritt 1

Wenn Sie einen klassischen PC (*Personal Computer*) vor sich haben, gehören in der Minimalausstattung ein *Tower* (das Gehäuse, das den Rechner enthält), eine Tastatur, eine Maus und ein separater Bildschirm dazu.

Schritt 2

Damit Sie loslegen können, brauchen Computer und Bildschirm zunächst einmal Strom. Verbinden Sie die beiden Netzkabel also mit den entsprechenden Anschlüssen hinten am Tower ❶ und am Monitor und dann mit der Steckdose.

Schritt 3

Dann stecken Sie das DVI-Kabel (*Digital Visual Interface)* des Bildschirms in die Buchse ❷ am Tower. Eventuell hat Ihr Bildschirm auch noch einen VGA-Anschluss (*Video Graphics Array*) ❸, der ihn analog mit der Grafikkarte verbindet.

Schritt 4

Tastatur und Maus sind schnell angeschlossen. Stecken Sie die USB-Kabel, die sich an den Geräten befinden, in die USB-Buchsen ❹, am besten auf der Rückseite des Towers (damit sie nicht stören).

4

Schritt 5

Vielleicht haben Sie aber auch ein Notebook mit einem Touchpad ❺ als Mausersatz, also einen mobilen Computer. Notebooks, auch Laptops genannt, haben häufig die gleiche Ausstattung wie ein PC.

5

Schritt 6

Hier finden Sie die Anschlüsse auf der linken und/oder rechten Seite (mitunter auch vorn). Wenn Sie eine externe Maus benutzen möchten, schließen Sie das Kabel oder den USB-Empfänger an einen USB-Anschluss ❻ an (siehe auch Schritt 4).

6

Verschiedene Tower-Formen

Einen großen, hochformatigen Tower nennt man *Big Tower*, kleinere Spielarten *Midi-Tower*, und dann gibt es auch Desktopgehäuse, die auf dem Schreibtisch Platz finden. Bei *Mini-PCs* ist der Rechner in der Tastatur eingebaut.

Welche Anschlüsse hat Ihr Computer?

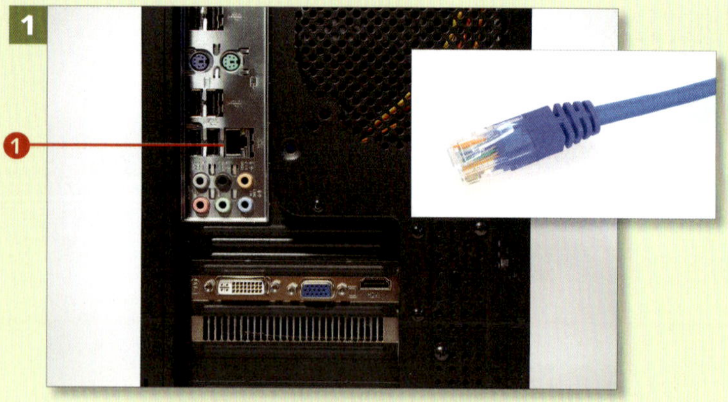

Im ersten Abschnitt haben Sie bereits die DVI- und die USB-Anschlüsse kennengelernt. Nun lernen Sie die anderen Anschlüsse kennen.

Schritt 1

An Ihrem PC gibt es – in der Regel auf der Rückseite – den Netzwerkanschluss, auch RJ45 genannt ❶, über den der PC Zugang zum Internet (oder zu einem anderen Netzwerk) erhält. Die Buchse erinnert an einen Telefonstecker.

Schritt 2

Ebenfalls auf der Rückseite (manchmal aber auch vorn) finden sich die farbigen Anschlüsse für Audiokomponenten ❷, z. B. Kopfhörer, externe Lautsprecher oder ein Mikrofon. Achten Sie auf das Symbol neben dem jeweiligen Anschluss.

© Wikimedia Commons, D-Kuru

Schritt 3

Farbig sind auch die mehrpoligen PS/2-Anschlüsse ❸ für Tastatur und Maus, die Sie nur brauchen, wenn Ihre Maus und/oder die Tastatur noch diese älteren Anschlussstecker haben.

Schritt 4

Manchmal gibt es auch noch eine serielle Schnittstelle COM1, die ähnlich aussieht wie der VGA-Anschluss. Eigentlich benötigen Sie sie nicht mehr. Früher wurde z. B. die Maus über diese Schnittstelle angeschlossen.

4

© http://invataelectronica.blogspot.com

Schritt 5

Für alte Druckermodelle steht weiterhin eine 25-polige Buchse für den parallelen Anschluss bereit. Statt eines USB-Kabels schließen Sie hier ein paralleles Druckerkabel an.

5

© Wikimedia Commons, Duncan Lithgow

Schritt 6

Für den Anschluss weiterer Geräte (z. B. einer externen Festplatte oder neuerer Drucker) nutzen Sie einen der freien USB-Anschlüsse, die Sie rückseitig (siehe Schritt 4 im Abschnitt »Welchen Computer haben Sie?« auf Seite 11) oder auch vorne am Tower ❹ finden.

6

Parallel vs. seriell
Bei der Datenübertragung über eine parallele Schnittstelle werden mehrere Bits gleichzeitig übertragen, während die Bits bei der seriellen Schnittstelle nacheinander übertragen werden.

Welche Anschlüsse hat Ihr Computer? (Forts.)

Schritt 7

Moderne PCs und Notebooks haben meistens einen integrierten Kartenleser ❶, mit dem Sie z. B. Handy- oder Digitalkamera-Speicherkarten auslesen können. Diese Anschlüsse sind unterschiedlich groß. Nutzen Sie den Anschluss, der zur Größe Ihrer SD-Card ❷ passt.

Schritt 8

An einem Notebook finden Sie ähnliche Anschlüsse wie am PC. Zusätzlich sind sie oft mit einem HDMI-Anschluss ❸ für die Verbindung mit einem Monitor, einem modernen HD-Fernsehgerät oder einem Beamer ausgestattet.

© Wikimedia Commons, KoS

Schritt 9

Manche Laptops haben einen FireWire-Anschluss ❹, der z. B. für den Anschluss eines DVD-Brenners oder einer Festplatte verwendet werden kann. Sie wurden inzwischen jedoch weitgehend durch USB-3.0-Steckplätze abgelöst.

Gleich loslegen mit Plug and Play

Bei vielen Geräten, die Sie an Ihren PC anschließen, handelt es sich um sogenannte Plug-and-Play-Geräte. Diese können gleich nach dem Anschließen ohne die Installation eines Programms verwendet werden.

Schritt 10

Obwohl in Notebooks ein Bildschirm integriert ist, können Sie einen weiteren, externen Bildschirm anschließen. An der Seite oder hinten befindet sich dafür ein VGA-Anschluss ❺, an den Sie z. B. auch einen Beamer anschließen können.

Schritt 11

Für echten Hörgenuss schließen Sie einfach Ihre Musikanlage direkt an den Laptop an. Dazu nutzen Sie ein Adapter-Kabel, das auf der einen Seite *Cinch-Stecker* und auf der anderen Seite einen 3,5-mm-Klinken-Stecker besitzt. Sie stecken das Adapter-Kabel an der Kopfhörerbuchse ❻ am Notebook und dann an Ihrer Anlage ein.

© iStockphoto, Michael Bodmann

Schritt 12

Damit Sie mitsingen oder über den Laptop sprechen können, gibt es an Ihrem Gerät eine Mikrofonbuchse ❼. Meistens ist diese direkt neben der Kopfhörerbuchse. Stecken Sie einfach den Mikrofonstecker in diese Buchse und los geht's.

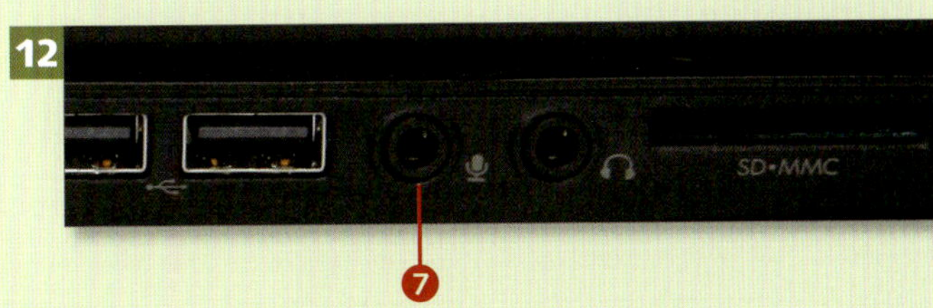

Was ist ein Beamer?

Ein Beamer ist ein spezieller Projektor, der Bilder aus einem Ausgabegerät (z. B. einem Computer) in vergrößerter Form auf eine Leinwand projiziert.

Den Computer ein- und ausschalten

1

2

© iStockphoto, pink_cotton_candy

3

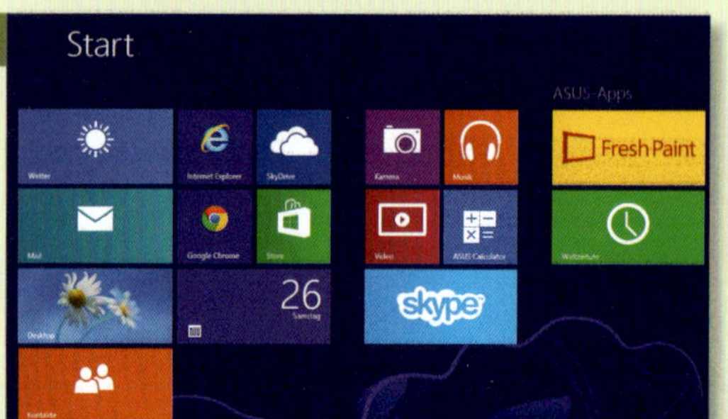

Der Computer muss eingeschaltet und zum Feierabend wieder ausgeschaltet bzw. heruntergefahren werden. Hier erfahren Sie, wie Sie das richtig machen.

Schritt 1

Achten Sie zunächst darauf, ob der PC an der Rückseite einen Kippschalter ❶ hat. Wenn ja, müssen Sie als Erstes diesen Schalter auf **An** stellen.

Schritt 2

Einen PC schalten Sie ein, indem Sie auf den entsprechenden An-/Aus-Schalter ❷ vorne am Tower oder/und am Bildschirm drücken. Sodann »fährt der Rechner hoch«, d.h. das Betriebssystem wird geladen.

Schritt 3

Der Vorgang kann einen kleinen Moment dauern. Zu guter Letzt sehen Sie auf dem Bildschirm den Startbildschirm von Windows 8 (sofern Sie mit diesem Betriebssystem arbeiten). Ansonsten erscheint die Oberfläche Ihres jeweiligen Betriebssystems.

Schritt 4

Am Notebook finden Sie den Einschaltknopf ❸ oft neben oder oberhalb der Tastatur oder auch seitlich am Gerät.

Schritt 5

Um den Computer bzw. Laptop auszuschalten, drücken Sie nicht einfach den An-/Aus-Knopf, sondern fahren den Computer erst herunter – wir beschreiben das genauer im Abschnitt »Programme starten und beenden« ab Seite 56.

Schritt 6

Falls Sie den Computer ausschalten wollen, weil er »abgestürzt« ist, also gar nichts mehr macht, halten Sie den An-/Aus-Knopf ❹ ein paar Sekunden lang gedrückt. Das sollten Sie aber nur tun, wenn wirklich gar nichts mehr geht, weil bei dieser Vorgehensweise ein Datenverlust möglich ist. Warten Sie lieber ab, ob der Rechner sich von selbst »erholt«.

Der Akku liefert Strom

Ein integrierter Akku liefert den Strom. Wie lange er hält, variiert von Notebook zu Notebook. Alternativ können Sie Ihr Gerät über den Netzbetrieb laufen lassen.

4

5

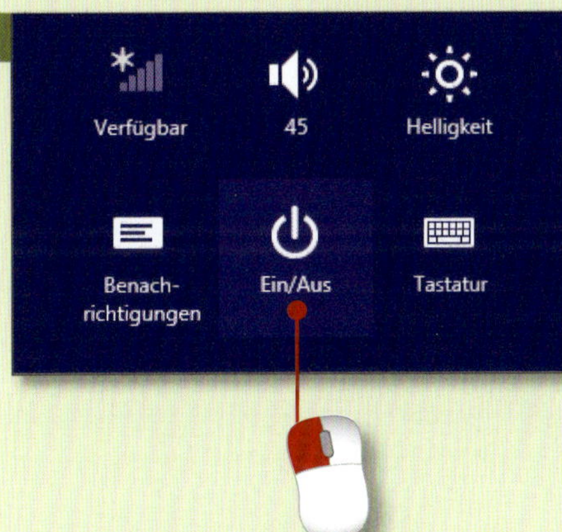

6

Den Bildschirm richtig einrichten

1

© iStockphoto, Stigur Karlsson

2

© iStockphoto, Stigur Karlsson

3

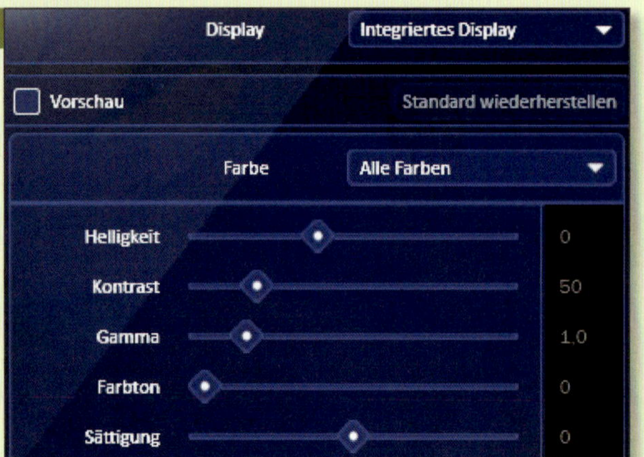

Um sich vor Ermüdung und Kopfschmerzen zu schützen, sollten Sie den Bildschirm richtig einstellen.

Schritt 1

Stellen Sie Ihren Monitor so ein, dass Sie frontal auf den Bildschirm schauen, und kippen Sie den Bildschirm leicht nach hinten.

Schritt 2

Der Monitor steht in der richtigen Höhe, wenn Ihr Blick leicht nach unten auf die oberste Reihe mit Symbolen oder Zeichen ausgerichtet ist.

Schritt 3

Die meisten modernen Monitore verfügen über eine automatische Anpassung von Kontrast, Helligkeit etc. und stellen sich automatisch richtig auf Ihre Grafikkarte ein.

i

Was bewirkt die Grafikkarte?
Die Grafikkarte Ihres Computers steuert die Bildschirmanzeige. Wenn ein Programm ausgeführt wird, werden die Daten an die Grafikkarte weitergeleitet. Diese wandelt sie so um, dass der Monitor alles als Bild wiedergeben kann.

Schritt 4

Sollten Sie mit Helligkeit und Kontrast nicht zufrieden sein, finden Sie üblicherweise unten oder an der Seite Ihres Monitors Tasten ❶, mit denen Sie die Helligkeit oder auch den Kontrast direkt am Bildschirm verändern können.

Schritt 5

Bei einem Laptop können Sie die Helligkeit ebenfalls justieren. Drücken Sie die Taste [Fn] ❷, und betätigen Sie dann eine der beiden Tasten mit dem Symbol für Helligkeit ❸. Sie befinden sich in der Regel in der oberen Reihe.

Schritt 6

Unter Windows 8 können Sie die Helligkeit auch so einstellen: Blenden Sie die *Charms-Leiste* ein (dazu wischen Sie beim Touch-Bildschirm einfach vom rechten Rand ein wenig nach links, mit der Maus zeigen Sie in die obere oder untere rechte Ecke), und dann klicken Sie auf das Symbol **Einstellungen** ❹. Nun entdecken Sie das Symbol **Helligkeit** (in der Abbildung verdeckt). Per Klick wird ein Schieberegler angezeigt, den Sie hoch- oder runtersetzen können.

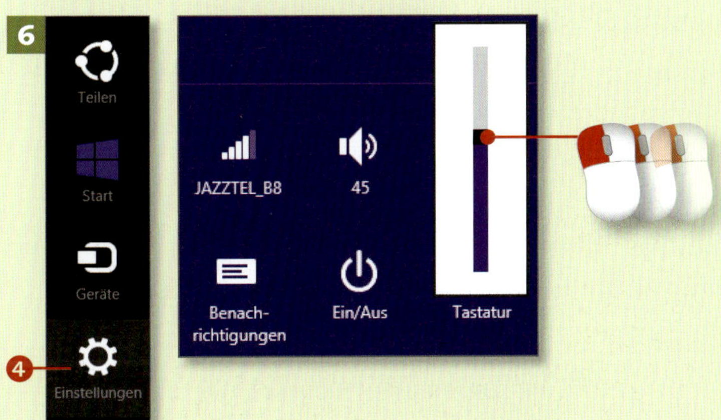

Kapitel 2
So bedienen Sie Ihren Computer

Wann immer Sie an Ihrem PC oder Ihrem Notebook arbeiten, nutzen Sie die Tastatur und nehmen die Maus zur Hand bzw. bedienen »ersatzweise« das Touchpad. Diese Elemente gehören zu Ihren wichtigsten Arbeitsgeräten, die wir in diesem Kapitel ausführlicher beschreiben. Da viele Geräte heutzutage mit einem Touchscreen ausgestattet sind, machen wir Sie auch mit einigen wichtigen Fingerzeig-Gesten bekannt.

Die Tastatur

Die Tastatur am Computer ❶ entspricht in vielerlei Hinsicht der Tastatur, die Sie von einer normalen Schreibmaschine her kennen. Es gibt aber ein paar zusätzliche Tasten, mit denen Sie durch Ihr Dokument navigieren oder Programme steuern können.

Die Maus

Die Maus ❷ ist Ihr ständiger Begleiter bei der Arbeit am Computer. Mit ihr steuern Sie den *Cursor*, das Eingabezeichen auf dem Bildschirm, klicken auf Symbole oder Befehle oder scrollen durch Dokumente. Mit der rechten Maustaste rufen Sie ein Menü mit wechselnden Befehlen auf.

Das Touchpad

Das Touchpad erfüllt die Funktionen einer Maus am Laptop oder Notebook. Auch hier gibt es eine linke Maustaste, und auch der Rechtsklick ❸ lässt sich natürlich mithilfe des Touchpads ausführen.

Der Touchscreen

Wenn Ihr Notebook einen Touchscreen besitzt, können Sie viele Befehle einfach per Fingerzeig ❹ ansteuern. Neben dem einfachen »Antippen« gibt es eine Reihe von Gesten, mit denen Sie bestimmte Funktionen ausführen.

1 Die Tastatur am Computer unterscheidet sich nur in Details von der Tastatur einer Schreibmaschine.

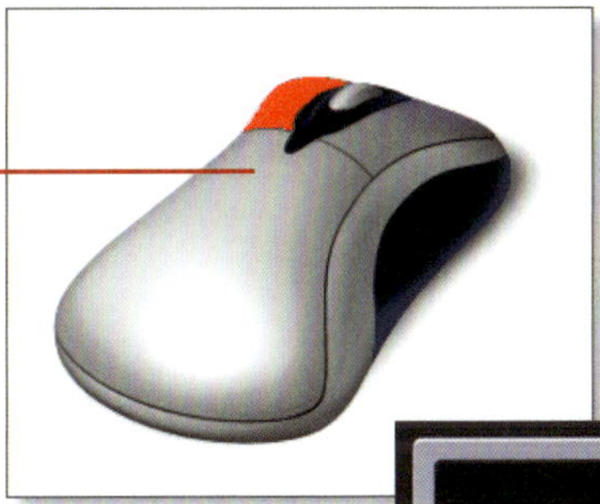

2 Mit der Maus als dem beweglichsten Werkzeug werden Sie häufig zu tun haben.

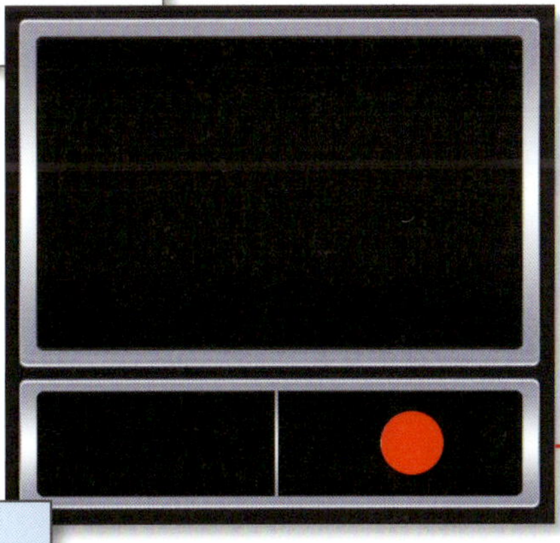

3 Das Touchpad ist der praktische »Mausersatz« am Notebook.

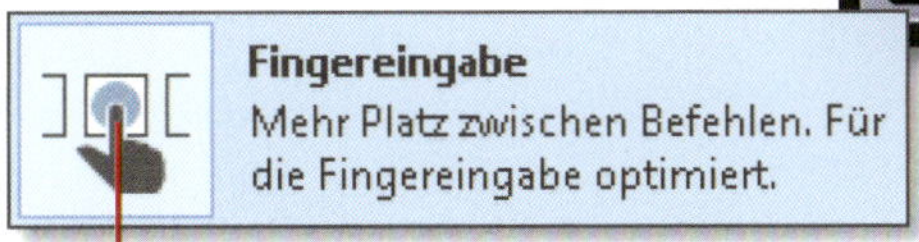

4 Ein Touchscreen reagiert auf Antippen mit dem Finger.

Die Tastatur benutzen

1

2

3

In vielerlei Hinsicht ist die Tastatur Ihres PCs oder Notebooks eine klassische Tastatur, wie sie schon die gute alte Schreibmaschine hatte. Aber es gibt auch einige weitere Tasten.

Schritt 1

Sie haben eine »normale« Tastatur vor sich, also Buchstaben und Zeichen, die in einer bestimmten Art angeordnet sind. Diese Anordnung entspricht mehr oder weniger der einer klassischen Tastatur.

Schritt 2

Für die Großschreibung nutzen Sie die Umschalttaste [⇧] ❶. Sie halten diese Taste gedrückt und drücken dann den Buchstaben, den Sie großschreiben wollen.

Schritt 3

Wenn alle Zeichen durchweg großgeschrieben werden sollen, drücken Sie die Feststelltaste [⇩] ❷. Um diesen Modus wieder zu deaktivieren, drücken Sie die Taste einfach erneut.

LED-Anzeige

An einer PC-Tastatur wird die Aktivierung der Feststelltaste dadurch angezeigt, dass eine LED oben rechts an der Tastatur leuchtet (bei Notebook-Tastaturen gibt es oft vorne am Gerät eine ähnliche Leuchtdiode).

Schritt 4

Rechts an der PC-Tastatur befindet sich der *Nummernblock*. Er dient der bequemen Eingabe von Zahlen und Rechenoperatoren. Den Block schalten Sie mit der [Num]-Taste ❸ an (die LED *Num Lock* ❹ leuchtet) oder aus. Notebook-Tastaturen haben oft keinen Nummernblock.

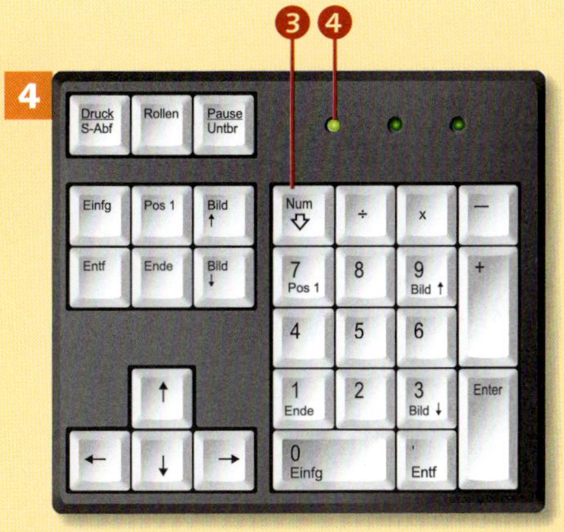

Schritt 5

Die *Pfeiltasten*, mit denen Sie durch ein Dokument wandern, befinden sich rechts auf der Tastatur. Mit ihnen navigieren Sie nach unten [↓], nach oben [↑], nach rechts [→] oder links [←].

Schritt 6

Praktisch: Die [Ende]-Taste befördert den *Cursor*, das Eingabezeichen auf dem Bildschirm, in einem Text direkt an das Ende der Zeile, die Taste [Pos1] lässt ihn an den Anfang einer Zeile springen.

Im Dokument springen

Wenn Sie die [Strg]-Taste (»Steuerung«) zusammen mit der [Pos1]-Taste drücken, springt der Cursor an den Anfang eines Dokuments, mit der Tastenkombination [Strg] + [Ende] an dessen Ende.

Die Tastatur benutzen (Forts.)

7

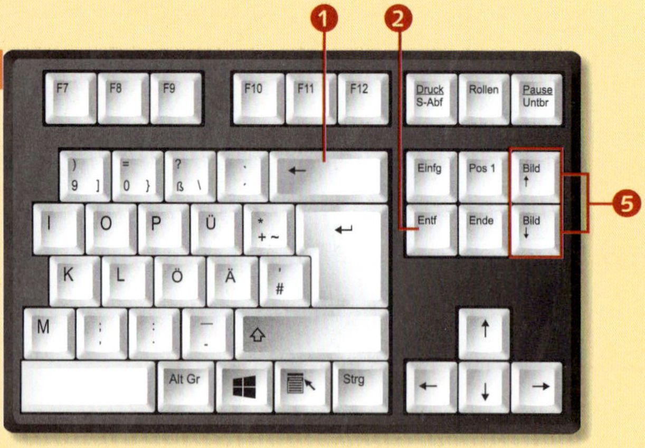

Schritt 7

Ein großer Vorteil bei der Arbeit am Computer ist die Möglichkeit, eingegebene Zeichen einfach wieder zu löschen. Die Taste [←] ❶ löscht Zeichen von der Cursorposition aus nach links und [Entf] ❷ löscht Zeichen von der Cursorposition aus nach rechts.

8

Schritt 8

Ganz oben links befindet sich die [Esc]-Taste ❸, die oft von unschätzbarem Wert ist. »Esc« steht für »escape«, auf Deutsch »fliehen, entkommen«. Mit dieser Taste können Sie geöffnete Fenster und Dialoge wieder verlassen oder eine Aktion abbrechen.

9

Schritt 9

Die [Strg]-Taste ❹ löst in der Regel in Verbindung mit einer anderen Taste eine Aktion aus, z. B. wird durch Drücken von [Strg] + [C] ein markierter Text kopiert.

Die Bildlauftasten

Zum Bewegen in einem Dokument können Sie die Tasten [Bild↑] und [Bild↓] ❺ benutzen. Mit diesen Tasten wandern Sie absatzweise durch ein Dokument.

Schritt 10

Die obere Reihe der Tastatur ist für die *Funktionstasten* reserviert: F1, F2 usw. Sie lösen unterschiedliche Aktionen aus; F1 öffnet z. B. in der Regel ein Hilfe-Fenster des Programms, das Sie gerade benutzen.

Schritt 11

Die ⇧-Taste ❻ ist nicht nur für die Großschreibung zuständig, sondern auch für die Zeichen, die zur *Zweitbelegung* einer Tastatur gehören. Wenn Sie z. B. ein Prozentzeichen brauchen, drücken Sie ⇧ + 5.

Schritt 12

Wenn Sie einmal genau hinschauen, entdecken Sie auf den Tasten teilweise sogar ein drittes Zeichen, z. B. die eckige Klammer auf der Taste 8 oder das @-Zeichen auf der Taste Q ❼. An diese dritten Zeichen kommen Sie heran, indem Sie die gewünschte Taste und gleichzeitig die AltGr-Taste ❽ drücken.

Tastenbelegung

Generell spricht man bei Tastaturen von Erst-, Zweit- und Drittbelegung. Zur ersten Belegung gehören die üblichen Zeichen einer Tastatur, die zweite Belegung sind alle Zeichen, die Sie mit der ⇧-Taste erreichen (meistens auf den Zifferntasten), und dann gibt es als Drittbelegung noch die Sonderzeichen (@, [, \ etc.), die Sie mithilfe der AltGr-Taste erreichen.

Die Bildschirmtastatur benutzen

Die neuen Geräte mit Touchscreen bieten eine Bildschirmtastatur. Mit dieser Tastatur können Sie alle Zeichen einer normalen Tastatur tippen.

Schritt 1

Sofern Sie mit Windows 8 arbeiten und die Oberfläche mit den Kacheln vor sich haben, blenden Sie als Erstes die *Charms-Leiste* ein: Wischen Sie am rechten Rand ein wenig nach links oder zeigen Sie mit der Maus in die untere rechte Ecke.

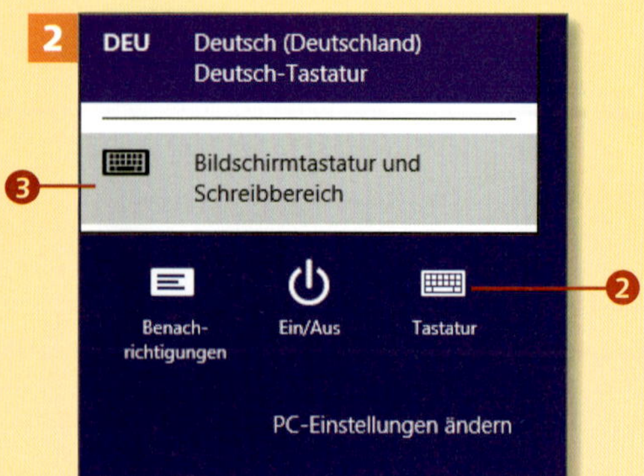

Schritt 2

Klicken oder tippen Sie dann auf das Symbol **Einstellungen** ❶ und im nächsten Fenster auf **Tastatur** ❷. Im nächsten kleinen Fenster wählen Sie **Bildschirmtastatur und Schreibbereich** ❸.

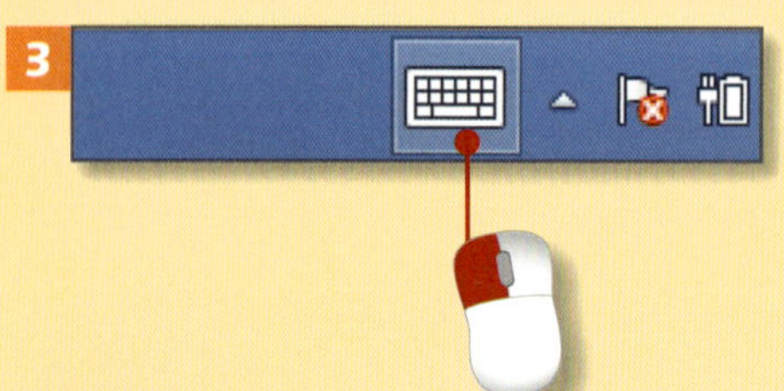

Schritt 3

Wenn Sie den Desktop vor sich haben oder auch Programme, wie etwa Word, geöffnet sind, entdecken Sie unten in der Taskleiste im rechten Bereich ein Symbol für die Bildschirmtastatur. Per Klick oder Touch blenden Sie sie ein.

Die Bildschirmtastatur wieder loswerden

Klicken oder tippen Sie auf das Schließkreuz rechts oben an der Tastatur, um die Tastatur wieder vom Bildschirm verschwinden zu lassen.

Schritt 4

Sie sehen auf der Tastatur die Zeichen in der üblichen Anordnung. Links und rechts gibt es die Umschalttasten, mit denen Sie zwischen großen und kleinen Buchstaben wechseln, entweder generell oder für einen Buchstaben; dazu tippen Sie die ⇧-Taste und gleichzeitig den gewünschten Buchstaben.

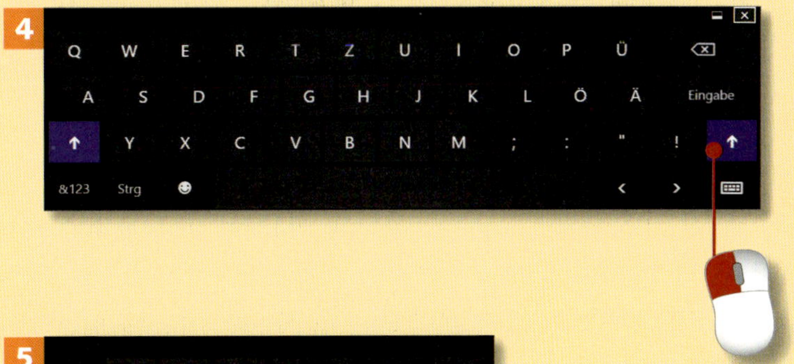

Schritt 5

Vermutlich vermissen Sie auf den ersten Blick die vielen Zeichen der Zweit- und Drittbelegung. Keine Sorge, sie erscheinen auf der Tastatur, sobald Sie die Taste &123 antippen (anklicken). Tippen Sie die Taste erneut an, um wieder die Buchstaben zu sehen.

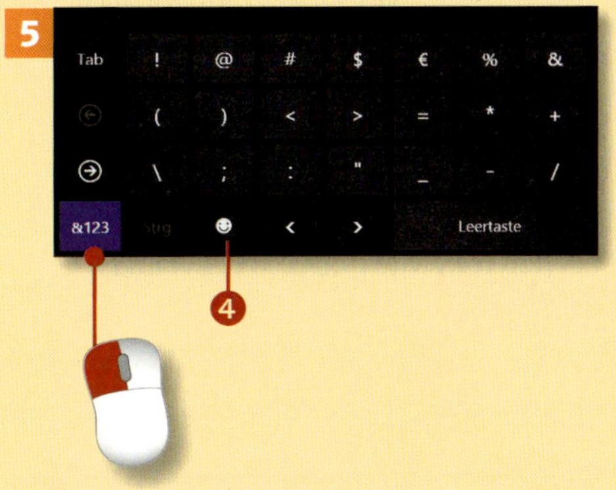

Schritt 6

Ganz oben rechts befindet sich die Taste zum Löschen von Zeichen links der Cursorposition. Die Taste mit der Beschriftung »Eingabe« entspricht der ↵-Taste und mit den beiden Pfeilen können Sie den Cursor um je eine Position nach links und rechts versetzen.

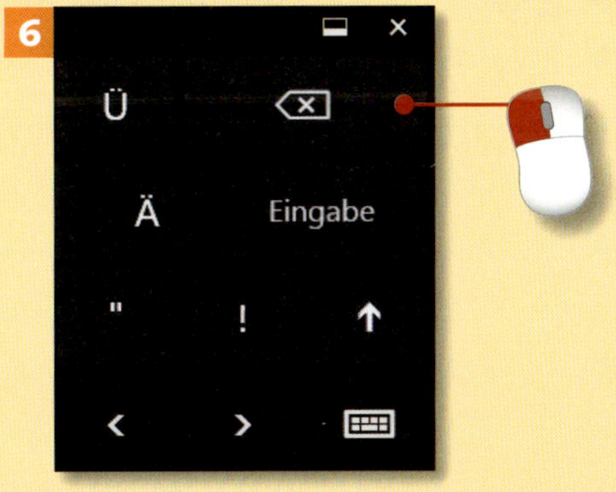

Smileys

Testen Sie einmal die Taste mit dem Smiley 4. Mit ihr blenden Sie eine Tastatur mit lauter kleinen Smileys (und ein paar anderen Zeichen) ein.

Mit der Maus umgehen

1

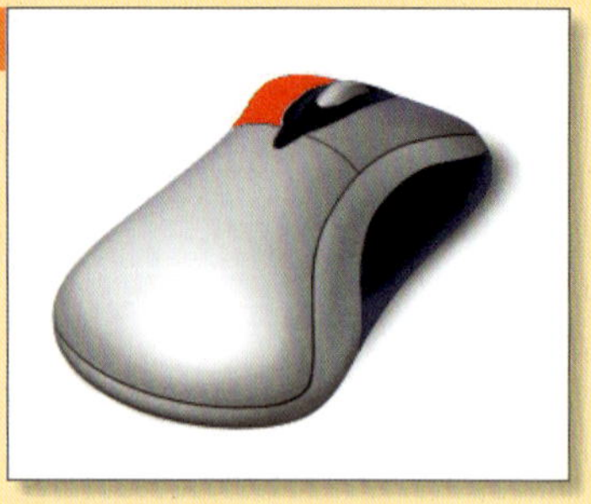

2

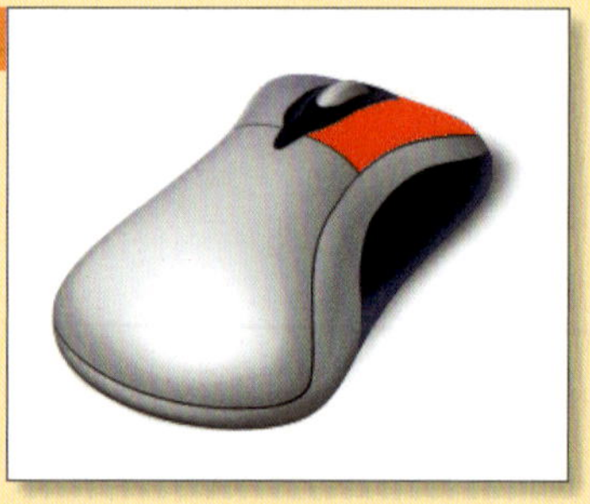

3

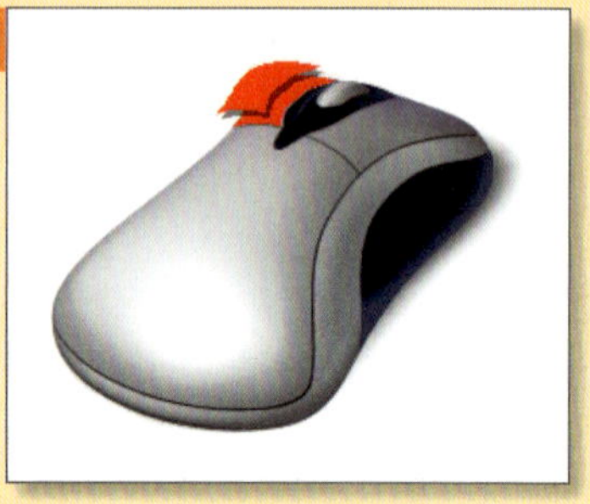

Die Computermaus nutzen Sie zum Steuern des Cursors, zum Anklicken von Symbolen und zum Auslösen von Befehlen und Aktionen.

Schritt 1

Am häufigsten nutzen Sie wohl die linke Maustaste, z. B. um den Cursor, also die Einfügemarke, an eine andere Stelle zu setzen, um einen Befehl abzuschicken oder um eine Auswahlliste zu öffnen.

Schritt 2

Wenn Sie die rechte Taste drücken, wird das *Kontextmenü* geöffnet.
Es enthält variierende Befehle; die Zusammenstellung ist abhängig von der Stelle, an der Sie geklickt haben.

Schritt 3

In vielen Situationen verwenden Sie auch einen *Doppelklick*. Dazu drücken Sie möglichst schnell zweimal hintereinander auf die linke Maustaste. Im Datei-Explorer öffnen Sie mit einem Doppelklick z. B. Verzeichnisse bzw. Ordner, aber auch Dateien.

Umgang mit der Maus

Der Umgang mit der Maus ist zunächst etwas ungewohnt, oft wandert der Mauszeiger nicht dorthin, wohin er soll. Führen Sie sie möglichst gleichmäßig, und achten Sie auf einen ein sauberes *Mauspad*. Mit der Zeit kriegen Sie den Dreh raus.

Schritt 4

Für bestimmte Aktionen halten Sie die linke Maustaste gedrückt, beispielsweise um ein Stück Text in einem Dokument zu markieren. Sie ziehen den Cursor einfach mit gedrückter Maustaste über den Text.

Schritt 5

Neben den beiden Maustasten hat die Maus auch ein *Scrollrad* (das Rädchen in der Mitte). Wenn Sie dieses Rädchen betätigen, bewegen Sie das aktuelle Dokument auf dem Bildschirm nach unten oder oben.

Schritt 6

Sie können auch die rechte Maustaste gedrückt halten. Möchten Sie z. B. eine Datei kopieren, ziehen Sie sie mit gedrückter rechter Maustaste an den Zielort. Sobald Sie die Maustaste loslassen, erscheint ein kleines Fenster, in dem Sie auswählen, ob Sie die Datei kopieren oder verschieben möchten.

4

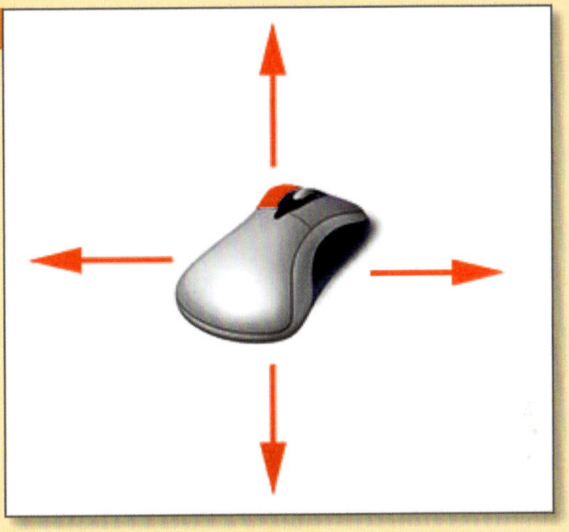

5

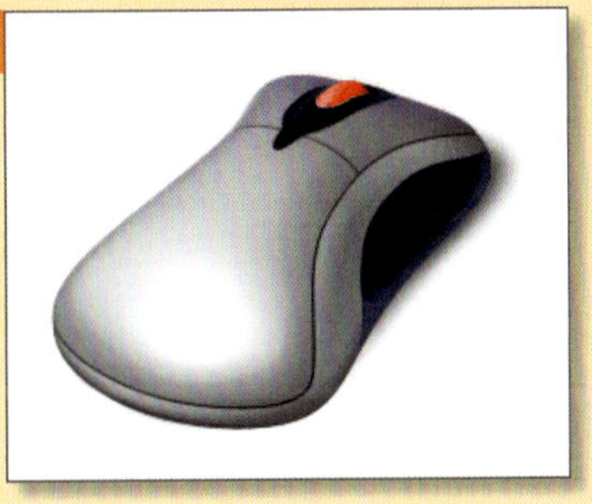

6

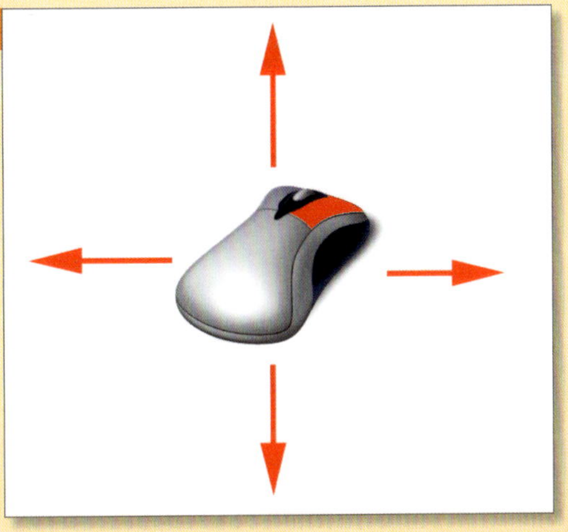

Ein Touchpad bedienen

1

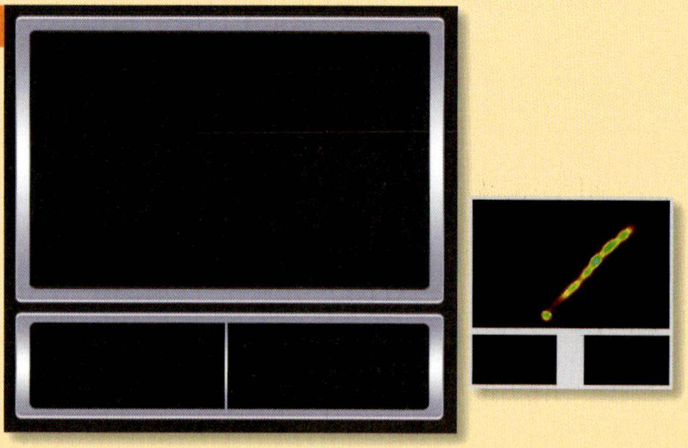

2

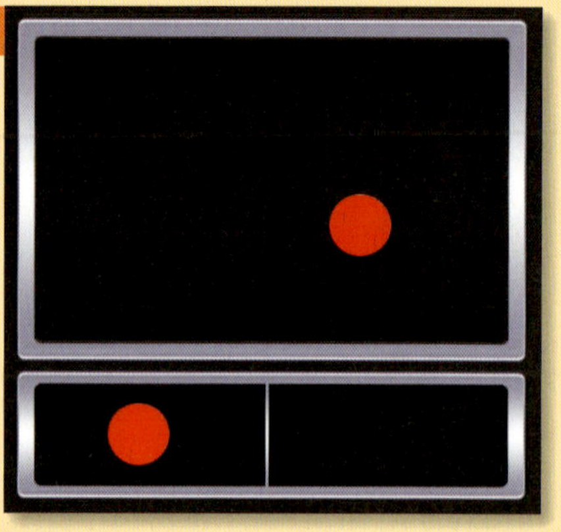

3

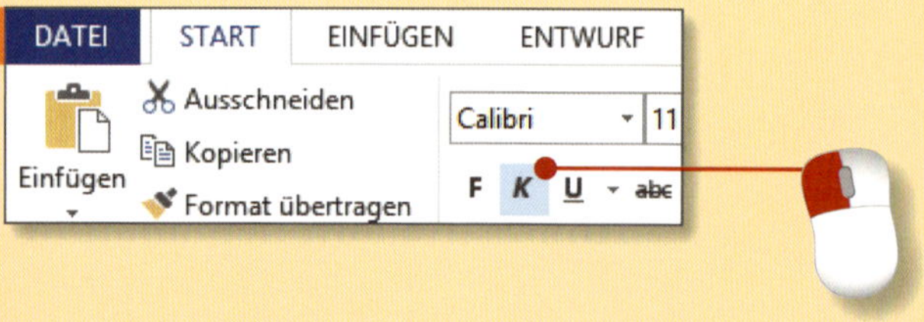

Funktionsprinzip des Touchpads

Ein Touchpad ist eine berührungsempfindliche Fläche. Anhand elektrischer Kapazität ermittelt es die Position Ihres Fingers auf der Oberfläche des Pads.

Laptops bzw. Notebooks haben ein Touchpad. Sie bedienen es mit den Fingerkuppen und können damit wie mit einer Maus den Cursor bewegen und Aktionen ausführen.

Schritt 1

Um den Cursor (Mauszeiger) mit dem Touchpad zu bewegen und zu positionieren, fahren Sie mit der Fingerkuppe leicht über das Touchpad. Der Mauszeiger auf dem Bildschirm folgt der Bewegung Ihres Fingers.

Schritt 2

Um den Mauszeiger dann an einer bestimmten Stelle zu positionieren, drücken Sie kurz auf die Taste, die links unterhalb des Touchpads angeordnet ist (linke Maustaste), oder tippen Sie leicht auf das Touchpad selbst.

Schritt 3

Um einen Befehl zu geben, führen Sie den Mauszeiger mithilfe des Touchpads auf die Schaltfläche oder die Option und bestätigen den Befehl, indem Sie auf die linke Taste drücken oder direkt auf das Touchpad tippen.

Schritt 4

Wie mit der Maus können Sie auch mit dem Touchpad einen Doppelklick ausführen. Dazu drücken Sie zweimal kurz hintereinander auf die linke Taste, oder tippen Sie zweimal auf das Touchpad selbst.

4

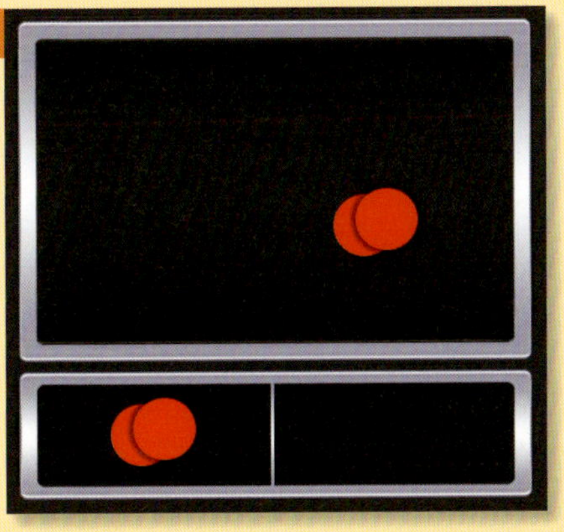

Schritt 5

Auch scrollen, also am Bildschirm auf- oder abwärts wandern, können Sie mit dem Touchpad. Dazu streichen Sie mit der Fingerkuppe auf der rechten Seite über das Touchpad. Mitunter finden Sie auf dem Touchpad eine entsprechende Markierung.

5

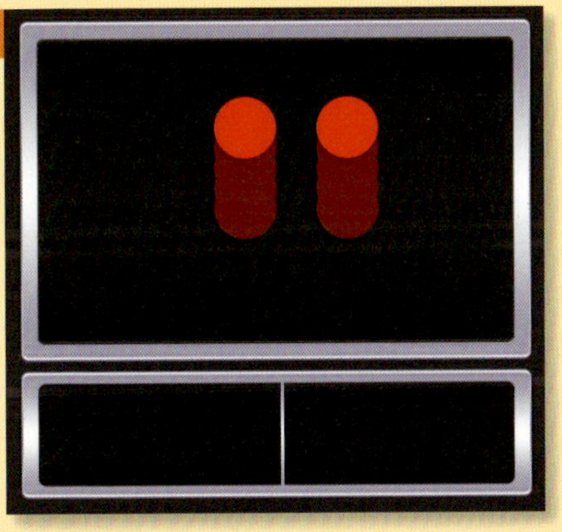

Schritt 6

Wenn Sie auf die rechte Taste des Touchpads drücken, erreichen Sie dasselbe wie mit einem Klick auf die rechte Maustaste. In der Regel wird damit ein Menü mit variierenden Befehlen aufgerufen (Kontextmenü).

6

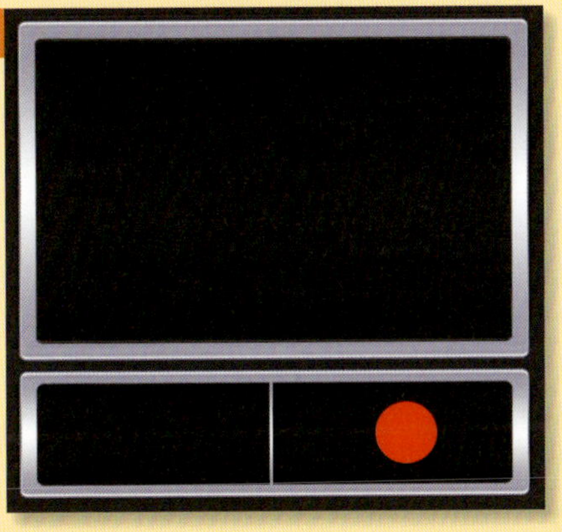

Das Touchpad deaktivieren

Falls Sie ungern mit dem Touchpad arbeiten und es Sie beim Tippen stört, können Sie es außer Kraft setzen und dann eine externe Maus anschließen. Wie das geht, ist vom Modell abhängig.

Den Touchscreen verwenden

1

2

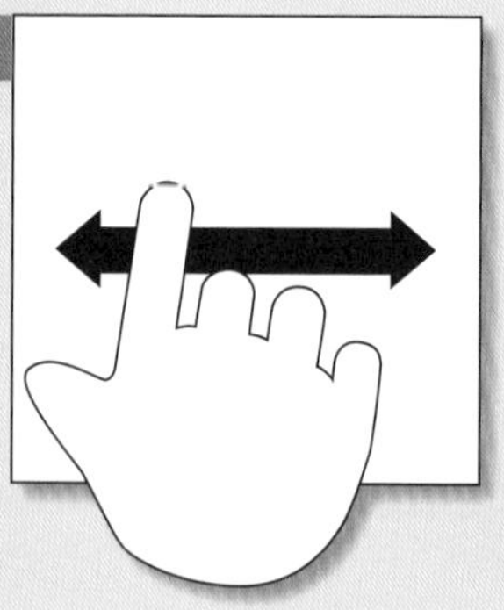

3

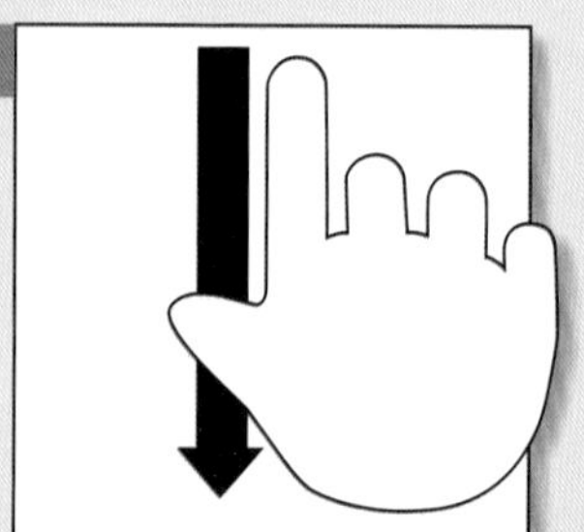

Smartphone-Besitzer sind längst daran gewöhnt, das Display einfach mit dem Finger anzutippen. Solche Touchscreens haben nun auch Einzug in die Welt der Notebooks gefunden.

Schritt 1

Grundsätzlich tippen Sie bei einem Touchscreen mit der Fingerkuppe kurz an eine bestimmte Stelle, um eine Aktion auszulösen.

Schritt 2

Inhalte des Bildschirms zu bewegen, ist bei einem Touchscreen besonders einfach: berühren Sie den Bildschirm mit der Fingerkuppe, und ziehen Sie in die gewünschte Richtung, wobei Sie den Finger auf dem Bildschirm belassen.

Schritt 3

Neben dem einfachen Antippen gibt es zahlreiche Fingerzeig-Bewegungen, mit denen Sie ganz bestimmte Funktionen ansteuern. Ein geöffnetes Programm schließen Sie, indem Sie von oben nach unten über den Bildschirm wischen.

Schritt 4

Um zu dem vorherigen Programm zurückzukehren, wischen Sie kurz vom linken Bildschirmrand ein wenig nach rechts. Dann erscheint das Fenster des zuvor verwendeten Programms.

4

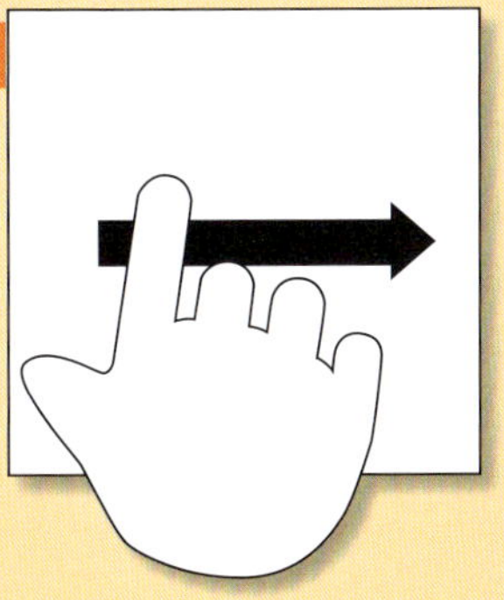

Schritt 5

Wann immer ein Doppelklick notwendig ist – z. B. um im Datei-Explorer einen Ordner zu öffnen –, funktioniert bei einem Touchscreen auch ein Doppel-Touch, also ein zweimaliges Antippen hintereinander.

5

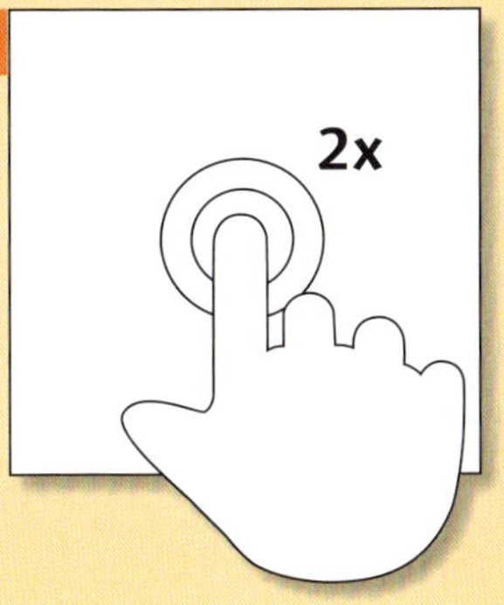

Schritt 6

Um das Kontextmenü einzublenden, das Sie klassisch per Klick auf die rechte Maustaste öffnen, tippen Sie die Stelle einen Tick länger an als bei einer gewöhnlichen Berührung.

6

Klicken oder antippen?
Wir verwenden im weiteren Verlauf »klicken«, auch wenn ein Antippen meistens auch funktionieren würde – sofern Ihr Notebook einen Touchscreen besitzt. Wir möchten Ihnen ersparen, ständig Sätze wie »klicken Sie oder tippen Sie mit dem Finger« lesen zu müssen. In besonderen Fällen gehen wir aber speziell auf die Fingereingabe ein.

Kapitel 3
Was ist wo auf dem Bildschirm?

Die Windows-Oberfläche ist der Ausgangspunkt Ihrer Arbeit am Computer. In diesem Kapitel lernen Sie zunächst diese Oberfläche kennen, und dann erfahren Sie, für welche Zwecke Sie das Betriebssystem Windows einsetzen können.

Die Windows-Oberfläche
Nach dem Hochfahren des Computers wird unter Windows 8 zunächst der Sperrbildschirm und nach der Anmeldung der Startbildschirm ❶ mit diversen Kacheln angezeigt – unter Windows 7 und älteren Versionen hingegen der Desktop. Damit Sie sich zurechtfinden, zeigen wir Ihnen die wichtigsten Elemente und wie Sie die Oberfläche so einrichten, dass sie Ihren Bedürfnissen entspricht.

Das Betriebssystem Windows
Computer brauchen ein Betriebssystem ❷, damit sie ihre Aufgaben erledigen können. Neue Computer bzw. Notebooks sind entweder noch mit Windows 7 oder aber bereits mit Windows 8 ausgestattet, das wir in diesem Kapitel kurz vorstellen.

Aufgaben, die Sie mit Windows erledigen
Viele Grundeinstellungen werden in der Systemsteuerung festgelegt, die ein Teil von Windows ist, daneben bietet Windows einige nützliche Programme, z. B. ein einfaches Schreibprogramm, außerdem den Datei-Explorer ❸ und mit Paint ein Mal- und Zeichenprogramm.

❶ Bevor Sie loslegen, schauen Sie sich auf dem Startbildschirm von Windows 8 um.

❷ Windows 8 ist die aktuelle Version des Betriebssystems, mit dem Sie arbeiten.

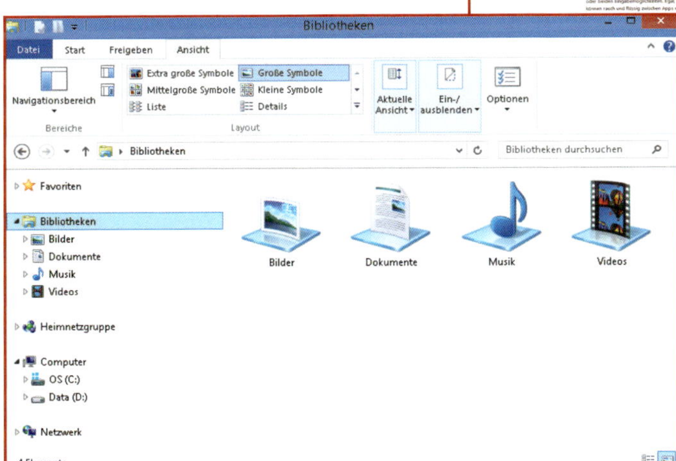

❸ Dateien und Ordner verwalten Sie mit dem Datei-Explorer.

Was ist Windows?

1

2

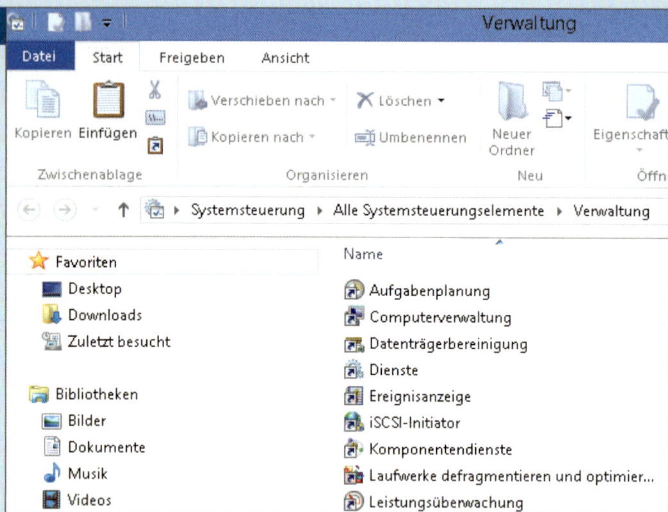

3

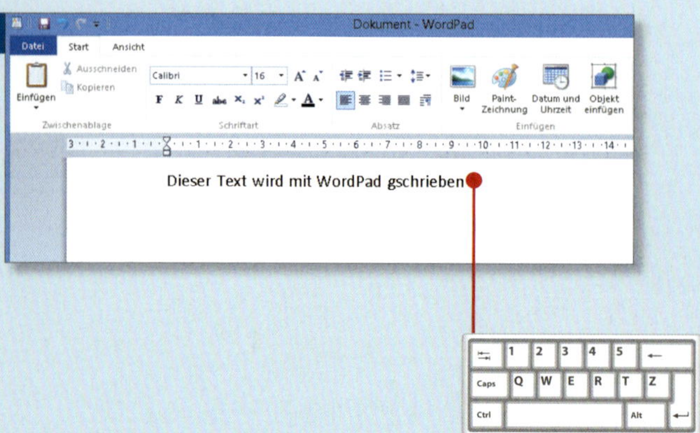

Ein Computer kann ohne ein Betriebssystem eigentlich nichts. Es sorgt u.a. dafür, dass Daten verarbeitet werden.

Schritt 1

Wenn Sie sich einen PC anschaffen, ist dieser in aller Regel bereits mit einem *Betriebssystem* ausgestattet. Auf neuen Computern ist meistens Windows 8 vorinstalliert.

Schritt 2

Windows übernimmt wichtige Funktionen, aber als »normaler« Benutzer haben Sie nicht allzu viel mit dieser Software zu tun; sie werkelt im Hintergrund und stellt grundlegende Funktionen bereit, die zum Ausführen von Programmen auf einem Computer benötigt werden.

Schritt 3

Einige Dinge erledigen Sie aber doch mit Windows bzw. mit Programmen, die zu Windows gehören und daher nicht extra installiert werden müssen. Zu diesen Programmen gehören beispielsweise der Datei-Explorer und das Schreibprogramm WordPad.

Schritt 4

Die *Systemsteuerung* ist zuständig für wichtige Grundeinstellungen und Funktionen. Hier können Sie z. B. die Anzeige des Bildschirms bestimmen, Programme installieren/deinstallieren, die Funktionsweise der Maus oder der Fingerberührung verändern oder die angeschlossenen Geräte überprüfen.

4

Schritt 5

Der *Datei-Explorer* (nicht zu verwechseln mit dem *Internet Explorer*!) ist ein Programm, mit dem Sie Dateien und Ordner organisieren und verwalten. Hier legen Sie z. B. Ordner an und kopieren oder löschen Dateien. Sie lernen den Explorer genauer in Kapitel 4, »Mit Dateien arbeiten«, ab Seite 66 kennen.

5

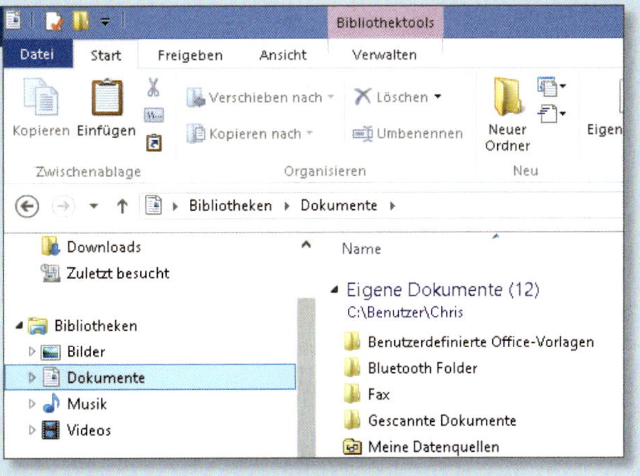

Schritt 6

Bei der *Windows-Benutzeroberfläche*, dem sogenannten *Desktop* (für »Schreibtisch«), handelt es sich um eine grafische Benutzeroberfläche, die Symbole (*Icons*), Schaltflächen etc. darstellen kann und eine einfache Steuerung von Programmen ermöglicht.

6

Der Startbildschirm – was Sie wo finden

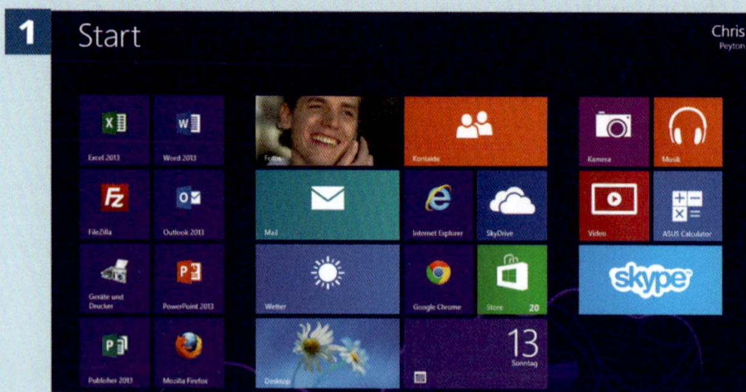

Wenn auf Ihrem Computer Windows 8 als Betriebssystem läuft, landen Sie nach dem Hochfahren und Entsperren des Computers auf dem Startbildschirm mit seinen vielen bunten Kacheln.

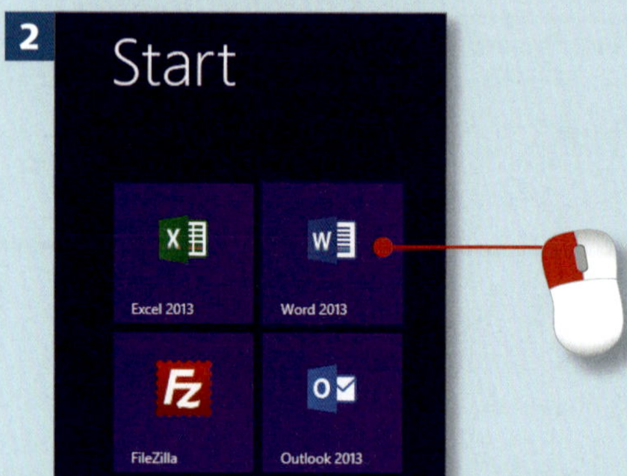

Schritt 1

Nachdem der Computer hochgefahren ist und Sie sich angemeldet haben wird automatisch der *Startbildschirm* angezeigt. Von dieser Oberfläche aus starten Sie Applikationen (Software) und Windows-Funktionen.

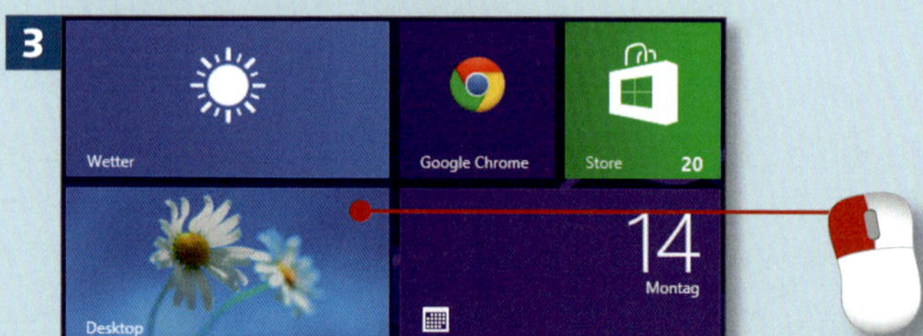

Schritt 2

Um Programme zu öffnen, die direkt als Kachel angezeigt werden, brauchen Sie lediglich die entsprechende Kachel anzuklicken, woraufhin sich das Programm öffnet.

Schritt 3

Über die Kacheln gelangen Sie auch zum »klassischen« Windows-Bildschirm, dem Desktop. Klicken Sie einfach auf die entsprechende Kachel.

Auf dem Startbildschirm navigieren

Wenn die Kacheln nicht auf eine Seite passen, gibt es ganz unten am Startbildschirm eine Leiste mit Pfeilen nach links und rechts, über die Sie mit der Maus nach rechts und links wandern können.

Schritt 4

Sie vermissen auf den ersten Blick vielleicht einige der bekannten Windows-Programme (Editor, WordPad, Paint etc.)? Keine Sorge, es gibt sie noch: Bei einem Touchscreen streifen Sie vom unteren Rand ein wenig nach oben, ansonsten klicken Sie auf die rechte Maustaste. Sodann erscheint in einer unteren Leiste das Symbol **Alle Apps** ❶.

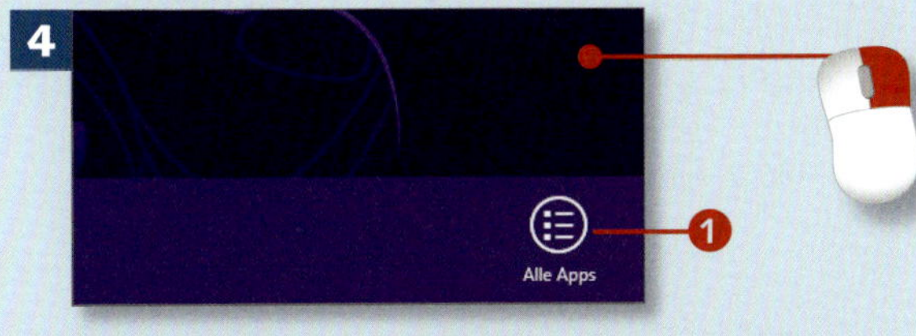

Schritt 5

Daraufhin sehen Sie alle Programme und Apps, die auf dem Rechner installiert sind. Ein Rechtsklick und erneutes Anklicken von **Alle Apps** bringt Sie zurück zum Startbildschirm.

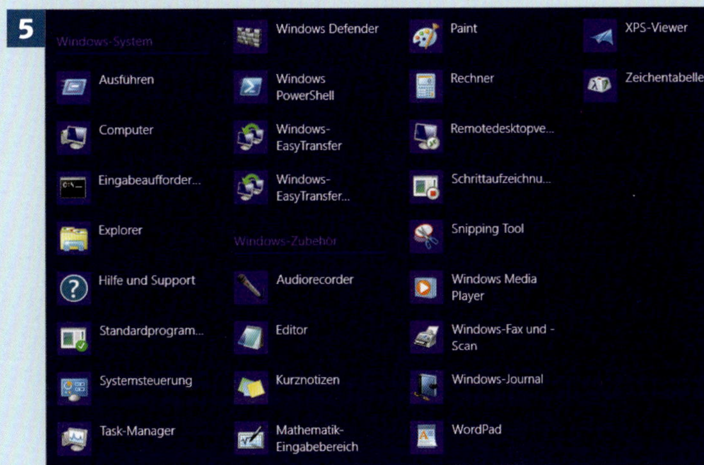

Schritt 6

Einige wichtige Funktionen befinden sich in der *Charms-Leiste*, die erscheint, sobald Sie mit dem Finger vom rechten Rand nach links wischen oder mit der Maus in die untere oder obere rechte Ecke zeigen.

Die Charms-Leiste einblenden
Die Charms-Leiste können Sie von allen geöffneten Programmen aus einblenden, nicht nur auf dem Startbildschirm.

Der Startbildschirm – was Sie wo finden (Forts.)

Schritt 7

Wenn Sie in der Charms-Leiste auf **Einstellungen** ❶ klicken, erscheint ganz unten im nächsten Fenster der Eintrag **PC-Einstellungen ändern**. Aktivieren Sie diese Option, öffnet sich ein Fenster mit diversen Einstellungsmöglichkeiten.

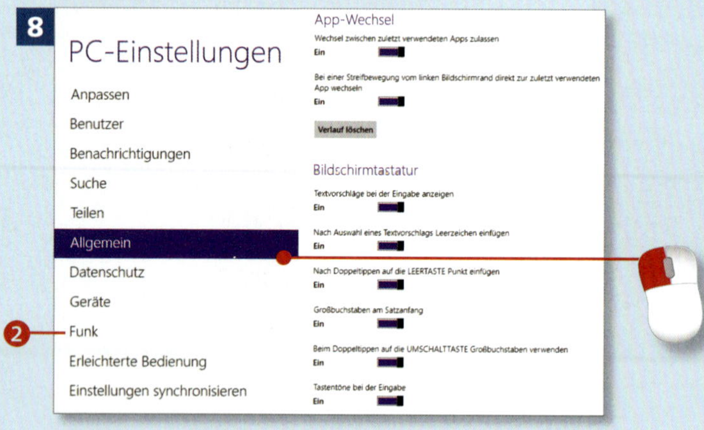

Schritt 8

Wenn Sie hier z. B. den Eintrag **Allgemein** markieren, erhalten Sie im rechten Bereich u. a. Optionen zur Einstellung der Bildschirmtastatur. Über den Eintrag **Funk** ❷ können Sie das WLAN (hier als *WiFi* bezeichnet) ein- oder ausschalten. Schauen Sie am besten auch einmal in die anderen Optionen der PC-Einstellungen.

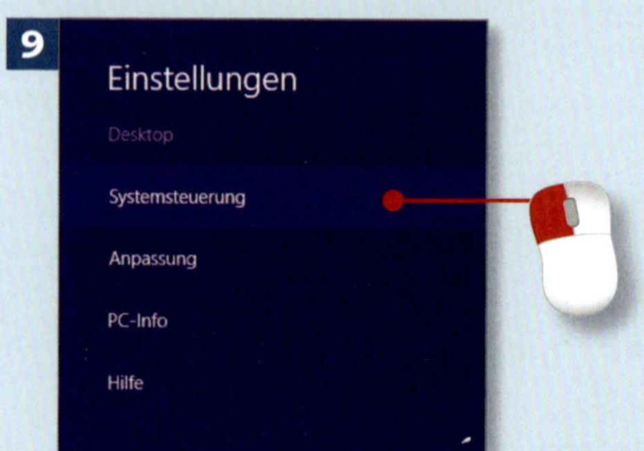

Schritt 9

Über die Charms-Leiste und den Punkt **Einstellungen** gelangen Sie auch zu den Funktionen der Systemsteuerung (dazu mehr im Abschnitt »Wichtige Grundeinstellungen vornehmen« ab Seite 48), dies aber nur, wenn Sie die Charms-Leiste vom Desktop oder einem geöffneten Programm aus aufrufen. Sie sehen den Eintrag **Systemsteuerung** im oberen Bereich.

Schritt 10

Sobald Sie eine Kachel ausgewählt haben, z. B. indem Sie sie mit der rechten Maustaste anklicken oder die Kachel anfassen, kurz nach unten ziehen und wieder loslassen, bietet die untere Leiste weitere Funktionen zum Umgang mit dem entsprechenden Programm bzw. der App (**Von „Start" lösen**, **Deinstallieren** etc.).

10
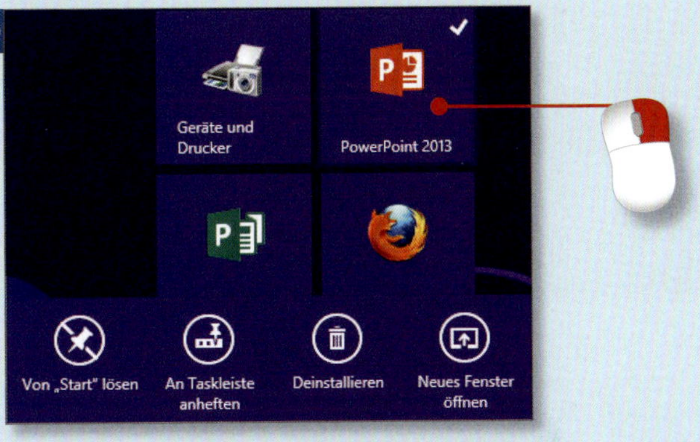

Schritt 11

Vom Startbildschirm aus können Sie ganz einfach zum zuvor verwendeten Programm zurückkehren. Zeigen Sie mit der Maus in die obere linke Ecke des Bildschirms; dann werden dort die geöffneten Programme als Miniaturen angezeigt. Ein Klick blendet sie erneut ein.

11
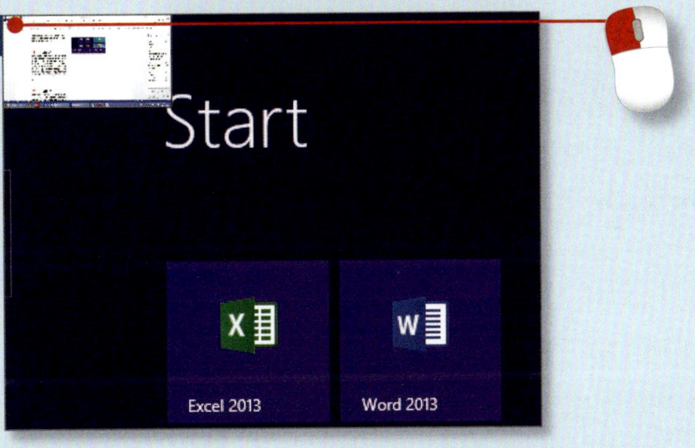

Schritt 12

Umgekehrt können Sie von einem geöffneten Programm aus bequem wieder den Startbildschirm anzeigen. Entweder Sie blenden die Charms-Leiste ein und klicken dort auf **Start**, oder Sie zeigen mit der Maus direkt in die untere linke Ecke des Bildschirms. Dann taucht der Startbildschirm als Miniaturansicht auf.

12

Die Kacheln neu anordnen

Auf dem Startbildschirm sind diverse Kacheln versammelt, die teils Programme bzw. Apps oder z. B. Webseiten repräsentieren. Die Anordnung der Kacheln können Sie verändern.

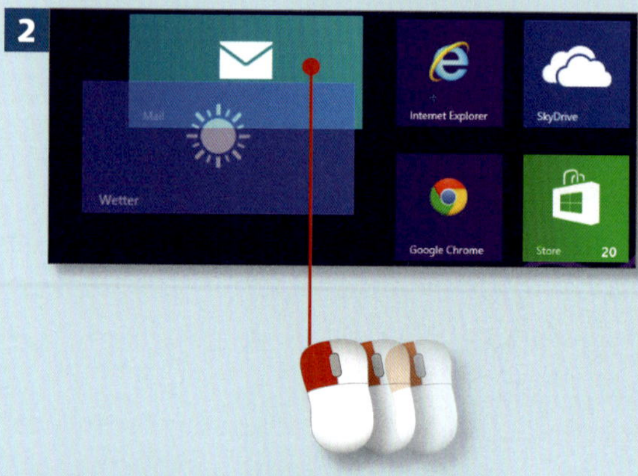

Schritt 1

Wenn Sie an einem Gerät mit Touchscreen sitzen, ist es ganz einfach, die Kacheln zu verschieben. Tippen Sie einfach eine Kachel an, und ziehen Sie sie an eine andere Stelle.

Schritt 2

Auch mit der Maus können Sie die Kacheln neu platzieren. Halten Sie die linke Maustaste gedrückt und ziehen Sie dann die Kachel an den gewünschten Ort.

Schritt 3

Sie können die Kacheln auch verkleinern oder vergrößern. Wenn Sie eine Kachel mit der rechten Maustaste anklicken, erscheint unten am Bildschirm eine Leiste mit einigen Symbolen, u. a. **Kleiner** und **Größer**. Ein Klick auf **Kleiner** (1) halbiert die Größe der Kachel.

Welche Kachel ist ausgewählt?

Die jeweils aktivierte Kachel erhält ein kleines Häkchen an der rechten oberen Ecke.

Schritt 4

Sie können dem Startbildschirm auch Kacheln hinzufügen; dazu müssen Sie das entsprechende Programm – oder einen Ordner – auf den Startbildschirm legen. Klicken Sie den Programmeintrag bzw. den Ordner im Datei-Explorer mit der rechten Maustaste an und wählen Sie **An „Start" anheften** ❷.

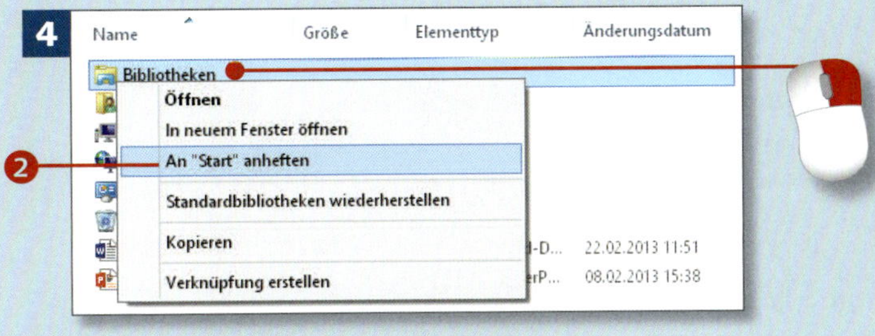

Schritt 5

Auch so fügen Sie dem Startbildschirm Kacheln hinzu: Blenden Sie **Alle Apps** ein und klicken Sie die gewünschte Kachel mit rechts an. Dann klicken Sie in der unteren Leiste auf **An „Start" anheften** ❸. Die Kachel landet direkt auf dem Startbildschirm.

Schritt 6

Wenn Sie Ihren Startbildschirm übersichtlicher gestalten und Kacheln entfernen möchten, klicken Sie die Kachel mit der rechten Maustaste an und wählen dann die Option **Von „Start" lösen** ❹.

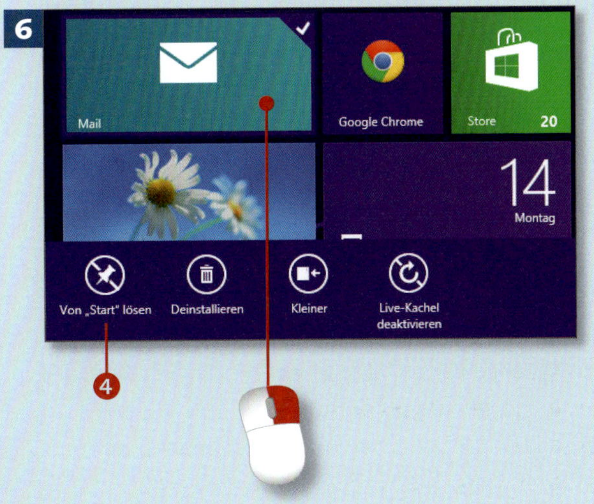

Auf dem Desktop arbeiten

Der Desktop war vor Windows 8 enorm wichtig, da Sie von hier aus Ihre Programme geöffnet haben. Auch jetzt tut er noch gute Dienste.

Schritt 1

Bis zu Windows 7 sind Sie nach dem Hochfahren des Computers automatisch auf dem Desktop gelandet. Den Desktop müssen Sie unter Windows 8 durch einen Klick auf die entsprechende Kachel aufrufen.

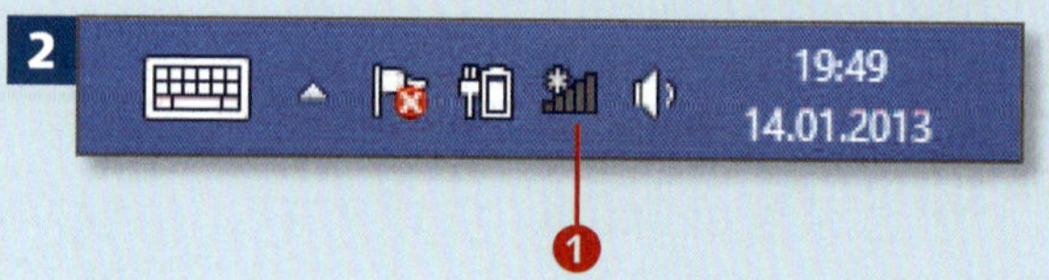

Schritt 2

Die untere Leiste des Desktops heißt *Taskleiste*. Dort befinden sich ganz rechts die aktuelle Uhrzeit und andere Schaltflächen für (aktive) Prozesse, z. B. jene für Netzwerkverbindungen ❶.

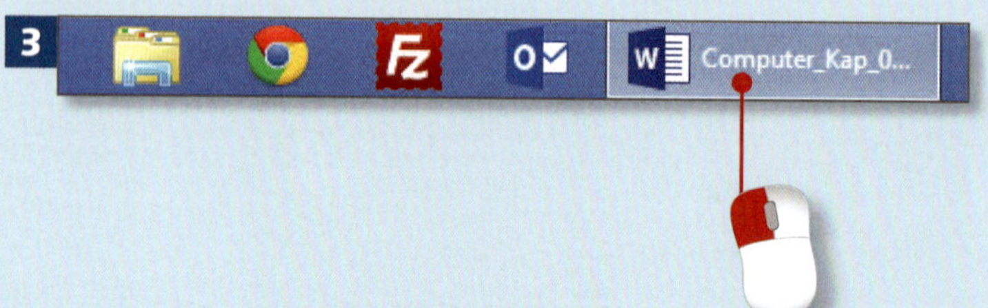

Schritt 3

Des Weiteren finden Sie in der Taskleiste Schaltflächen und Miniaturansichten für geöffnete Programme; mit einem Klick darauf können Sie diese aufrufen.

Kein Startsymbol unter Windows 8

Nach dem klassischen Symbol *Start*, das das Startmenü aufgerufen hat, suchen Sie in Windows 8 vergeblich.

Schritt 4

Wenn Sie mit der Maus ganz links in die Taskleiste zeigen, erscheint als Miniaturansicht das Symbol für den Startbildschirm. Per Klick oder durch Antippen rufen Sie ihn auf.

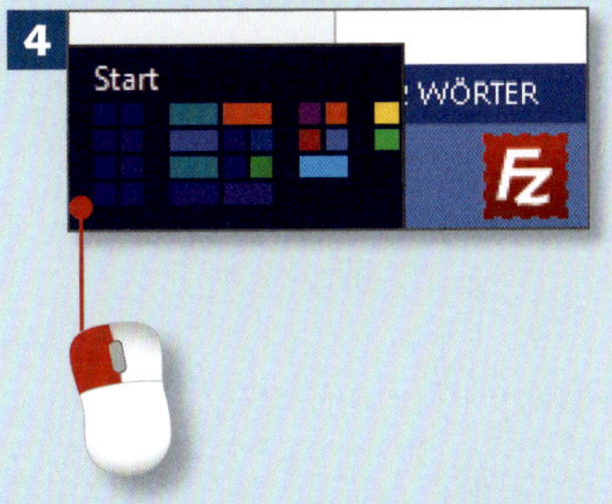

Schritt 5

Auf dem Desktop befinden sich zunächst nur wenige Symbole, z. B. eines für den Papierkorb, also den Ort, an dem gelöschte Dateien und Ordner landen. Per Doppelklick öffnen Sie den Papierkorb im Datei-Explorer.

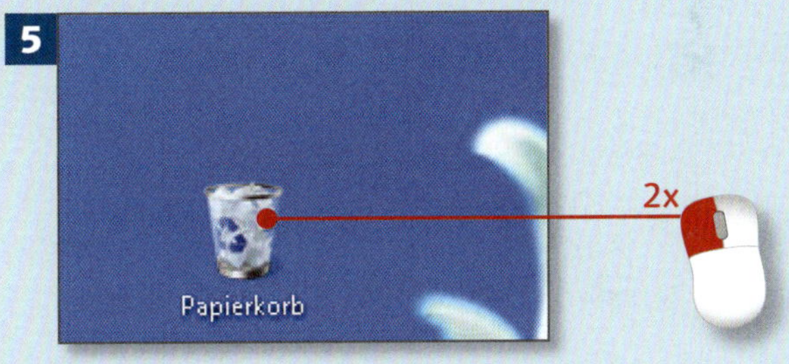

Schritt 6

Sie können weitere Symbole auf den Desktop legen, z. B. Symbole für Programme, Ordner und Dateien. Im Abschnitt »Windows passend einrichten« ab Seite 46 erfahren Sie, wie das geht.

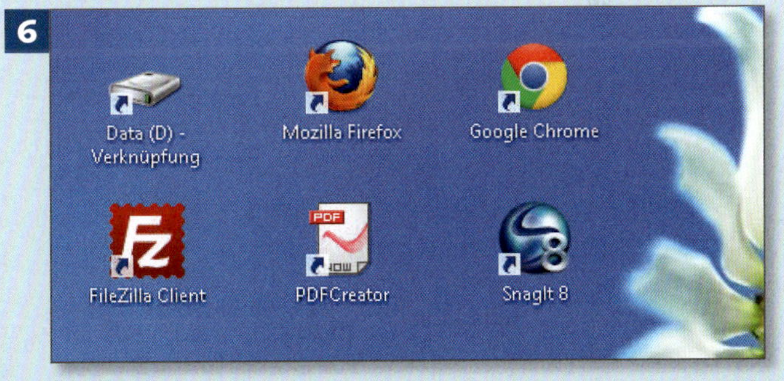

Batterieanzeige

Falls Sie an einem Notebook sitzen und es nicht am Strom angeschlossen haben, wird rechts in der Taskleiste die verbleibende Akku-Leistung angezeigt. Zeigen Sie mit dem Mauszeiger auf das Batteriesymbol, um zu erfahren, wie viel Prozent der Leistung noch verbleiben.

Windows passend einrichten

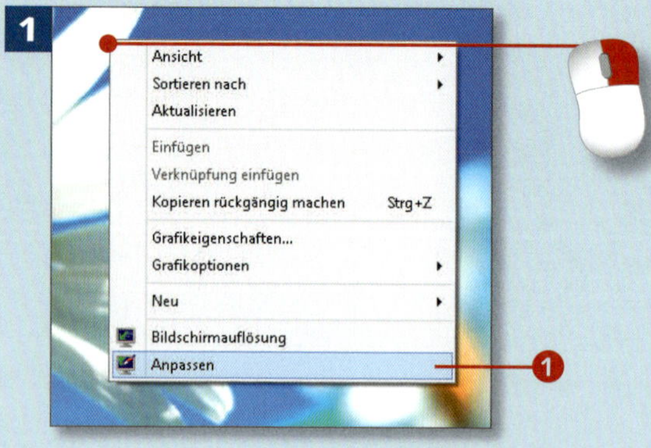

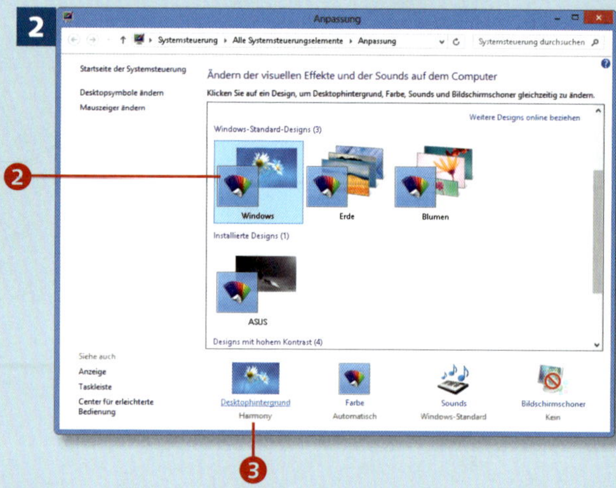

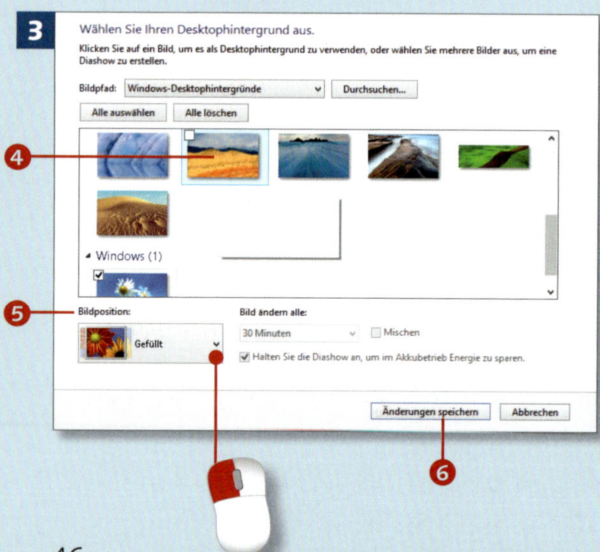

Ein neuer Computer ist in der Regel mit der neuesten Version des Windows-Betriebssystems, derzeit also Windows 8, ausgestattet.

Schritt 1

Wenn Sie vom Startbildschirm aus auf die Kachel **Desktop** klicken, blicken Sie zunächst auf einen Desktop im Standarddesign. Um ein anderes Design zu wählen, klicken Sie mit der rechten Maustaste irgendwo auf den Desktop. Im Menü klicken Sie dann auf **Anpassen** ❶.

Schritt 2

Im nächsten Fenster wählen Sie per Mausklick ein Design ❷ aus, oder klicken Sie für eine größere Auswahl auf **Desktophintergrund** ❸.

Schritt 3

Wählen Sie per Klick ein Bild ❹ aus einer Kategorie. Achten Sie auch auf das Menü **Bildposition** ❺: Klicken Sie auf den Pfeil, um einen Eintrag aus der Liste zu wählen. Mit **Gefüllt** wird der ganze Bildschirm mit dem ausgewählten Foto ausgefüllt. Nach Ihrer Wahl klicken Sie auf **Änderungen speichern** ❻.

Schritt 4

Der Windows-Desktop ist zunächst recht leer, lässt sich aber mit Symbolen für Programme, Ordner oder Dateien füllen. Zum Öffnen dieser braucht es dann lediglich einen Doppelklick.

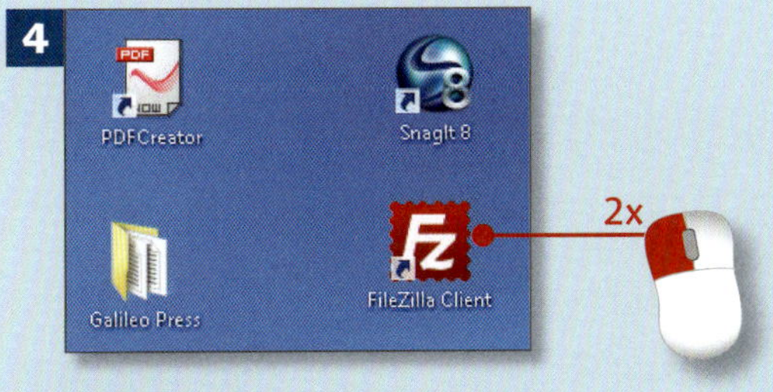

Schritt 5

Um Symbole auf den Desktop zu legen, klicken Sie im Datei-Explorer auf das Programm, den Ordner oder die Datei, halten die linke Maustaste gedrückt und ziehen das Symbol auf den Desktop. Wenn unterhalb des Symbols der Eintrag **Nach Desktop kopieren** erscheint, lassen Sie die Maustaste los.

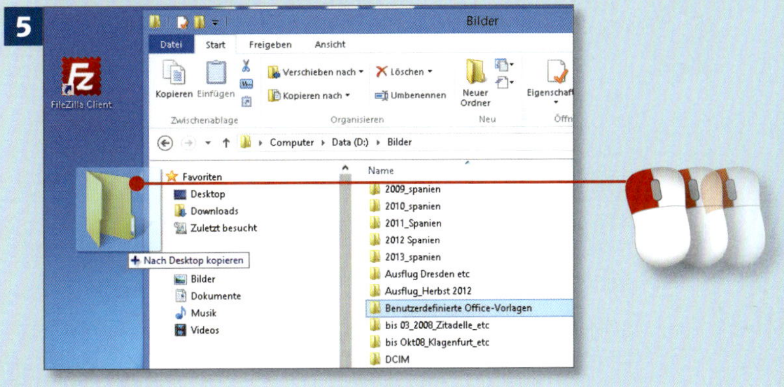

Schritt 6

Einen schnellen Zugriff auf Programme haben Sie, wenn Sie das entsprechende Symbol auf die Taskleiste legen. Dazu klicken Sie das entsprechende Symbol auf dem Desktop mit der rechten Maustaste an und wählen **An Taskleiste anheften** 7.

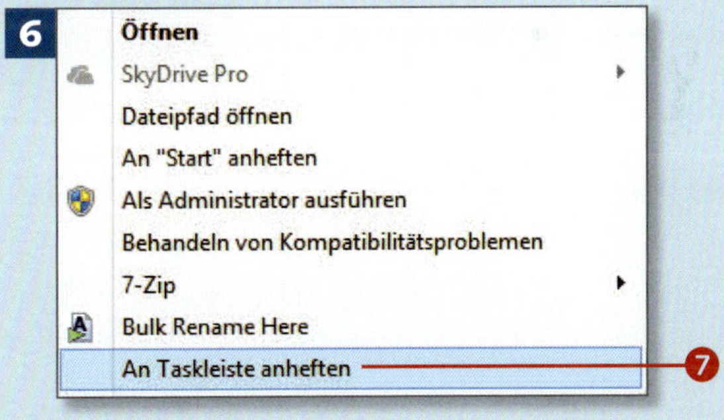

Die Lautstärke einstellen

Unten rechts in der Taskleiste gibt es meistens ein Lautsprechersymbol. Über diese Schaltfläche können Sie den Ton regeln. Klicken Sie darauf, und ziehen Sie mit gedrückter Maustaste an dem Schieberegler. Zum Ausschalten klicken Sie auf die Schaltfläche **Stumm** unter dem Schieberegler.

Wichtige Grundeinstellungen vornehmen

7

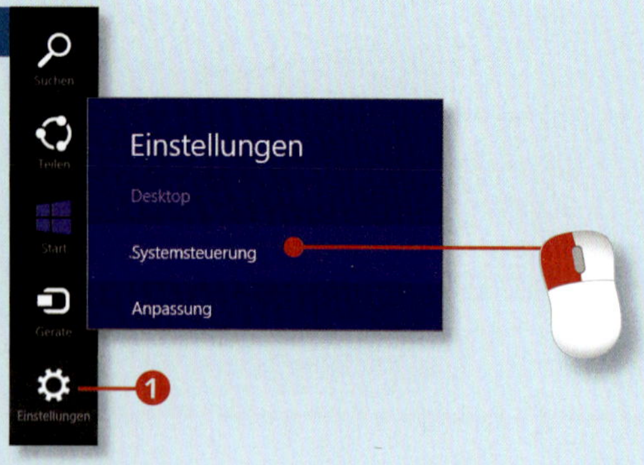

Schritt 1

Wichtige Grundeinstellungen finden Sie in der *Systemsteuerung*. Sie rufen sie auf, indem Sie die Charms-Leiste einblenden, auf **Einstellungen** ❶ klicken und im nächsten Fenster dann auf **Systemsteuerung**.

8

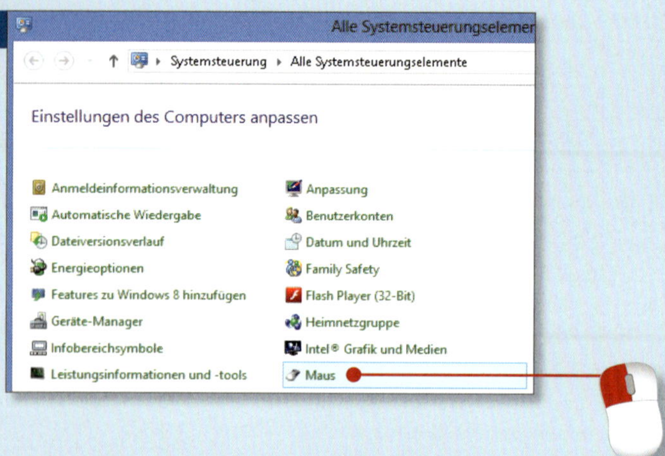

Schritt 2

In der Systemsteuerung können Sie u. a. die Funktionsweise der Maus verändern, z. B. die Maustasten auf Linkshänder umschalten oder die Doppelklick-Reaktionsgeschwindigkeit einstellen. Um das Fenster aufzurufen, klicken Sie auf die Schaltfläche **Maus**.

9

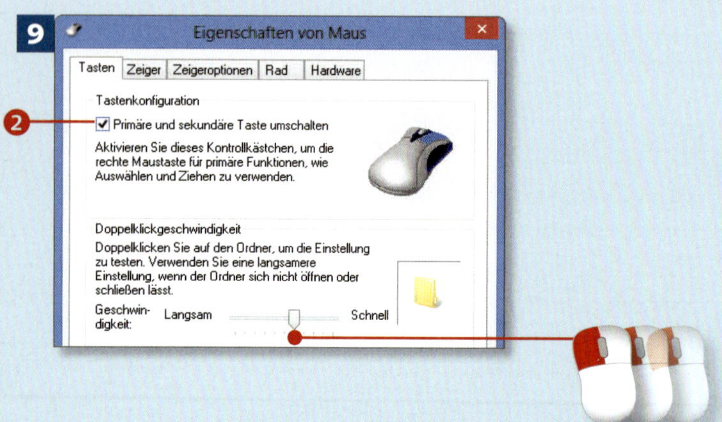

Schritt 3

Um die rechte Maustaste zur Haupttaste zu machen, klicken Sie in das Kästchen vor **Primäre und sekundäre Taste umschalten** ❷. Wenn der Doppelklick nicht recht klappen will, ziehen Sie den Regler unter **Doppelklickgeschwindigkeit** mit gedrückter Maustaste ein wenig nach links, damit auch ein langsamer Doppelklick funktioniert.

Schritt 4

Möchten Sie mit Ihrem Laptop gern draußen bei hellem Licht oder gar Sonnenschein arbeiten? Dann werden Sie feststellen, dass der Mauszeiger schwer zu erkennen ist. Es funktioniert besser, wenn Sie mit einem dunklen Zeiger über den Bildschirm wandern.

10

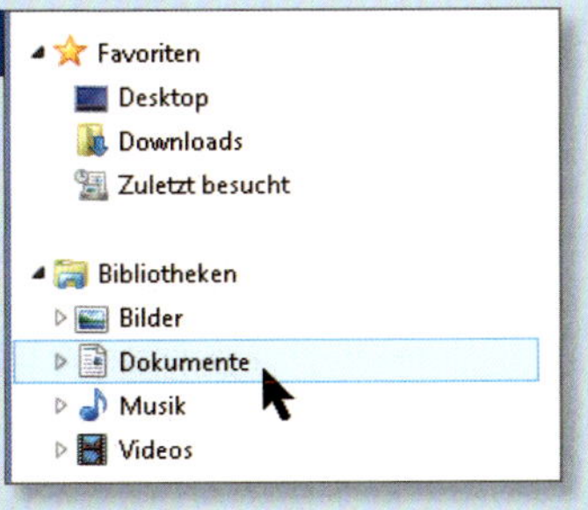

Schritt 5

Wechseln Sie im Dialog **Eigenschaften von Maus** auf die Registerkarte **Zeiger** ❸. Dazu klicken Sie einfach das Register an. Klicken Sie dann auf den Pfeil am Feld **Schema**, und wählen Sie aus der Liste **Windows Invertiert (groß) (Systemschema)**.

11

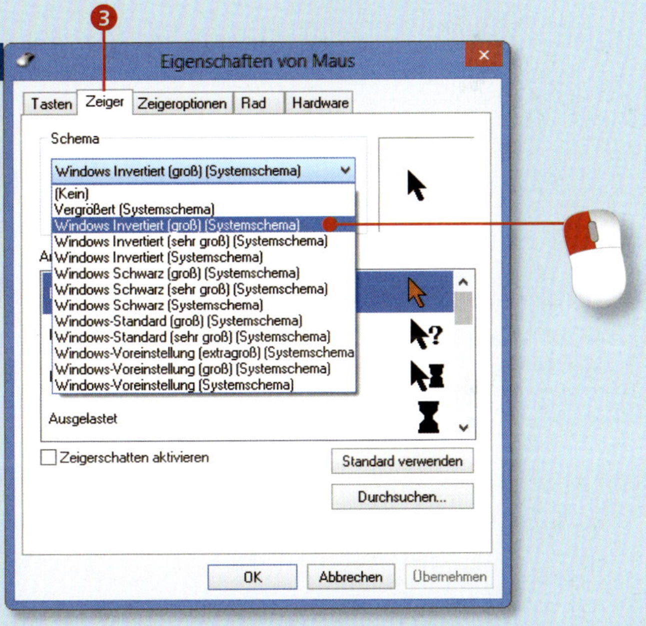

Schritt 6

Arbeiten Sie an einem Touchscreen, sind die Optionen zur **Stift- und Fingereingabe** nützlich. Wenn Sie in der Systemsteuerung auf diesen Eintrag klicken, erhalten Sie den gleichnamigen Dialog, in dem Sie die Fingerbewegungen, die einem Doppelklick und einem Rechtsklick entsprechen, einstellen können.

12

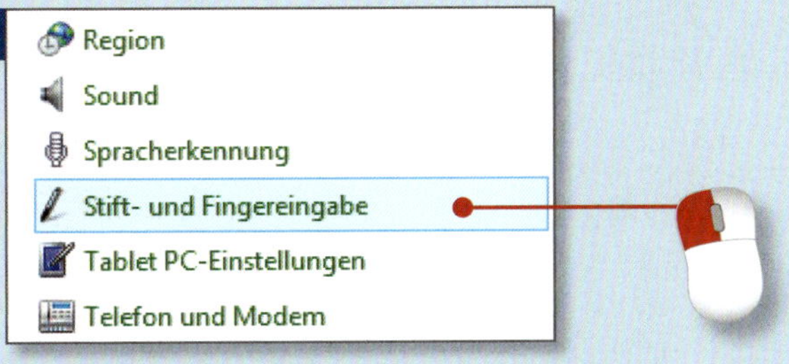

Wichtige Grundeinstellungen vornehmen (Forts.)

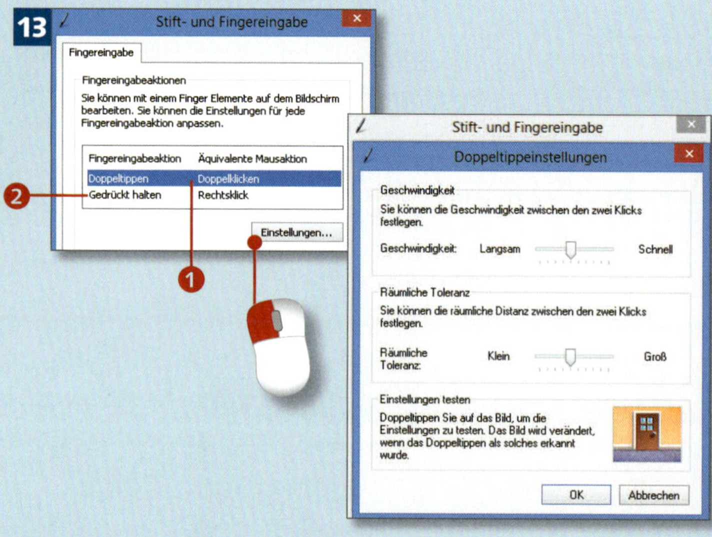

Schritt 7

Markieren Sie im Dialog **Stift- und Fingereingabe** die Zeile **Doppeltippen/Doppelklicken** ❶ und klicken Sie dann auf **Einstellungen**. Im folgenden Dialog können Sie über die Schieberegler festlegen, wie schnell und genau ein Doppeltippen erfolgen soll.

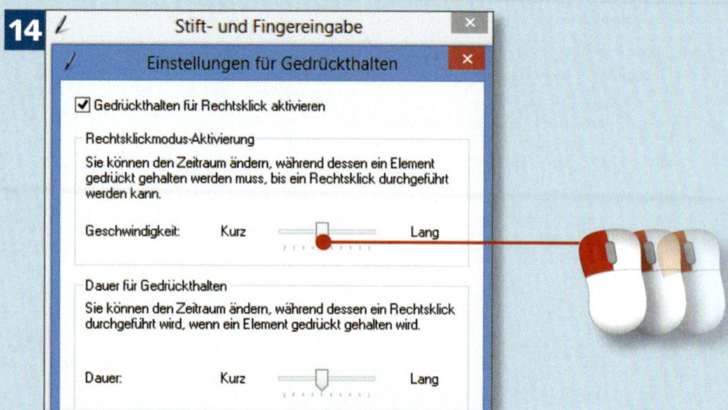

Schritt 8

Um einzustellen, wie Sie mit einem Fingerzeig einen Rechtsklick simulieren, verfahren Sie ganz ähnlich. Markieren Sie im Dialog **Stift- und Fingereingabe** die zweite Zeile ❷ und klicken Sie auf **Einstellungen**. Mit den Schiebereglern bestimmen Sie Geschwindigkeit und Dauer.

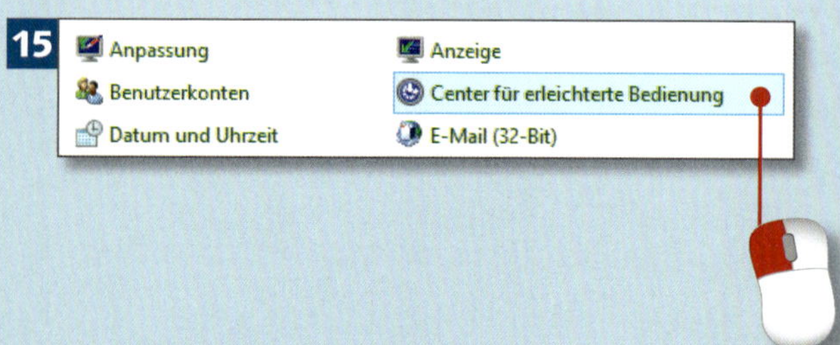

Schritt 9

Falls es Ihnen Mühe macht, die kleinen Zeichen auf dem Bildschirm zu erkennen, bietet Windows eine erleichterte Bedienung, z. B. eine Bildschirmlupe. Klicken Sie dazu in der Systemsteuerung auf **Center für erleichterte Bedienung**. Dort finden Sie eine Auswahl an Hilfestellungen.

Schritt 10

Wenn Sie nicht sicher sind, wie Sie mit den angebotenen Optionen umgehen sollen, hilft ein Klick auf den Eintrag **Empfehlungen zur erleichterten Bedienung des Computers erhalten** ❸. In den folgenden Dialogen haken Sie die jeweils zutreffende Aussage an und klicken dann auf **Weiter**.

Schritt 11

Im letzten Dialog erhalten Sie als Reaktion auf die bisherigen Antworten eine Sammlung empfohlener Einstellungen. Diese können Sie per Klick auf **OK** einfach übernehmen.

Schritt 12

Eine Übersicht über alle installierten Programme rufen Sie in der **Systemsteuerung** über den Eintrag **Programme und Features** auf. Hier können Sie auch nicht mehr benötigte Programme deinstallieren. Dazu markieren Sie das Programm und klicken auf **Deinstallieren** ❹.

16

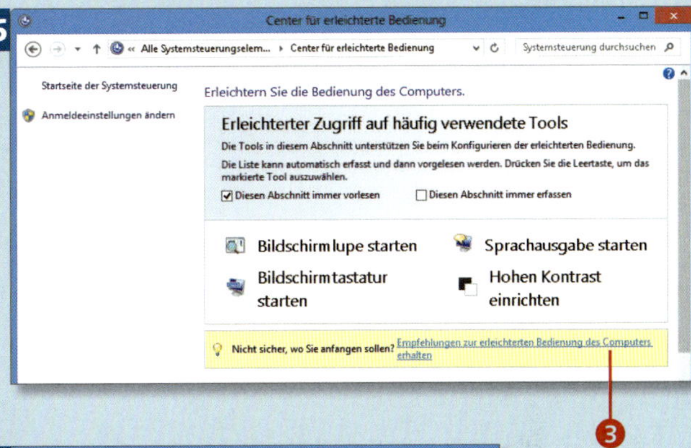

17

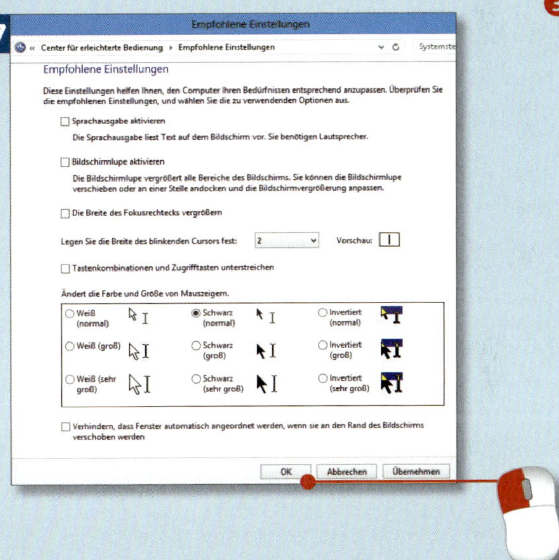

18

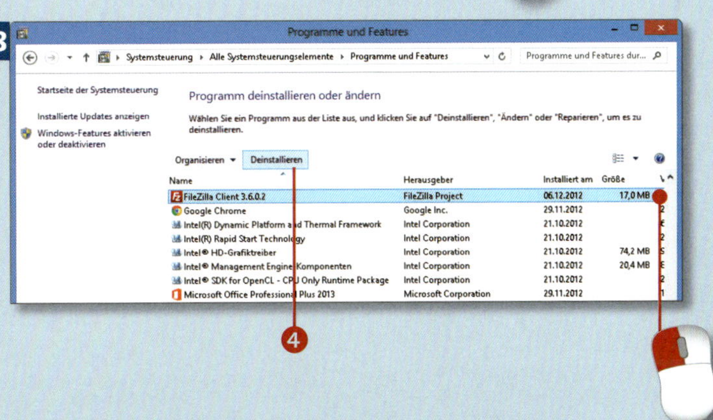

Wichtige Grundeinstellungen vornehmen (Forts.)

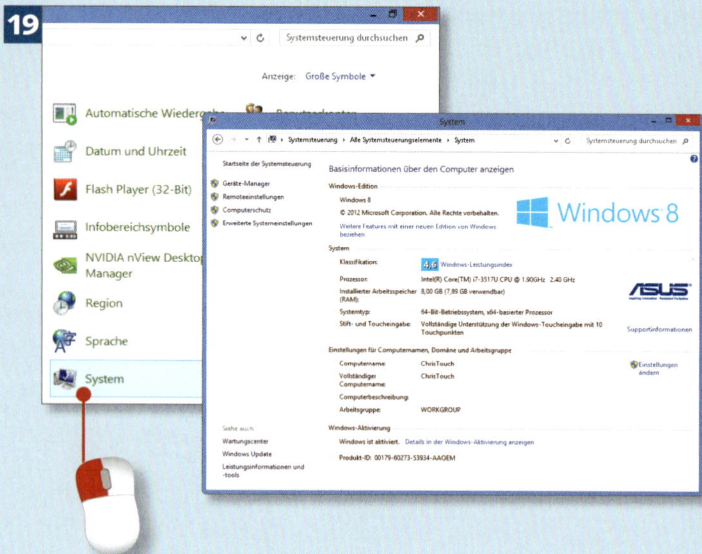

Schritt 13

Generelle Informationen über Ihren Computer erhalten Sie, wenn Sie in der Systemsteuerung auf **System** klicken. Im nächsten Fenster können Sie einsehen, welchen Prozessor Ihr Computer besitzt, wie groß der Arbeitsspeicher ist etc.

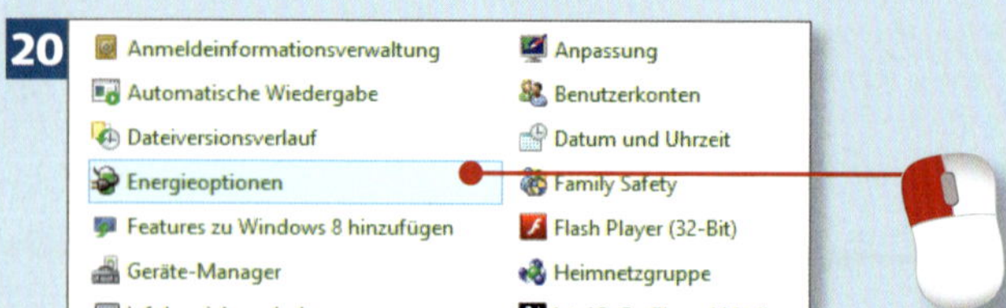

Schritt 14

Sie können die Lebensdauer des Akkus Ihres Laptops verlängern, indem Sie das Energieschema verändern. Klicken Sie in der Systemsteuerung auf **Energieoptionen**.

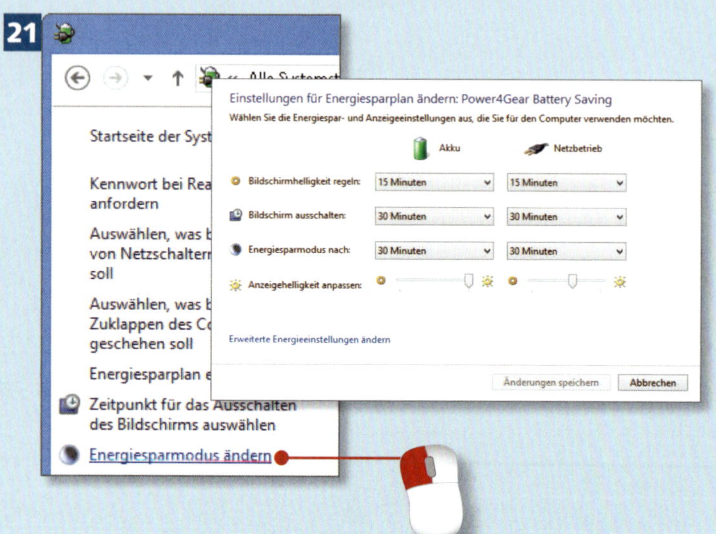

Schritt 15

Im folgenden Fenster klicken Sie im linken Bereich auf **Energiesparmodus ändern**. Dies öffnet einen Dialog, in dem Sie sowohl für Akku- als auch Netzbetrieb einstellen können, nach wie vielen Minuten Untätigkeit der Bildschirm ausgeschaltet und der Energiesparmodus eingeschaltet werden soll. Zudem können Sie hier die Anzeigehelligkeit anpassen.

Schritt 16

Wenn Sie ein Datum einfügen, kann es in unterschiedlichen Formaten erscheinen. Auch das ändern Sie in der Systemsteuerung. Klicken Sie hier auf den Eintrag **Region**.

22

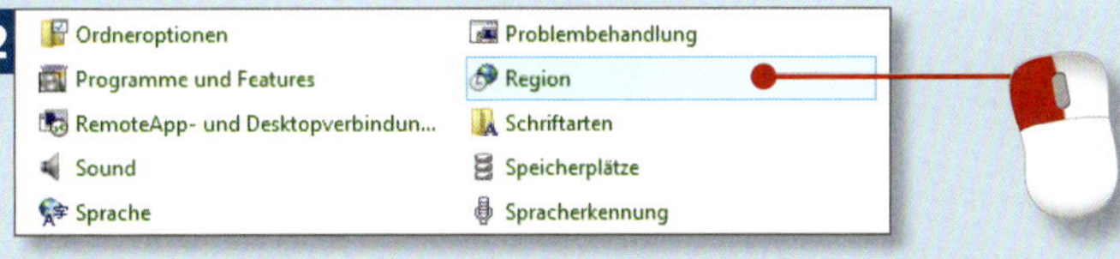

Schritt 17

Im nächsten Dialog öffnen Sie per Mausklick die Auswahlpfeile der Felder im Bereich **Datums- und Uhrzeitformate** und stellen das gewünschte Muster ein. Im unteren Bereich wird eine Vorschau eingeblendet.

23

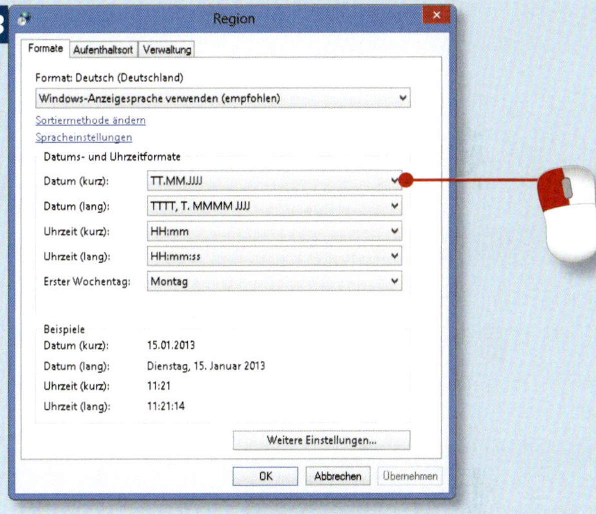

Schritt 18

Welche Symbole rechts in der Taskleiste angezeigt werden, bestimmen Sie über den Punkt **Infobereichsymbole** der **Systemsteuerung**. Öffnen Sie hier die Auswahlpfeile unter der Überschrift **Verhalten**, und wählen Sie jeweils die gewünschte Option.

24

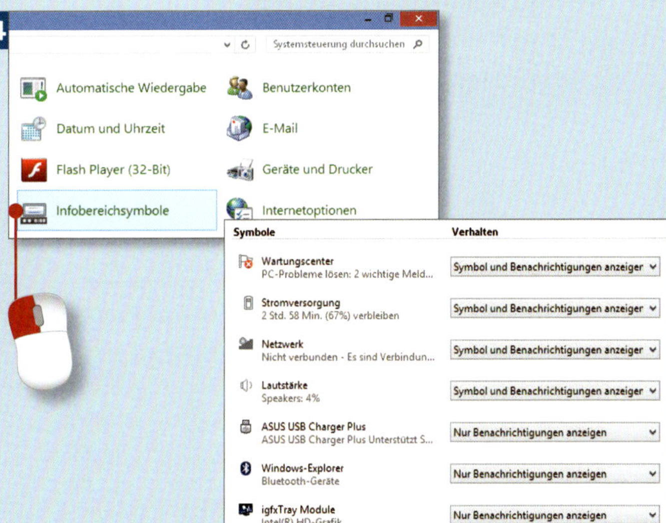

Windows-Zubehör

Windows umfasst eine Reihe von praktischen Programmen, die unter **Zubehör** gesammelt sind. Sie können die Liste einsehen, wenn Sie auf dem Startbildschirm einen Rechtsklick ausführen und dann auf **Alle Apps** klicken.

Ein Microsoft-Konto eröffnen

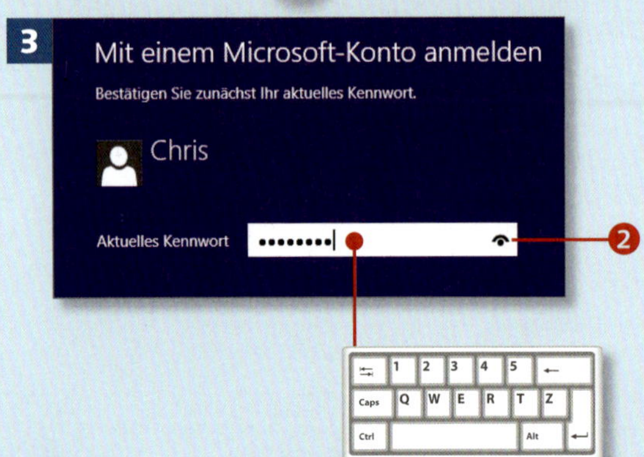

Mit einem Microsoft-Konto können Sie sich bei allen Microsoft-Diensten anmelden. Falls Sie bereits eine E-Mail-Adresse haben, können Sie diese für das Microsoft-Konto nutzen.

Schritt 1

Es gibt mehrere Möglichkeiten, ein Microsoft-Konto einzurichten, z. B. direkt vom Startbildschirm aus. Hier blenden Sie die Charms-Leiste ein, klicken auf **Einstellungen** und dann auf **PC-Einstellungen ändern**.

Schritt 2

Im nächsten Fenster wählen Sie links **Benutzer**. Im rechten Bereich klicken Sie auf **Zu einem Microsoft-Konto wechseln** ❶.

Schritt 3

Im nächsten Fenster geben Sie Ihr aktuelles Kennwort ein, das Sie bisher für die Anmeldung genutzt haben. Wenn Sie auf das Auge ❷ klicken und die Maustaste gedrückt halten, wird Ihnen Ihr Kennwort angezeigt. Dann klicken Sie auf **Weiter** unten am Bildschirm.

Ein Microsoft-Konto unter Windows 7 anmelden

Rufen sie die *Website https://login.live.com/* auf. Klicken Sie auf **Jetzt registrieren**. Geben Sie Ihre persönlichen Daten ein, und klicken Sie auf **Ich stimme zu**. Mit dieser E-Mail-Adresse und Ihrem Kennwort können Sie sich nun bei allen Websites und Diensten von Microsoft anmelden.

Schritt 4

Im nächsten Fenster müssen Sie eine E-Mail-Adresse in das Feld eintragen. Dann klicken Sie wieder auf **Weiter** 3.

Schritt 5

Daraufhin wird ein Fenster angezeigt, in das Sie mehrere Informationen eintragen: ein frei zu wählendes Kennwort, Ihren Namen etc. Klicken Sie dann auf **Weiter** 4 (im nächsten Fenster werden ein paar weitere Informationen abgefragt, hier müssen Sie nicht jedes Feld ausfüllen).

Schritt 6

Nach einem erneuten Klick auf **Weiter** erscheint das Fenster **Fertigstellung**. Die anzuhakenden Optionen können Sie ignorieren und einfach auf **Weiter** klicken. Nach der bei Anmeldungen üblichen Abfrage (Sie wiederholen die angezeigten Buchstaben und Zahlen) klicken Sie im nächsten Fenster auf **Fertigstellen**.

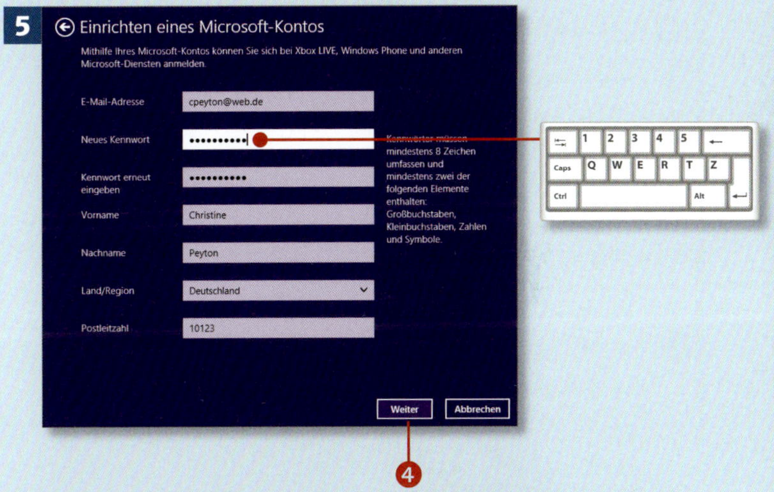

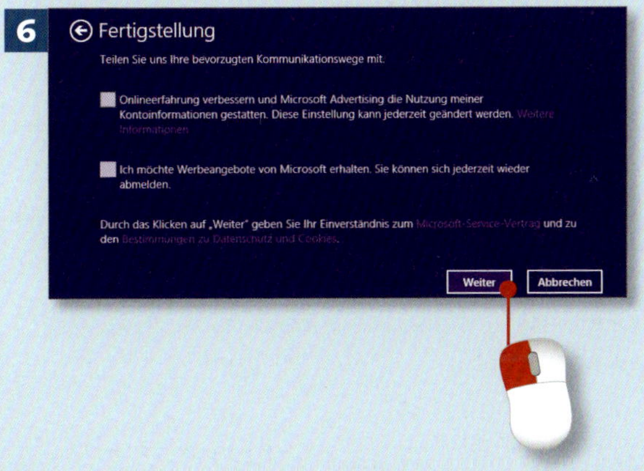

Programme starten und beenden

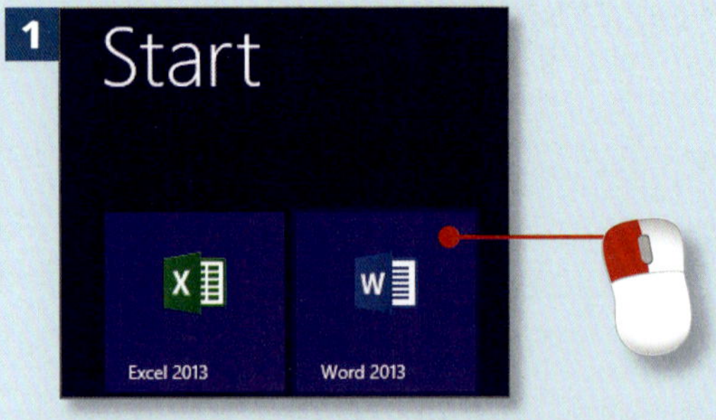

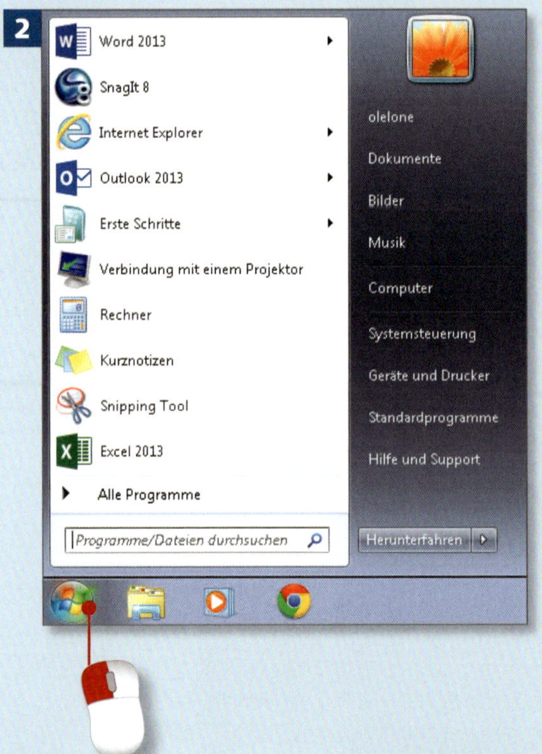

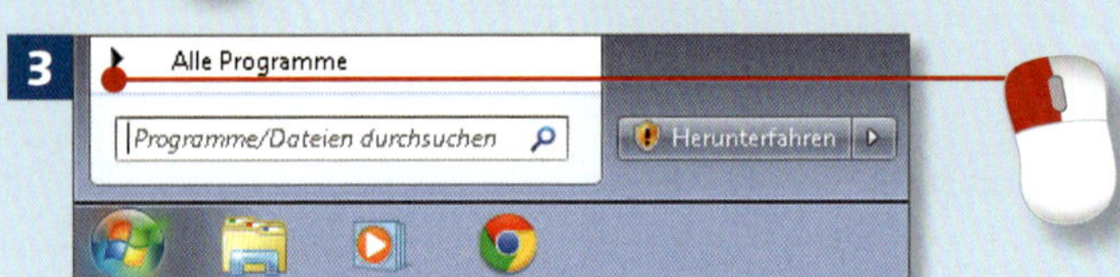

Sie rufen Programme auf, um damit zu arbeiten oder etwas Spezielles zu erledigen. Wenn Sie das Programm nicht mehr benötigen, beenden Sie es.

Schritt 1

Um ein Programm aufzurufen, klicken Sie unter Windows 8 die entsprechende Kachel auf dem Startbildschirm an. Bei einem Touchscreen funktioniert natürlich auch ein Antippen.

Schritt 2

Wenn Ihr PC oder Laptop mit Windows 7 ausgestattet ist, gibt es links unten auf dem Desktop die Schaltfläche **Start**. Klicken Sie auf diese Schaltfläche, um das *Startmenü* zu öffnen. Mit etwas Glück entdecken Sie das gewünschte Programm gleich im Startmenü.

Schritt 3

Wenn Sie das Programm nicht sofort im Startmenü entdecken, öffnen Sie die komplette Auswahl. Dazu klicken Sie im Startmenü auf **Alle Programme**. Sie erhalten dann eine Liste mit allen auf Ihrem Rechner installierten Programmen.

Schritt 4

Wenn die Liste sehr lang ist, gibt es rechts am Menü eine Bildlaufleiste, mit deren Hilfe Sie nach unten *scrollen* können. Dazu zeigen Sie mit der Maus auf den Balken und ziehen ihn mit gedrückter Maustaste nach unten.

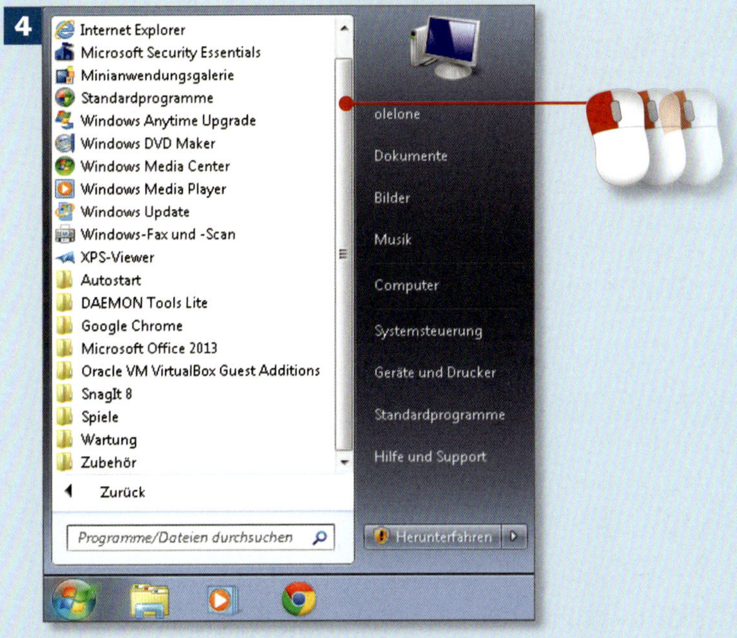

Schritt 5

Manche Programme sind Teil einer Gruppe und werden zunächst mit einem gelben Ordnersymbol angezeigt. Klicken Sie auf dieses Ordnersymbol, um die Liste der Programme aufzuklappen, die sich in dem Ordner befinden.

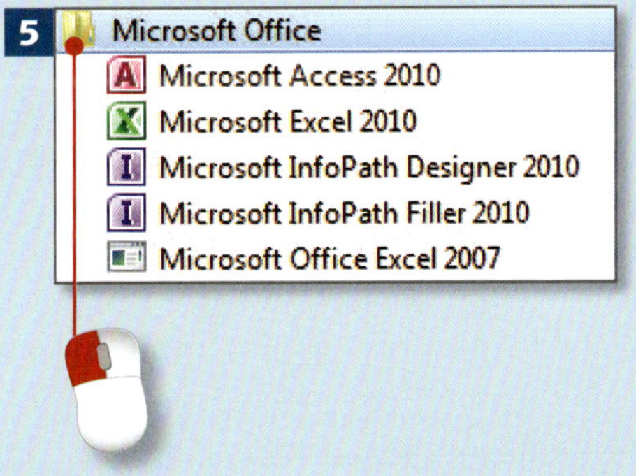

Schritt 6

In vielen geöffneten Programmen (z. B. in Word oder Excel) sehen Sie ganz oben rechts im Programmfenster das sogenannte *Schließkreuz*. Mit einem Klick auf dieses Kreuz werden Programme beendet. Alternativ beenden Sie Programme mit der Tastenkombination Alt+F4.

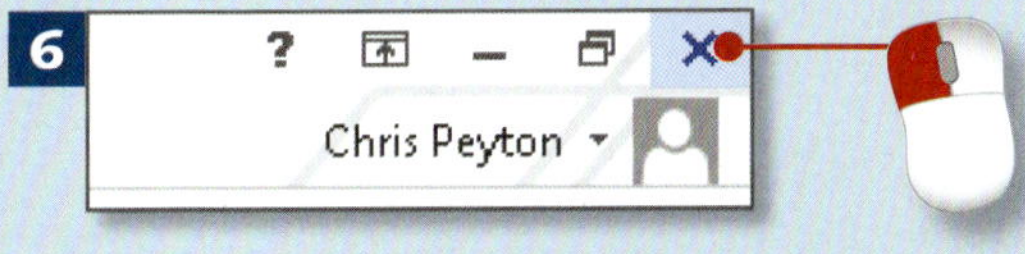

Programme starten und beenden (Forts.)

7

Schritt 7

In manchen Programmen wird mit dem Klick auf das Schließkreuz zunächst nur das aktuelle Dokument geschlossen (falls mehrere geöffnet sind). Erst wenn kein weiteres Dokument geöffnet ist, beendet ein Klick auf das Schließkreuz das Programm.

8
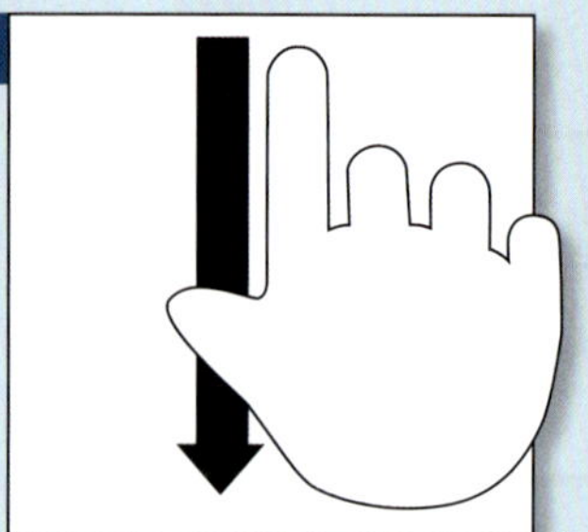

Schritt 8

Programme oder Apps, die den ganzen Bildschirm füllen und kein Schließkreuz besitzen, können Sie bei einem Touchscreen so beenden: Wischen Sie mit der Fingerkuppe vom oberen Rand über den ganzen Bildschirm nach unten.

9

Schritt 9

Mit der Maus können Sie ähnlich vorgehen: zeigen Sie mit der Maus oben an den Bildschirmrand, sodass ein Händchen erscheint. Dann ziehen Sie mit gedrückter Maustaste von oben nach unten.

Sind noch Programme geöffnet?
Wenn Sie Ihren Rechner herunterfahren und es sind noch Programme geöffnet, wird Ihnen dies mitgeteilt. Sie können den Vorgang abbrechen oder auf **Dennoch herunterfahren** klicken.

Schritt 10

Nachdem Sie alle Programme beendet haben, fahren Sie Ihren Rechner herunter. Unter Windows 8 blenden Sie die Charms-Leiste ein und klicken auf **Einstellungen**.

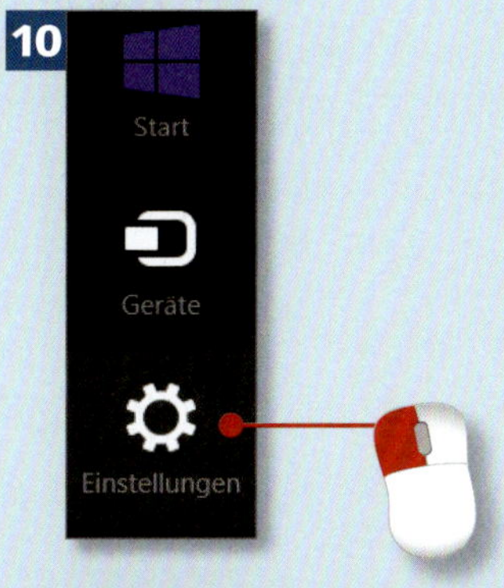

Schritt 11

Im unteren Bereich des nächsten Fensters gibt es das Symbol **Ein/Aus**. Klicken Sie auf dieses Symbol oder tippen Sie es an. Im nächsten kleinen Menü wählen Sie **Herunterfahren** ❶ – oder **Neu starten** ❷, wenn der Rechner kurz heruntergefahren und automatisch wieder gestartet werden soll, etwa nach Programminstallationen.

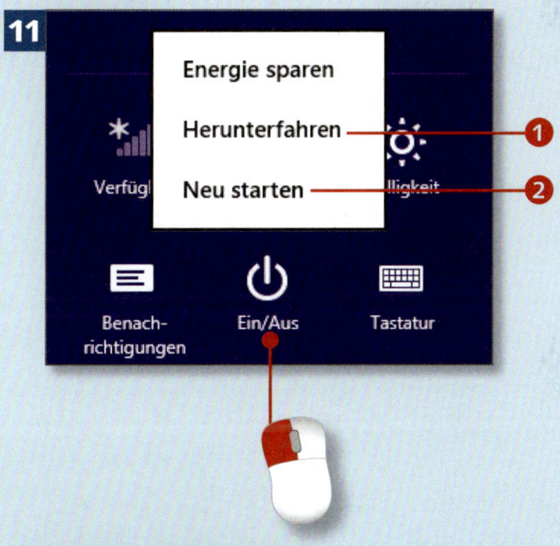

Schritt 12

Unter Windows 7 klicken Sie auf die **Start**-Schaltfläche und dann auf **Herunterfahren**. Wenn Sie daneben auf den Pfeil ❸ klicken, sehen Sie in einem kleinen Menü weitere Optionen, z. B. **Neu starten** ❹. Damit fährt der Rechner herunter und sofort wieder hoch. Meist ist ein Neustart nach der Installation von Programmen oder Updates nötig.

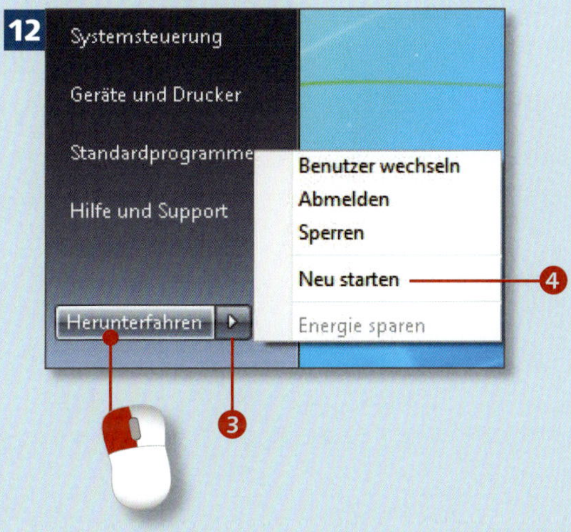

Mit Fenstern umgehen

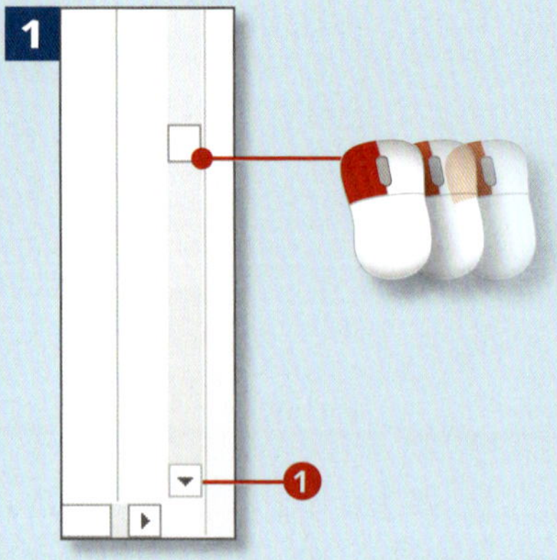

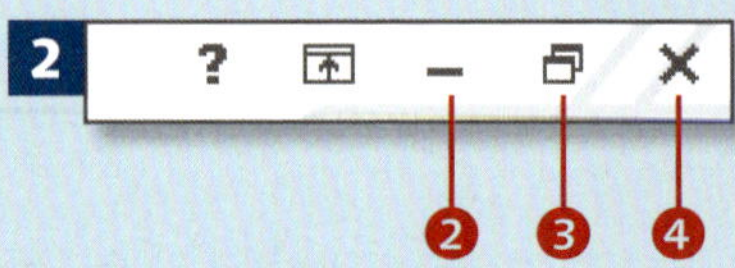

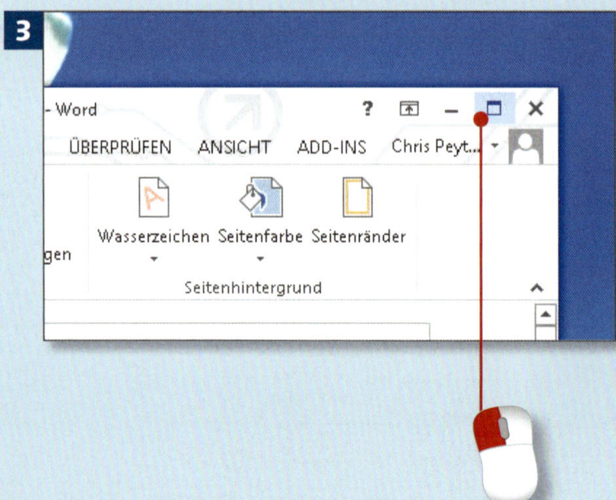

Unter Windows 8 nehmen Apps, die Sie geöffnet haben, den ganzen Bildschirm ein. Es gibt aber auch noch die Programme, die ganz klassisch im Fenster geöffnet werden.

Schritt 1

Um innerhalb eines Fensters zu navigieren, benutzen Sie die Bildlaufleiste am rechten Rand. Verschieben Sie den Balken mit gedrückter Maustaste, oder klicken Sie mehrfach auf einen der Pfeile ❶. Beim Touchscreen können Sie auch einfach mit der Fingerkuppe nach oben oder unten streifen.

Schritt 2

Ganz oben rechts sehen Sie drei Schaltflächen, mit der Sie die Anzeige des Fensters steuern: **Minimieren** ❷, **Verkleinern** ❸ und **Schließen** ❹.

Schritt 3

Wenn Sie auf **Verkleinern** klicken, wird das Programmfenster verkleinert, sodass es nicht mehr die volle Fläche des Bildschirms einnimmt.

Schritt 4

Ein verkleinertes Fenster ist sehr flexibel. Wenn Sie es verschieben möchten, führen Sie den Mauszeiger an den oberen Rand des Fensters, halten die Maustaste gedrückt und ziehen es so an eine andere Stelle des Bildschirms.

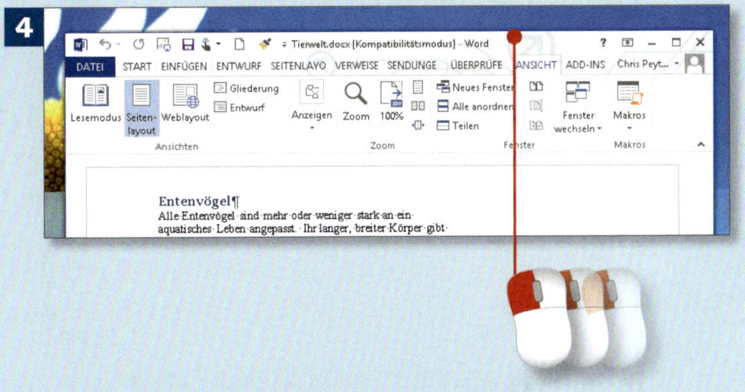

Schritt 5

Die Fenstergröße können Sie verändern. Führen Sie den Mauszeiger an eine der Ecken, sodass der Mauszeiger zu einem Pfeil mit zwei Spitzen wird. Nun halten Sie die Maustaste gedrückt und ziehen den Rand nach innen oder außen.

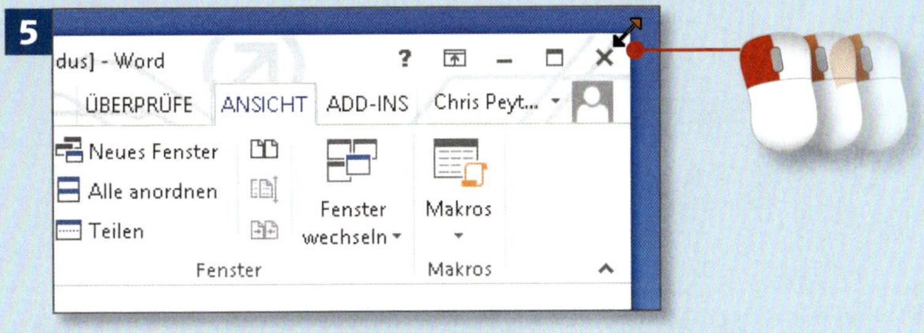

Schritt 6

Wenn Sie, wie beschrieben, an einer der Ecken ziehen, bleiben die Seitenverhältnisse erhalten. Im Prinzip können Sie den Mauszeiger aber auch an alle Seitenränder führen und dann mit gedrückter Maustaste die gewünschte Größe aufziehen.

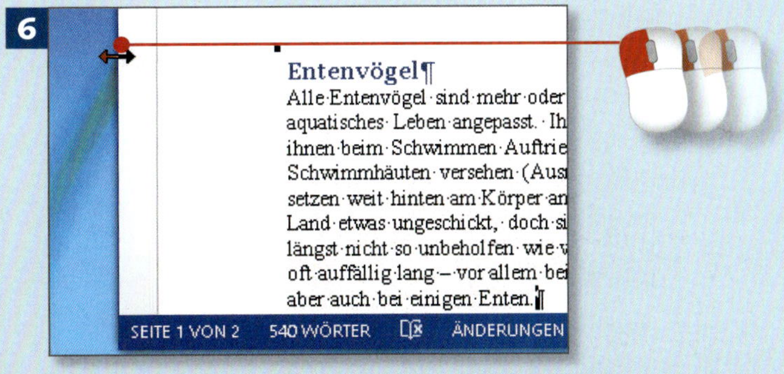

Scrollen mit der Bildlaufleiste
Statt der Pfeile können Sie auch den *Scrollbalken* auf der Bildlaufleiste benutzen. Klicken Sie ihn an, und ziehen Sie damit mit gedrückter Maustaste in die gewünschte Richtung.

Mit Fenstern umgehen (Forts.)

7

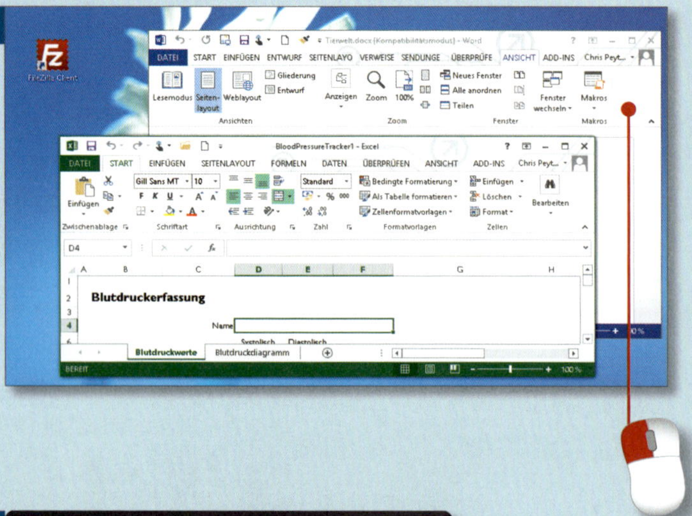

Schritt 7

Wenn Sie mehrere Programmfenster gleichzeitig geöffnet haben und sie verkleinert darstellen lassen, können Sie bequem zwischen den Programmen wechseln. Klicken Sie einfach irgendwo in das Fenster, das Sie zur Bearbeitung aktivieren möchten.

8

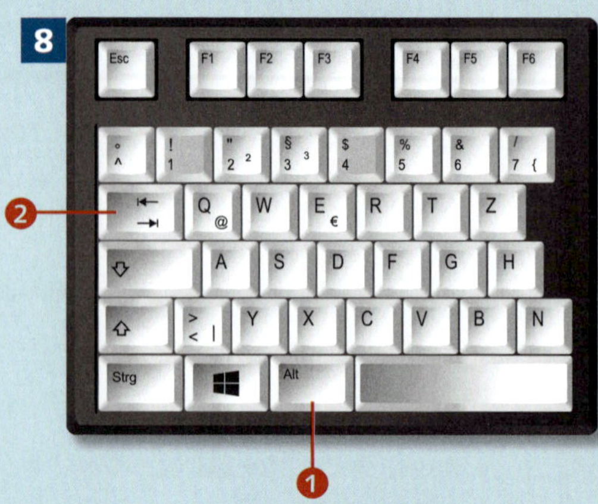

Schritt 8

Sie können zwischen den geöffneten Fenstern auch mit der Tastatur hin und her springen. Dazu halten Sie die Taste [Alt] ❶ gedrückt und drücken gleichzeitig die [⭾]-Taste ❷. Windows blendet in der Bildschirmmitte nun eine verkleinerte Übersicht aller geöffneten Fenster ein.

9

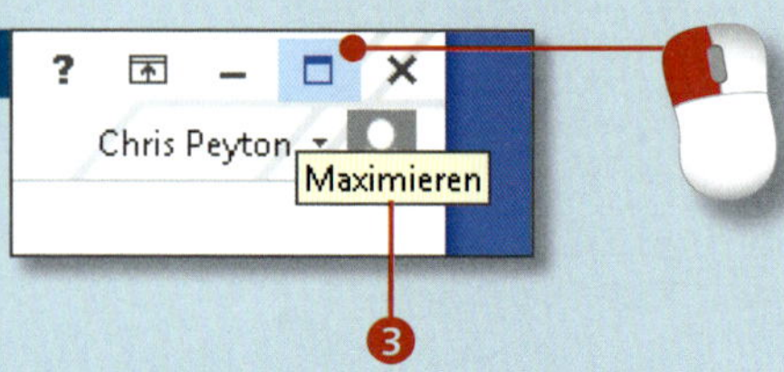

Schritt 9

Um ein verkleinertes Fenster wieder als *Vollbild* darzustellen, klicken Sie oben rechts am Bildschirm auf die Schaltfläche in der Mitte; sie heißt nun **Maximieren**, wie in der kleinen *QuickInfo* ❸ angezeigt wird, wenn Sie den Mauszeiger nur darauf halten, ohne zu klicken.

Schritt 10

Ein Programmfenster lässt sich auch komplett minimieren und als Schaltfläche auf die Taskleiste legen. Dazu klicken Sie auf die kleine Schaltfläche **Minimieren** oben rechts am Bildschirm. In der Taskleiste erscheint nun eine Schaltfläche mit der Bezeichnung des Programms.

10

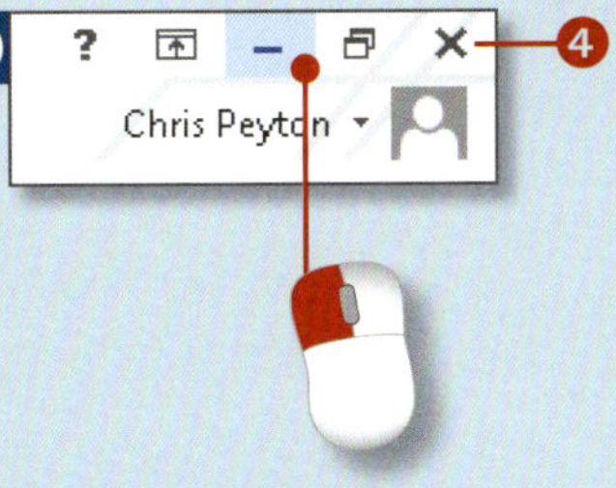

Schritt 11

Ein Programm, das Sie als Schaltfläche in der Taskleiste abgelegt haben, kann jederzeit wieder in einem Fenster bzw. als Vollbild dargestellt werden. Klicken Sie dazu einfach mit der Maus auf diese Schaltfläche. Voilà, das Programm ist wieder da.

11

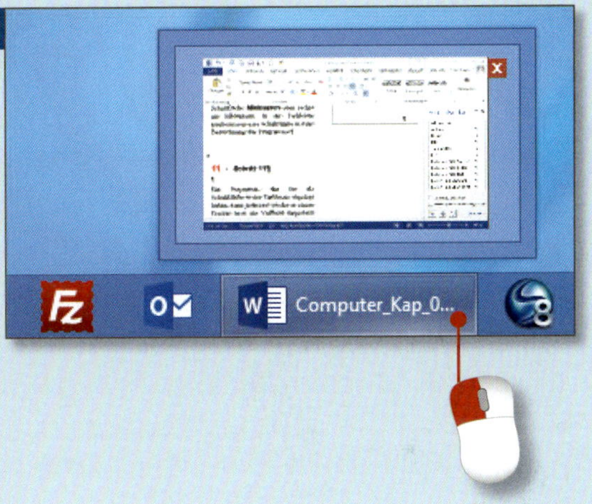

Schritt 12

Zum Schließen eines Fensters klicken Sie auf das Schließkreuz ❹ oben rechts. Den Befehl **Fenster schließen** sehen Sie auch, wenn Sie die Programmschaltfläche in der Taskleiste mit der rechten Maustaste anklicken.

12

Minimieren, nicht beenden!
Beachten Sie, dass Sie ein Programm nicht schließen, wenn Sie auf **Minimieren** klicken. Es bleibt geöffnet, wird aber nicht mehr in einem Fenster dargestellt.

Kapitel 4
Mit Dateien arbeiten

Ähnlich wie Sie Ihre Briefe, Formulare, Steuerbescheide etc. nicht einfach in einer großen Schublade verschwinden lassen, sondern diese Dokumente in passende Aktenordner einsortieren, so schaffen Sie auch auf Ihrem Computer eine Ablage für Ihre Dateien. Der Windows-Explorer steht Ihnen dabei hilfreich zur Seite.

Der Datei-Explorer
Mithilfe des Datei-Explorers ❶ können Sie sich die gesamte Organisationsstruktur Ihres Computers anzeigen lassen. Sie erkennen, welche Laufwerke und Ordner es gibt und wo die Dateien gespeichert sind.

Dateien richtig ablegen
Im Datei-Explorer können Sie neue Ordner erstellen, Dateien löschen, sie in andere Ordner verschieben ❷ oder z. B. auf einen USB-Stick kopieren. Diese Handgriffe lernen Sie in diesem Kapitel kennen.

Ihre Arbeit sichern
Wenn Sie Ihre Arbeit am Computer behalten möchten, müssen Sie sie speichern ❸. Dadurch entstehen Dateien. Veränderungen an den Dateien brauchen Sie dann nur nachzuspeichern. Auf diese Weise sorgen Sie dafür, dass Sie immer den aktuellen Stand sichern.

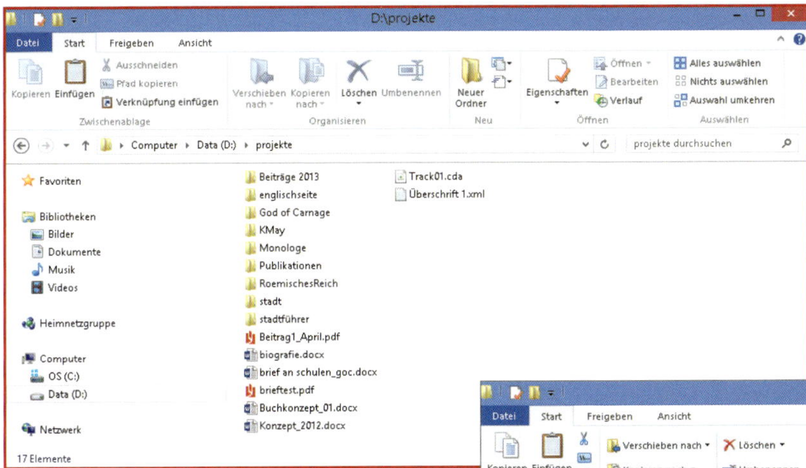

1 Der Datei-Explorer zeigt Ihnen die Organisation Ihres Computers.

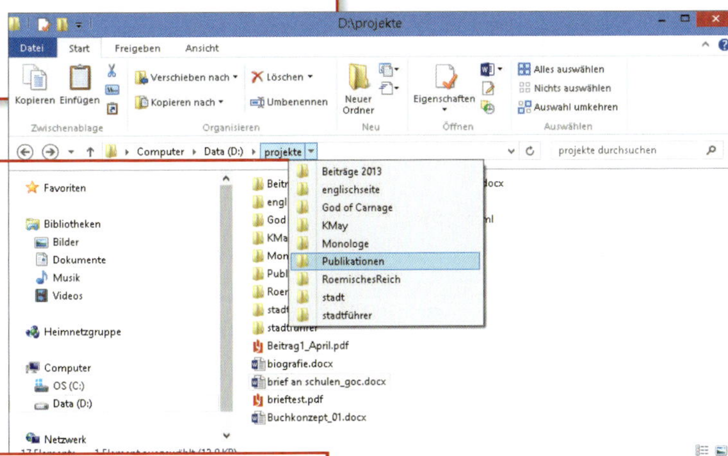

2 Im Datei-Explorer können Sie Dateien in andere Ordner verschieben.

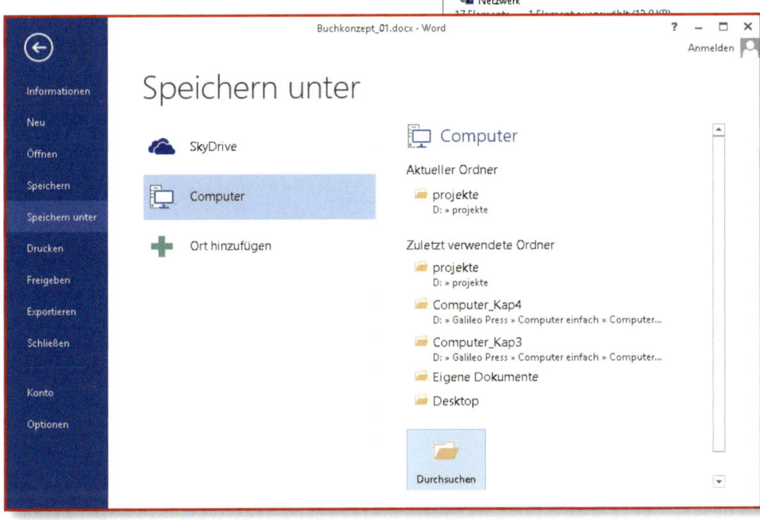

3 Speichern Sie Ihre Dokumente, damit sie nicht mit Ausschalten des Computers verloren gehen.

Dateien und Ordner anzeigen lassen

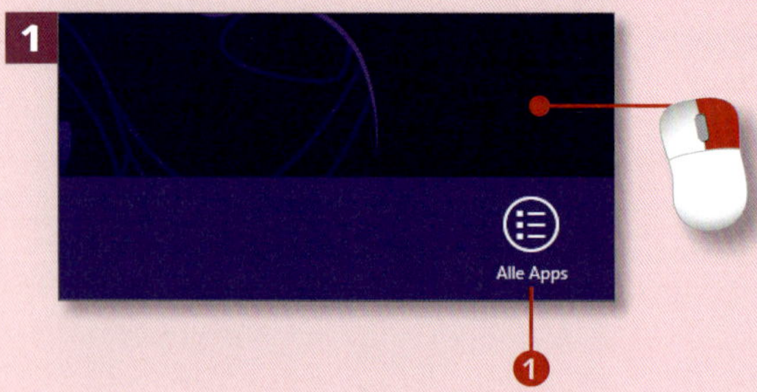

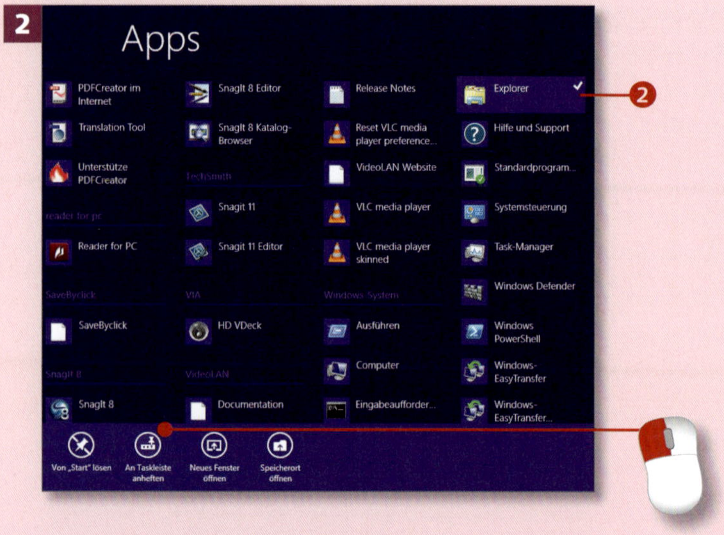

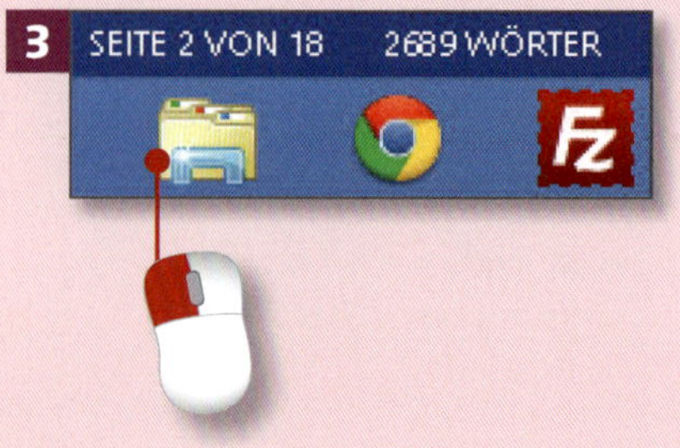

Der Datei-Explorer bietet einen Überblick über Elemente auf Ihrem Computer; hier sehen Sie Laufwerke, die Ordnerstruktur und Ihre Dateien.

Schritt 1

Klicken Sie mit der rechten Maustaste irgendwo auf den Startbildschirm. Blenden Sie nun über das Symbol **Alle Apps** ❶ die Apps auf Ihrem Rechner ein.

Schritt 2

Unter der Überschrift **Windows-System** entdecken Sie den Eintrag **Explorer** ❷. Legen Sie das Symbol am besten auf die Taskleiste.

Schritt 3

Über das Symbol in der Taskleiste können Sie den Explorer ganz einfach öffnen; klicken Sie das Symbol dazu mit der linken Maustaste an.

Öffnen unter Windows 7
Unter Windows 7 klicken Sie die **Start**-Schaltfläche mit der rechten Maustaste an und dann mit links auf den Eintrag **Windows-Explorer öffnen**.

Schritt 4

Der Datei-Explorer öffnet sich in einem eigenen Fenster. Das Fenster ist zweigeteilt. Auf der linken Seite sehen Sie in einer Art Baumstruktur die Organisation Ihres Computers: Laufwerke, Ordner ❸ und Unterordner ❹.

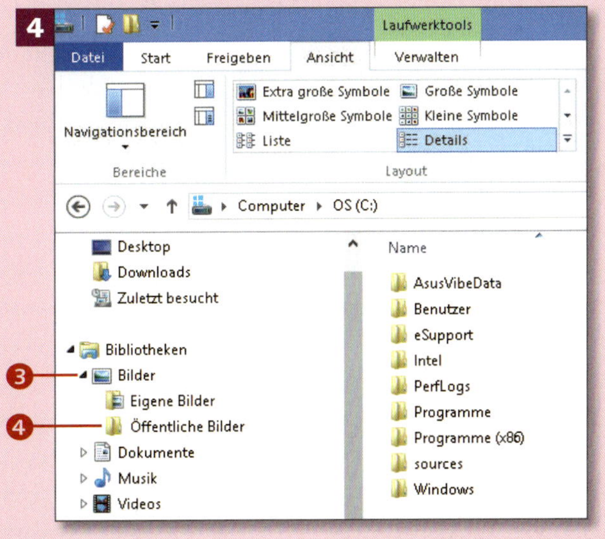

Schritt 5

Ordnereinträge, die Unterordner enthalten, haben links einen kleinen Pfeil. Wenn Sie auf diesen Pfeil klicken, erscheinen die Unterordner, die sich in dem nun »geöffneten« Ordner befinden. Um den Ordner wieder zu schließen, klicken Sie erneut auf den Pfeil.

Schritt 6

Auf der rechten Seite sehen Sie den Inhalt des aktuellen Ordners ❺. Dies können Dateien ❻, aber auch Unterordner ❼ sein. Hier öffnen Sie einen Ordner per Doppelklick.

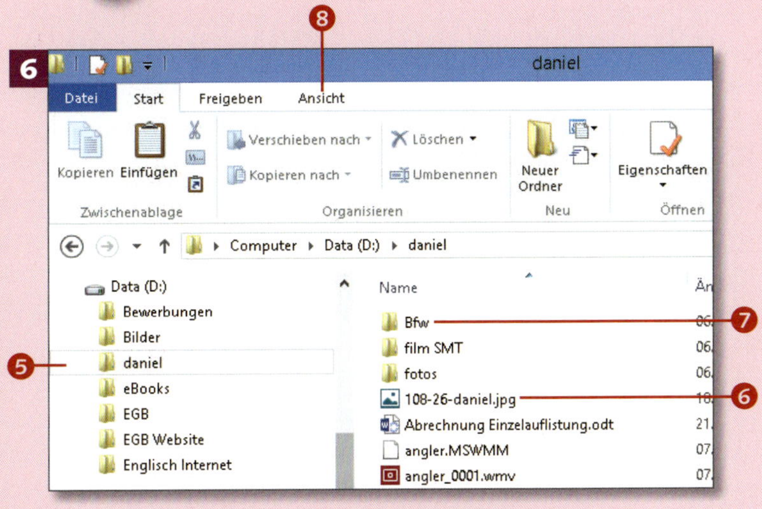

Die Darstellung ändern

Sie können im Datei-Explorer unterschiedliche Darstellungen für Ordner und Dateien wählen. Klicken Sie auf den Menüpunkt **Ansicht** ❽, und wählen Sie hier z. B. **Große Symbole**, **Kleine Symbole** oder **Liste**.

Dateien löschen, verschieben und kopieren

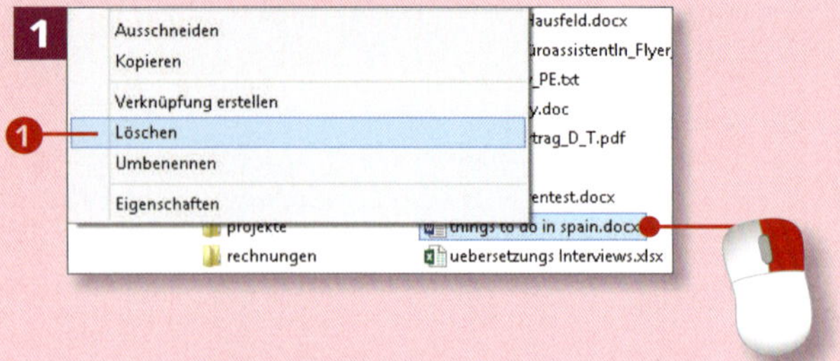

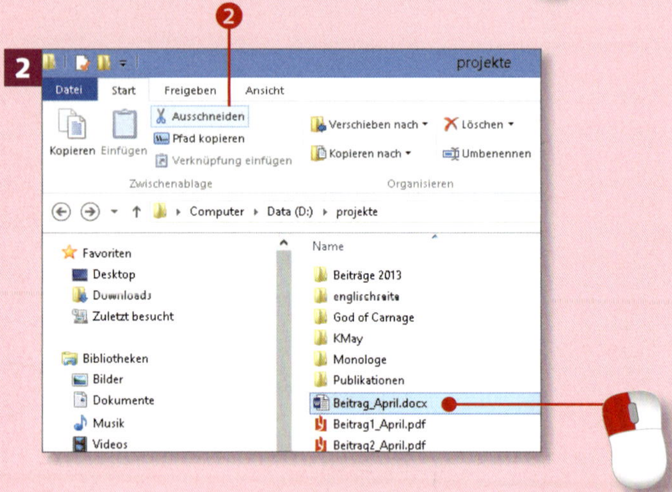

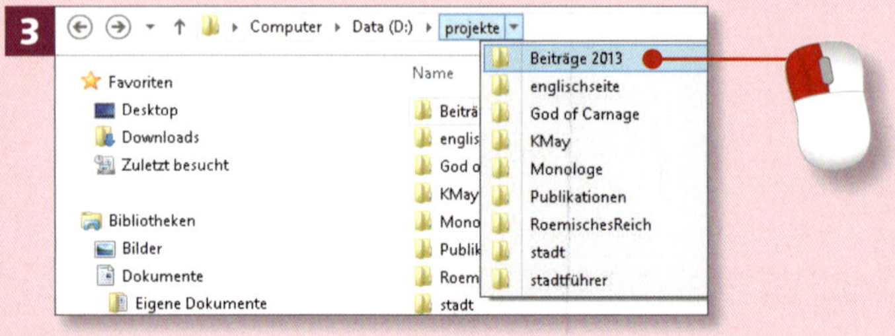

Wenn Sie mit dem Computer arbeiten, sammeln sich sehr schnell eine Menge Dateien an. Um nicht den Überblick zu verlieren, muss man von Zeit zu Zeit aufräumen.

Schritt 1

Dateien, die Sie nicht dauerhaft brauchen, können Sie natürlich löschen. Klicken Sie die Datei im Datei-Explorer mit der rechten Maustaste an, und wählen Sie im Kontextmenü **Löschen** ❶.

Schritt 2

Um eine Datei zum Aufräumen in einen anderen Ordner zu legen, markieren Sie sie, und klicken Sie auf der Registerkarte **Start** des Datei-Explorers (oder im Kontextmenü der Datei) auf das Symbol **Ausschneiden** ❷.

Schritt 3

Nun müssen Sie zum Zielordner wandern. Dazu nutzen Sie die Pfeile in der Navigationsleiste. Die Unterordner des jeweiligen Ordners tauchen im Menü auf. Klicken Sie mit der Maus auf den neuen Speicherort.

Löschen mit der Tastatur

Sehr praktisch ist es, eine Datei einfach zu löschen, indem Sie sie anklicken und dann die Entf-Taste drücken.

Schritt 4

Danach klicken Sie auf der Registerkarte **Start** auf den Befehl **Einfügen**. Die Datei landet daraufhin in dem neuen Ordner. Sie können auch einfach mit einem Rechtsklick das Kontextmenü aufrufen und hier auf **Einfügen** klicken.

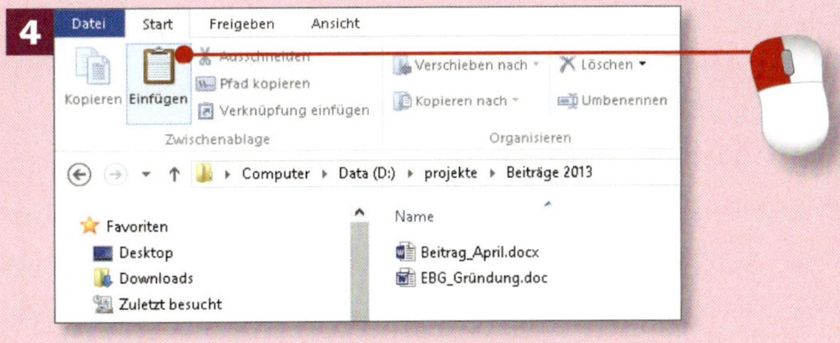

Schritt 5

Wenn Sie mit der Maus schon recht geschickt umgehen, können Sie eine Datei auch in den Zielordner »ziehen« (*Drag & Drop*). Markieren Sie die Datei ❸ mit einem Mausklick und ziehen Sie sie mit gedrückter Maustaste auf das Symbol des Zielordners. Lassen Sie die Maustaste dann los.

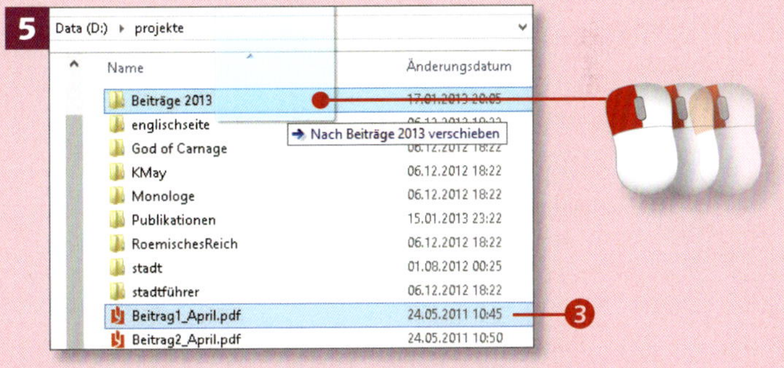

Schritt 6

Zum Ausschneiden können Sie auch die Tastenkombination `Strg` + `X` nutzen (halten Sie dazu die `Strg`-Taste ❹ gedrückt, und drücken Sie dann `X`). Öffnen Sie dann mit einem Doppelklick den Zielordner und drücken Sie zum Einfügen die Tastenkombination `Strg` + `V`.

Der Papierkorb

Dateien, die Sie löschen, verschwinden nicht komplett, sondern landen zunächst im Papierkorb, aus dem sie auch wieder »herausgeholt« werden können. Den Ordner Papierkorb finden Sie im Datei-Explorer unter **Favoriten ▸ Desktop**.

Dateien löschen, verschieben und kopieren (Forts.)

7

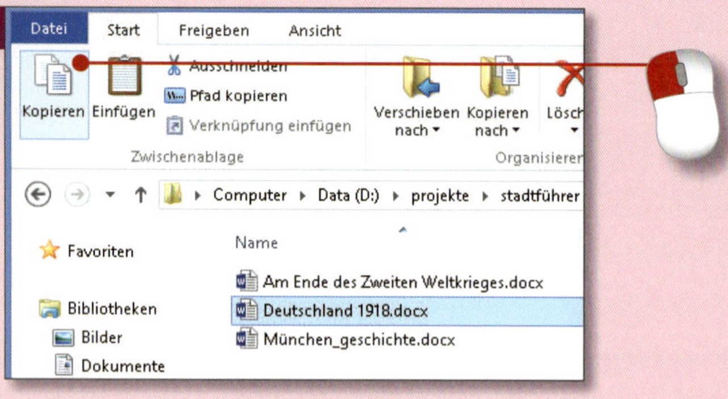

Schritt 7

Wenn Sie Dateien ausschneiden, werden diese aus dem Ursprungsordner entfernt. Sie können Dateien aber auch kopieren, sodass das Original an Ort und Stelle bleibt. Dazu wählen Sie die Datei aus und klicken auf der Registerkarte **Start** auf **Kopieren**.

8

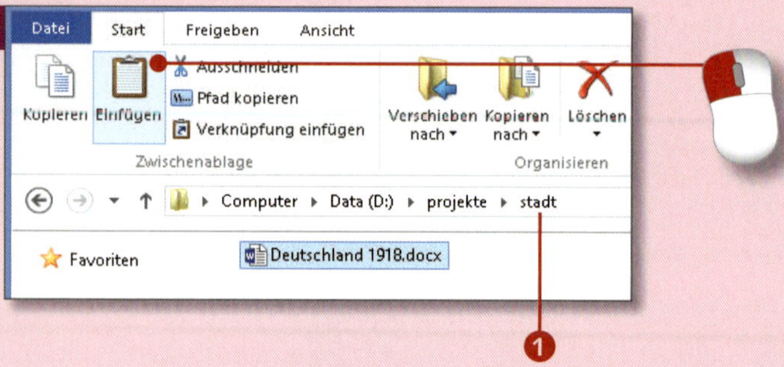

Schritt 8

Nun verfahren Sie, wie gehabt: Öffnen Sie den Zielordner und klicken Sie auf **Einfügen**. Achten Sie beim Einfügen immer auf die Adressleiste: Der als letztes angezeigte Ordner ❶ ist der geöffnete.

9

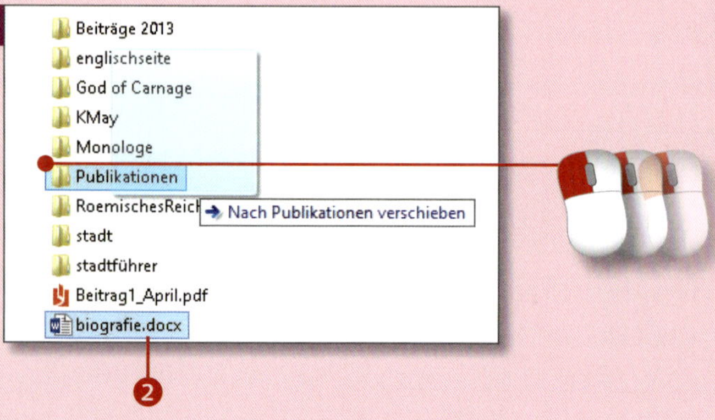

Schritt 9

Wenn Sie eine Datei mit der »Zieh-Methode« kopieren möchten, müssen Sie die Datei ❷ mit der rechten Maustaste anklicken, und sie mit gedrückter Maustaste zum Zielort ziehen.

Zwischenablage
Dateien, die Sie ausschneiden oder kopieren, wandern zunächst, also bis sie eingefügt werden, in die sogenannte *Zwischenablage*, wo sie gesammelt werden.

Schritt 10

Sobald Sie die rechte Maustaste loslassen, erscheint ein kleines Menü. Klicken Sie auf **Hierher kopieren**, damit die Datei auch am Ursprungsort erhalten bleibt. Um die Datei komplett zu verschieben, klicken Sie auf **Hierher verschieben** ❸.

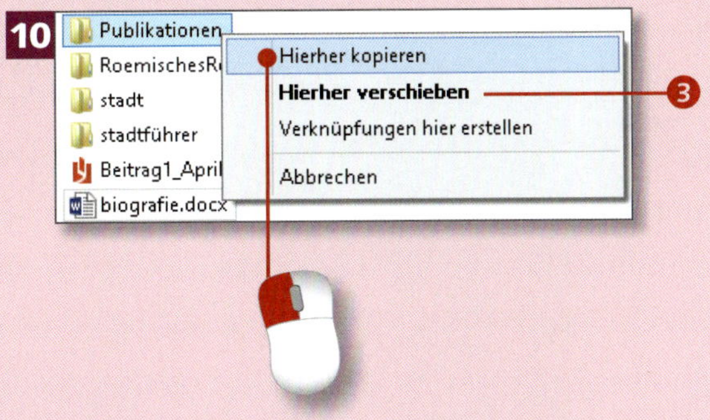

Schritt 11

Der neue Datei-Explorer bietet einen weiteren, sehr bequemen Weg zum Kopieren/Ausschneiden: die Funktionen **Verschieben nach** und **Kopieren nach**, zu finden auf der Registerkarte **Start**.

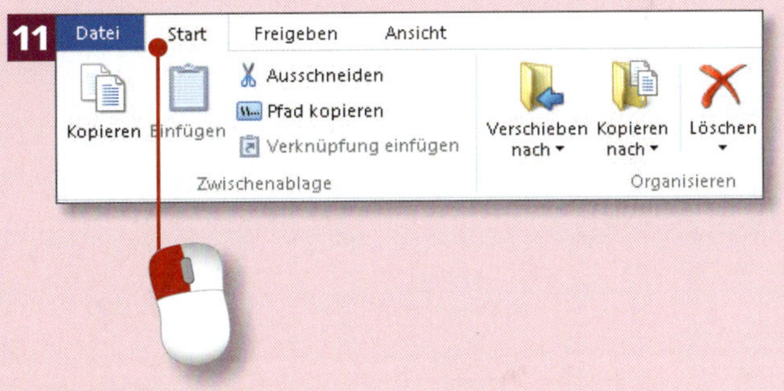

Schritt 12

Markieren Sie die Datei, die Sie ausschneiden oder kopieren möchten, und klicken Sie auf den Pfeil am Symbol **Verschieben nach** (zum Ausschneiden) oder **Kopieren nach**, und klicken Sie in der Auswahlliste auf den gewünschten Zielordner oder auf **Speicherort auswählen** ❹.

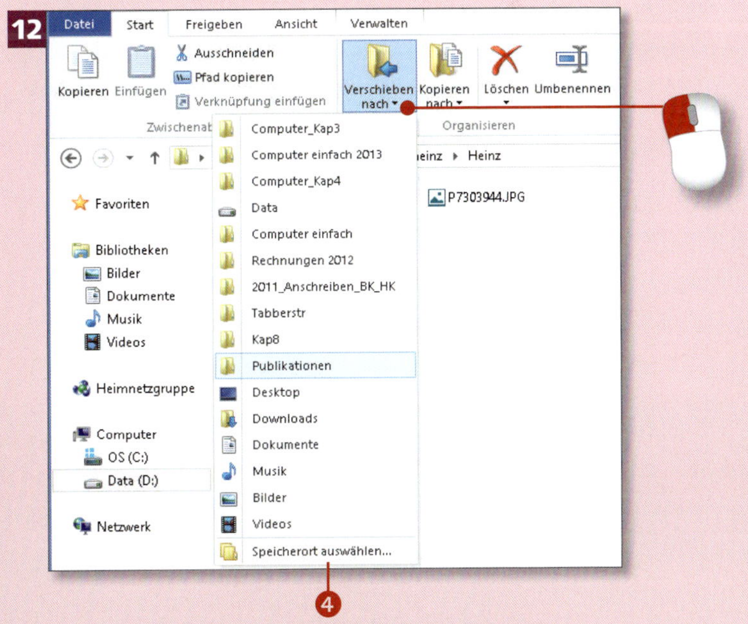

Kopieren mit der Tastatur

Markieren Sie die Datei mit einem Klick, halten Sie die [Strg]-Taste gedrückt, und drücken Sie [C]. Dann öffnen Sie den Zielordner und drücken zum Einfügen [Strg] + [V].

Dateien speichern – lokal oder in der Cloud

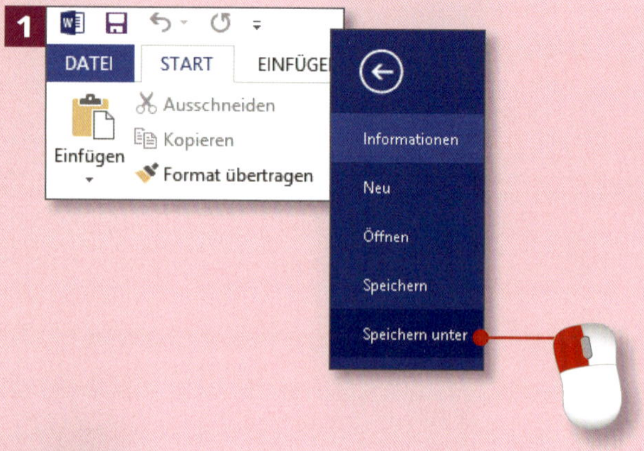

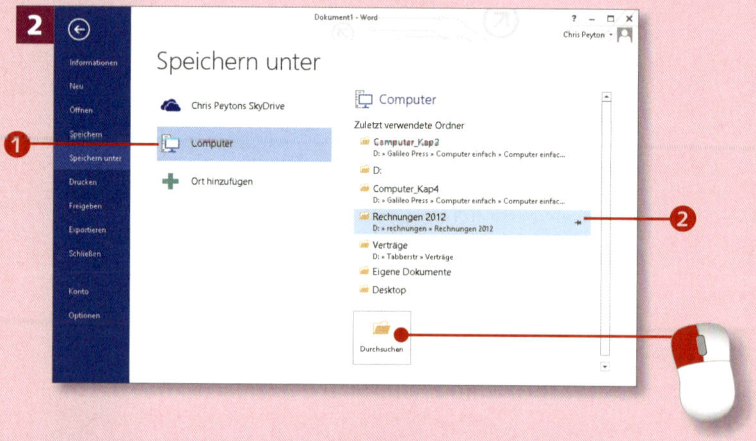

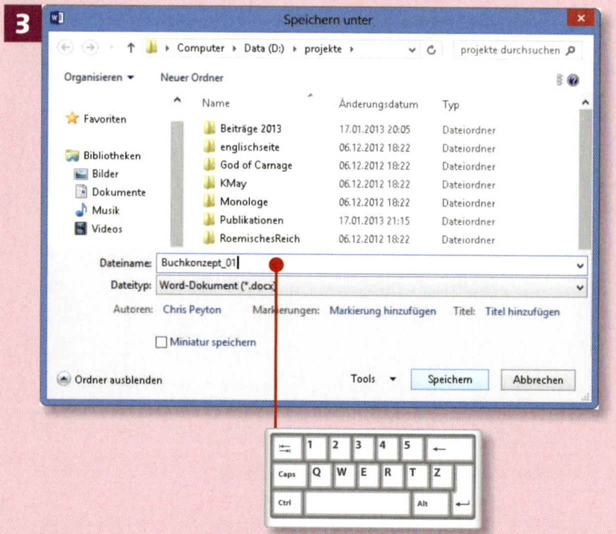

Sie sollten das Ergebnis Ihrer Arbeit (einen Text, eine Zeichnung) speichern, da es sonst mit dem Ausschalten des Computers verloren gehen kann.

Schritt 1

Sie haben in Microsoft Word einen Brief geschrieben und möchten ihn speichern. Klicken Sie im Programmfenster auf den Reiter **Datei**, und wählen Sie dann **Speichern unter**.

Schritt 2

Nun sehen Sie das Fenster **Speichern unter**. Um die Datei lokal auf Ihrem Rechner zu speichern, markieren Sie **Computer** ❶. Im rechten Bereich klicken Sie auf den Zielordner ❷, sofern er in der Liste auftaucht. Ansonsten klicken Sie auf **Durchsuchen**.

Schritt 3

In beiden Fällen wird der Dialog **Speichern unter** geöffnet. Im Feld **Dateiname** geben Sie einen passenden, frei wählbaren Namen für die Datei ein.

Schritt 4

Den Dateityp, der anzeigt, zu welchem Programm eine Datei gehört, geben Sie nicht mit ein. Die Programme vergeben ihren »Familiennamen« (die Buchstaben hinter dem Punkt) beim Speichern selbst.

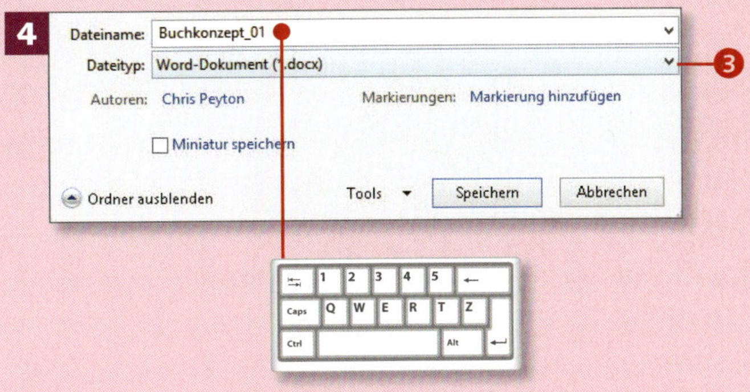

Schritt 5

In Grenzen können Sie den Typ der Datei auch selbst bestimmen und sie z. B. im Format einer älteren Programmversion speichern. Dazu klicken Sie auf den Pfeil ❸ am Feld **Dateityp** und wählen den gewünschten Typ aus (z. B. ***.doc** für Word-2003-Dokument).

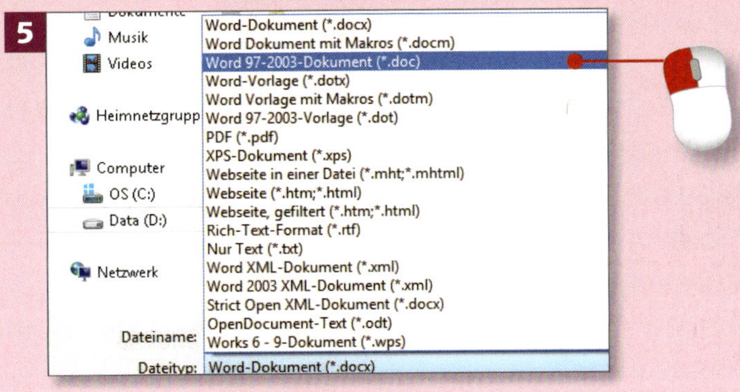

Schritt 6

Als Speicherort ist meist der Windows-Ordner **Dokumente** eingestellt (zu sehen an der Navigationsleiste ❹). Wenn Sie die Datei woanders speichern möchten, wandern Sie über die Navigationspfeile zum gewünschten Ordner.

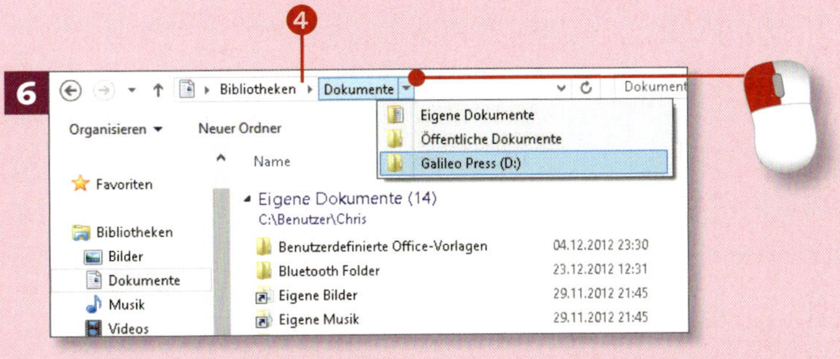

Dateiname in der Titelleiste

Ob ein Dokument bereits gespeichert wurde, können Sie u. a. daran erkennen, dass der Dateiname oben in der Titelleiste des Programms aufgeführt wird.

Dateien speichern – lokal oder in der Cloud (Forts.)

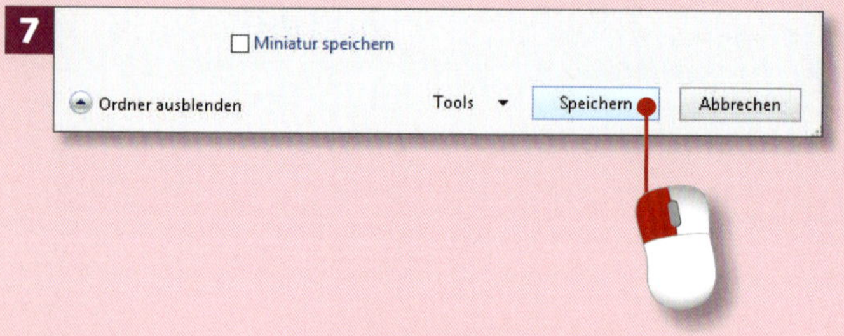

Schritt 7

Nachdem Sie den richtigen Ordner festgelegt haben, klicken Sie im Dialog **Speichern unter** auf **Speichern**. Das Dokument ist dann als Datei gespeichert.

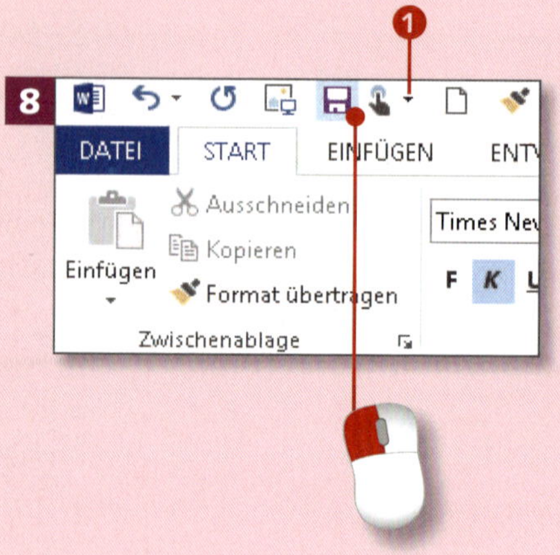

Schritt 8

Veränderungen und Ergänzungen der nun bestehenden Datei müssen Sie einfach nur »nachspeichern«. Dazu klicken Sie auf die Schaltfläche **Speichern** oder auf **Speichern** im Register **Datei**. Sollte die Schaltfläche nicht in der Schnellsymbolleiste angezeigt werden, packen Sie sie dazu (Klick auf den Pfeil rechts ❶ an der Leiste).

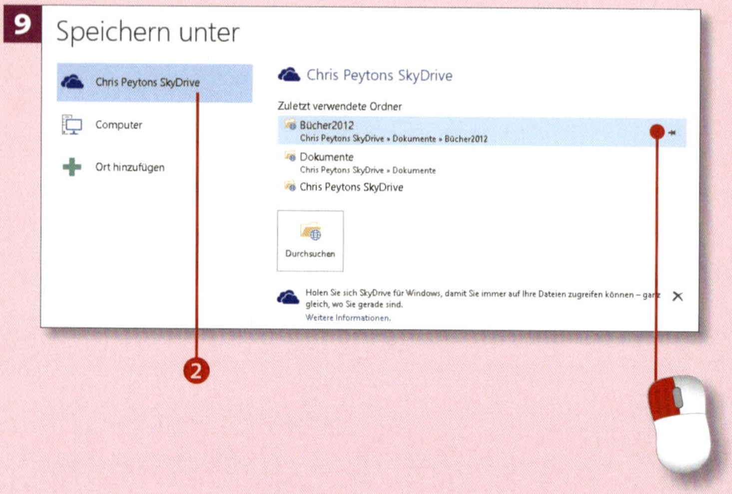

Schritt 9

Statt lokal, können Sie ein Dokument auch im Internet, in der sogenannten *Cloud*, genaugenommen in SkyDrive von Microsoft, speichern. Dazu markieren Sie im Fenster **Speichern unter** die Option **SkyDrive** ❷ und klicken rechts auf den gewünschten Ordner.

Schnell speichern
Wenn ein Dokument noch nicht gespeichert wurde, ruft auch ein Mausklick auf das Diskettensymbol den Dialog **Speichern unter** auf.

Schritt 10

Daraufhin wird die Verbindung mit dem Server hergestellt und der Dialog **Speichern unter** geöffnet. Hier verfahren Sie genauso wie zuvor beim lokalen Speichern beschrieben.

Schritt 11

Auf Dokumente, die in SkyDrive gespeichert sind, können andere Menschen zugreifen. Aber Sie müssen ihnen Zugang gewähren, indem Sie sie einladen. Klicken Sie im Register **Datei** auf **Freigeben**.

Schritt 12

Im Fenster **Freigeben** tragen Sie im Feld **Personen einladen** die E-Mail-Adresse ein ❸. In dem Feld daneben können Sie festlegen, ob das Dokuments bearbeitet werden darf oder nicht ❹. Dann klicken Sie auf **Freigeben**.

10

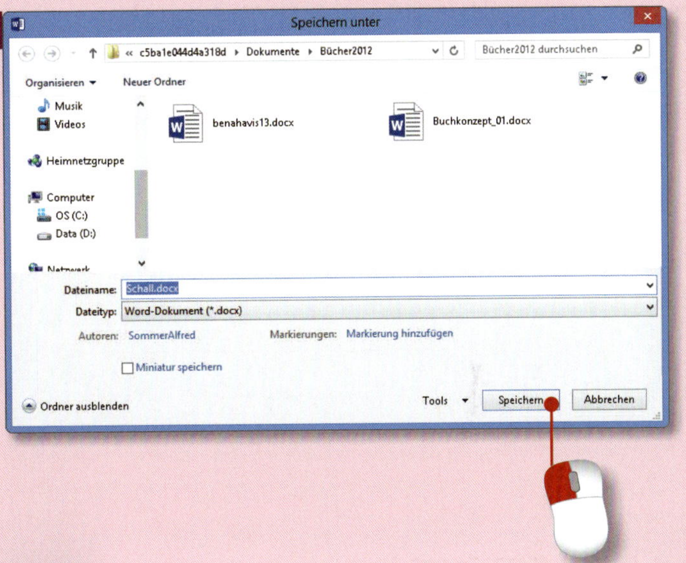

11

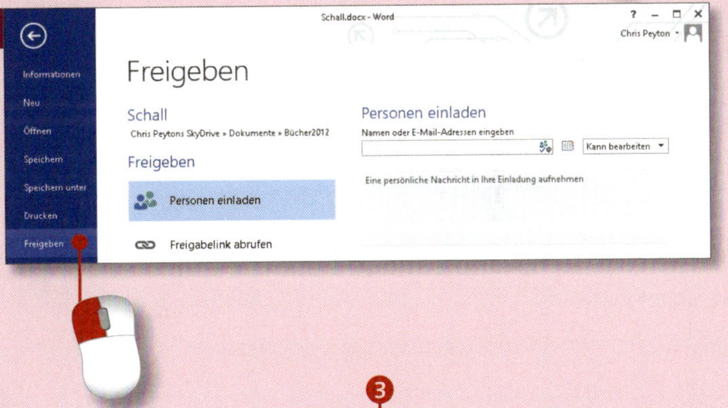

12

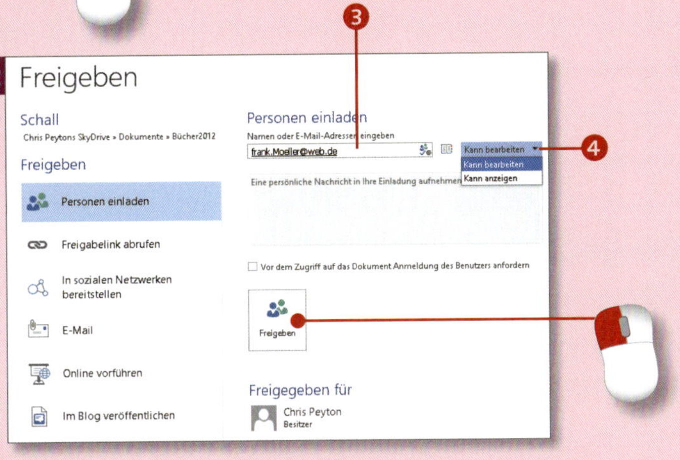

In SkyDrive speichern
In der Cloud zu speichern setzt natürlich voraus, dass Sie mit dem Internet verbunden sind und dass Sie ein Microsoft-Konto haben. Diesen Vorgang beschreiben wir im Abschnitt, »Ein Microsoft-Konto eröffnen« ab Seite 54.

Ordner anlegen, verschieben und löschen

1

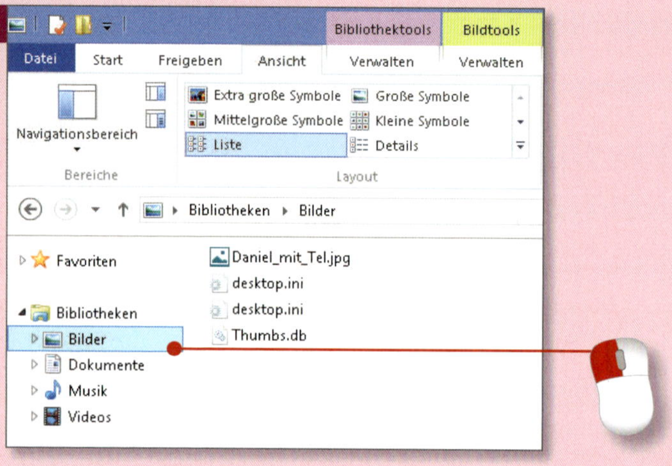

2

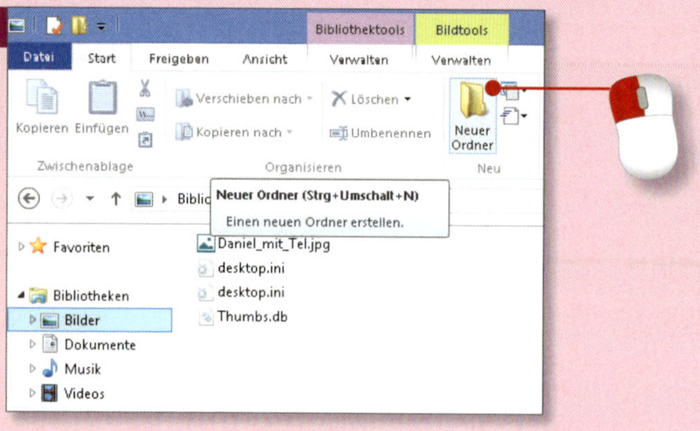

3

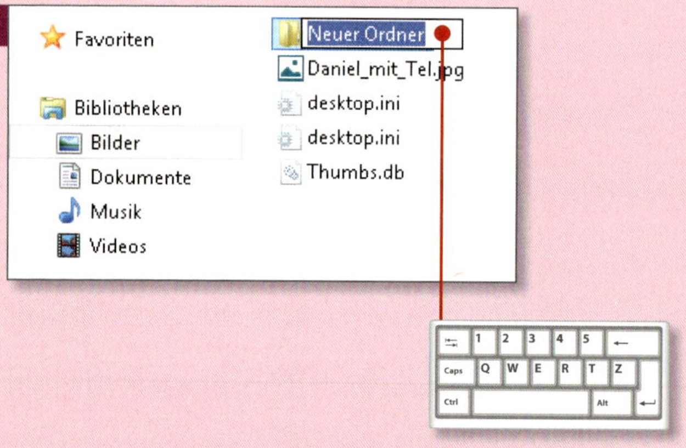

In diesem Abschnitt zeigen wir Ihnen, wie Sie mithilfe von Ordnern eine übersichtliche Ablage für Ihre Dateien schaffen.

Schritt 1

Rufen Sie den Datei-Explorer auf. Um einen neuen Ordner anzulegen, markieren Sie als Erstes per Mausklick den Ordner, der einen neuen Unterordner erhalten soll, z. B. **Bilder**.

Schritt 2

Klicken Sie dann auf die Schaltfläche **Neuer Ordner**. Wenn Sie die Maus nur auf diese Schaltfläche führen, ohne zu klicken, erscheint die QuickInfo **Einen neuen Ordner erstellen**.

Schritt 3

Nun taucht ein neuer Ordner mit der vorgegebenen Beschriftung **Neuer Ordner** auf. Überschreiben Sie diese Bezeichnung, indem Sie einen neuen Namen eintippen (ohne in das Feld zu klicken) und die ↵-Taste drücken. Schon sind Sie im Besitz eines neuen Ordners.

Schritt 4

Wenn Sie diesen Ordner nun weiter unterteilen möchten, öffnen Sie ihn mit einem Doppelklick und verfahren dann, wie in Schritt 2 und Schritt 3 beschrieben.

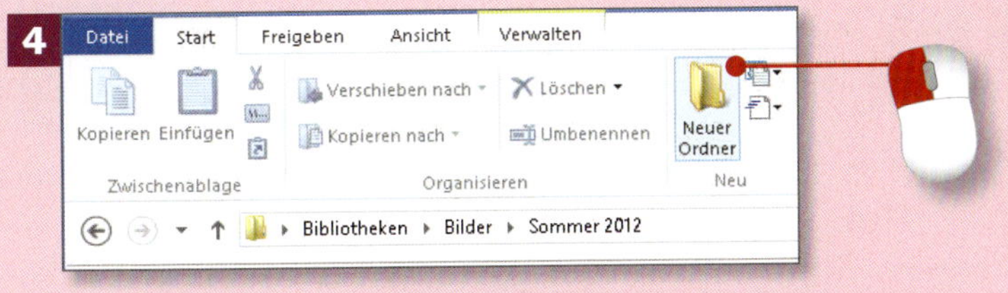

Schritt 5

Um einen Ordner zu verschieben, gehen Sie vor wie beim Verschieben von Dateien (siehe Abschnitt »Dateien löschen, verschieben und kopieren« ab Seite 68). Sie schneiden den Ordner aus ❶, öffnen den Zielordner und fügen den ausgeschnittenen Ordner mit dem Symbol **Einfügen** wieder ein ❷.

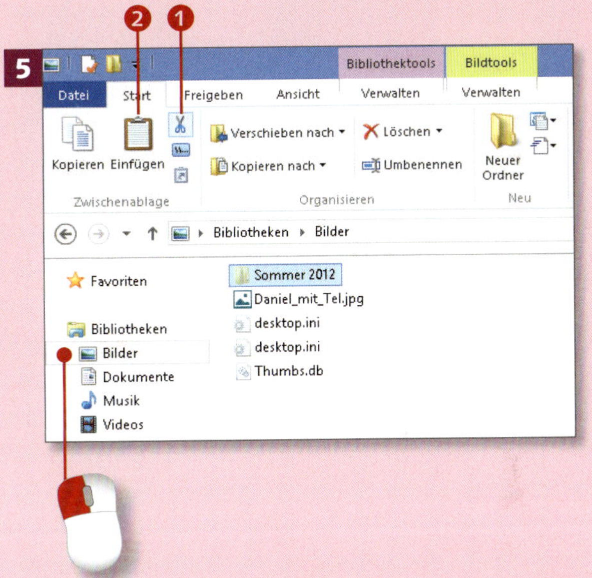

Schritt 6

Um einen nicht mehr benötigten Ordner zu löschen, markieren Sie ihn mit einem Mausklick und drücken die Entf-Taste. Alternativ klicken Sie auf der Registerkarte **Start** auf die Schaltfläche **Löschen** ❸.

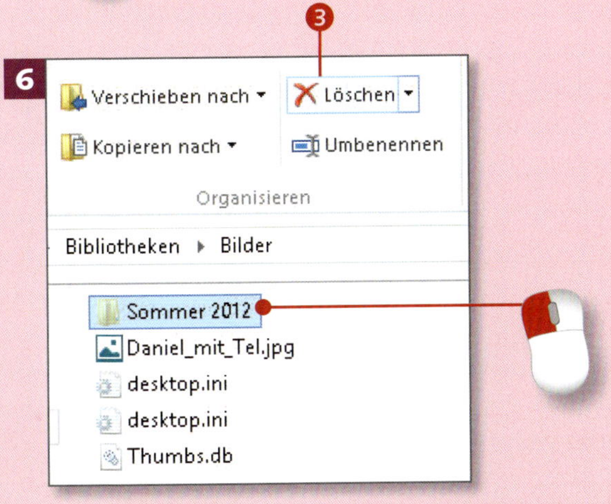

»Verbotene« Zeichen

Vermeiden Sie bei der Eingabe eines Ordnernamens diese Zeichen: /, \, :, ?, > und <. Sie werden von Windows nicht akzeptiert.

Dateien öffnen und suchen

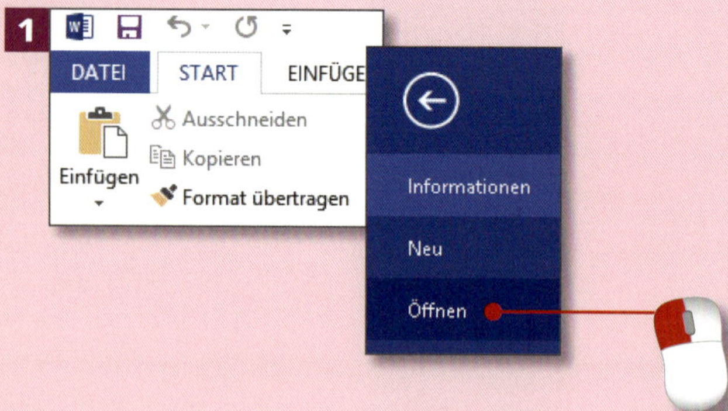

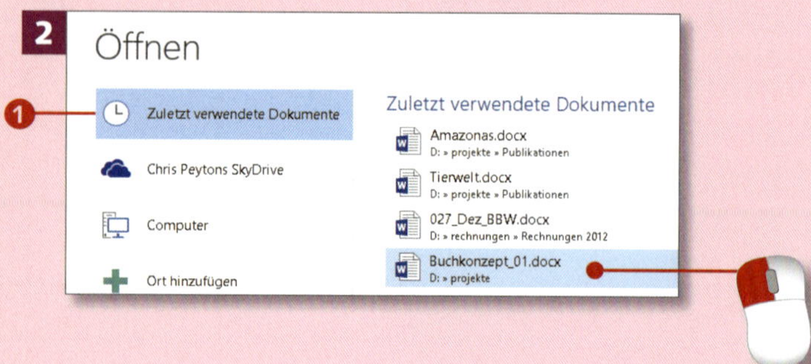

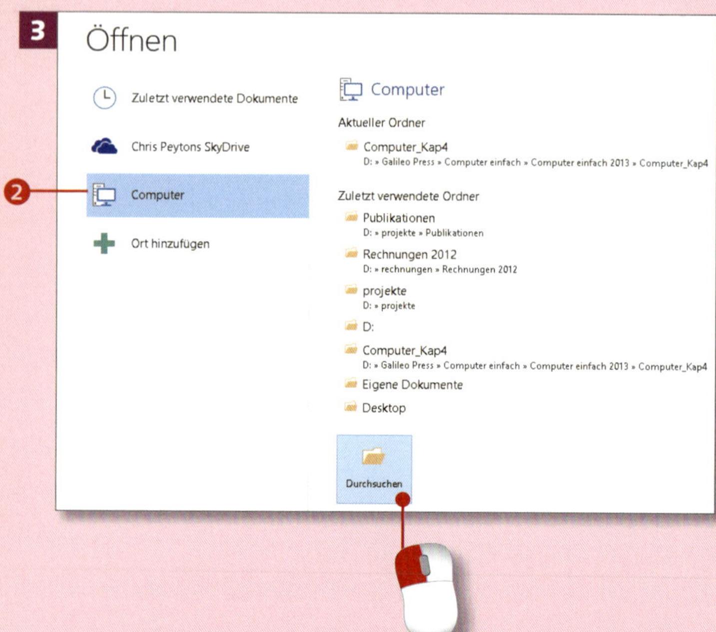

Eine gespeicherte Datei können Sie mit der Funktion »Öffnen« wieder auf den Bildschirm zaubern und dann weiter bearbeiten.

Schritt 1

Um z. B. eine Word-Datei, die Sie gespeichert haben, wieder zu öffnen, klicken Sie im Word-Fenster auf den Reiter **Datei** und dann auf **Öffnen**.

Schritt 2

Im Fenster **Öffnen** haben Sie mehrere Optionen. Wenn Sie eine Datei öffnen möchten, die Sie vor Kurzem geöffnet hatten, markieren Sie **Zuletzt verwendete Dokumente** ❶. In der Liste klicken Sie dann einfach die gewünschte Datei an.

Schritt 3

Falls sich die Datei nicht in dieser Liste befindet, markieren Sie **Computer** ❷, und öffnen Sie per Klick einen der Ordner, oder klicken Sie auf die Schaltfläche **Durchsuchen**.

Zuletzt verwendete Dokumente
Standardmäßig tauchen in der Liste der zuletzt verwendeten Dokumente 25 Dateien auf. Sie können über **Datei ▸ Optionen ▸ Erweitert** diese Einstellung ändern.

Schritt 4

In beiden Fällen erscheint der Dialog **Öffnen**. Entweder sind Sie bereits im richtigen Ordner, oder Sie müssen zunächst zu dem Ordner wandern, in dem die Datei gespeichert ist. Klicken Sie dazu in der Navigationsleiste auf den Pfeil am übergeordneten Ordner oder doppelt auf einen Ordner in der Auflistung.

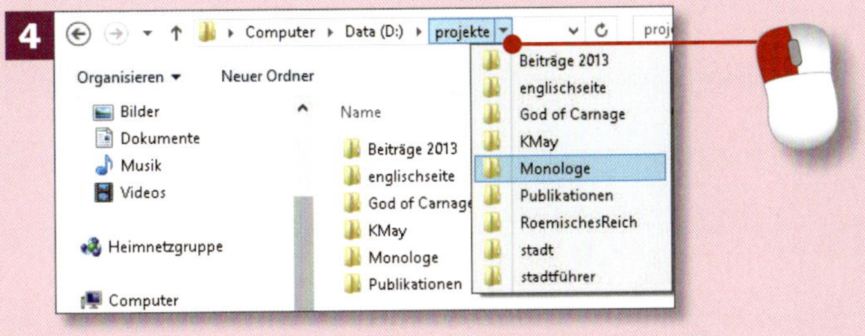

Schritt 5

Wenn Sie nicht sicher sind, welches Format die Datei hat, die Sie öffnen möchten, lassen Sie sich alle Dateien anzeigen. Klicken Sie dazu im Dialog **Öffnen** ❸ auf den Pfeil an der Schaltfläche neben dem Feld **Dateiname** und in der Liste dann auf **Alle Dateien (*.*)**.

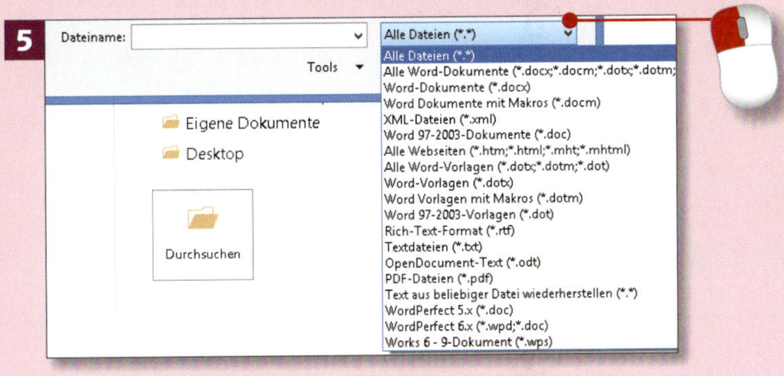

Schritt 6

Wenn Sie die gewünschte Datei entdeckt haben, öffnen Sie sie per Doppelklick.

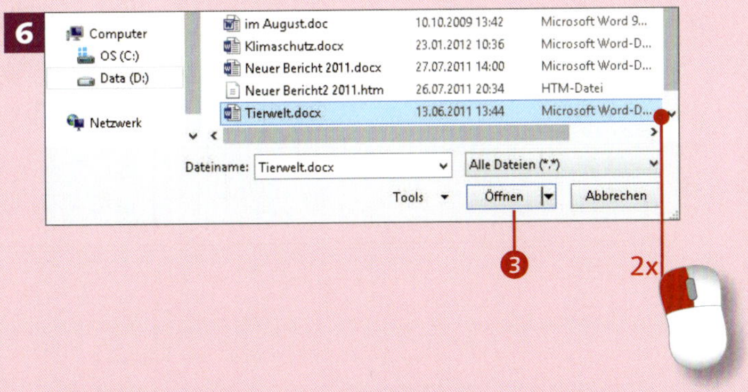

Dateien öffnen

Auch über den Datei-Explorer können Sie Dateien aufrufen. Klicken Sie die gewünschte Datei hier doppelt an. Daraufhin wird sie im zugehörigen Programm geöffnet.

Dateien öffnen und suchen (Forts.)

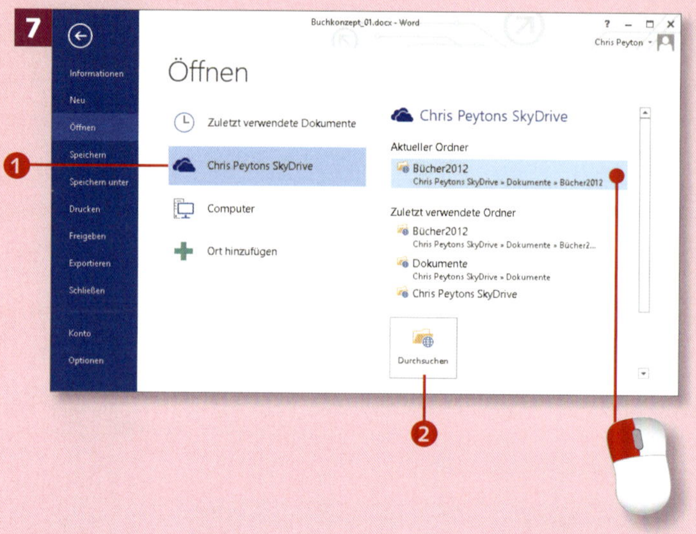

Schritt 7

Eine Datei, die in SkyDrive gespeichert ist, öffnen Sie im Prinzip genauso, nur dass Sie im Fenster **Öffnen** die Option **SkyDrive** ❶ markieren. Dann öffnen Sie per Mausklick einen der Ordner, oder Sie klicken auch hier auf **Durchsuchen** ❷.

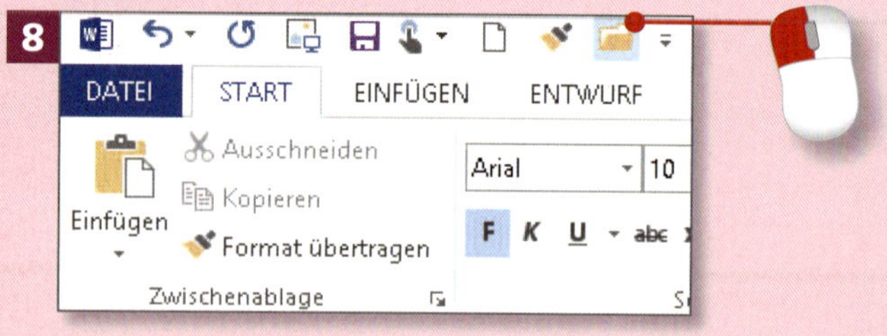

Schritt 8

Viele Programme bieten auch ein Symbol zum Öffnen von Dateien. Es sieht meistens aus wie eine aufgeklappte Aktenmappe. Wenn Sie diese Schaltfläche anklicken, wird das Fenster **Öffnen** angezeigt. Wie Sie die Symbolleiste für den Schnellzugriff erweitern, erfahren Sie im Abschnitt »Word 2013 kennenlernen« ab Seite 182.

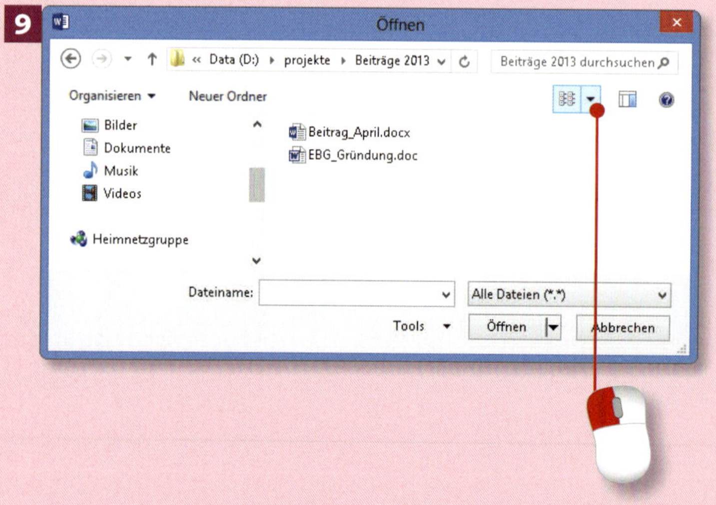

Schritt 9

Um tatsächlich die richtige Datei zu öffnen, ist es mitunter hilfreich, sich im Dialog **Öffnen** mehr Details zu den Dateien anzeigen zu lassen. Für diese Einstellung klicken Sie auf den Pfeil an der Schaltfläche **Ansicht ändern**.

Schritt 10

Klicken Sie in der Auswahlliste auf den Eintrag **Details**. Zusätzlich zu den Dateinamen werden mit dieser Einstellung weitere Informationen zur Datei angezeigt (z. B. das Datum der Erstellung).

10

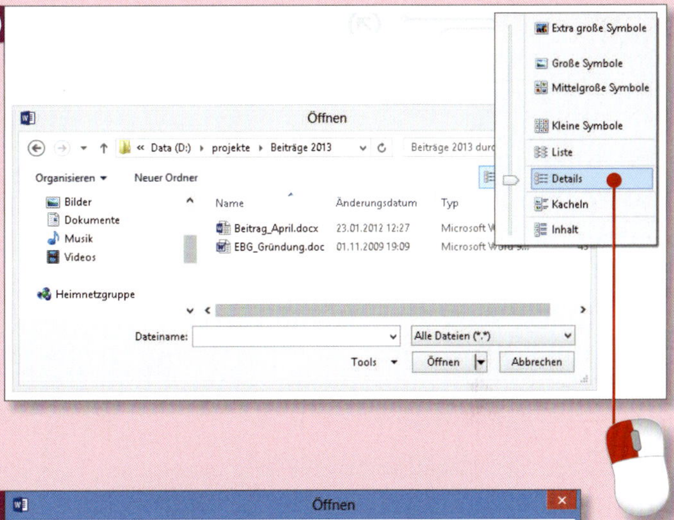

Schritt 11

Es gibt im Dialog **Öffnen** auch ein Suchfeld, in dem Sie nach Dateien suchen können. Klicken Sie mit der Maus in dieses Feld.

11

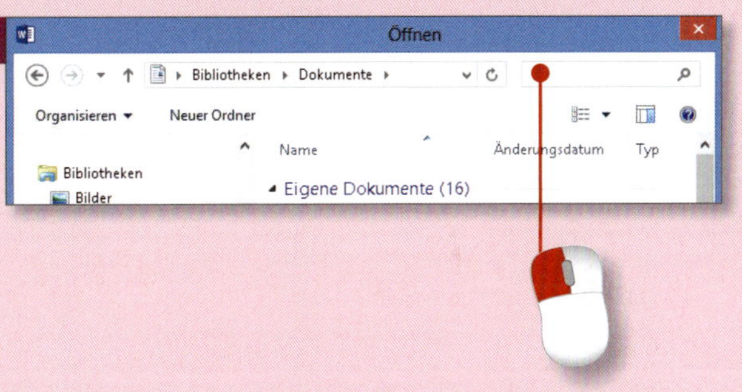

Schritt 12

Geben Sie dann die ersten Buchstaben des gesuchten Dateinamens ein. Sie sehen, dass sofort Treffer angezeigt werden. Je mehr Sie eintippen, desto genauer werden die Treffer (gelb unterlegt). Per Doppelklick können Sie die richtige Datei dann öffnen.

12

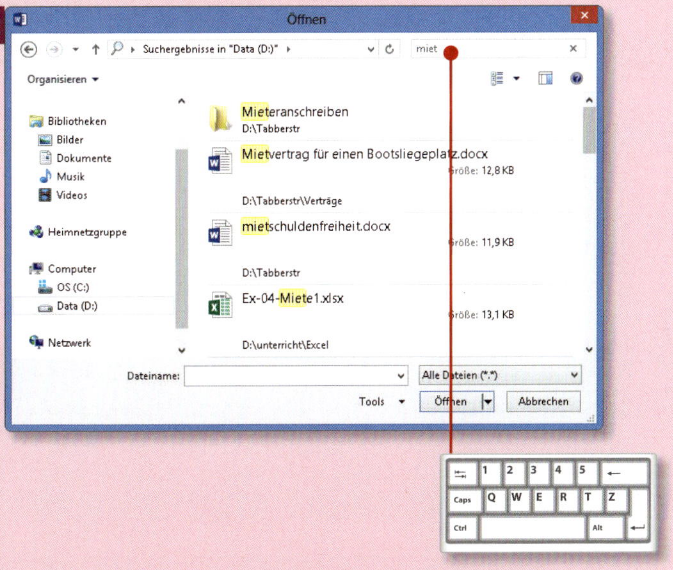

Was wird durchsucht?
Wenn Sie mithilfe von Windows nach Dateien suchen (in der Charms-Leiste gibt es die Option **Suchen**, Sie öffnen darüber ein Suchfeld) werden alle Elemente angezeigt, die es auf Ihrem Computer gibt, sofern sie die passende Buchstabenkombination enthalten.

Daten auf einen USB-Stick kopieren

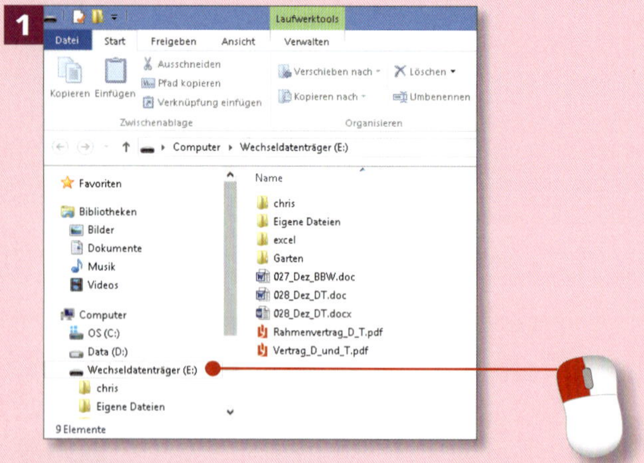

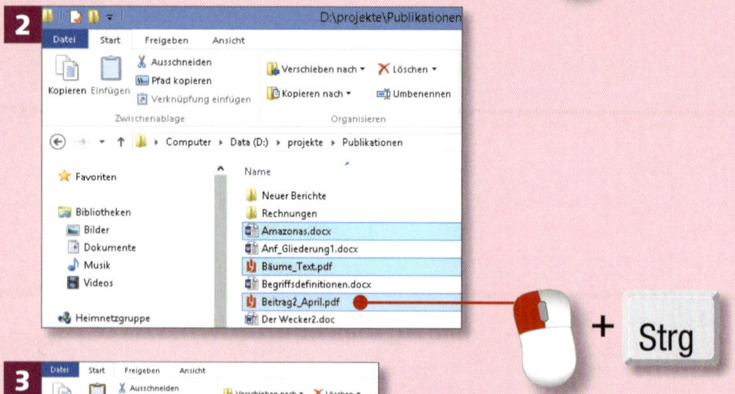

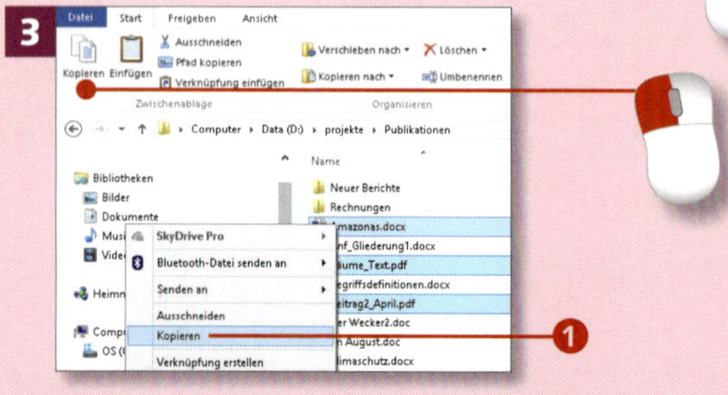

USB-Sticks sind kleine, tragbare Speichermedien. Sie eignen sich gut, um Daten weiterzugeben oder auf einen anderen Rechner zu kopieren.

Schritt 1

Wenn Sie Daten auf einen USB-Stick kopieren möchten, stecken Sie Ihren USB-Stick in einen USB-Anschluss (siehe den Abschnitt »Welchen Computer haben Sie?« ab Seite 10). In der Regel wird das Laufwerk des Sticks automatisch im Datei-Explorer angezeigt.

Schritt 2

Wandern Sie im Datei-Explorer zu dem Ordner, der die zu kopierende(n) Datei(en) enthält. Markieren Sie die Datei(en). Wenn Sie mehrere Dateien kopieren möchten, halten Sie beim Anklicken der einzelnen Dateien die Strg-Taste gedrückt.

Schritt 3

Zum Kopieren klicken Sie entweder auf der Registerkarte **Start** auf das Symbol **Kopieren**, oder Sie klicken die rechte Maustaste an und klicken im Kontextmenü auf **Kopieren** 1.

Dateien vom USB-Stick kopieren

Gehen Sie umgekehrt vor, wenn Sie Dateien von einem Stick auf Ihren Computer kopieren möchten: Öffnen Sie den Stick, kopieren Sie die Datei(en), und fügen Sie die Dateien im Zielordner ein.

Schritt 4

Nun wandern Sie im linken Bereich des Datei-Explorers wieder zum Eintrag für den USB-Stick (hier **Wechseldatenträger (E:)**). Klicken Sie auf diesen Eintrag, um das Laufwerk des Sticks zu öffnen.

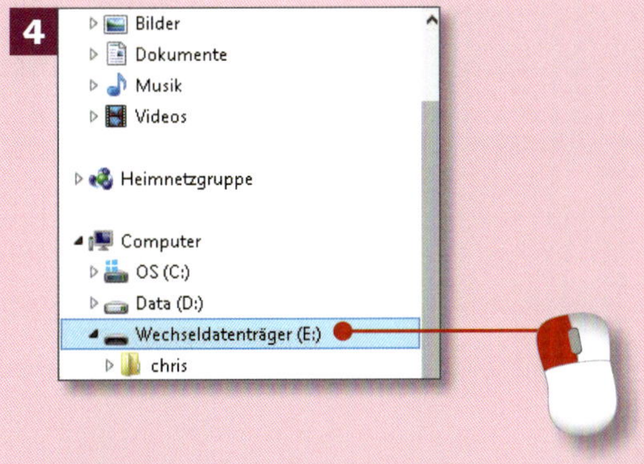

Schritt 5

Sobald der Stick geöffnet ist (achten Sie auf die Anzeige in der oberen Navigationsleiste ❷), klicken Sie auf das Symbol **Einfügen**. Auch im Kontextmenü, das Sie mit der rechten Maustaste öffnen, gibt es den Befehl **Einfügen** ❸.

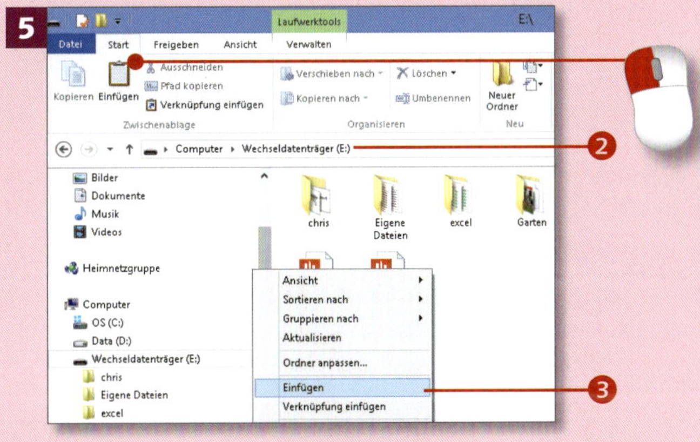

Schritt 6

Sie können auch so vorgehen: Klicken Sie die Datei mit der rechten Maustaste an, zeigen Sie im Kontextmenü auf **Senden an** ❹, und klicken Sie im Untermenü auf den Eintrag für den USB-Stick, hier also auf **Wechseldatenträger (E:)** ❺.

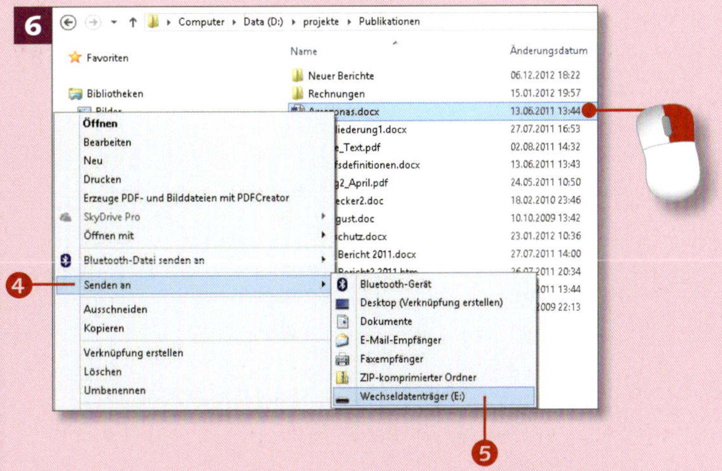

USB-Stick herausnehmen

Bevor Sie den Stick wieder aus dem USB-Anschluss lösen, klicken Sie in der Taskleiste auf die Schaltfläche **Hardware sicher entfernen**, und wählen Sie im Menü **[Name des Sticks] auswerfen**.

Eine DVD brennen

Auch DVDs sind Speichermedien und können große Datenmengen aufnehmen. Sie sind das Mittel der Wahl, wenn Sie z. B. Bilder weitergeben oder Daten sichern möchten.

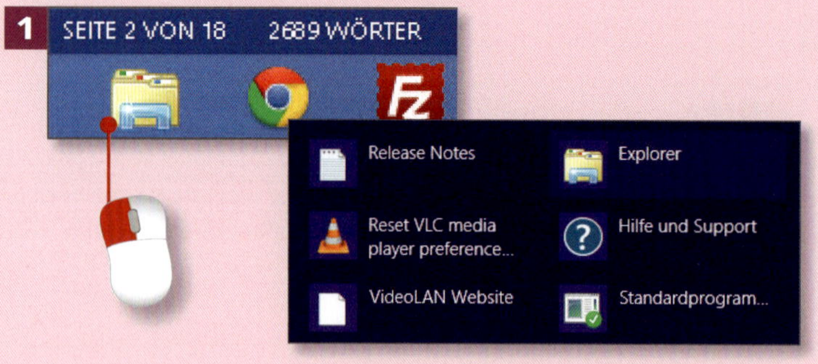

Schritt 1

Sie können eine DVD direkt aus dem Datei-Explorer heraus brennen. Öffnen Sie den Datei-Explorer über das Symbol auf der Taskleiste oder vom Startbildschirm aus.

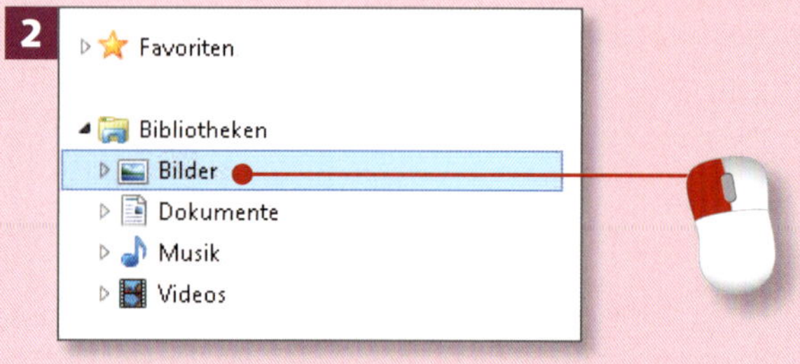

Schritt 2

Im Datei-Explorer wählen Sie mit einem Mausklick den Speicherort Ihrer zu brennenden Dateien aus. In unserem Beispiel ist es der Ordner **Bilder**.

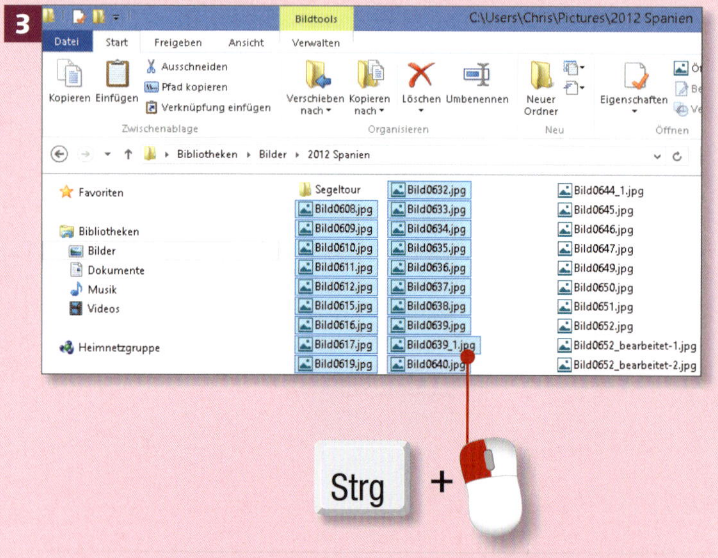

Schritt 3

Auf der rechten Seite des Fensters wird der Ordnerinhalt in Form von Unterordnern und einzelnen Dateien angezeigt. Klappen Sie gegebenenfalls den Unterordner mit einem Doppelklick auf, und markieren Sie die zum Brennen vorgesehenen Dateien.

Schritt 4

Legen Sie nun eine leere DVD in das passende Laufwerk. Klicken Sie dann mit der rechten Maustaste auf eine der markierten Dateien. Im Kontextmenü wählen Sie **Senden an ▸ DVD-RW-Laufwerk** ❶.

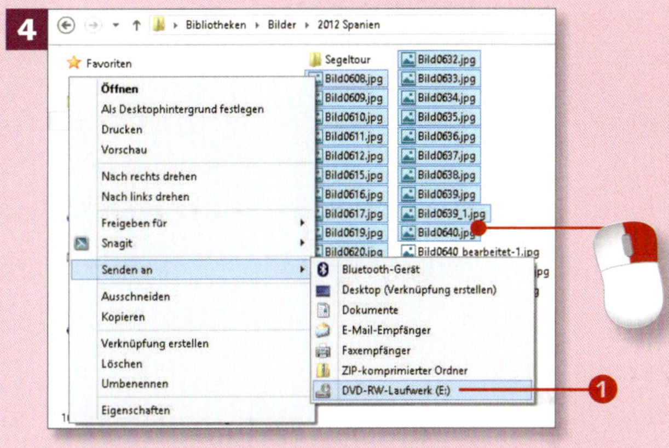

Schritt 5

Im nächsten Fenster geben Sie einen Namen für die DVD ins Feld **Datenträgertitel** ❷ ein. Dann aktivieren Sie mit einem Mausklick die Option **Mit einem CD/DVD-Player** ❸ und klicken auf **Weiter**.

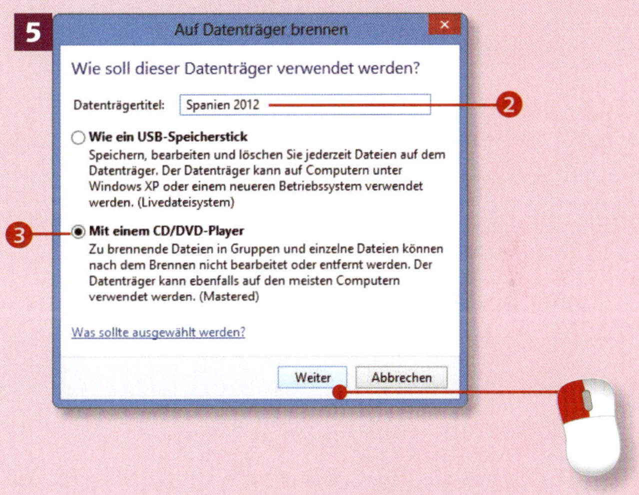

Schritt 6

Auf der rechten Seite des Fensters sehen Sie eine Übersicht über die zu brennenden Dateien ❹. Klicken Sie auf der Registerkarte **Freigeben** auf die Schaltfläche **Auf Datenträger brennen**: Der Brennvorgang startet.

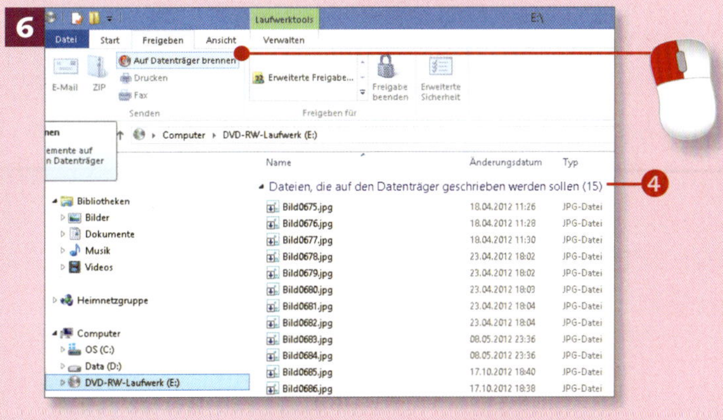

Mehrere Dateien markieren

Um mehrere einzelne Dateien auf einen Schlag zu markieren, halten Sie die [Strg]-Taste gedrückt und klicken die Dateien an. Wenn Sie eine ganze Liste markieren möchten, halten Sie die [⇧]-Taste gedrückt und wandern mit der [↓]-Taste über die Dateien.

Kapitel 5

Im Internet surfen

Um das Internet nutzen zu können, brauchen Sie einen Zugang, der Ihnen in der Regel von Ihrem Internetprovider zur Verfügung gestellt wird. Wenn Sie einen solchen Zugang haben, können Sie drauflossurfen und unzählige Webseiten besuchen.

Zugang zum Internet

Es gibt verschiedene Wege ins Internet. Analoge Anschlüsse oder Modems gehören längst zum alten Eisen. Gängig ist heutzutage eine DSL-Verbindung, meistens über einen sogenannten *Router*, der mit dem Computer verkabelt wird. Des Weiteren gibt es Internet-USB-Sticks und WLAN, also ein Drahtlosnetzwerk ❶.

Ein Browser macht's möglich

Um eine Webseite zu betrachten, brauchen Sie einen *Browser*, also ein Programm, das Webseiten anzeigen kann. Der Internet Explorer von Microsoft ❷, den wir hier vorstellen und verwenden, ist einer der ältesten Browser, der trotz mancher Kritik in puncto Sicherheit nach wie vor gute Dienste tut und weltweit eingesetzt wird.

Webseiten aufrufen

Die Informationen im Internet finden Sie auf Webseiten. Jede Webseite hat eine einmalige Adresse. Diese Adresse müssen Sie kennen, um die Seite im Browser aufzurufen ❸.

Nach Webseiten suchen

Anstatt ganz gezielt eine bestimmte Seite aufzurufen, können Sie nach Webseiten suchen und durch das Netz surfen. Zum Suchen verwenden Sie eine sogenannte *Suchmaschine*. Zu der bekanntesten Suchmaschine ist in den letzten Jahren Google ❹ avanciert. Die Suche mit Google ist so weit in den Alltag von Millionen von Menschen vorgedrungen, dass man heutzutage oft von »googeln« spricht, wenn man im Internet etwas sucht oder nachschlägt.

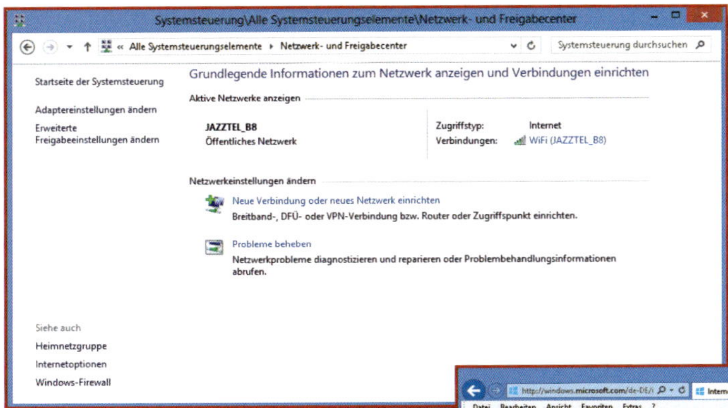

1 Die Details einer WLAN-Verbindung finden Sie in der Systemsteuerung.

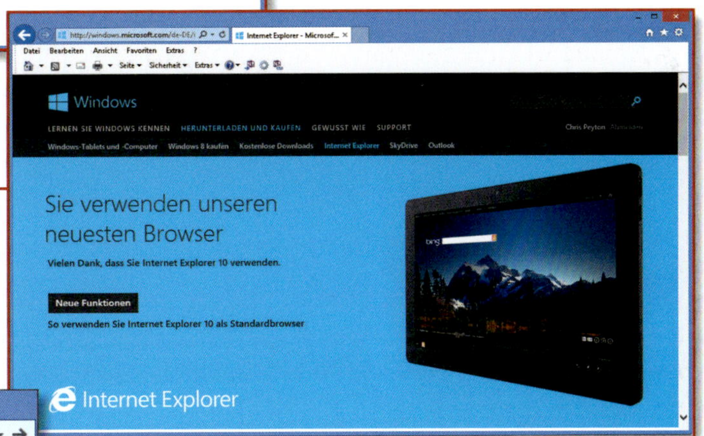

2 Mit einem Browser können Sie durch das World Wide Web surfen.

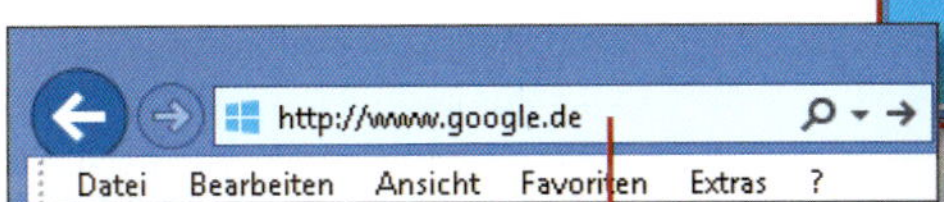

3 Indem Sie die Adresse der Webseite eingeben, rufen Sie die Seite auf.

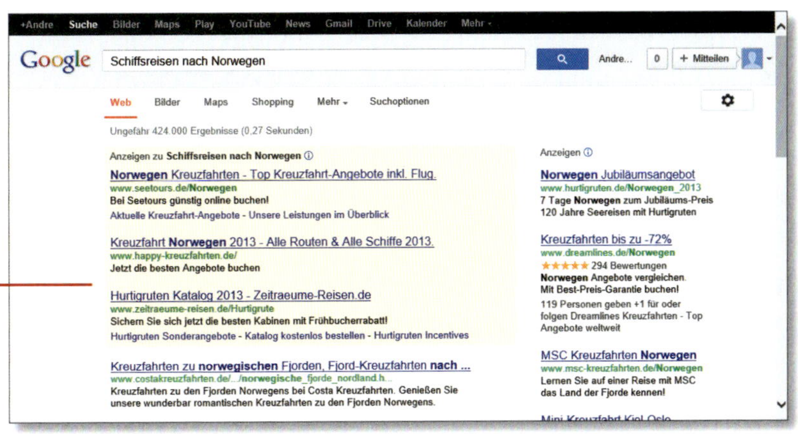

4 Die Suchmaschine Google präsentiert die Treffer zu Ihrer Suche.

Eine DSL-Verbindung einrichten

1

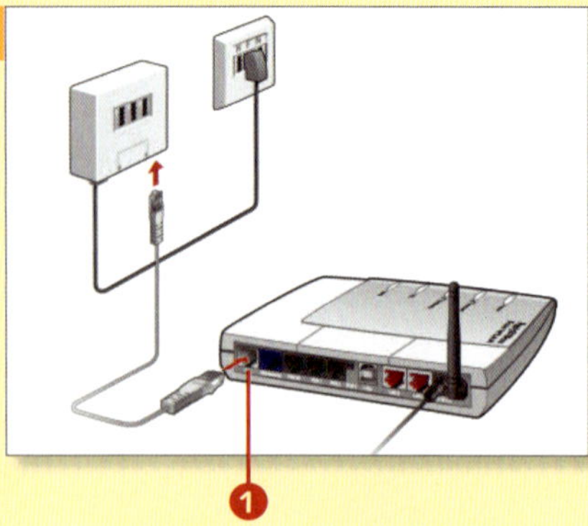

Abbildung: Handbuch FRITZ!Box

2

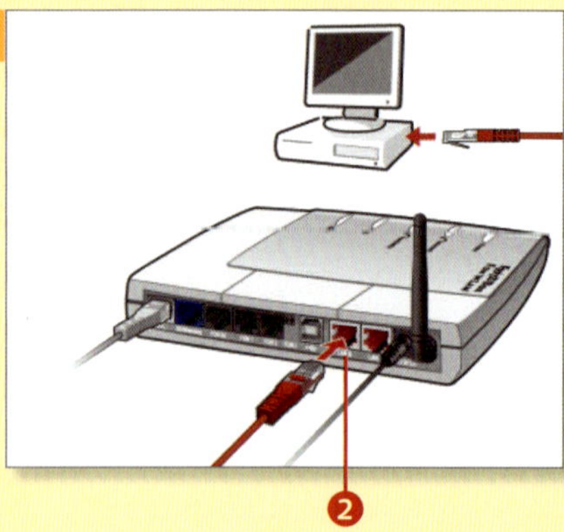

Abbildung: Handbuch FRITZ!Box

3

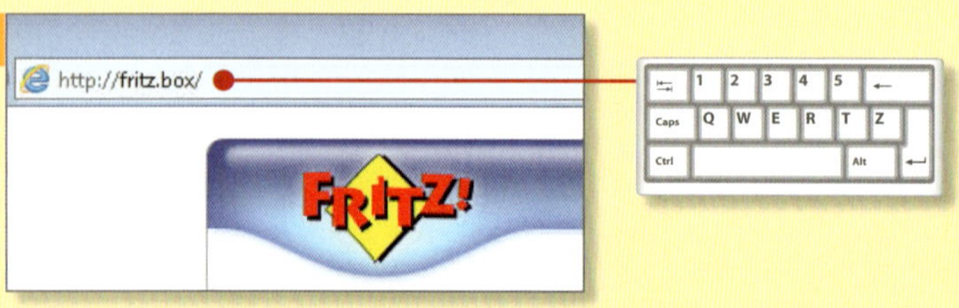

Die meisten Internetprovider bieten ein eigenes Paket mit einem DSL-Router an, z. B. der FRITZ!Box. Daher zeigen wir Ihnen in diesem Abschnitt Schritt für Schritt, wie Sie eine Internetverbindung über eine FRITZ!Box einrichten.

Schritt 1

Verbinden Sie den DSL-Anschluss ❶ Ihrer FRITZ!Box mit dem DSL-Anschluss Ihres *DSL-Splitters* mithilfe des mitgelieferten DSL-Kabels.

Schritt 2

Schließen Sie jetzt Ihr Netzwerkkabel an die mit *LAN* gekennzeichnete Buchse ❷ der FRITZ!Box an und verbinden Sie es mit dem LAN-Ausgang Ihres PCs bzw. Notebooks.

Schritt 3

Öffnen Sie auf Ihrem Computer einen Internetbrowser, z. B. den Internet Explorer (die entsprechende Kachel finden Sie auf dem Startbildschirm), und geben Sie in die Adresszeile »fritz.box« ein. Wenn die Benutzeroberfläche angezeigt wird, ist die FRITZ!Box betriebsbereit.

Vorkonfigurierte Router
Viele Provider liefern vorkonfigurierte Router aus. In diesem Fall müssen Sie die Schritte nicht durchführen; meist reicht das Verbinden der Geräte. Manchmal müssen Sie noch einen Code eingegeben, damit die für Sie vorbereiteten Einstellungen wirksam werden.

Schritt 4

Die Benutzeroberfläche der FRITZ!Box verfügt über mehrere Seiten, auf die Sie über die Menüpunkte am linken Rand direkt zugreifen können. Wenn die Oberfläche nicht geöffnet wird, lesen Sie bitte in Ihrem Handbuch zur FRITZ!Box nach, was zu tun ist.

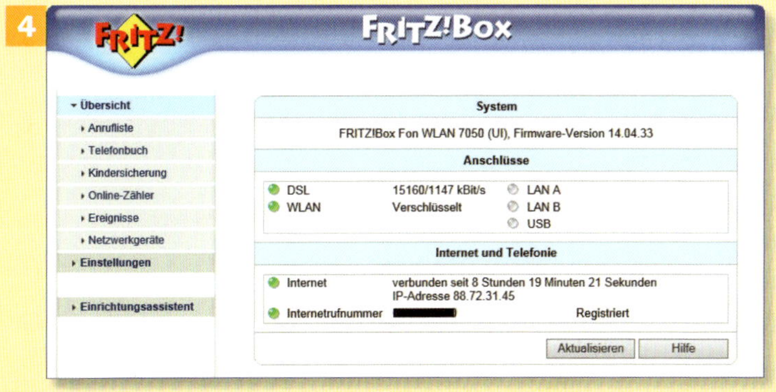

Schritt 5

Um die FRITZ!Box jetzt für den Betrieb zu konfigurieren, klicken Sie auf **Einrichtungsassistent** auf der linken Seite, und bestätigen Sie das nächste Fenster mit **Weiter**.

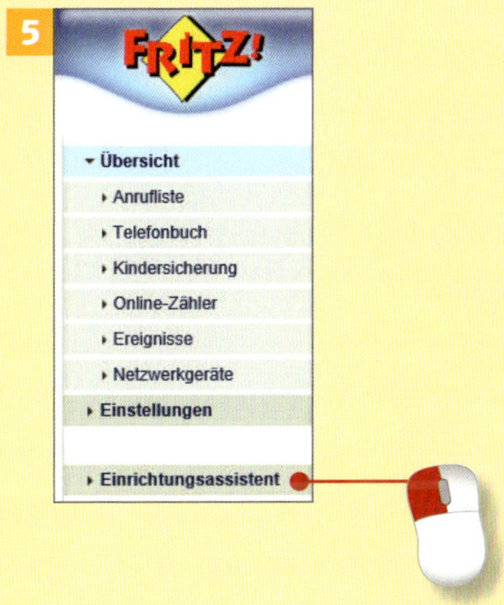

Schritt 6

Wenn Ihr Provider in dem Feld **Wählen Sie Ihren Internetanbieter aus** auswählbar ist, wählen Sie diesen aus, ansonsten stellen Sie hier **anderer Internetanbieter** ein. Tragen Sie die Zugangsdaten ein, die Sie von Ihrem Provider erhalten haben. Das Kennwort müssen Sie sicherheitshalber noch einmal bestätigen. Klicken Sie auf **Weiter** ❸.

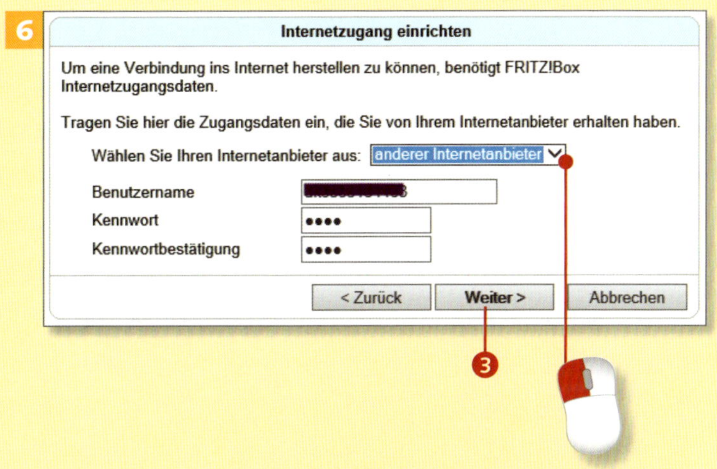

Eine DSL-Verbindung einrichten (Forts.)

7

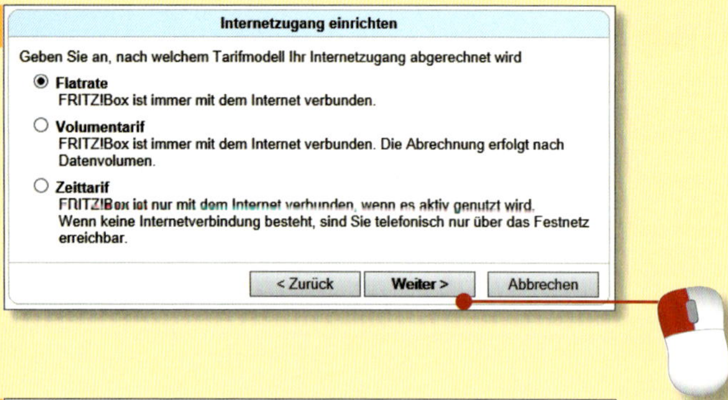

Schritt 7

Wählen Sie in diesem Fenster Ihren gebuchten Tarif aus, und klicken Sie auf **Weiter**. Standard ist heutzutage eine Flatrate, mit der Sie ohne Zeitbegrenzung im Internet surfen können.

8

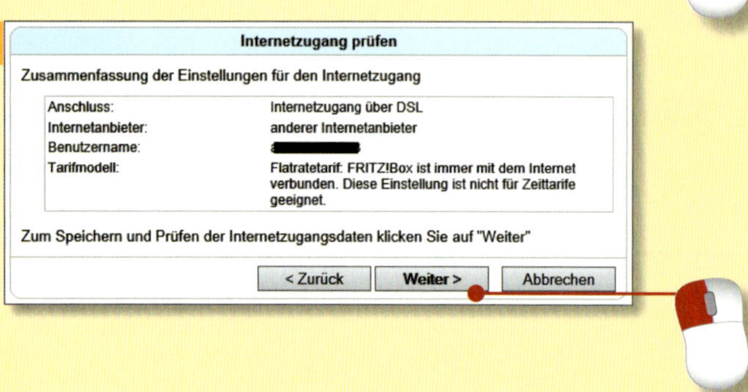

Schritt 8

Dieses Fenster zeigt Ihnen eine Zusammenfassung Ihrer eingegebenen Zugangsdaten. Zum Überprüfen Ihrer Daten klicken Sie auf **Weiter**.

9

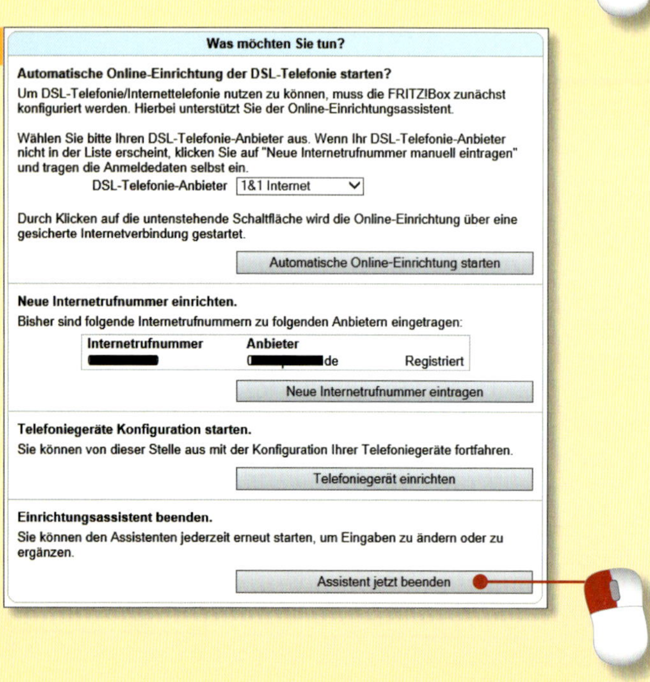

Schritt 9

Nach erfolgreicher Überprüfung wird Ihnen jetzt ein Fenster angezeigt, in dem Sie noch Ihre Telefoneinstellungen konfigurieren können. Wenn Sie damit fertig sind, klicken Sie auf **Assistent jetzt beenden**.

Telefonieren über das Internet

Da heutzutage das Telefonieren auch via Internet stattfindet, hat Ihr Provider Ihnen für das Telefonieren VoIP-Zugangsdaten (*Voice over IP*) bereitgestellt. Diese bestehen aus dem Benutzernamen (oft die Telefonnummer mit Vorwahl) und dem Kennwort.

Schritt 10

Zum Einstellen der WLAN-Verbindung zwischen Ihrem Computer und der FRITZ!Box klicken Sie auf der Benutzeroberfläche auf **Einstellungen** und dann auf **WLAN**.

Schritt 11

Klicken Sie links auf **Funkeinstellungen** ❶. Setzen Sie per Mausklick ein Häkchen in das Feld **WLAN aktivieren** ❷. Merken Sie sich den Namen des Funknetzes (SSID), um später Ihren Computer mit diesem WLAN zu verbinden. Lassen Sie alle Einstellungen so, wie sie sind und klicken Sie auf **Übernehmen**.

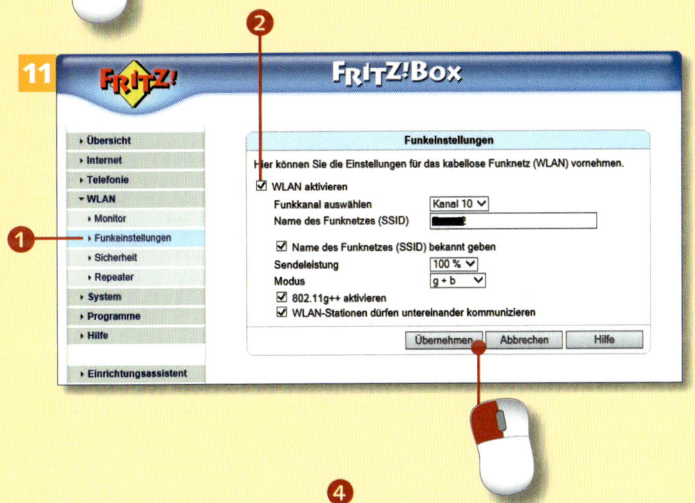

Schritt 12

Damit Ihr WLAN sicher ist, müssen Sie es verschlüsseln. Öffnen Sie dazu den Punkt **Sicherheit** ❸, und klicken Sie auf **WPA-Verschlüsselung aktivieren** ❹. Als **WPA-Modus** wählen Sie **WPA + WPA2** ❺ aus. Geben Sie in das Feld **WPA-Netzwerkschlüssel** ❻ Ihren Schlüssel ein (er sollte aus mindestens 20 Zeichen bestehen). Notieren Sie sich diesen Schlüssel, da Sie ihn für die WLAN-Verbindung Ihres Computers mit der Box brauchen. Klicken Sie auf **Übernehmen**.

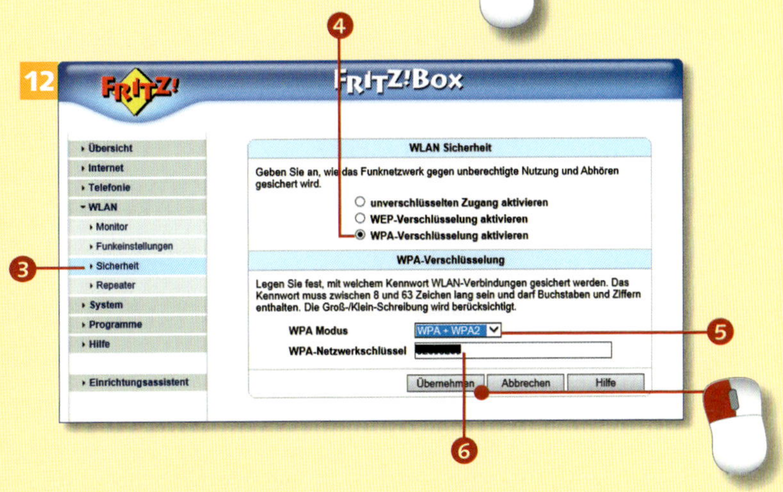

Mit einem WLAN verbinden

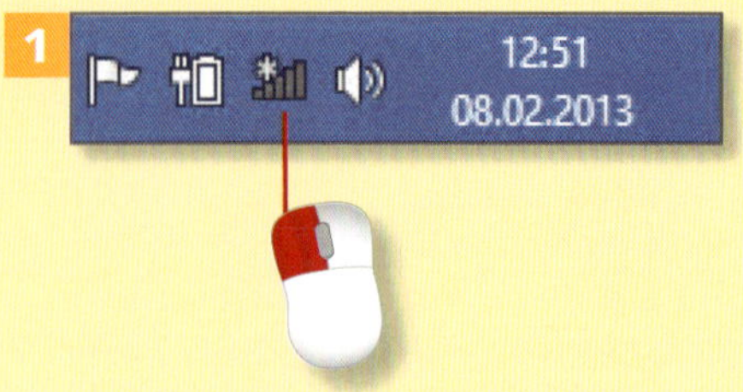

Wenn Sie an einem öffentlichen Ort surfen möchten, z. B. in einem Café, gibt es dort oft die Möglichkeit, Ihren Computer mit einem Drahtlosnetzwerk zu verbinden.

Schritt 1

Um eine neue WLAN-Verbindung herzustellen, klicken Sie zunächst auf die WLAN-Schaltfläche im Infobereich der Taskleiste rechts unten am Bildschirm.

Schritt 2

Windows 8 zeigt Ihnen nun verfügbare WLANs an. Klicken Sie die Bezeichnung des Netzwerks an, mit dem Sie verbunden werden wollen.

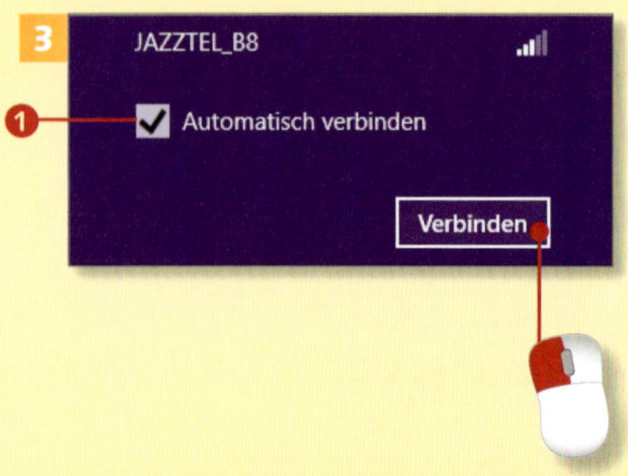

Schritt 3

Setzen Sie ein Häkchen bei **Automatisch verbinden** ❶ (wenn Sie das möchten). Klicken Sie dann auf **Verbinden**.

Automatisch verbinden
Wenn die Option **Automatisch verbinden** angehakt ist, wird sich Windows jedes Mal, wenn das Netz in Reichweite ist, automatisch mit diesem verbinden.

Schritt 4

Da heutzutage jedes WLAN gesichert sein sollte, öffnet sich meistens ein Fenster zum Eingeben des Netzwerkschlüssels. Geben Sie dort den Schlüssel ❷ ein (der Ihnen bekannt sein muss), und klicken Sie auf **Weiter**. Sodann wird die Verbindung hergestellt, und Sie sind mit dem Internet verbunden.

4

Schritt 5

Wenn Sie an einem öffentlichen Ort, einem sogenannten *WLAN-Hotspot*, sitzen, z. B. in einem Café, müssen Sie sich vom Betreiber die notwendigen Zugangsdaten geben lassen. Diese werden dann nach dem Verbinden in einem Webbrowser eingetragen.

5

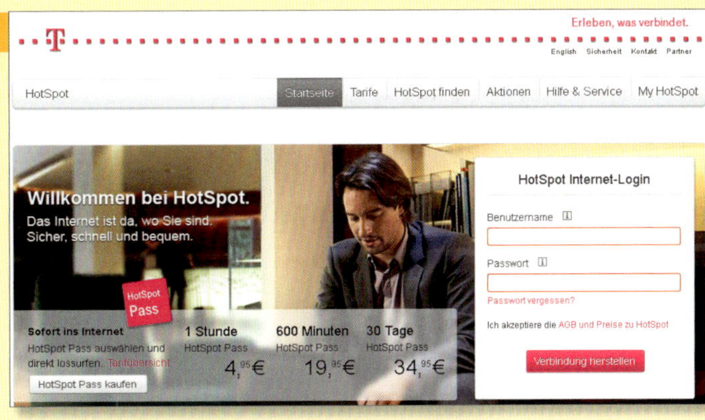

Schritt 6

Um die Verbindung zu Ihrem WLAN zu trennen, klicken Sie auf die WLAN-Schaltfläche in der Taskleiste und dann im Menü neben dem aktuell verwendeten Netzwerk auf die Schaltfläche **Trennen**.

6

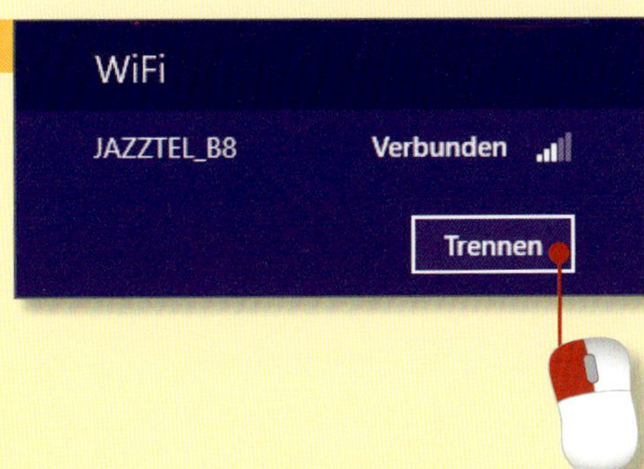

Den Browser kennenlernen

Sobald Sie Zugang zum Internet haben, können Sie durch das World Wide Web surfen. Dazu verwenden Sie ein spezielles Programm, das Webseiten anzeigen kann: den Browser.

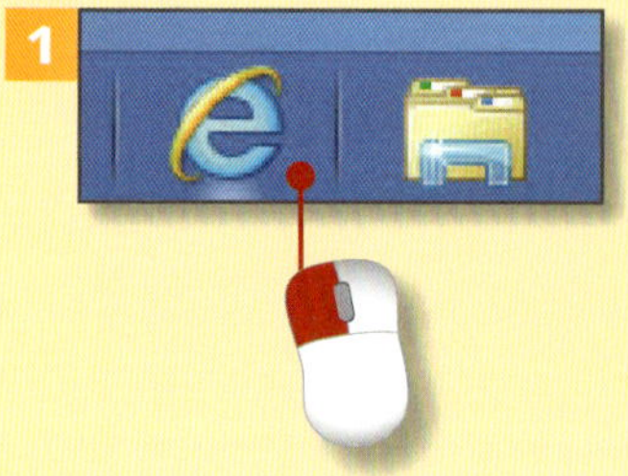

Schritt 1

Öffnen Sie vom Desktop aus den Internet Explorer (IE), in dem Sie auf das Symbol in der Taskleiste klicken.

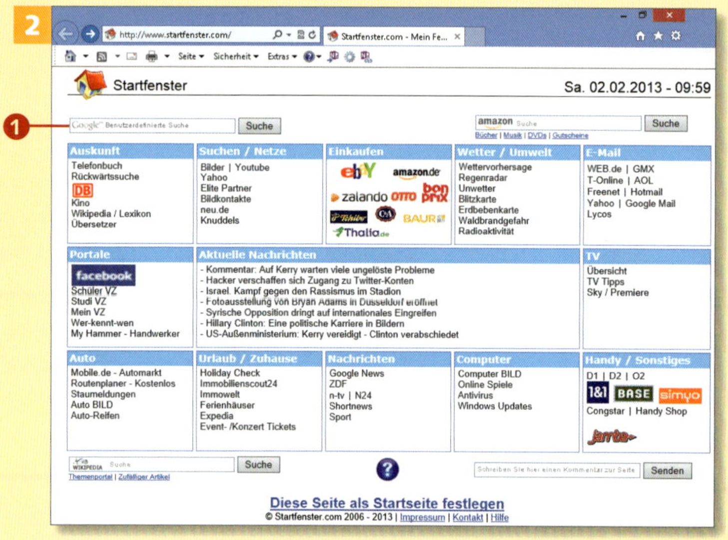

Schritt 2

Daraufhin wird der Internet Explorer mit der voreingestellten Startseite angezeigt. Diese Seite bietet neben allerhand Links zu verschiedenen Anbietern ein Suchfeld **1** der Suchmaschine *Google*.

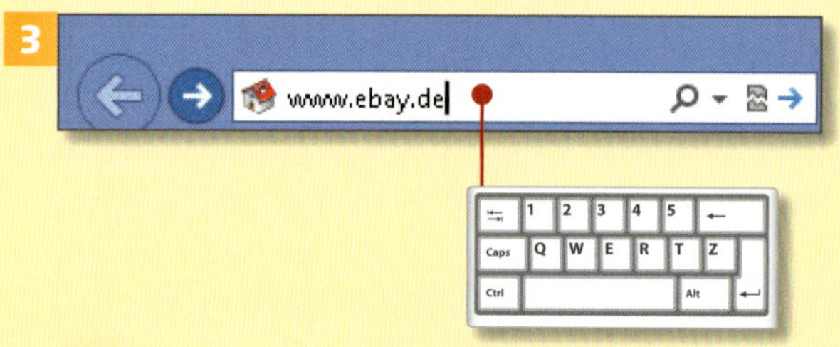

Schritt 3

Ganz oben im Browser befindet sich die *Adressleiste*. Hier wird die Adresse der aktuellen Seite angezeigt. Wenn Sie eine andere Webseite aufrufen möchten, geben Sie hier ihre Adresse ein und drücken Sie [↵].

Die neue Internet-Explorer-App

Nicht nur auf dem Desktop, sondern auch auf dem Startbildschirm finden Sie das Programmsymbol des Internet Explorers. Diese Version arbeitet ressourcenschonender als der Desktop-IE. Die App ist allerdings nicht ganz so leistungsfähig und wird anders bedient.

Schritt 4

Links neben der Adressleiste sehen Sie zwei Pfeil-Schaltflächen. Mit ihnen können Sie zur vorherigen Webseite zurückspringen ❷ oder wieder eine der zuvor besuchten Seiten aufrufen ❸.

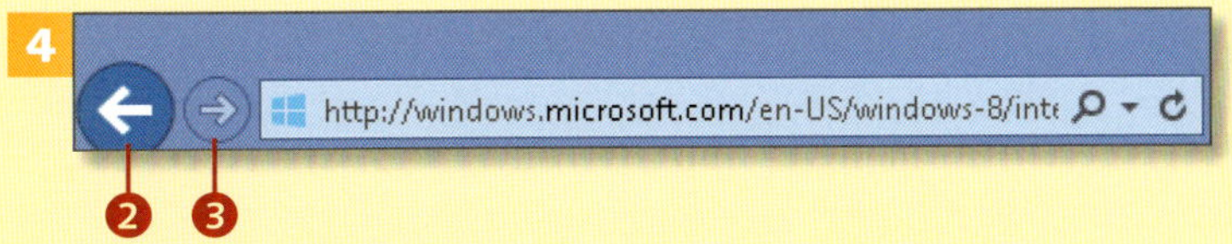

Schritt 5

Unterhalb der Adressleiste befinden sich mehrere Schaltflächen. Wenn Sie auf die Pfeile daneben klicken, öffnet sich jeweils eine Liste mit Befehlen.

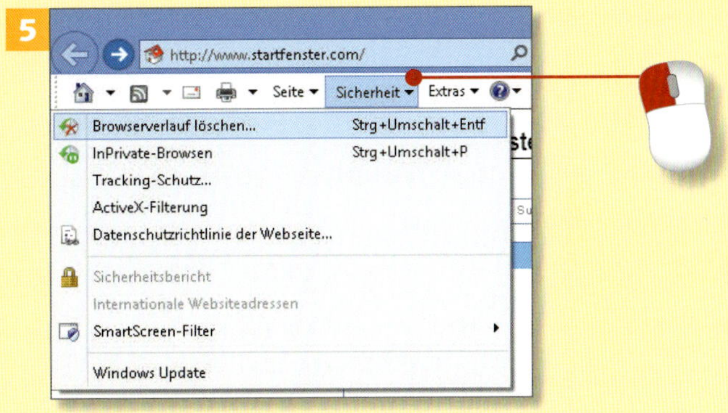

Schritt 6

Am besten richten Sie Ihren Browser so ein, dass sich gleich die gewünschte Startseite öffnet, z. B. die Seite der Suchmaschine Google. Klicken Sie auf **Extras ▸ Internetoptionen**.

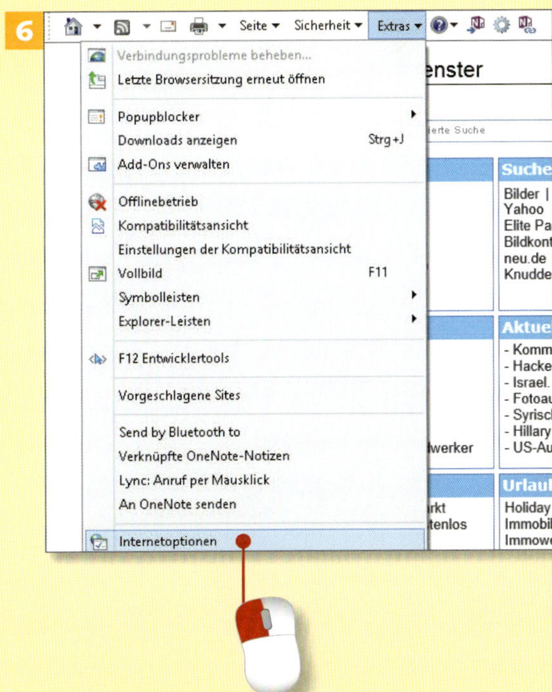

Verschiedene Browser

Der *Internet Explorer* (die aktuelle Version ist der IE 10) von Microsoft ist ein weit verbreiteter Browser, auch weil er mit Windows ausgeliefert wird. Beliebt sind aber auch *Firefox* von Mozilla und *Chrome* von Google.

Den Browser kennenlernen (Forts.)

7

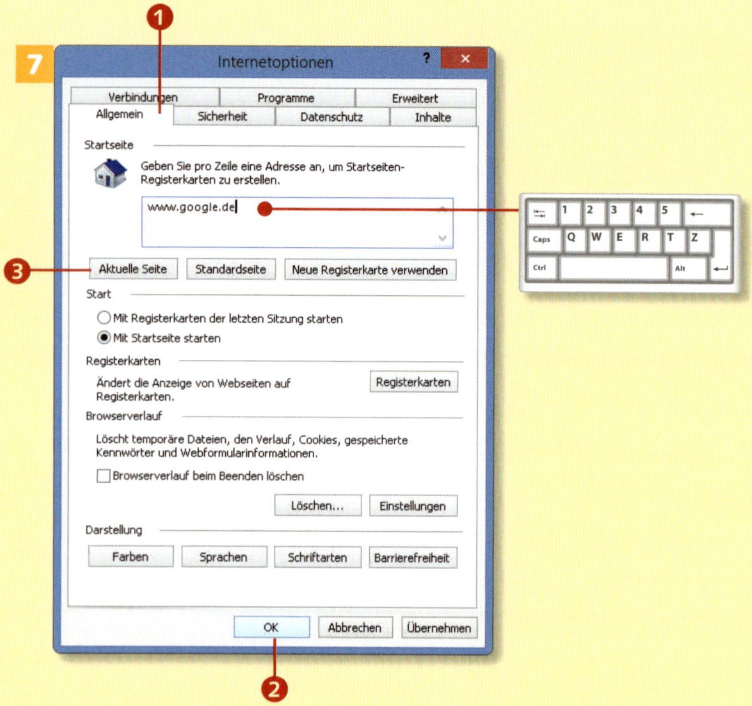

8

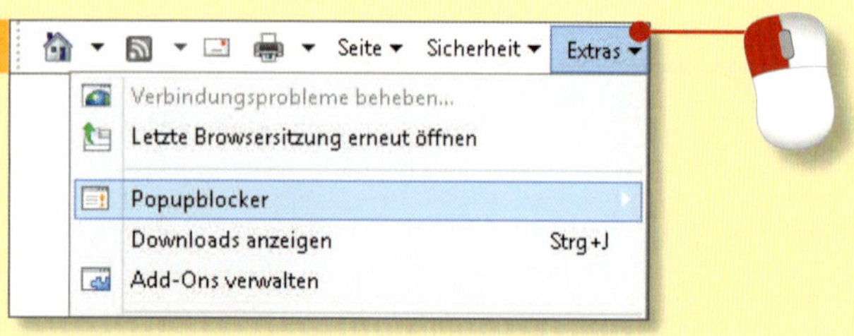

9

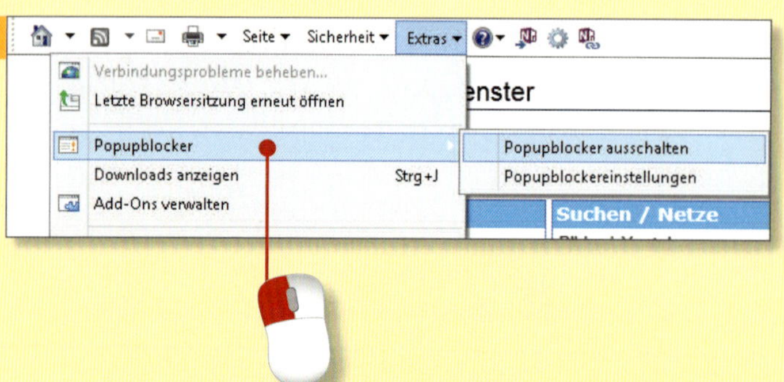

Schritt 7

Im zugehörigen Dialog tragen Sie auf der Registerkarte **Allgemein** ❶ im Feld **Startseite** die Adresse der Seite ein, die Sie als Startseite festlegen möchten, z. B. *www.google.de*. Dann klicken Sie ganz unten auf **OK** ❷.

Schritt 8

Im Menü der Schaltfläche **Extras** finden Sie auch den Befehl **Popupblocker**. Wenn der Popupblocker eingeschaltet ist, verhindert er, dass beim Surfen ständig unerwünschte Werbung »aufpoppt«.

Schritt 9

Wenn Sie auf den Eintrag klicken, taucht das Untermenü auf. Steht dort **Popupblocker ausschalten**, ist der Popupblocker aktiviert. Ansonsten klicken Sie hier auf **Popupblocker einschalten**.

Die Startseite festlegen

Wenn Sie den Dialog **Internetoptionen** aufrufen, um die Startseite festzulegen, und bereits die gewünschte Seite geöffnet haben, klicken Sie einfach auf **Aktuelle Seite** ❸. Daraufhin wird die Adresse automatisch in das Feld **Startseite** übernommen.

Schritt 10

Der Internet Explorer besitzt auch eine Menüleiste. Sie blenden Sie ein, indem Sie im Menü der Schaltfläche **Extras** auf **Symbolleisten** zeigen und im Untermenü auf **Menüleiste** klicken.

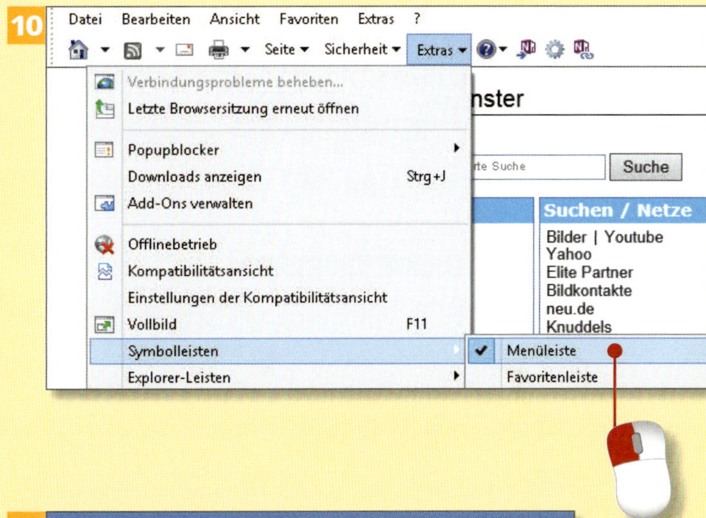

Schritt 11

Auch die Schaltfläche mit dem Häuschen werden Sie oft benutzen. Egal, wie weit Sie gesurft sind: Ein Klick auf das Häuschen ❹ bringt Sie zurück zu Ihrer Startseite. Im Auswahlmenü können Sie mit **Startseite hinzufügen oder ändern** die aktuelle Seite zur Startseite bestimmen.

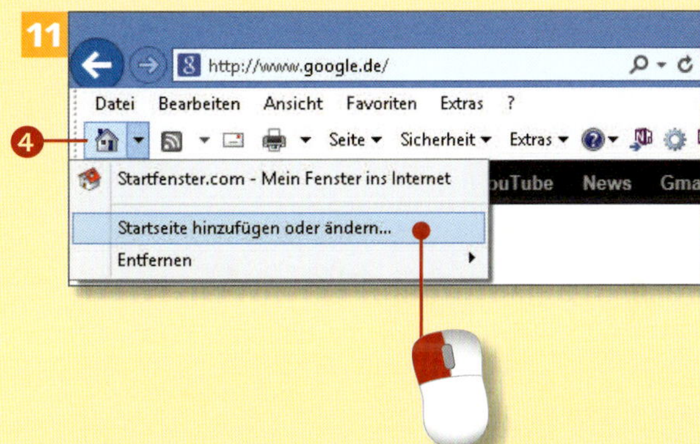

Schritt 12

Achten Sie auf die Registerkarte(n) (*Tabs*) am oberen Bildschirmrand ❺. Auf jedem Tab kann eine andere Webseite angezeigt werden (siehe dazu den Abschnitt »Im Internet mit Google suchen« ab Seite 98).

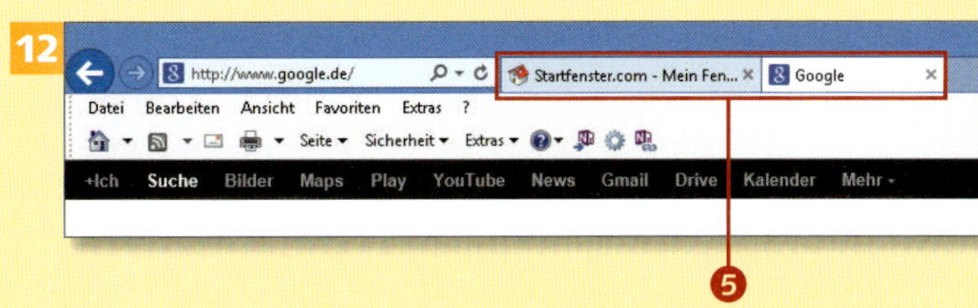

Eine Webseite als Kachel

Wenn Sie eine Webseite als Kachel auf Ihren Startbildschirm zaubern möchten, klicken Sie im Internet Explorer auf den Pfeil an der Schaltfläche **Seite** und wählen im Menü **Website der Startseite hinzufügen**.

Im Internet mit Google suchen

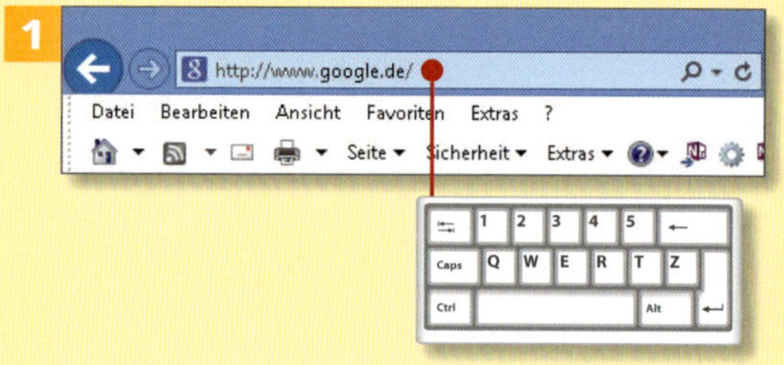

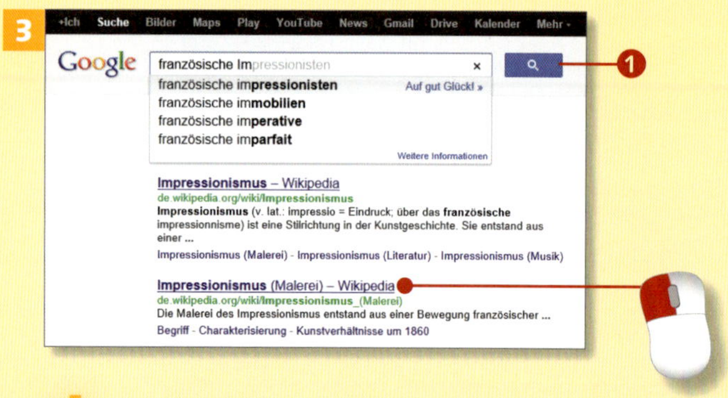

Es gibt zwei Wege, Webseiten aufzurufen. Tippen Sie die Adresse in die Adressleiste ein, oder nutzen Sie eine Suchmaschine, z. B. Google, um nach bestimmten Informationen zu suchen.

Schritt 1

Als Erstes rufen Sie die Google-Seite auf. Öffnen Sie den Internet Explorer, und tippen Sie »google.de« in die Adressleiste des Browsers. Dann drücken Sie die [↵]-Taste.

Schritt 2

Die Seite von Google öffnet sich mit einem Suchfeld. Tragen Sie einen Suchbegriff in dieses Feld ein, aber achten Sie darauf, dass Sie den Suchbegriff nicht zu allgemein halten.

Schritt 3

Vermutlich erscheint schon während der Eingabe eine Liste mit Vorschlägen; ignorieren Sie sie oder klicken Sie einen dieser Suchbegriffe an, wenn etwas Passendes dabei ist. Drücken Sie dann [↵], oder klicken Sie auf **Google-Suche** (1) (die Lupe).

Suchbegriffe

Mit zu allgemeinen Suchbegriffen erhalten Sie oftmals viele Millionen Treffer. Daher sollten Sie Ihre Suche so konkret wie möglich formulieren. Beispielsweise ist »Malerei« kein guter Suchbegriff, mit einem präziseren Suchbegriff (z. B. »Impressionismus«) grenzen Sie die Ergebnisse ein.

Schritt 4

Sie sehen nun die erste Seite der (unter Umständen sehr langen) Auflistung von Webseiten, in denen der eingegebene Suchbegriff vorkommt.

4

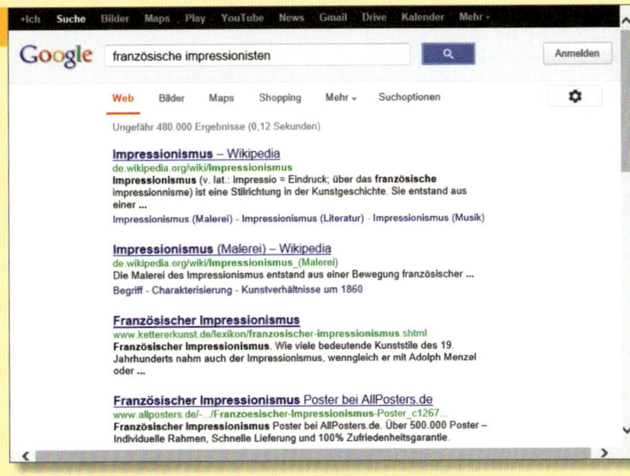

Schritt 5

Das Suchergebnis setzt sich aus einer Überschrift ❷, der Adresse der Webseite ❸ und einer kurzen Beschreibung ❹ zusammen. All dies weist darauf hin, was die Webseite in etwa beinhaltet.

5

Schritt 6

Klicken Sie unten auf der Seite auf die **2** (Seite 2) oder auf **Weiter** ❺, wenn Sie auf der ersten Seite nichts Passendes entdecken (und wandern Sie gegebenenfalls auf diese Weise weiter durch die Ergebnis-Seiten).

6

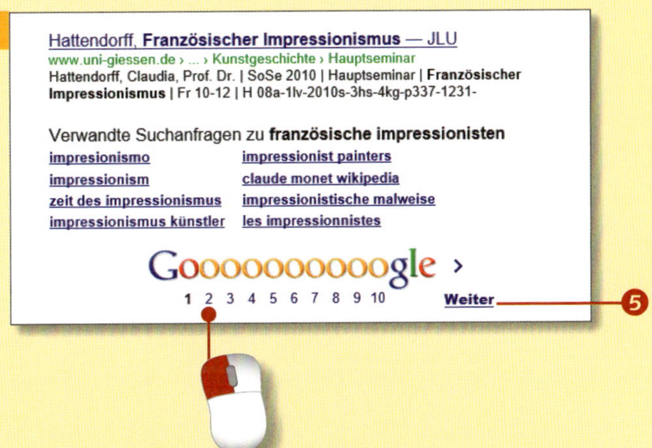

Häufige Wörter werden ignoriert

Google ignoriert häufig benutzte Wörter bei der Suche, z. B. allgemeine Worte wie »wo«, »wie« oder »mit«, um die Ergebnisse einzugrenzen. Sie müssen sie gar nicht erst in das Suchfeld tippen.

Im Internet mit Google suchen (Forts.)

7

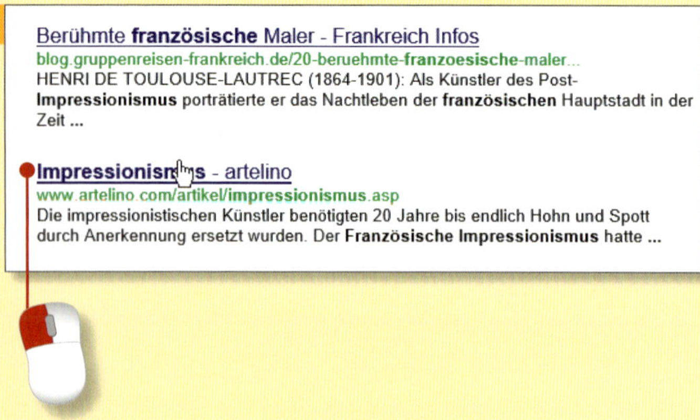

Schritt 7

Wenn eine Seite das zu versprechen scheint, was Sie suchen, zeigen Sie mit der Maus auf die Überschrift – der Mauszeiger wird zu einem Händchen – und klicken. Daraufhin sollte sich die Seite öffnen.

8

Schritt 8

Mit etwas Glück liefert Ihnen die Seite die Informationen, die Sie suchen. Mit der Schaltfläche **Zurück** gelangen Sie wieder zurück zu der Auflistung der Treffer.

9

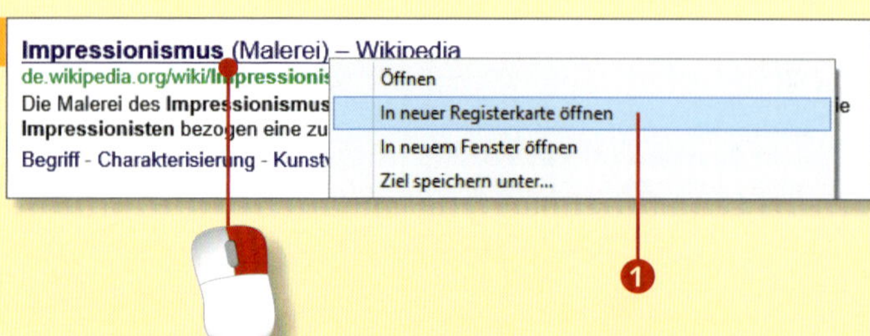

Schritt 9

Um mehrere Seiten zu überprüfen oder zu vergleichen, sollten Sie die Seite jeweils in einem eigenen Tab öffnen. Dazu klicken Sie die Seite in der Trefferliste mit der rechten Maustaste an und wählen **In neuer Registerkarte öffnen** ❶.

i

In Webseiten navigieren

In der Regel besteht eine Webseite aus mehreren Einzelseiten. Um von einer Seite zur anderen zu kommen, klicken Sie auf die *Hyperlinks* (kurz *Links*), die die eine Seite mit einer anderen verbinden. Verlinkte Elemente werden durch eine andere Farbe oder eine Unterstreichung vom übrigen Text abgehoben.

Schritt 10

Die Trefferliste bleibt geöffnet, und die aufgerufene Webseite erscheint auf einer neuen Registerkarte. Per Mausklick auf den Reiter können Sie zwischen den Tabs wechseln.

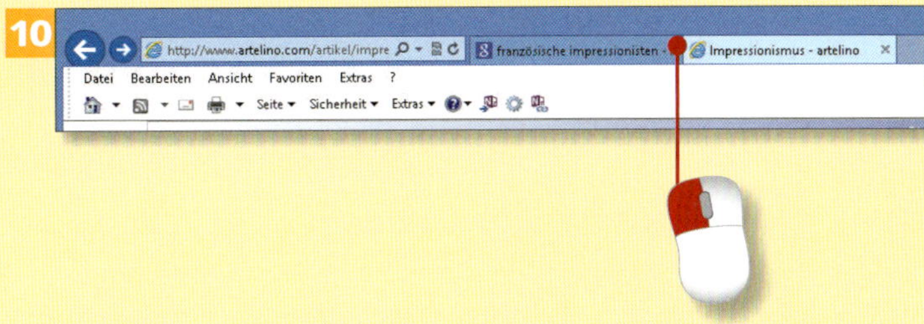

Schritt 11

Wenn eine Webseite gar nicht Ihrer Suche entspricht, schließen Sie die Registerkarte. Entweder klicken Sie dazu auf das Schließkreuz ❷, oder Sie klicken den Reiter mit der rechten Maustaste an und wählen **Registerkarte schließen** ❸ aus dem Kontextmenü.

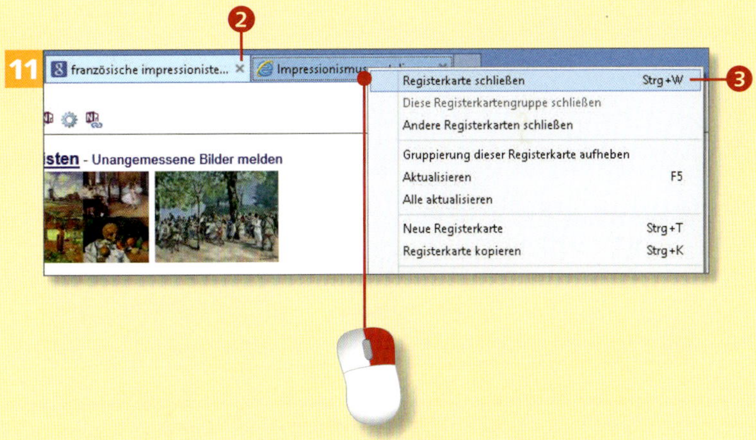

Schritt 12

Wenn Sie nach Fotos suchen möchten, klicken Sie oben links zunächst auf **Bilder** ❹. In das Suchfeld ❺ geben Sie dann Ihren Suchbegriff ein und drücken [↵]. Im Ergebnis erhalten Sie Seiten mit Bildern. Per Mausklick öffnen Sie die Webseite mit dem Bild.

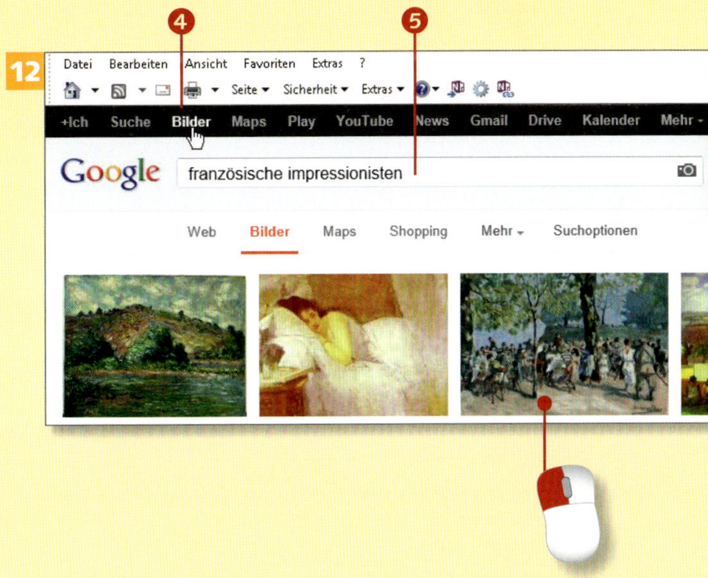

Google-Suche ohne »und«
Standardmäßig zeigt Google nur Seiten an, die alle Suchbegriffe enthalten, die Sie in das Suchfeld eingetragen haben. Sie müssen nicht ausdrücklich »und« zwischen den Suchbegriffen eingeben.

Lesezeichen setzen

1

2

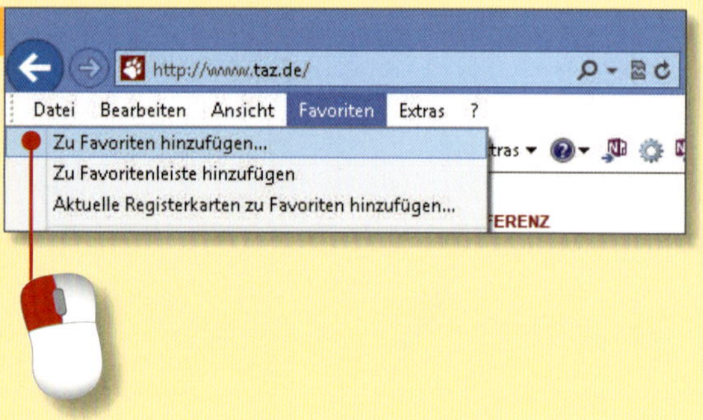

3

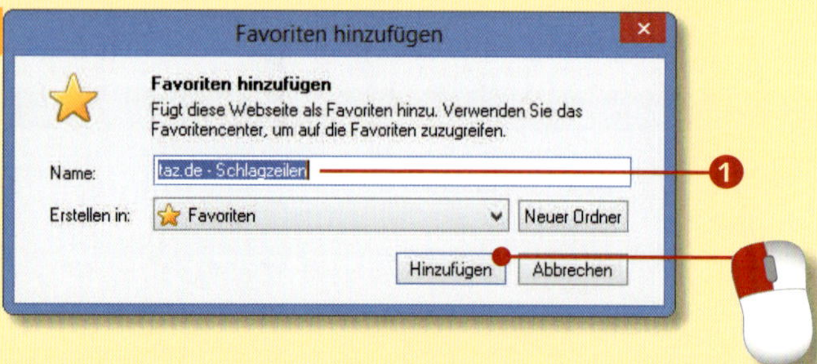

Es gibt Seiten, die man immer wieder gerne aufruft. Solche Seiten kann man als Favoriten ablegen. So vergisst man weder die Adresse, noch muss man sie immer wieder eingeben.

Schritt 1

Rufen Sie im Browser eine Seite auf, die Sie zu Ihren Lieblingsseiten zählen. Wir nehmen als Beispiel *www.taz.de*, weil wir diese Seite sehr häufig besuchen, um kritische Kommentare zum aktuellen Geschehen zu lesen.

Schritt 2

Klicken Sie auf den Menüpunkt **Favoriten** und wählen Sie im zugehörigen Menü gleich die erste Option **Zu Favoriten hinzufügen**.

Schritt 3

Geben Sie im Dialog **Favoriten hinzufügen** einen Namen ❶ für die Seite ein, und klicken Sie anschließend auf **Hinzufügen**.

Favoriten, Feeds, Verlauf

Wenn Sie rechts oben auf die Schaltfläche mit dem gelben Sternchen ❷ klicken, öffnet sich ein Bereich mit drei Registerkarten: **Favoriten**, **Feeds** und **Verlauf** (hier sind Ihre zuletzt besuchten Seiten aufgelistet).

Schritt 4

Nun steht Ihnen die Seite als »Favorit« zur Verfügung. Wenn Sie erneut ins Internet gehen und nach den Nachrichten der taz schauen möchten, klicken Sie im geöffneten Browser auf **Favoriten**. In der Liste der Lesezeichen entdecken Sie die Seite **taz.de - Schlagzeilen**. Rufen Sie sie mit einem Mausklick auf.

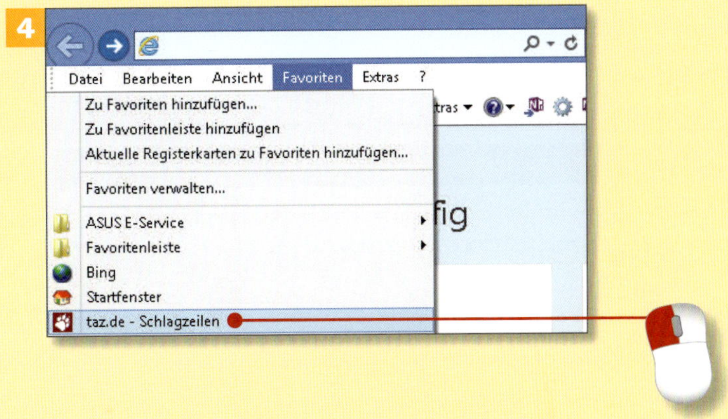

Schritt 5

Nach einer Weile wird die Liste der Favoriten ziemlich unübersichtlich. Legen Sie sich Ordner für die Favoriten an. Klicken Sie auf **Favoriten ▸ Favoriten verwalten**.

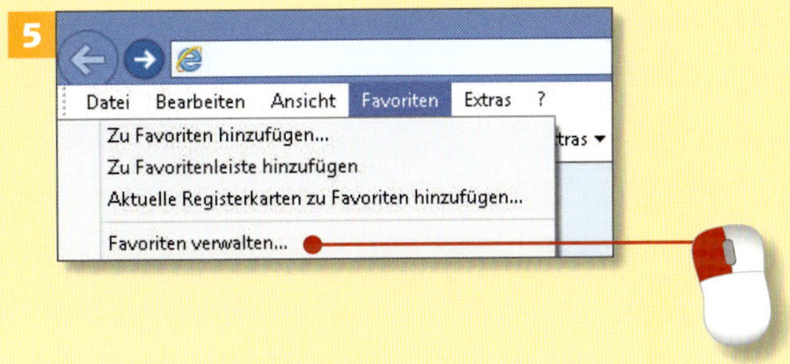

Schritt 6

Im Dialog **Favoriten verwalten** klicken Sie auf die Schaltfläche **Neuer Ordner** ❸. Gleich darauf sehen Sie das Feld **Neuer Ordner** ❹. Überschreiben Sie die blaue Markierung und klicken Sie dann auf **Schließen**.

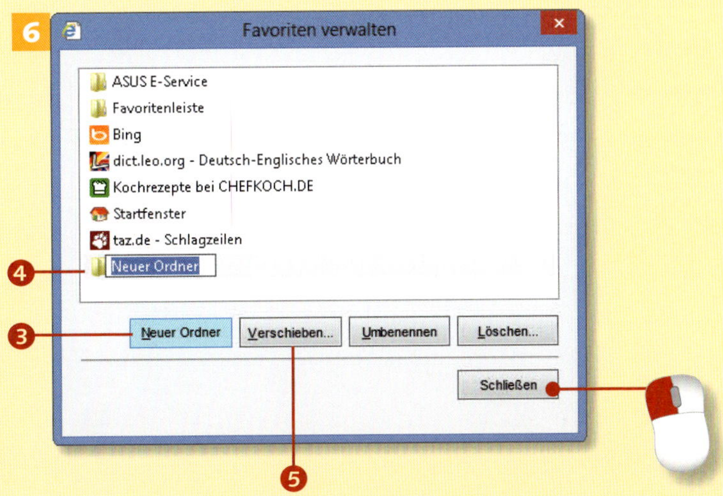

Favoritenseiten sortieren

Um eine Favoritenseite in einen Ordner zu legen, markieren Sie sie im Dialog **Favoriten verwalten**, und klicken Sie dann auf **Verschieben** ❺. Im nächsten Dialog klicken Sie den Zielordner an und schließen die Aktion mit **OK** ab.

Die Nachrichten im Internet lesen

1

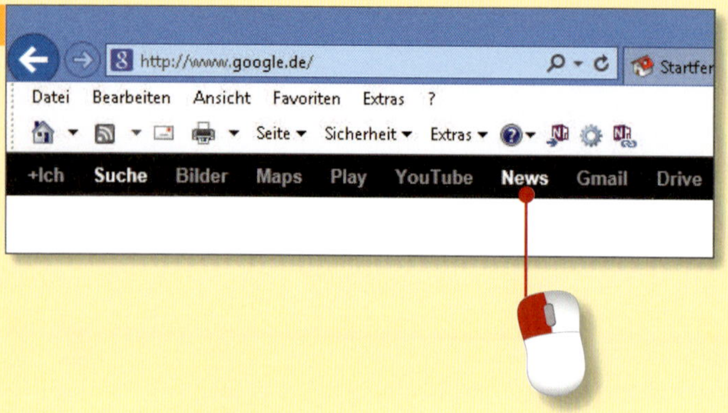

2

3

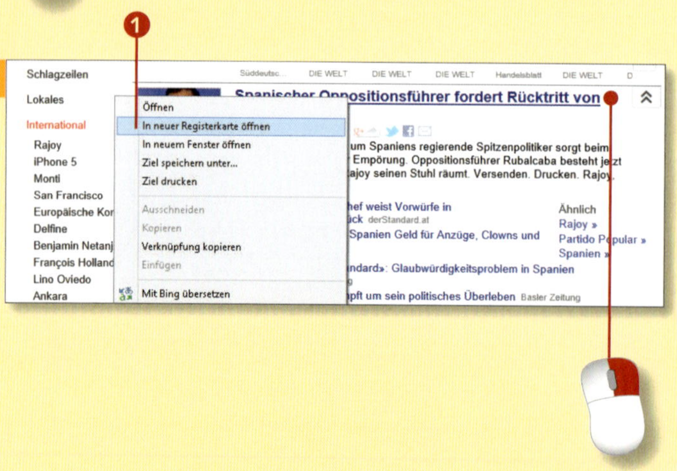

Das Internet kann für viele Zwecke genutzt werden. Wenn Sie an Nachrichten interessiert sind, können Sie sich am Bildschirm bequem über das Weltgeschehen informieren.

Schritt 1

Google bietet einen Link, der direkt zu einer Nachrichtenseite führt. Auf dieser Seite finden Sie aktuelle Meldungen aus verschiedenen Quellen. Klicken Sie auf der Google-Seite einfach auf **News**.

Schritt 2

Im linken Bereich gibt es diverse Links (Verknüpfungen), über die Sie zu bestimmten Themenbereichen wandern können. Klicken Sie beispielsweise auf **International**, um Nachrichten aus aller Welt zu lesen.

Schritt 3

Daraufhin werden weitere Links angeboten, die Sie per Mausklick öffnen. Denken Sie daran, dass Sie eine Seite auch in einer neuen Registerkarte aufrufen können (mit einem Rechtsklick auf den Link und Auswahl der Option **In neuer Registerkarte öffnen** ❶).

Schritt 4

Um Seiten mit anderen Nachrichten zu finden, suchen Sie auf der Google-Seite einfach nach »Nachrichten«. In der Auswahlliste zum Suchfeld macht Google Ihnen Vorschläge, die Sie mit einem Mausklick übernehmen können.

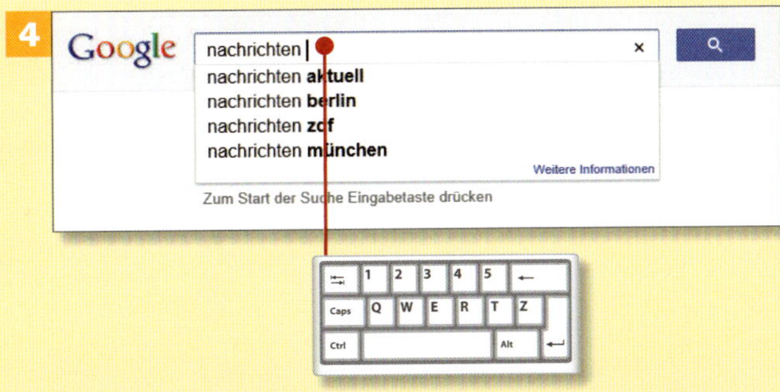

Schritt 5

Haben Sie die Tagesschau verpasst? Kein Problem: Rufen Sie die Seite *www.tagesschau.de* auf, oder googeln Sie nach »Tagesschau«.

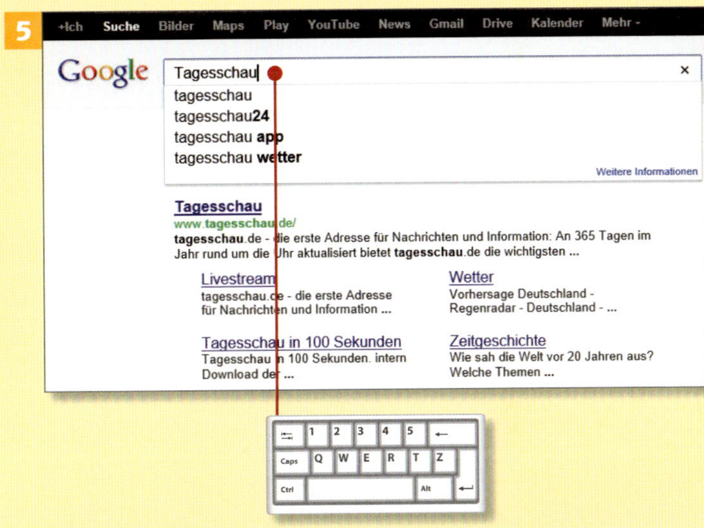

Schritt 6

Um die Tageschau zu sehen und zu hören wie im Fernsehen, klicken Sie rechts auf **Video starten**; daraufhin wird ein Video der letzten Nachrichtensendung gestartet. Klicken Sie rechts unten im Video auf das Bildschirmsymbol, um das Video im Vollbildmodus zu sehen.

Im Internet informieren

Sich online zu informieren, hat den Vorteil, dass Sie in vielen verschiedenen Zeitungen stöbern können. Allerdings werden Sie nicht alle Beiträge einer Zeitung lesen können, da die Online-Varianten in der Regel »abgespeckt« sind.

Orte mit Google Maps suchen

Früher reiste man gern mit dem Finger auf der Landkarte, heutzutage können Sie Orte mithilfe von Google Maps virtuell aufsuchen.

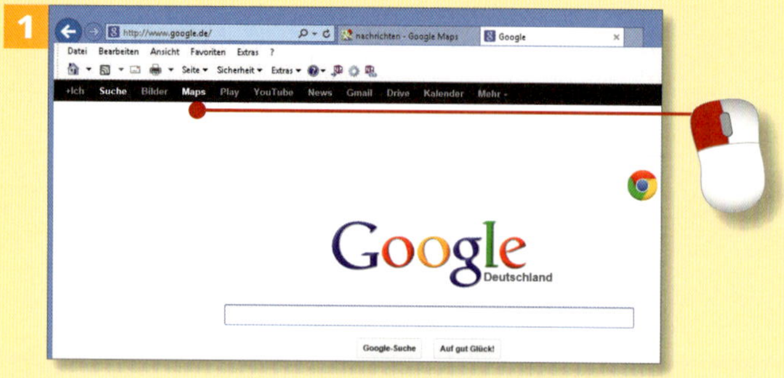

Schritt 1

Um die Google-Seite mit einer Landkarte aufzurufen, klicken Sie auf der Google-Suchseite *www.google.de* auf den Link **Maps** am oberen Rand.

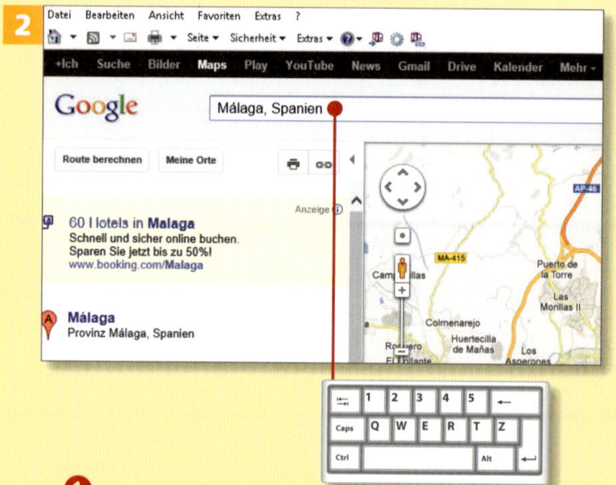

Schritt 2

Daraufhin wird eine Landkarte angezeigt. In das Suchfeld geben Sie den gesuchten Ort ein (gegebenenfalls auch gleich eine Straße). Bestätigen Sie Ihre Suche mit [↵]. Das Ergebnis wird auf der Karte markiert.

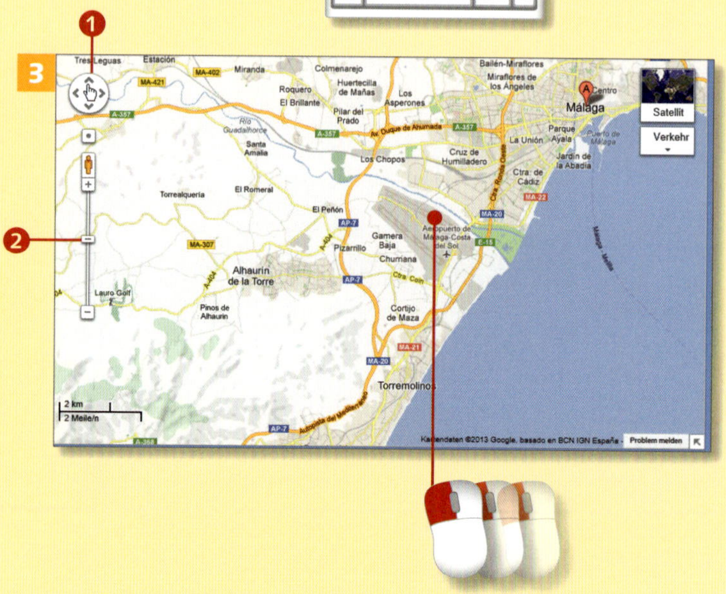

Schritt 3

Um den Ausschnitt zu verschieben, klicken Sie auf die Landkarte. Nun können Sie den Ausschnitt mit gedrückter Maustaste in jede beliebige Richtung ziehen. Zum Verschieben können Sie auch die Pfeile ❶ oben links im Ausschnitt nutzen (mit dem Schieberegler ❷ steuern Sie den Zoom).

Schritt 4

Spannend ist auch, sich statt einer Landkarte ein Satellitenbild des Ortes anzuschauen. Dazu klicken Sie in der rechten oberen Ecke der Landkarte auf die Schaltfläche **Satellit**.

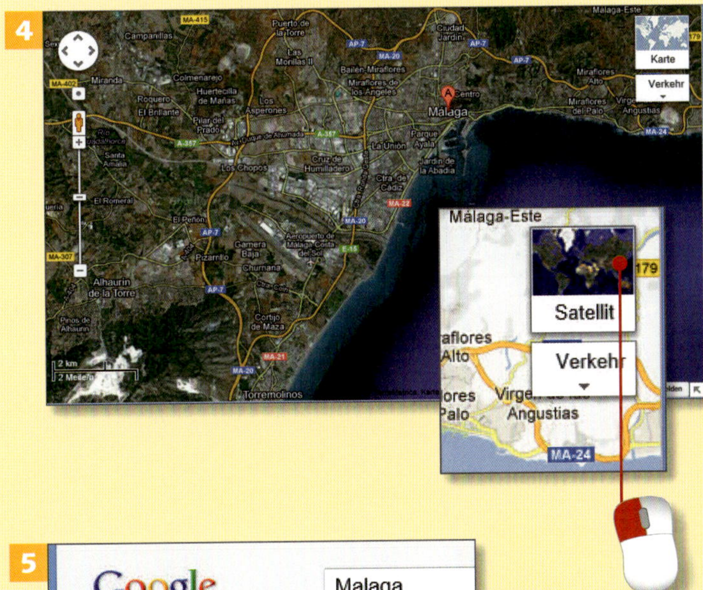

Schritt 5

Die Google-Maps-Seite enthält auch einen Routenplaner, mit dessen Hilfe Sie herausfinden, wie Sie von A nach B kommen und wie lange das dauert. Klicken Sie auf den kleinen Pfeil oben links an der Landkarte, um das Bedienfeld zu öffnen (falls es nicht ohnehin schon geöffnet ist).

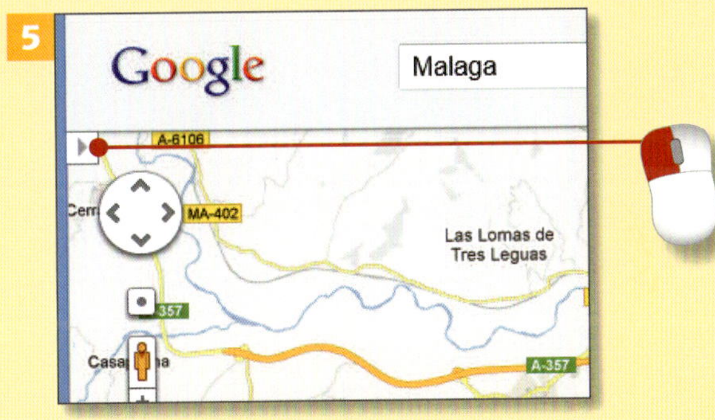

Schritt 6

Im Bedienfeld klicken Sie oben auf **Route berechnen** ❸. Daraufhin werden zwei Eingabefelder angezeigt. In das obere geben Sie den Startpunkt ein. Als Ziel ist der Ort eingetragen, nach dem Sie gesucht hatten. Klicken Sie auf **Route berechnen**.

Streckenbeschreibung

Google Maps zeigt Ihnen die vorgeschlagene Route auf der Landkarte an. Außerdem erhalten Sie eine detaillierte Beschreibung dazu, welche Ausfahrt oder Straße Sie jeweils zu nehmen haben.

Eine Bahnreise buchen

1

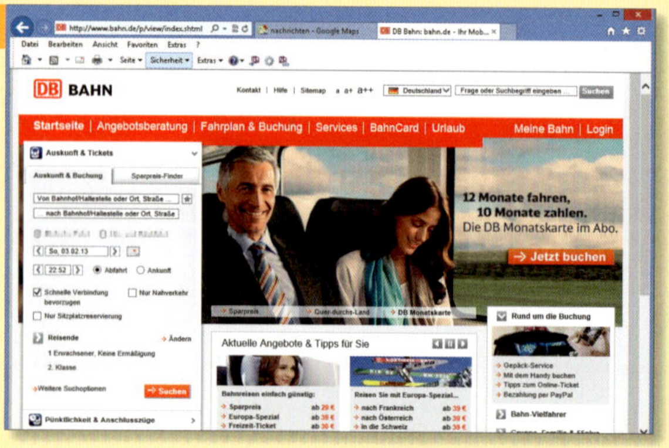

2

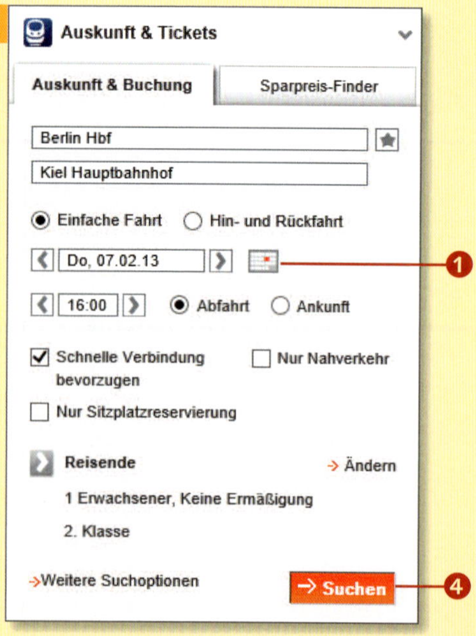

3

Wir bleiben beim Reisen. Die Webseite der Deutschen Bahn können Sie aufrufen, um eine Bahnreise zu planen und zu buchen.

Schritt 1

Rufen Sie die Seite der Deutschen Bahn auf, indem Sie »bahn.de« in die Adressleiste des Browsers eingeben oder z. B. »Deutsche Bahn« über Google suchen und dann auf den Ergebnislink klicken.

Schritt 2

Die Seite erwartet Sie mit Werbung und Informationen. In den Feldern im linken Bereich tragen Sie die Details Ihrer Reise ein: Abfahrts- und Zielort, Datum, Uhrzeit etc.

Schritt 3

Um den Abreisetag genau anzugeben, klicken Sie auf die Kalenderschaltfläche rechts neben dem Datumsfeld ❶. Im Kalender markieren Sie das gewünschte Datum und klicken dann auf **Schließen** ❷.

Im Kalender navigieren

Klicken Sie im Kalender auf die Pfeile rechts bzw. links ❸, um zu einem anderen Monat zu navigieren.

Schritt 4

Nachdem Sie unter den Feldern zum Eintragen auf **Suchen** ❹ geklickt haben, erhalten Sie eine Auflistung möglicher Verbindungen. Wenn die Abfahrtszeiten nicht passen, klicken Sie auf **Früher** ❺ oder **Später**, um weitere Verbindungen zu sehen.

Schritt 5

Um die Details einer Verbindung einzusehen (Umsteigezeiten etc.), klicken Sie auf den Pfeil links neben dem Eintrag. Wenn Sie sich für eine Fahrt entscheiden, klicken Sie auf **Zur Buchung** ❻.

Schritt 6

Daraufhin öffnet sich eine neue Seite, auf der Sie (optional) weitere Angaben machen können. Klicken Sie jeweils auf **Weiter**, um zum nächsten Fenster zu gelangen.

4

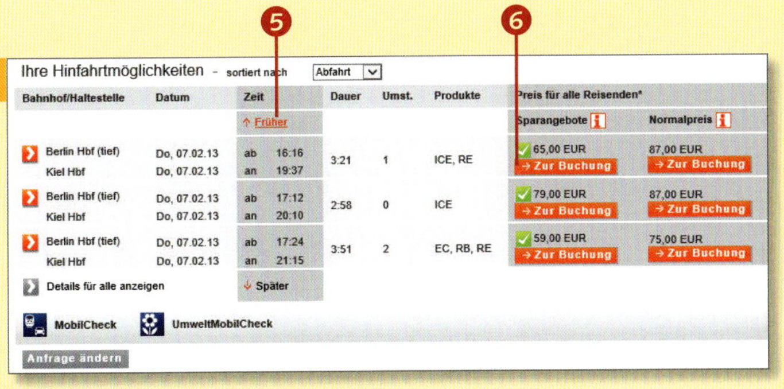

5

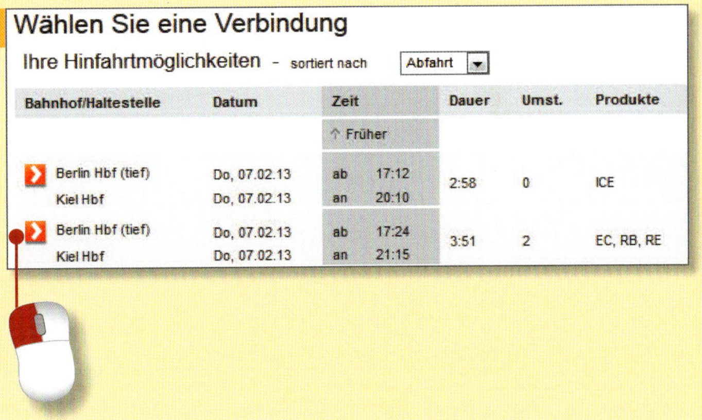

6

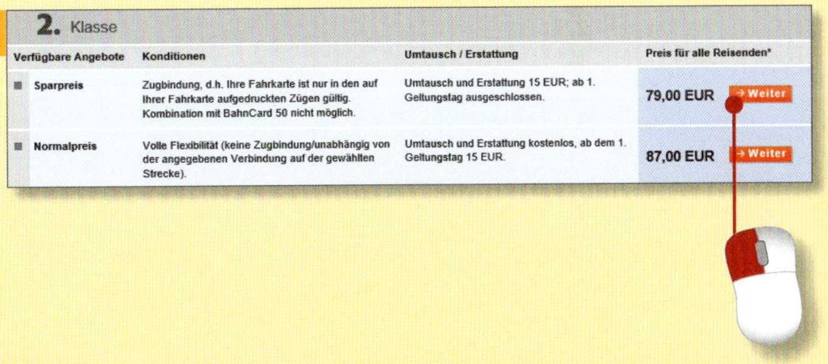

Das Online-Ticket

Wenn Sie sich für ein Online-Ticket entscheiden (siehe Schritt 7), müssen Sie es selbst ausdrucken. Dazu brauchen Sie einen PDF-Reader. Windows 8 bringt einen solchen mit – den Windows Reader. Sie können aber auch einen PDF-Reader herunterladen (siehe dazu den Abschnitt »Programme und Dateien herunterladen« ab Seite 116).

Eine Bahnreise buchen (Forts.)

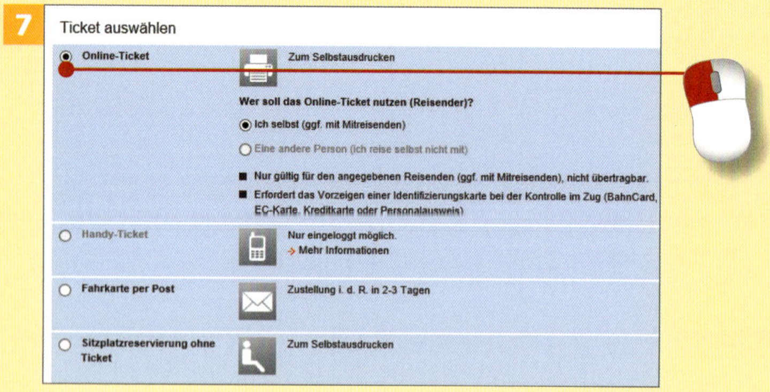

Schritt 7

In einem dieser Fenster geben Sie an, wie das Ticket zugestellt werden soll: als Online-Ticket oder per Post. Letzteres kostet Porto und natürlich auch ein paar Tage Zeit, d. h., Sie sollten nicht zu knapp vorher buchen.

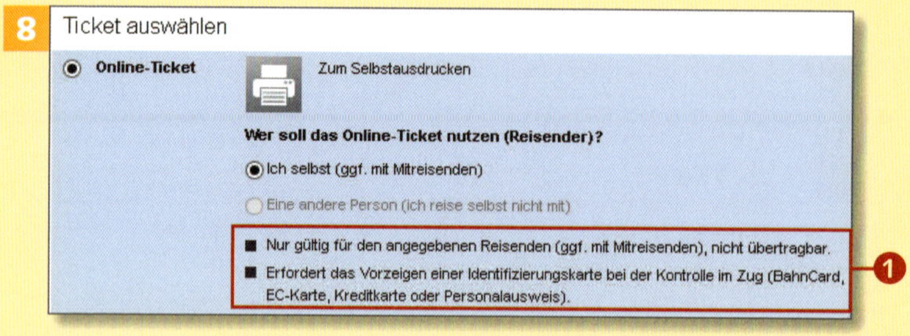

Schritt 8

Wenn Sie sich für ein Online-Ticket entscheiden und die entsprechende Option mit einem Häkchen versehen, werden Sie auf die Voraussetzungen ❶ für eine solche Buchung hingewiesen.

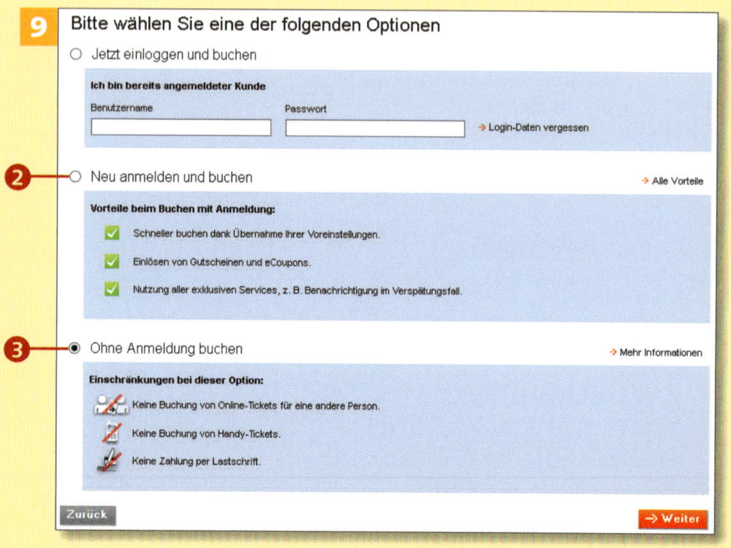

Schritt 9

Auf der Login-Seite können Sie sich beim Service »Meine Bahn« anmelden ❷ oder die Buchung ohne Anmeldung ❸ fortsetzen. Markieren Sie die gewünschte Option mit einem Klick, und wählen Sie dann **Weiter**.

Buchen ohne Anmeldung

Wenn Sie die Option **Ohne Anmeldung buchen** wählen, ist die Zahlungsweise eingeschränkt. Sie können in diesem Fall nur mit Kreditkarte zahlen.

Schritt 10

Im nächsten Fenster müssen Sie Ihre persönlichen Daten eintragen und angeben, wie Sie sich während der Reise identifizieren möchten. Für die Bezahlung tragen Sie Ihre Kreditkartendaten ein.

10

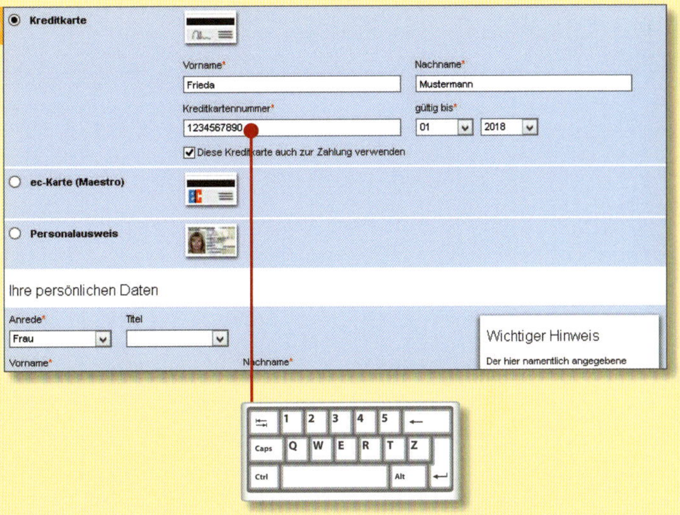

Schritt 11

Weil Sie hier sensible Daten (Kreditkartendaten) eingeben, muss die Seite gesichert sein. Dass es sich um eine sichere Seite handelt, erkennen Sie in der Adressleiste am »s« 4 (für *secure*) hinter *http* und an dem kleinen Schloss 5.

11

Schritt 12

Nach einem erneuten Klick auf **Weiter** werden Ihnen nochmals die Details der Buchung angezeigt. Wenn bestimmte Angaben nicht korrekt waren oder fehlen, werden Sie darauf hingewiesen. Korrigieren Sie in diesem Fall Ihre Einträge.

12

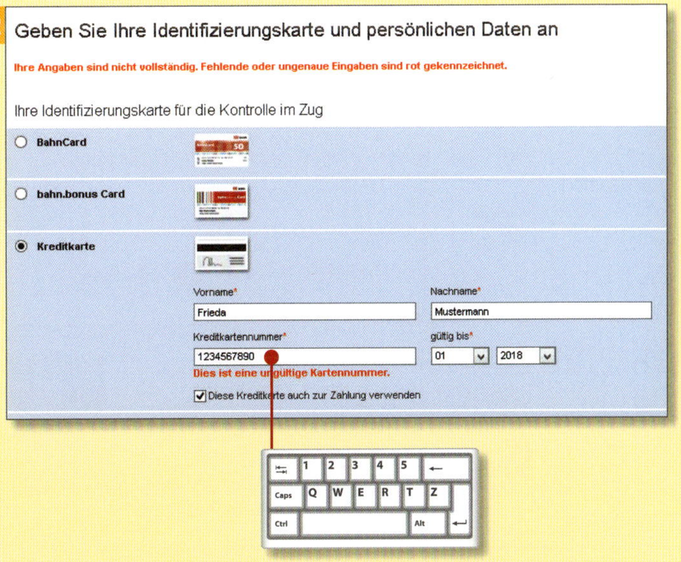

So erhalten Sie Ihr Online-Ticket

Zum Schluss erhalten Sie eine Buchungsbestätigung, die Sie mit einem Klick verbindlich akzeptieren. Haben Sie ein Online-Ticket bestellt, erhalten Sie eine E-Mail mit der Fahrkarte als PDF-Datei, die Sie noch ausdrucken müssen.

Bei Amazon einkaufen

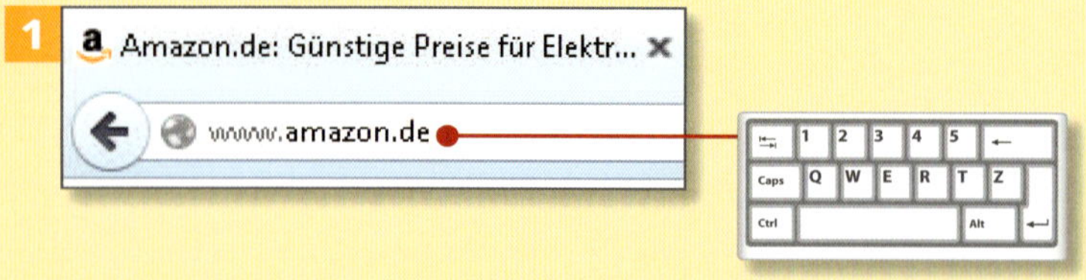

Amazon gehört zu den ältesten Online-Shops, hier kann man fast alles kaufen. Wir bleiben beim Kerngeschäft und bestellen ein Buch.

Schritt 1

Rufen Sie Ihren Browser auf und geben Sie »amazon.de« in die Adressleiste ein. Bestätigen Sie die Eingabe mit [↵]. Natürlich können Sie auch einfach »Amazon« in das Google-Suchfeld eintragen.

Schritt 2

Die Seite von Amazon präsentiert sich mit einem Mix aus Werbung, Angeboten und Links zu unterschiedlichen Kategorien. In der Mitte gibt es das Suchfeld, in das Sie Begriffe eingeben können, um passende Produkte zu finden.

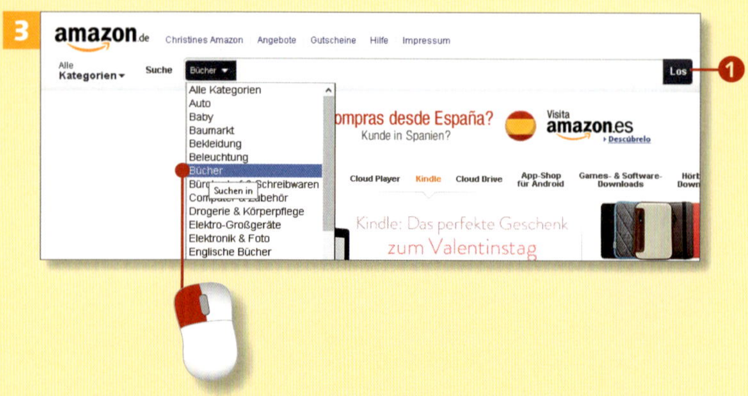

Schritt 3

Um die Suche nach einem Produkt einzugrenzen, wählen Sie am besten eine passende Kategorie. Klicken Sie auf den Pfeil am Feld **Alle Kategorien**. In der Liste markieren Sie die gewünschte Kategorie und klicken auf **Los** ❶.

Schritt 4

Stöbern Sie dann in der Auswahl der Angebote. Achten Sie darauf, dass Sie sich für das richtige Format entscheiden. Klicken Sie z. B. auf **Taschenbuch**, wenn Sie den Titel als (günstigere) Taschenbuchausgabe kaufen möchten.

4

Schritt 5

Wenn Sie sich für ein Produkt entschieden haben, klicken Sie auf **In den Einkaufswagen**. Manchmal kriegt man auch gebrauchte Bücher von Fremdanbietern ❷ zu einem günstigeren Preis.

5

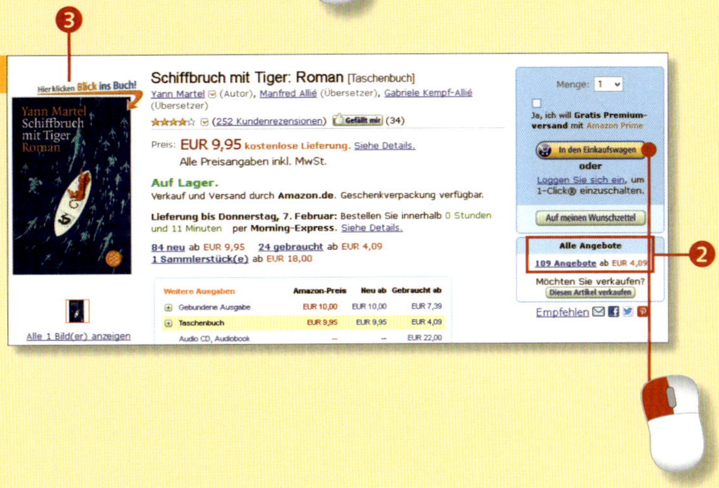

Schritt 6

Im nächsten Fenster wird Ihnen der Inhalt Ihres Einkaufswagens angezeigt. Um noch weitere Artikel zu kaufen, geben Sie oben einfach einen neuen Suchbegriff ein und gehen so vor, wie bis hierher beschrieben.

6

Blick ins Buch

Häufig wird ein sogenannter **Blick ins Buch** ❸ angeboten. Wenn Sie auf das Cover klicken, öffnet sich eine PDF-Datei mit dem Inhaltsverzeichnis und einer Leseprobe.

Bei Amazon einkaufen (Forts.)

7

Schritt 7

Es kommt vor, dass man einen Artikel versehentlich zweimal in den Einkaufswagen legt. Sie müssen dann nicht von vorne anfangen: Die Anzahl der Artikel können Sie auch im Feld **Anzahl** ändern und dann auf **Aktualisieren** ❶ klicken.

8

Schritt 8

Falls Sie sich später entscheiden, einen Artikel doch nicht zu kaufen, löschen Sie ihn wieder aus dem virtuellen Einkaufswagen. Klicken Sie dazu einfach auf den Link **Löschen** unter dem jeweiligen Artikel.

9

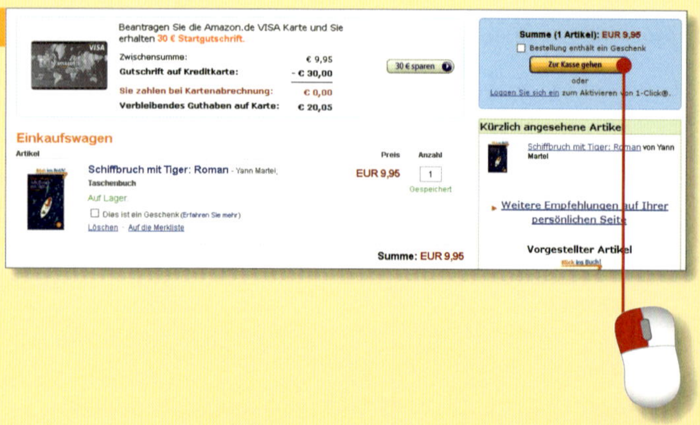

Schritt 9

Wenn alles im Einkaufswagen liegt, was Sie brauchen, und alle Angaben stimmen, klicken Sie auf **Zur Kasse gehen**.

Amazon-Empfehlungen

Unter den Artikeln in Ihrem Einkaufswagen sehen Sie eine Liste weiterer Artikel: **Wird oft zusammen gekauft** oder **Kunden, die diesen Artikel gekauft haben, kauften auch**. Hier macht Amazon Ihnen Angebote, die Sie vielleicht auch interessieren könnten oder die zu den von Ihnen ausgewählten Artikeln passen.

Schritt 10

Falls Sie noch kein Amazon-Kunde sind, klicken Sie auf **Ich bin ein neuer Kunde** ❷, geben im Feld darüber ❸ Ihre E-Mail-Adresse ein und klicken auf **Weiter** ❹. Im nächsten Fenster füllen Sie alle Felder aus und klicken auf **Konto anlegen**.

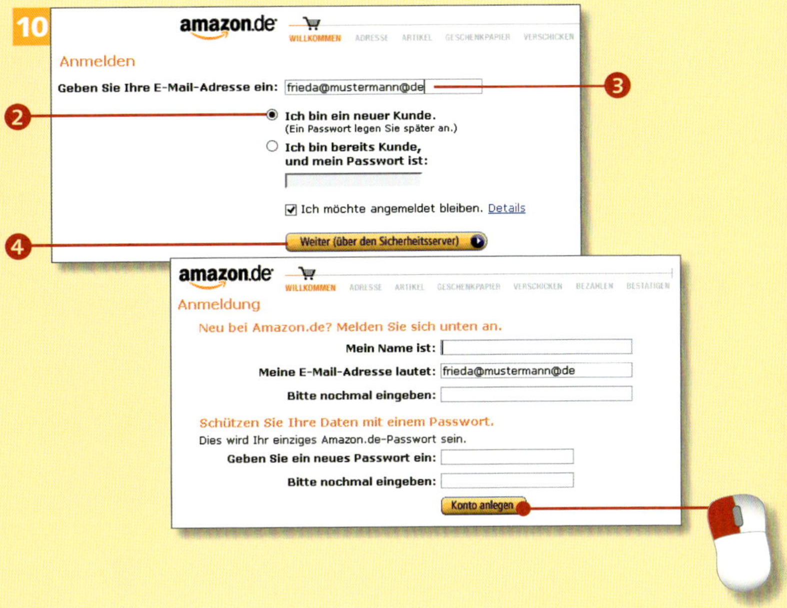

Schritt 11

Da Sie jetzt ein Konto haben, klicken Sie auf **Ich bin bereits Kunde** ❺ und geben Ihr Passwort ❻ ein. Sie müssen die Bestellung vervollständigen und – indem Sie die jeweiligen Felder füllen und mit **Weiter** zum nächsten Schritt springen – die Versandadresse und -art sowie die gewünschte Zahlungsweise angeben.

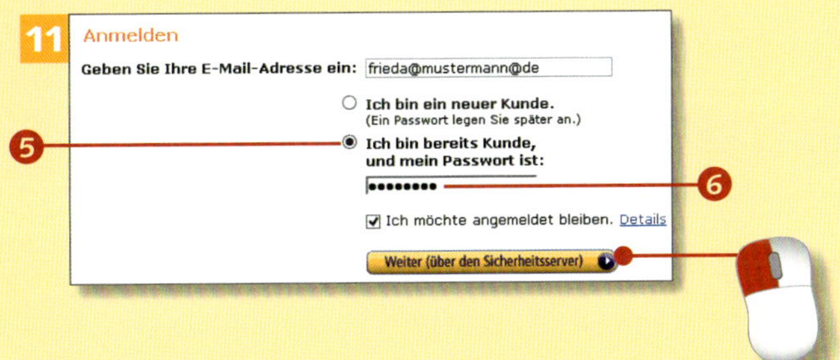

Schritt 12

Zum Schluss prüfen Sie alle Daten und korrigieren sie gegebenenfalls, indem Sie auf **Ändern** ❼ klicken. Klicken Sie dann auf **Jetzt kaufen**. Als Bestätigung erhalten Sie eine E-Mail.

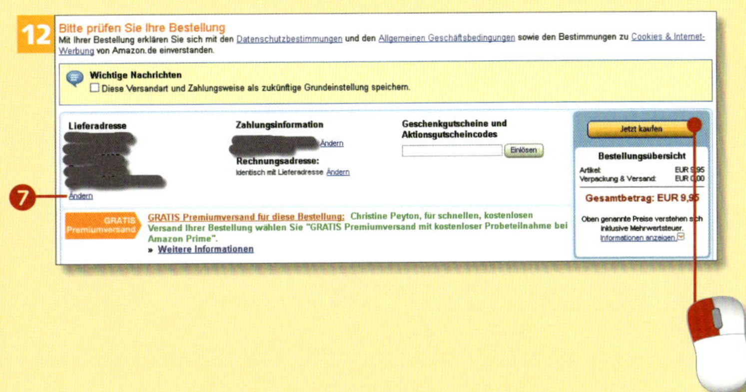

Bei Amazon zahlen

Sie können bei Amazon gegen Aufpreis auch auf Rechnung zahlen. Das geht aber nur, wenn Ihre Privatadresse gleichzeitig die Liefer- und Rechnungsadresse ist.

Programme und Dateien herunterladen

Sie können Dateien oder Programme aus dem Internet herunterladen und sie auf Ihrem Computer installieren. Ein kostenloses und nützliches Programm ist z. B. der Adobe Reader.

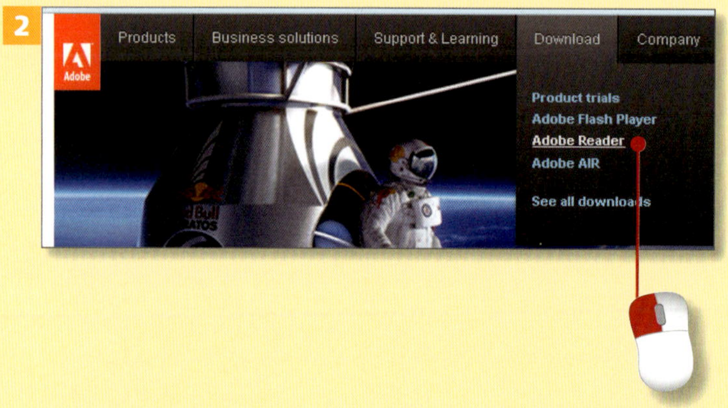

Schritt 1

Rufen Sie den Internet Explorer auf und geben Sie *adobe.de* in die Adressleiste ein und drücken Sie [↵].

Schritt 2

Auf der Startseite von Adobe zeigen Sie mit der Maus auf den Link **Download**, den Sie in der oberen Leiste finden. Im kleinen Menü markieren Sie **Adobe Reader**.

Schritt 3

Im nächsten Fenster deaktivieren Sie die Option **Ja, McAfee Security Scan Plus installieren** ❶. Dann klicken Sie auf die Schaltfläche **Jetzt herunterladen**.

Der Adobe Reader

Mit dem Adobe Reader können Sie Dateien im PDF-Format öffnen. Dieses Format wird verwendet, um einen unkomplizierten Austausch von Dateien zu ermöglichen.

Schritt 4

Ein Dialog öffnet sich und fragt Sie, ob Sie die Datei speichern möchten. Bestätigen Sie den Dialog, indem Sie auf die Schaltfläche **Datei speichern** klicken.

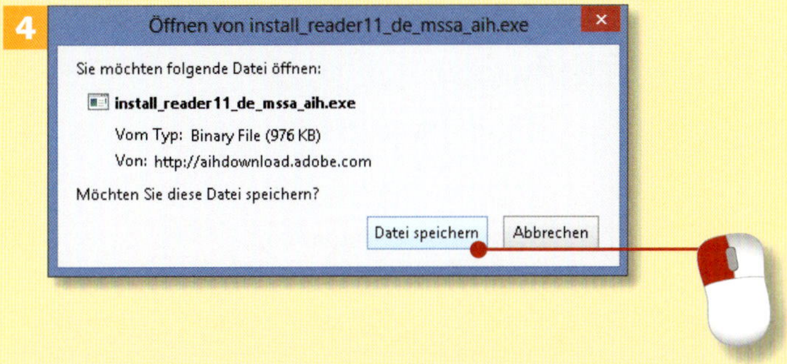

Schritt 5

Sie erhalten dann einen Dialog, der den Download anzeigt. Hier klicken Sie doppelt auf den Eintrag *install_reader11_de_mssa_aih.exe*. Vermutlich müssen Sie danach einen weiteren Dialog bestätigen.

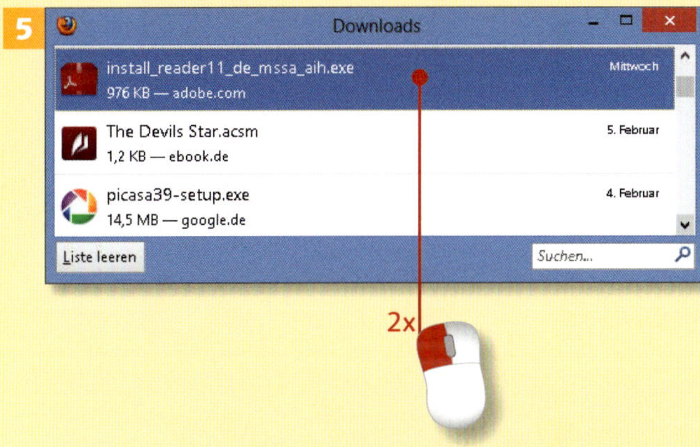

Schritt 6

Der Adobe Reader wird heruntergeladen und installiert. Den Fortschritt sehen Sie an einem Balken. Klicken Sie auf **Fertigstellen**, wenn Sie den Hinweis **Installation abgeschlossen** ❷ sehen. Auf dem Startbildschirm befindet sich nun eine entsprechende Kachel.

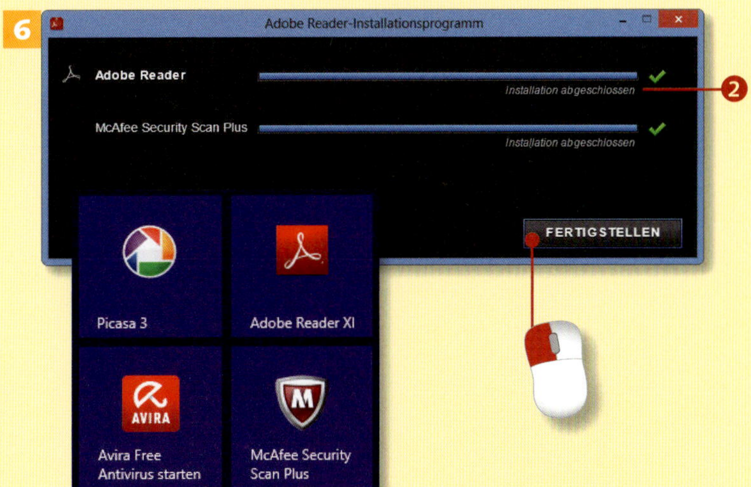

PDF-Dateien öffnen

Um eine Datei im PDF-Format zu öffnen, klicken Sie sie im Datei-Explorer doppelt an. Sie wird dann automatisch mit dem Adobe Reader geöffnet.

Ein Antivirenprogramm gehört auf jeden Computer, denn damit sorgen Sie für Sicherheit, vor allem, wenn Sie dieses Programm regelmäßig aktualisieren.

Schritt 1

Als Beispiel ziehen wir *Avira Free Antivirus* heran. Rufen Sie den Internet Explorer auf, und geben Sie »avira.de« in die Adresszeile ein. Bestätigen Sie die Eingabe nun mit der [↵]-Taste.

Schritt 2

Auf der Avira-Homepage klicken Sie oben auf **Download** ❶. Im nächsten Fenster wird der Download für *Avira Free Antivirus* angeboten. Klicken Sie hier auf die Schaltfläche **Download**.

Schritt 3

Im nächsten Fenster klicken Sie auf **Gratis-Download** ❷. Sollte der Download nicht automatisch starten, stoßen Sie ihn im nachfolgenden Fenster erneut an. Im unteren Bereich sehen Sie ein schmales Fenster. Klicken Sie hier auf **Ausführen**, um Avira zu installieren.

!

Installation zulassen

Je nach Sicherheitseinstellungen Ihres Rechners müssen Sie in einem weiteren Windows-Dialog das Ausführen des Installationsprogramms von Avira zulassen. Ohne Ihre Zustimmung wird die Installation nicht durchgeführt.

Schritt 4

Die Installation beginnt. Folgen Sie den Anweisungen des Assistenten und klicken Sie jeweils auf **Weiter**. Wenn Sie gefragt werden, wie das Programm installiert werden soll, können Sie die Expressvariante ❸ wählen. Vergessen Sie nicht, den Nutzungsbedingungen zuzustimmen, haken Sie also das entsprechende Kästchen an.

Schritt 5

Avira möchte sich in Ihre Browsereinstellungen einmischen und eine Avira-Toolbar hinzufügen sowie die Start- und Sucheinstellungen auf Avira zuschneiden. Wir empfehlen Ihnen, dies nicht zuzulassen und die Optionen zu deaktivieren ❹.

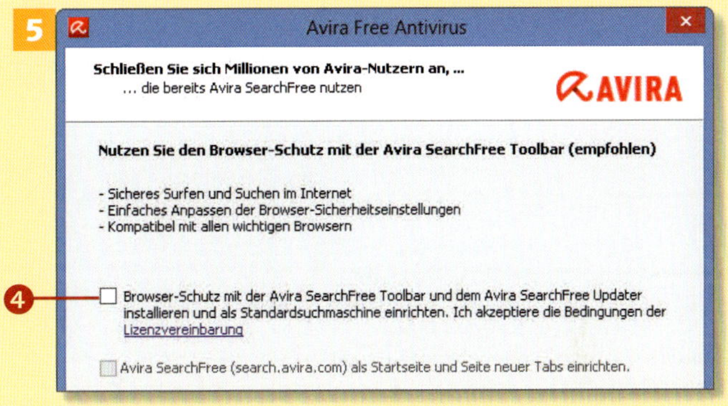

Schritt 6

Nach bzw. während der Installation durchsucht Avira Ihren Computer sofort nach Viren. Ein Fortschrittsbalken zeigt an, wie viele Dateien bereits durchsucht wurden. Der Vorgang dauert ein Weilchen. Abschließend können Sie eventuelle Funde von Avira in Quarantäne schicken lassen.

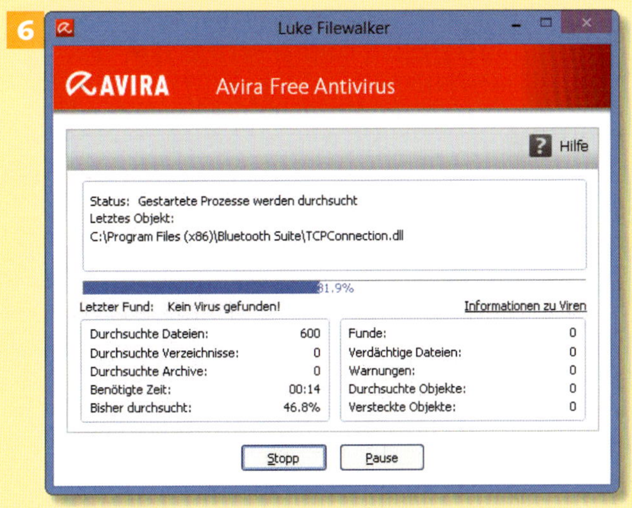

Sicherheit und Virenschutz (Forts.)

7

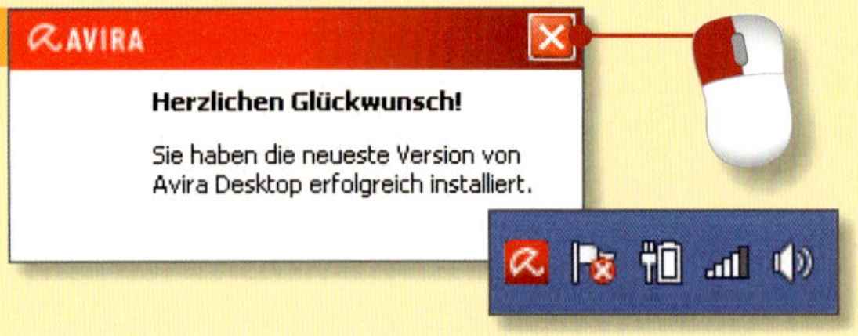

8

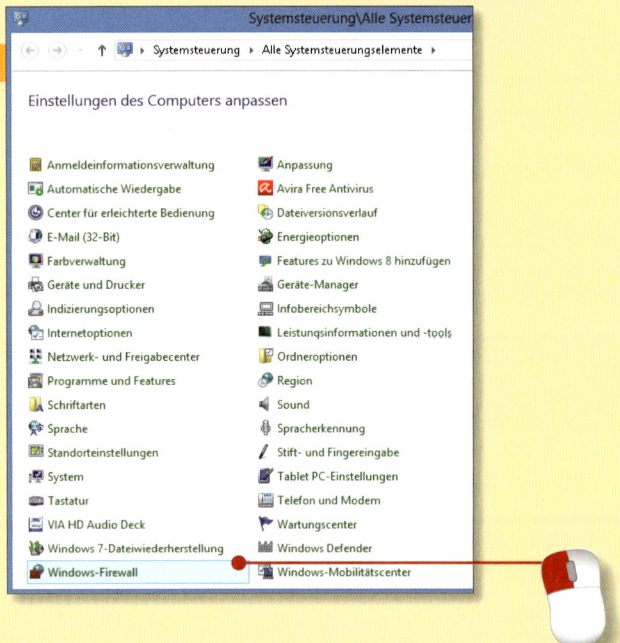

9

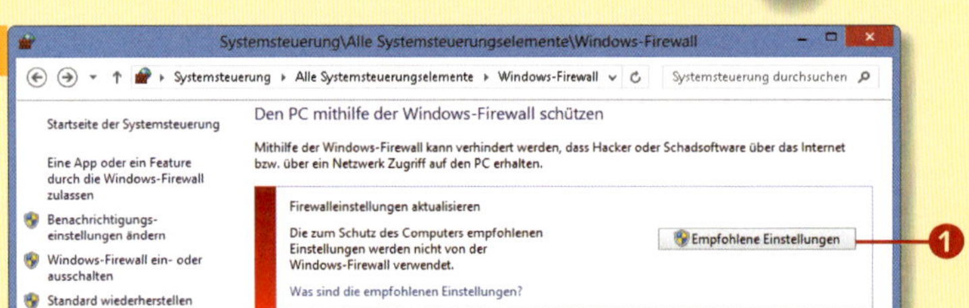

Schritt 7

Avira ist installiert und wird Ihren PC zukünftig schützen. Sie werden dazu beglückwünscht. Den Schutz erkennen Sie an dem Symbol mit dem aufgespannten Schirmchen (in der Taskleiste). Ist der Schirm zugeklappt, »arbeitet« Avira nicht. Wie Sie die Überprüfung des Computers durch Avira per Hand anstoßen, lesen Sie in Kapitel 12, »Für Sicherheit sorgen«, ab Seite 270.

Schritt 8

Schützen Sie Ihren Computer auch mit der Windows-Firewall. Den Dialog rufen Sie in der Systemsteuerung auf. Klicken Sie hier auf **Windows-Firewall** (die Systemsteuerung rufen Sie in der Charms-Leiste über **Einstellungen ▸ Systemsteuerung** auf).

Schritt 9

Im nächsten Fenster werden die aktuellen Einstellungen angezeigt. Sollte die Firewall nicht aktiviert sein, sehen Sie im Dialog **Den PC mithilfe der Windows-Firewall schützen** einen Bereich mit der Schaltfläche **Empfohlene Einstellungen** ❶. Ein Klick hierauf aktiviert die Firewall.

Die Systemsteuerung aufrufen

So können Sie die Systemsteuerung besonders schnell aufrufen: Drücken Sie die ⊞-Taste + X. Im Menü klicken Sie auf **Systemsteuerung**.

Schritt 10

Um die Einstellungen manuell zu verändern, klicken Sie im linken Bereich des Dialogs auf den Link **Windows-Firewall ein- oder ausschalten**.

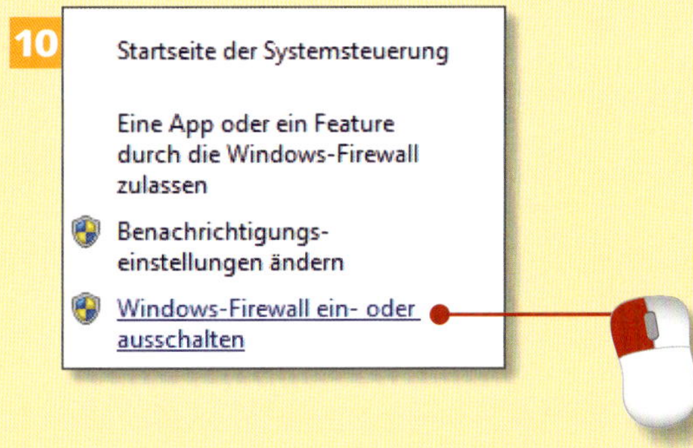

Schritt 11

Im nächsten Fenster **Einstellungen anpassen** aktivieren Sie passend zu Ihrem Netzwerk (privat ❷ oder öffentlich ❸) mit einem Mausklick die Option **Windows-Firewall aktivieren** bzw. **Windows-Firewall deaktivieren**. Dann klicken Sie auf **OK**.

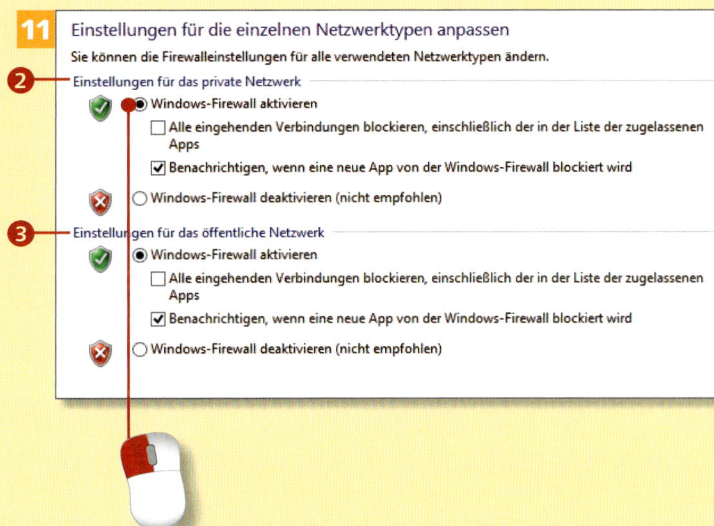

Schritt 12

Zurück im Dialog **Den PC mithilfe der Windows-Firewall schützen** steht nun unter **Status der Windows-Firewall: Ein** ❹.

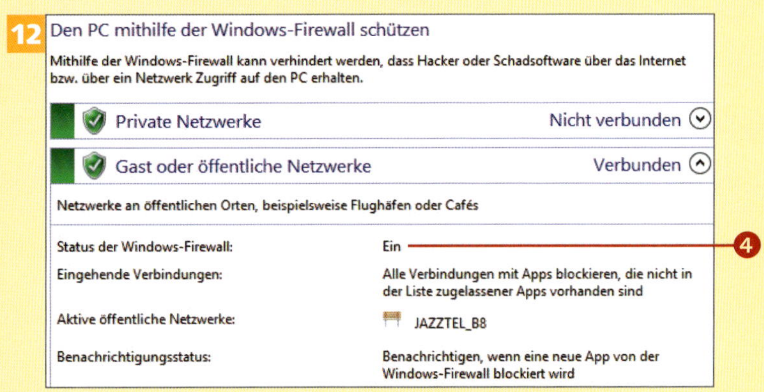

Sicherheit und eigenes Verhalten

Auch Ihr Verhalten trägt zur Sicherheit im Internet bei. Das Aktualisieren der Antivirensoftware ist Regel Nummer eins. Nutzen Sie zum Download nur vertrauenswürdige Webseiten, und geben Sie keine sensiblen Daten preis, wenn Ihnen eine Seite suspekt ist.

Die besten Webseiten-Empfehlungen

1

2

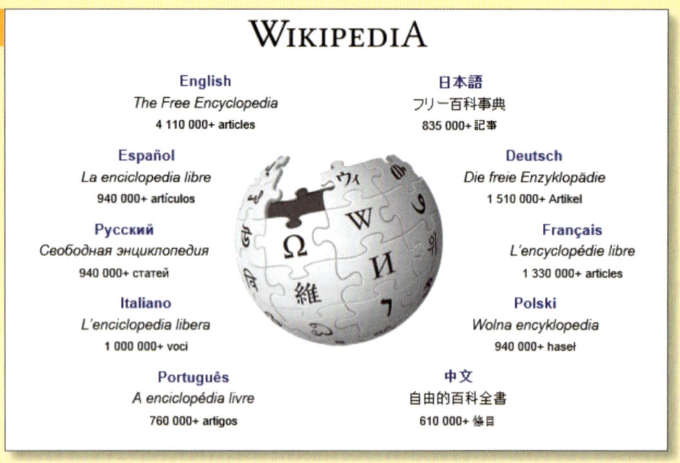

3

Webseiten zu empfehlen, ist ein schwieriges Unterfangen. Wir stellen Ihnen dennoch einige Webseiten vor, die Ihnen im Alltag nützlich sein könnten.

Schritt 1

Wann immer Sie etwas nachschlagen möchten, ist Wikipedia interessant (eine von ehrenamtlichen Autoren verfasste Internet-Enzyklopädie). Wenn Sie in Google einen Suchbegriff eingeben, ist der erste Treffer oft eine Wikipedia-Seite.

Schritt 2

Sie können aber auch die Startseite von Wikipedia aufrufen und dort direkt nach einem bestimmten Begriff suchen (*www.wikipedia.org*). Außerdem können Sie zwischen vielen Sprachen wählen.

Schritt 3

Sie haben keine Fernsehzeitschrift zur Hand? Kein Problem, rufen Sie z. B. die Seite *www.tvtoday.de* auf. Sie können hier sehen, was aktuell im Fernsehen läuft, das Programm für andere Tage einstellen oder sich Sendungen nach Sparten anzeigen lassen.

Schritt 4

Apropos Fernsehen: Die meisten TV-Sender bieten inzwischen Mediatheken an. Hier können Sie sich Sendungen der letzten sieben Tage anschauen. Geben Sie z. B. »ZDF mediathek« in das Google-Suchfeld ein, und klicken Sie in der Ergebnisliste auf **Startseite – ZDF Mediathek**.

4

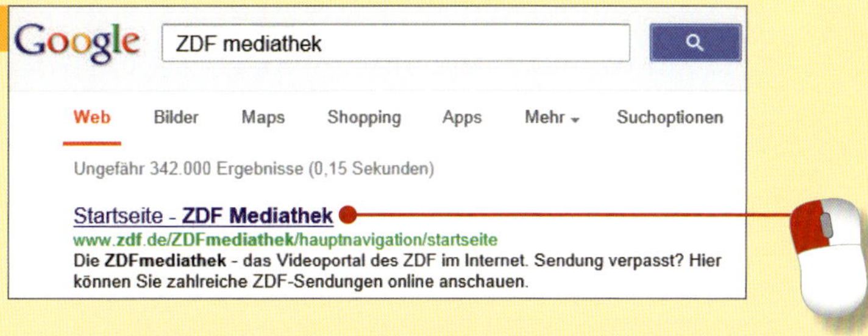

Schritt 5

Auf der Startseite der Mediathek werden einige Videos aktueller Sendungen angeboten. Um zu den Sendungen der letzten sieben Tage zu gelangen, klicken Sie oben auf **Sendung verpasst?**. Im nächsten Fenster können Sie dann durch das Angebot wandern.

5

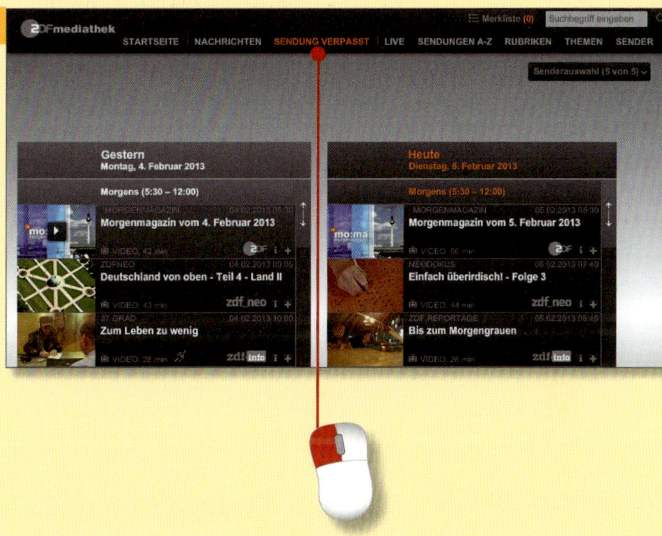

Schritt 6

Das Internet bietet einige Seiten mit Wettervorhersagen. Uns gefällt die Seite *www.wetteronline.de*, weil sie übersichtlich aufgebaut ist und die gewünschten Infos schnell bereitstellt. Um Details für Regionen in Deutschland zu sehen, klicken Sie auf **Deutschland**.

6

Die besten Webseiten-Empfehlungen (Forts.)

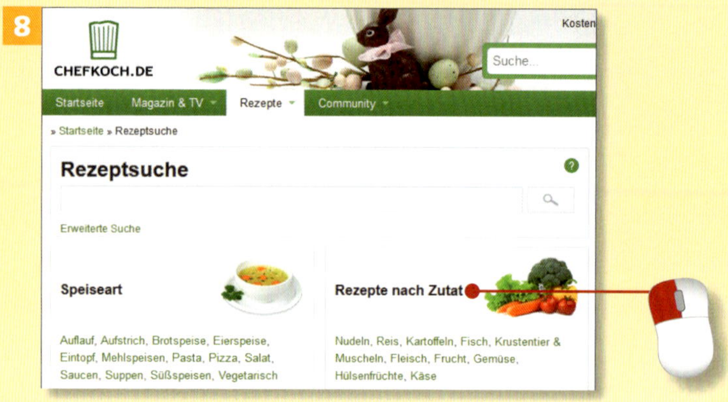

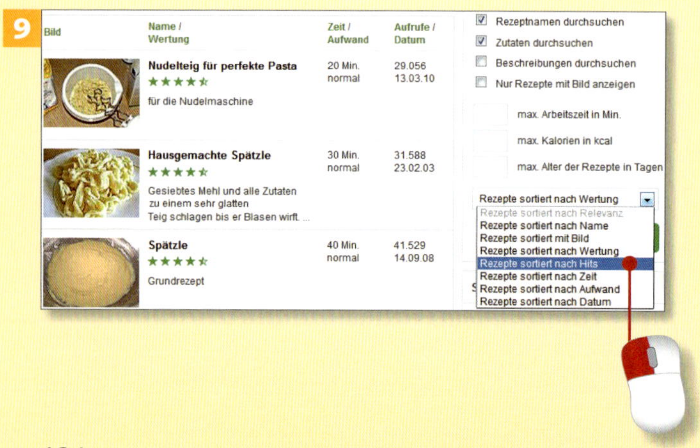

Schritt 7

Praktisch ist die Seite *www.teleauskunft.de*. Von hier aus können Sie **Das Telefonbuch** aufrufen, **Das Örtliche** und **Gelbe Seiten** oder direkt auf der Seite nach einer Telefonnummer suchen. Dazu geben Sie den Namen und den Ort/die Postleitzahl in die beiden Suchfelder ein.

Schritt 8

Wenn Sie auf neue Gerichte neugierig sind, nutzen Sie die Seite *www.chefkoch.de*. Sie können hier Suchbegriffe eingeben oder sich Rezepte anzeigen lassen. Klicken Sie z. B. auf **Rezepte nach Zutat**.

Schritt 9

Die Anzeige der Rezepte können Sie unterschiedlich sortieren, z. B. nach Wertung oder Aufwand. Klicken Sie auf den Pfeil an dem Sortierfeld, und wählen Sie in der Liste die gewünschte Sortierreihenfolge.

Das Aussehen der Webseiten

Beachten Sie, dass Webseiten mehr oder minder regelmäßig umgestaltet werden, oft binnen kürzester Zeit. Die hier gezeigten Abbildungen müssen also nicht unbedingt der Seite entsprechen, die Sie beim Aufrufen vorfinden.

Schritt 10

Sie suchen ein neues Auto, möchten ein Auto verkaufen oder wollen sich über Modelle informieren? Eines der größten Portale ist die Seite *www.autoscout24.de*. In den Feldern in dem umrandeten Bereich ❶ schränken Sie Ihre Suche ein.

10

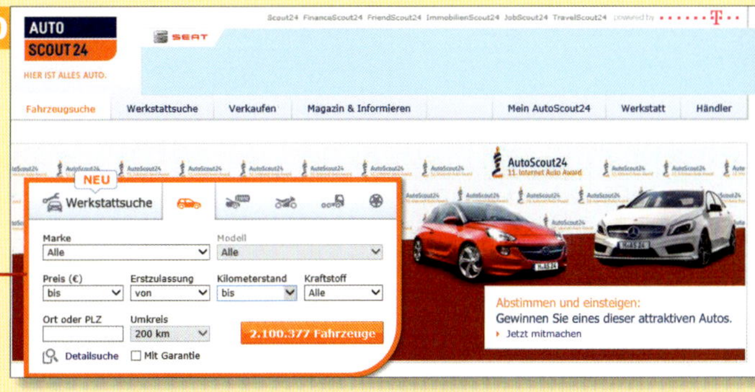

Schritt 11

Für Schnäppchenjäger ist die Seite *www.idealo.de* interessant. Hier können Sie für alle möglichen Produkte die Preise verschiedener Anbieter vergleichen.

11

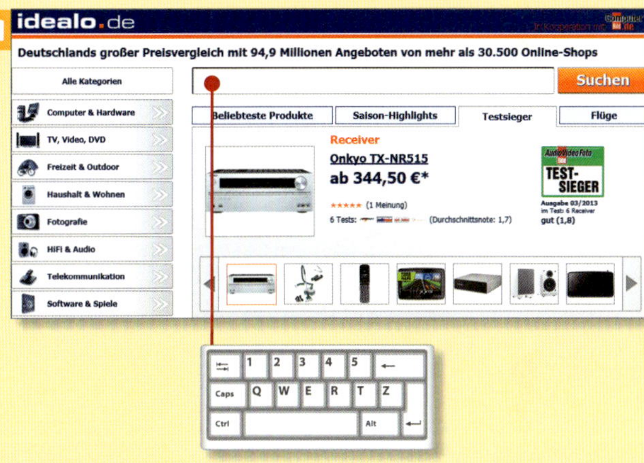

Schritt 12

Schon recht lange gibt es die Seite *www.meinestadt.de*, ein Portal, auf dessen Seiten Sie Informationen zur ausgewählten Stadt finden, z. B. zu Unternehmen, Handwerkern, Veranstaltungen o. Ä.

12

Webseiten ohne Ende

Die von uns vorgestellten Seiten sind natürlich nur eine ganz kleine Auswahl. Vermutlich werden Sie beim Surfen noch viel mehr finden, was für Sie interessant, spannend und hilfreich ist. Denken Sie daran, sich gegebenenfalls Favoriten zu setzen (siehe den Abschnitt »Lesezeichen setzen« ab Seite 102).

Kapitel 6
E-Mails schreiben

Mit einem Internetzugang haben Sie fast alle Voraussetzungen geschaffen, um E-Mails schreiben und empfangen zu können. Windows 8 hat eine Mail-App an Bord, mit der Sie direkt loslegen können, E-Mails zu schreiben und zu empfangen.

Die Mail-App von Windows 8

Mit einem Microsoft-Konto können Sie die Mail-App, die Windows 8 von Haus aus enthält, sofort nutzen. Sie können sich aber auch weitere Konten einrichten ❶ und damit alle Ihre unterschiedlichen E-Mail-Konten – z. B. Outlook oder Google Mail – an einem einzigen Ort bündeln.

E-Mails lesen

Wenn jemand Ihre E-Mail-Adresse kennt, kann er Ihnen eine Nachricht schicken, wenn er möchte auch mit einem Dateianhang, z. B. einem Foto. Diese E-Mails landen in Ihrem Posteingang ❷.

E-Mails schreiben und versenden

Um jemandem eine E-Mail zu schicken, brauchen Sie dessen E-Mail-Adresse. Geben Sie sie in das dafür vorgesehene Feld des Nachrichtenfensters ❸ ein. Der Rest ist genauso einfach: Sie schreiben den Text Ihrer Nachricht und versenden die E-Mail.

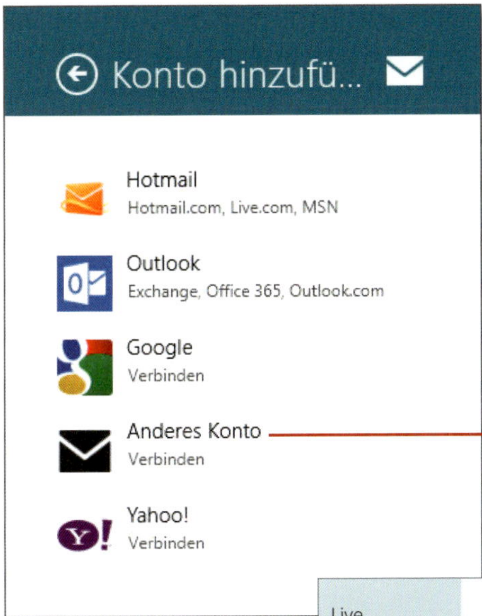

1 Richten Sie sich ein E-Mail-Konto ein.

2 Die empfangenen E-Mails landen im Posteingang.

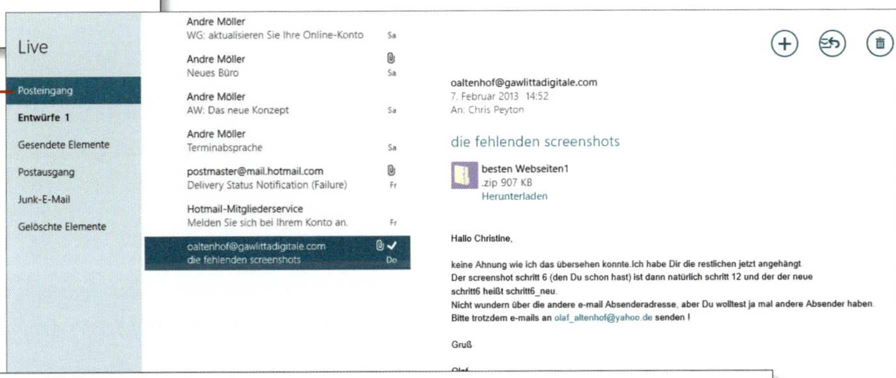

3 Geben Sie die E-Mail-Adresse ein, und schreiben Sie den Text.

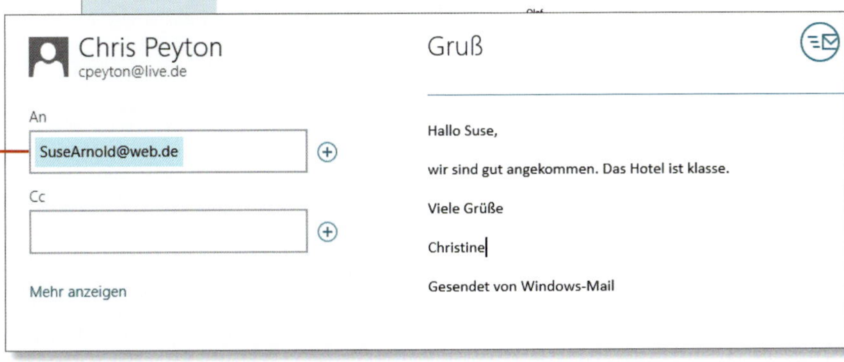

Eine E-Mail-Adresse einrichten

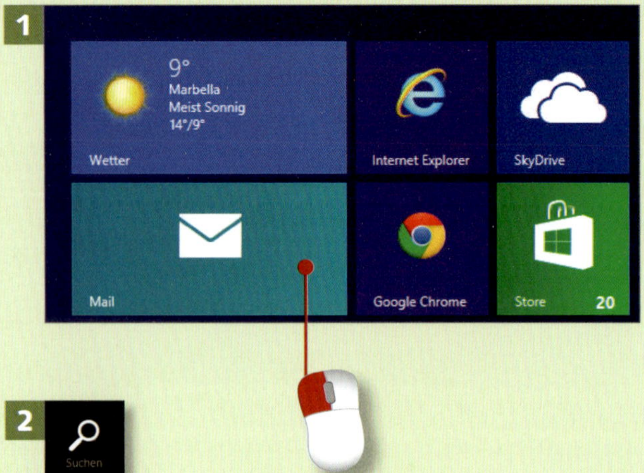

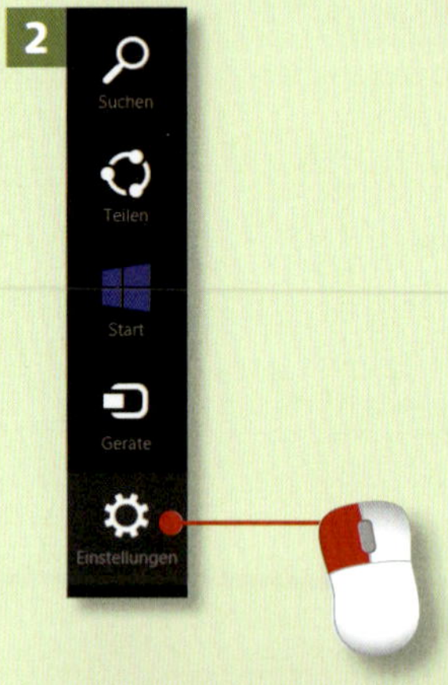

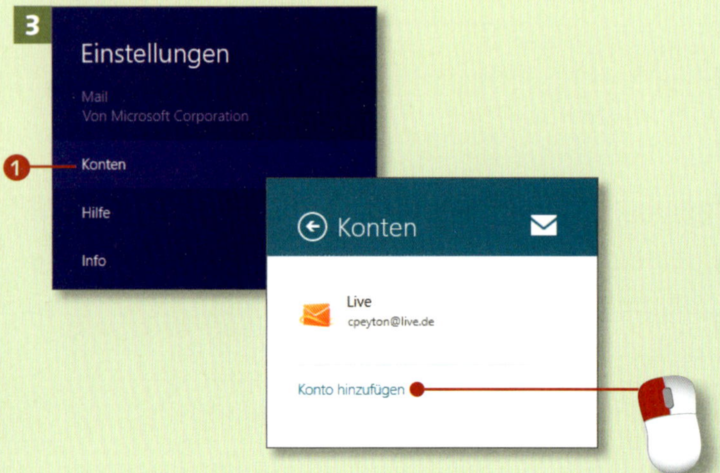

Wenn Sie mit einem Konto bei Microsoft angemeldet sind, können Sie die Mail-App im Prinzip sofort benutzen. Sie können sich aber auch ein anderes Konto einrichten.

Schritt 1

Starten Sie die Mail-App durch einen Klick auf die Kachel **Mail**.

Schritt 2

Öffnen Sie die Charms-Leiste, indem Sie vom rechten Rand nach links streifen oder mit der Maus in die rechte Ecke des Bildschirms zeigen. Klicken Sie hier auf **Einstellungen**.

Schritt 3

Im nächsten Fenster, das sich rechts öffnet, klicken Sie auf den Eintrag **Konten** 1 und dann auf die Option **Konto hinzufügen**.

Kostenlose E-Mail-Adresse

Sie können sich auch im Internet eine kostenlose E-Mail-Adresse einrichten und zwischen verschiedenen Anbietern auswählen. Gängig sind z. B. Web.de, Google Mail, Yahoo und GMX.

Schritt 4

Oben rechts erscheint ein Menü, das eine Auswahl möglicher Konten auflistet. Damit wir den Vorgang hier komplett beschreiben können, wählen wir hier **Anderes Konto**.

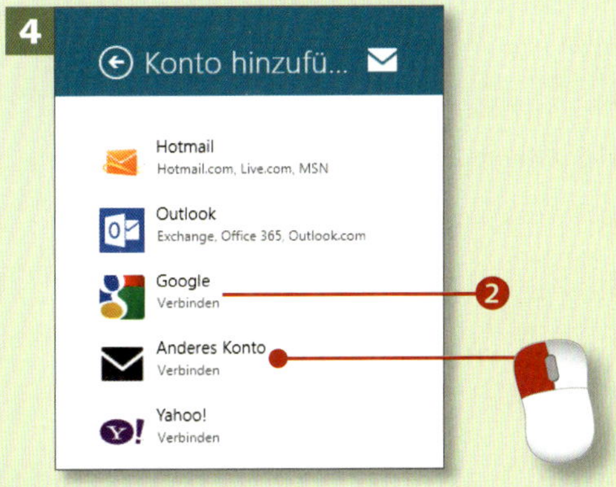

Schritt 5

Um alle Informationen für das neue Konto eingeben zu können, klicken Sie im nächsten Fenster auf **Mehr Details anzeigen**.

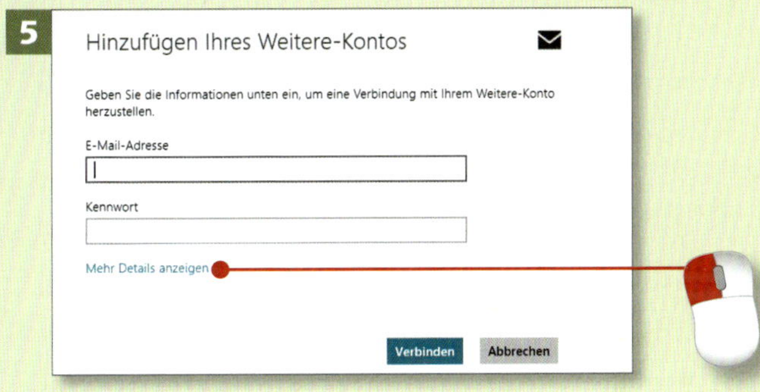

Schritt 6

Tragen Sie in die dafür vorgesehenen Felder die Daten Ihres Providers ein. Die E-Mail-Adresse und der Benutzername sind oft identisch – das muss aber nicht sein. In der Abbildung sehen Sie die typischen Angaben für ein E-Mail-Konto beim Anbieter 1&1.

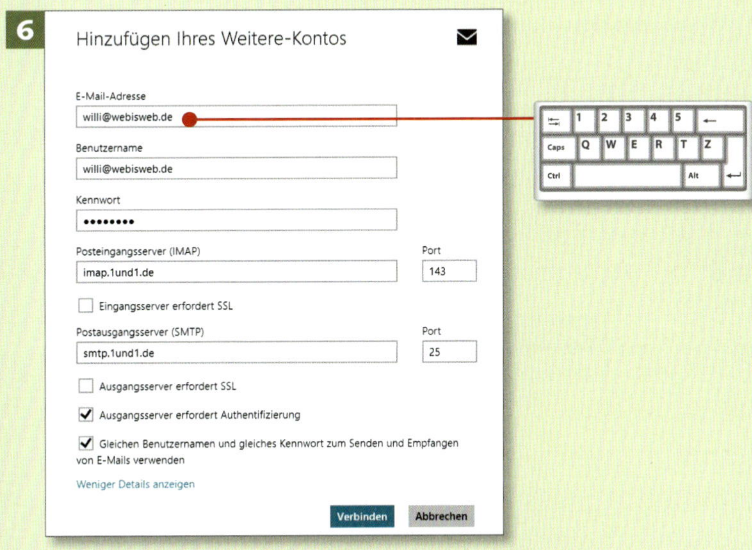

Der schnelle Weg

Falls Sie bereits z. B. ein Google-Konto haben sollten, klicken Sie im Auswahlmenü auf die entsprechende Option ❷. Sodann geben Sie Ihre E-Mail-Adresse und Ihr Kennwort ein und klicken auf **Verbinden**. Fertig!

Eine E-Mail-Adresse einrichten (Forts.)

7

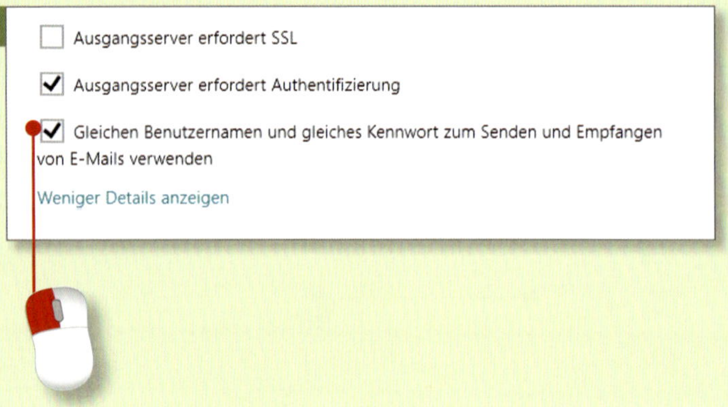

8

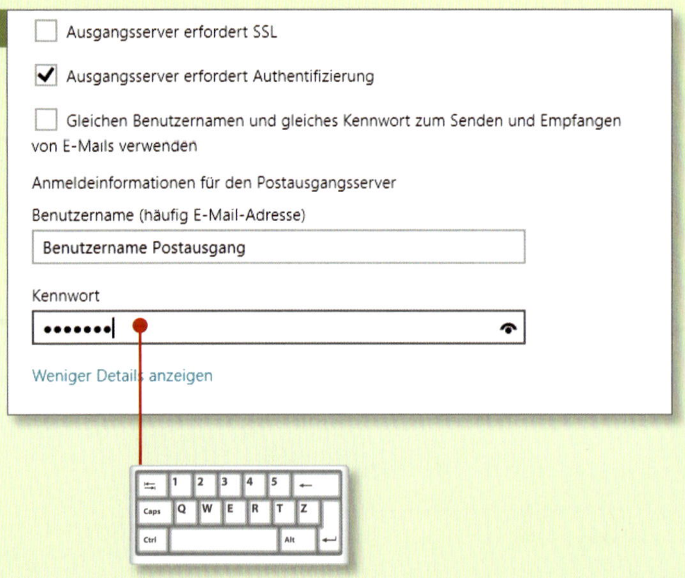

9

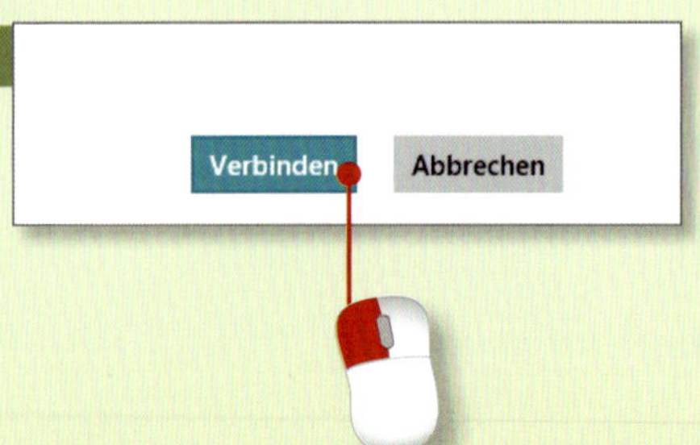

Schritt 7

Die meisten Provider benutzen zum Abholen und Versenden der E-Mails die gleichen Benutzernamen und Passwörter. Sollte dies bei Ihrem Provider nicht der Fall sein, deaktivieren Sie die abgebildete Option (klicken Sie also auf das Häkchen).

Schritt 8

Durch das Deaktivieren der Option werden zwei Felder eingeblendet, in denen Sie den Benutzernamen und das Kennwort für den Postausgangsserver (auch SMTP-Server genannt) eingeben.

Schritt 9

Wenn Sie alle Angaben korrekt eingetragen haben, klicken Sie auf **Verbinden**.

IMAP oder POP?

Die Mail-App unterstützt nur IMAP-Konten (wie auch die meisten E-Mail-Provider). Bei IMAP-Konten – im Gegensatz zu POP-Konten – verbleiben die E-Mails auf dem Server, so dass sie von mehreren Geräten darauf zugreifen können. Bei POP-Konten werden die E-Mails vom Server auf den lokalen Rechner kopiert und dann auf dem Server gelöscht.

Schritt 10

Sofern alle Daten korrekt sind, wird der E-Mail-Server kontaktiert, und bereits vorhandene E-Mails werden im Posteingang der Mail-App angezeigt. Die Domain der E-Mail-Adresse – hier Webisweb – wird links oben eingeblendet (den Posteingang der Mail-App beschreiben wir genauer im nächsten Abschnitt »E-Mails lesen« ab Seite 132).

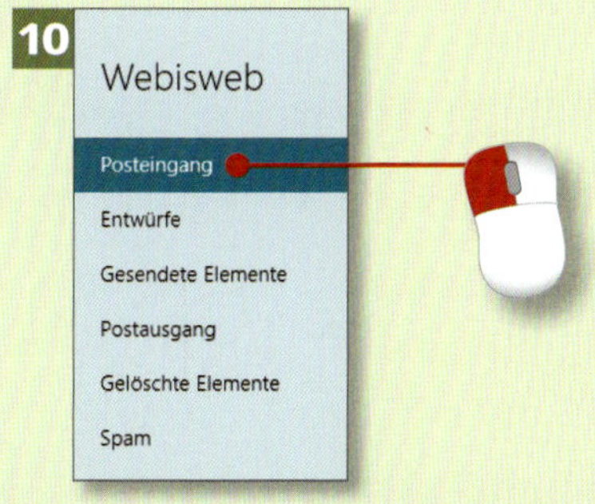

Schritt 11

Sofern Sie mehrere E-Mail-Adressen besitzen und entsprechend viele Konten eingerichtet haben, werden die Konten **1** unten links am Bildschirm aufgelistet.

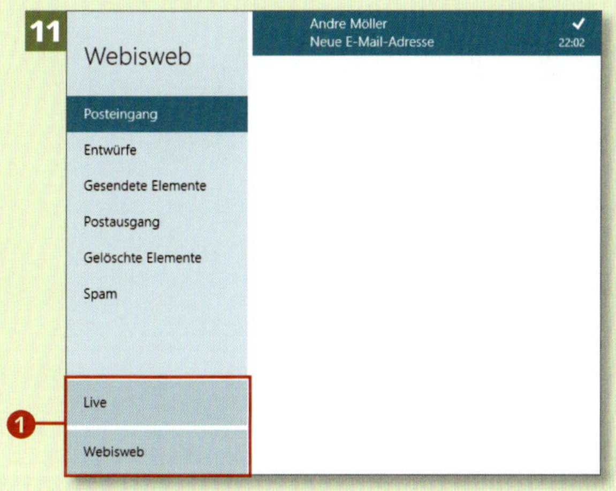

Schritt 12

Durch einen Klick oder durch Antippen wechseln Sie zwischen den Konten. Je nach ausgewähltem Konto werden unterschiedliche E-Mails im Posteingang angezeigt.

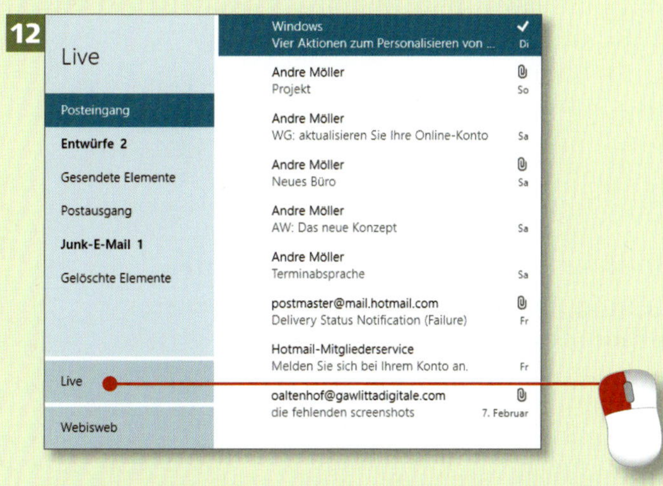

E-Mails lesen

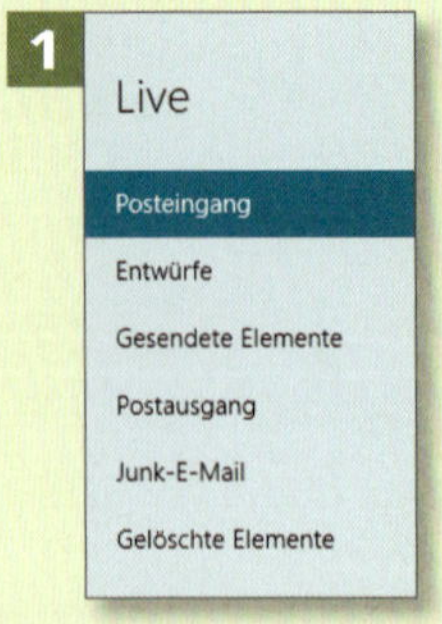

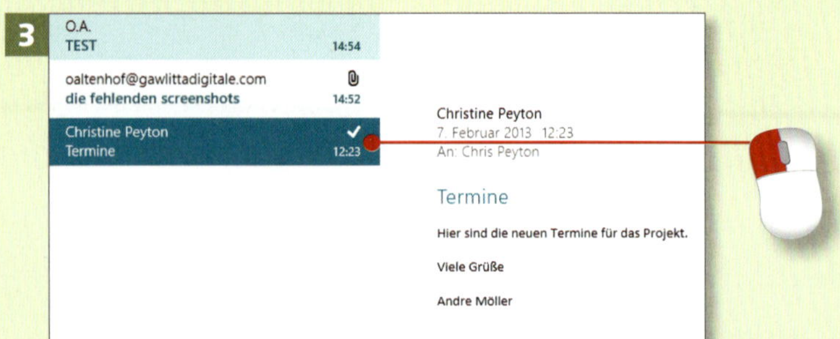

Wenn Sie nach Ihren E-Mails schauen möchten, rufen Sie die Mail-App auf. Klicken Sie im Startbildschirm auf die Kachel »Mail«.

Schritt 1

Die Mail-App besitzt einige Ordner für die Verwaltung von E-Mails. Diese Ordner werden im linken Bereich des Bildschirms aufgelistet.

Schritt 2

E-Mails landen im **Posteingang**. Wenn Sie die Mail-App öffnen, befinden Sie sich automatisch dort. Rechts daneben sehen Sie die eingegangene Post (den Absender und den vom Absender als *Betreff* eingegebenen Text).

Schritt 3

Um eine E-Mail zu lesen, haben Sie nichts weiter zu tun, als sie anzuklicken. Dann wird Ihnen der Inhalt der E-Mail im rechten Bereich angezeigt.

Ihr Konto an den Startbildschirm anheften

Wenn Sie über mehrere E-Mail-Konten verfügen, heften Sie Ihr bevorzugtes Konto einfach an den Startbildschirm. Dazu klicken Sie in der Mail-App mit der rechten Maustaste auf den Posteingang, um die App-Befehle in der unteren Leiste zu öffnen. Klicken oder tippen Sie hier auf **An „Start“ anheften**.

Schritt 4

Der *Betreff* noch nicht geöffneter (gelesener) E-Mails wird in Fettschrift dargestellt. So können Sie erkennen, welche E-Mails Sie bereits gelesen haben und welche noch nicht.

4

Schritt 5

Sobald Sie den Inhalt einer E-Mail markieren und anzeigen lassen, erscheint der Betreff in »normaler« Schrift. Manchmal soll eine geöffnete E-Mail wieder wie ungelesen aussehen. Dazu markieren Sie die E-Mail, klicken mit der rechten Maustaste – oder streifen vom unteren Rand ein wenig nach oben – und klicken dann auf das Symbol **Als ungelesen markieren** ❶ ganz unten rechts.

5

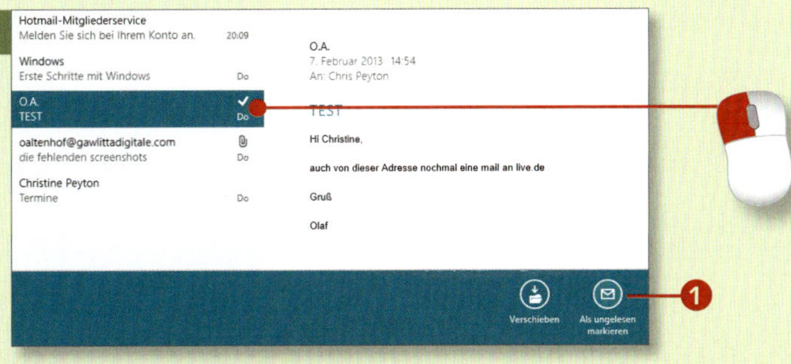

Schritt 6

Sie können E-Mails aus dem Posteingang verschieben, z. B. in den Ordner **Junk-E-Mail** ❷. Dazu markieren Sie die E-Mail, klicken mit der rechten Maustaste und dann unten rechts in der Leiste auf das Symbol **Verschieben**. Nun markieren Sie den Zielordner. Fertig!

6

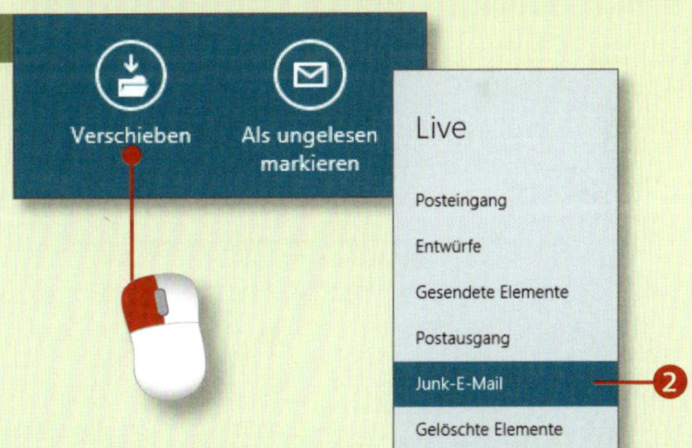

Junk-E-Mails

Junk-E-Mails sind die unerwünschten E-Mails, die von unbekannten Absendern an Sie geschickt werden. E-Mails von Absendern, die verdächtig erscheinen, werden automatisch in den Ordner **Junk-E-Mails** gepackt. Mitunter landen dort aber auch E-Mails, die Sie lesen möchten, also lohnt es sich, auch einen Blick in diesen Ordner zu werfen.

E-Mails senden

Sie können jederzeit eine E-Mail versenden, wenn Sie die richtige E-Mail-Adresse kennen. Der Empfänger erhält diese E-Mail blitzschnell.

1

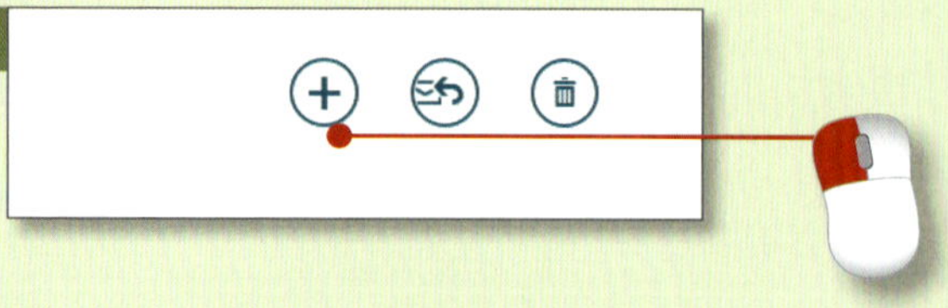

2

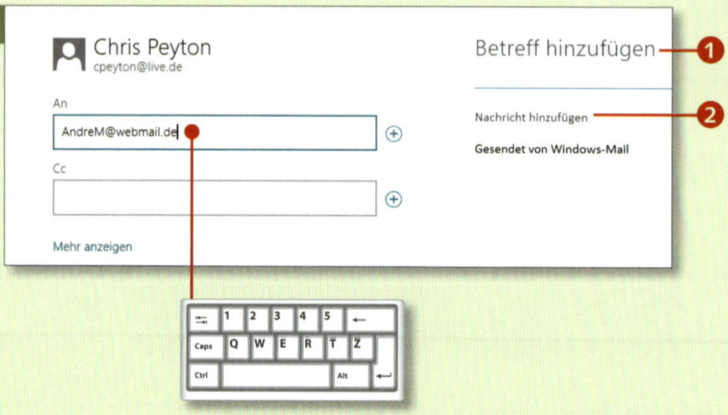

3

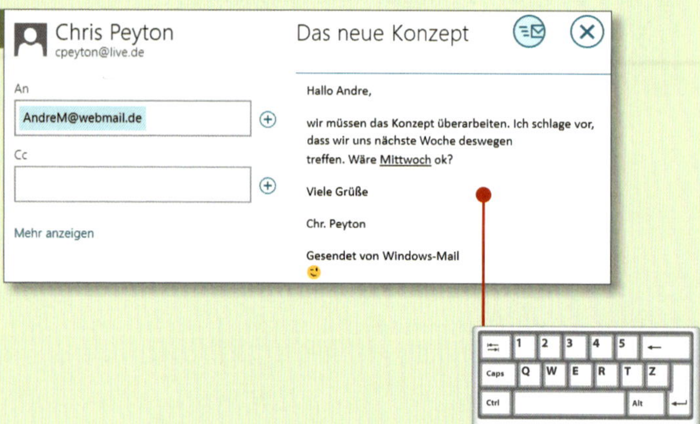

Schritt 1

Klicken Sie im Fenster der Mail-App auf das Symbol **Neu** (das Pluszeichen). Dieses Symbol ist in jedem Fenster vorhanden, unabhängig von dem Ordner, in dem Sie sich befinden.

Schritt 2

Daraufhin öffnet sich ein neues Fenster. Hier tragen Sie als Erstes die E-Mail-Adresse des Empfängers in das Feld **An** ein. Achten Sie darauf, sich nicht zu vertippen, ansonsten klappt der Versand nicht. Die Groß- oder Kleinschreibung spielen allerdings keine Rolle.

Schritt 3

Im rechten Bereich, dort wo Sie **Betreff hinzufügen** ❶ sehen, geben Sie eine »Überschrift« für den Inhalt der Nachricht ein. In den Bereich darunter, hier steht zunächst **Nachricht hinzufügen** ❷, schreiben Sie den Text Ihrer E-Mail.

Betreff-Text

Mit dem Text, den Sie im Bereich **Betreff** eingeben, kündigt sich die E-Mail im Posteingang des Empfängers an. Er sollte also möglichst aussagekräftig sein.

Schritt 4

Bevor Sie die E-Mail abschicken, können Sie den Text noch ein wenig formatieren. Die Befehle finden Sie in den App-Befehlen in der unteren Leiste. Sie taucht auf, sobald Sie ein Wort markieren. Klicken Sie beispielsweise auf **Unterstreichen**.

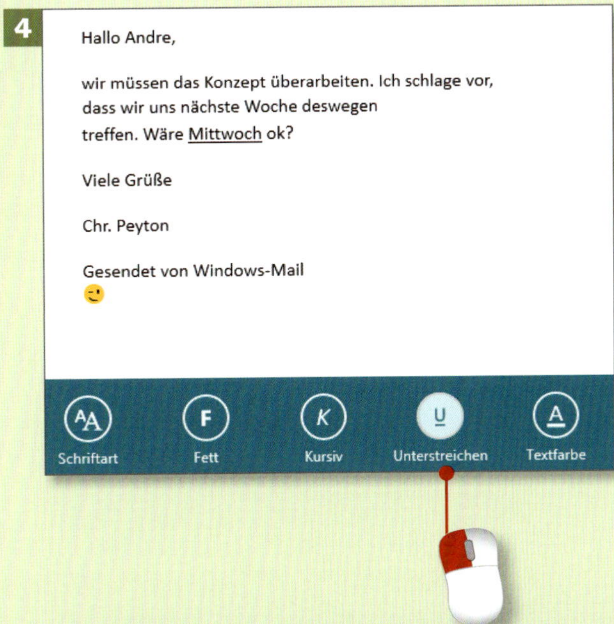

Schritt 5

Möchten Sie eine E-Mail mit einem Smiley verschicken? Kein Problem. Blenden Sie die untere Leiste ein (per Rechtsklick oder indem Sie von unten nach oben streifen), und klicken Sie hier auf **Emoticons**.

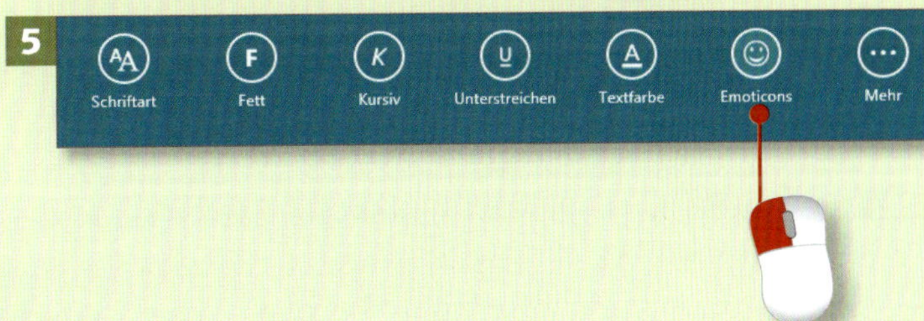

Schritt 6

Daraufhin erscheint eine ziemlich große Auswahl an *Emoticons*. Neben Smileys sehen Sie auch verschiedene Handgesten und weitere Piktogramme. Klicken Sie einfach das gewünschte an. Es landet im Text Ihrer E-Mail. Sie können es übrigens auch wieder entfernen. Setzen Sie den Cursor rechts neben das Symbol und drücken Sie die [←]-Taste.

E-Mails senden (Forts.)

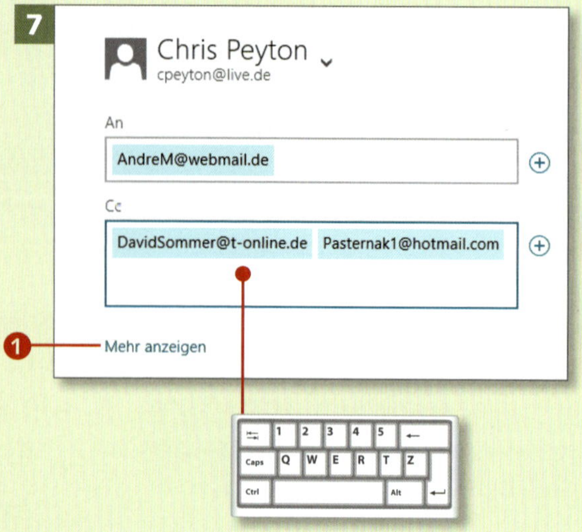

Schritt 7

Sie können die E-Mail auch gleichzeitig an weitere Personen senden. Die Adressen geben Sie in das Feld **Cc** ein. Mehrere Adressen trennen Sie einfach, indem Sie die [↵]-Taste drücken oder ein Semikolon eingeben (das nicht auftauchen wird).

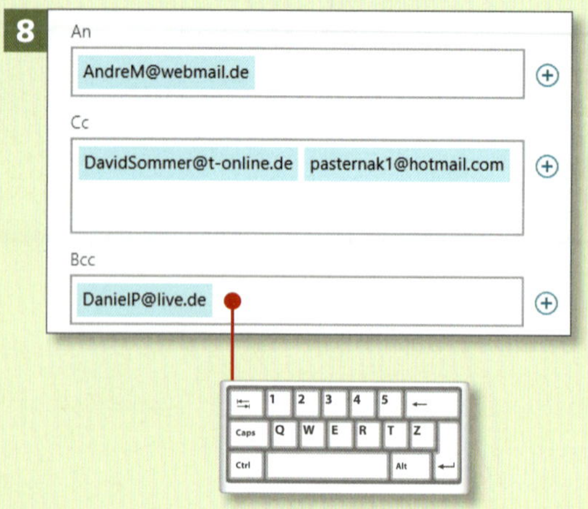

Schritt 8

Die Adressen, die im Feld **Cc** eingetragen werden, können alle Empfänger der E-Mail sehen. Möchten Sie das vermeiden, müssen Sie die Adressen im *Bcc-Feld* eingeben. Klicken Sie auf **Mehr anzeigen** ❶, um dieses Feld einzublenden. Dann tragen Sie die Adresse(n) hier ein.

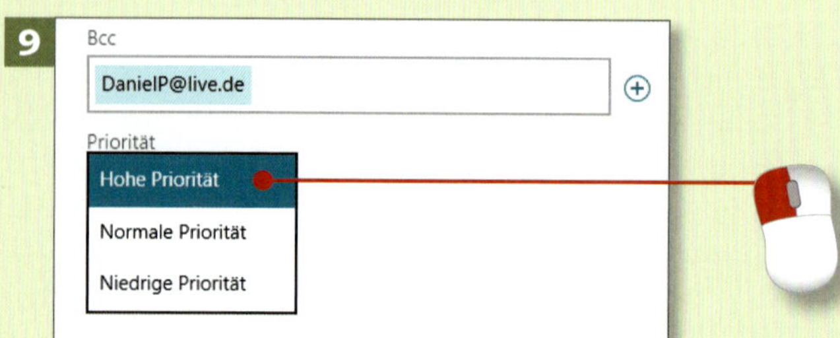

Schritt 9

Unterhalb des **Bcc**-Feldes finden Sie das Feld **Priorität**. Hier können Sie Ihre E-Mail als besonders wichtig kennzeichnen. Stellen Sie hier **Hohe Priorität** ein, kündigt sich die E-Mail mit einem Ausrufezeichen an.

Adressen bearbeiten

Um eingegebene Adressen zu bearbeiten oder beispielsweise zu kopieren, klicken Sie die Adresse mit der rechten Maustaste an. Sodann erscheint ein Menü.

Schritt 10

Wenn Sie alles eingegeben haben, schicken Sie die E-Mail auf den Weg. Dazu klicken Sie auf **Senden**. Um wieder zum **Posteingang** zurückzukehren, klicken Sie auf das Schließkreuz ❷.

Schritt 11

Sie können auch direkt auf eine E-Mail antworten, was den Vorteil hat, dass Sie die E-Mail-Adresse nicht eintragen müssen. Markieren Sie die betreffende E-Mail im Posteingang, und klicken Sie dann auf die Schaltfläche **Antworten**.

Schritt 12

Daraufhin erhalten Sie ein kleines Menü, in dem Sie **Antworten** ❸ markieren. Das nächste Fenster enthält den Text der E-Mail, auf die Sie antworten. Die E-Mail-Adresse des Empfängers ist automatisch ins Feld **An** übernommen worden. Im Feld **Betreff** steht der alte Text, aber das Kürzel **Re:** für *Reply* wurde davorgesetzt. Schreiben Sie nun Ihre Antwort, und klicken Sie dann auf **Senden**.

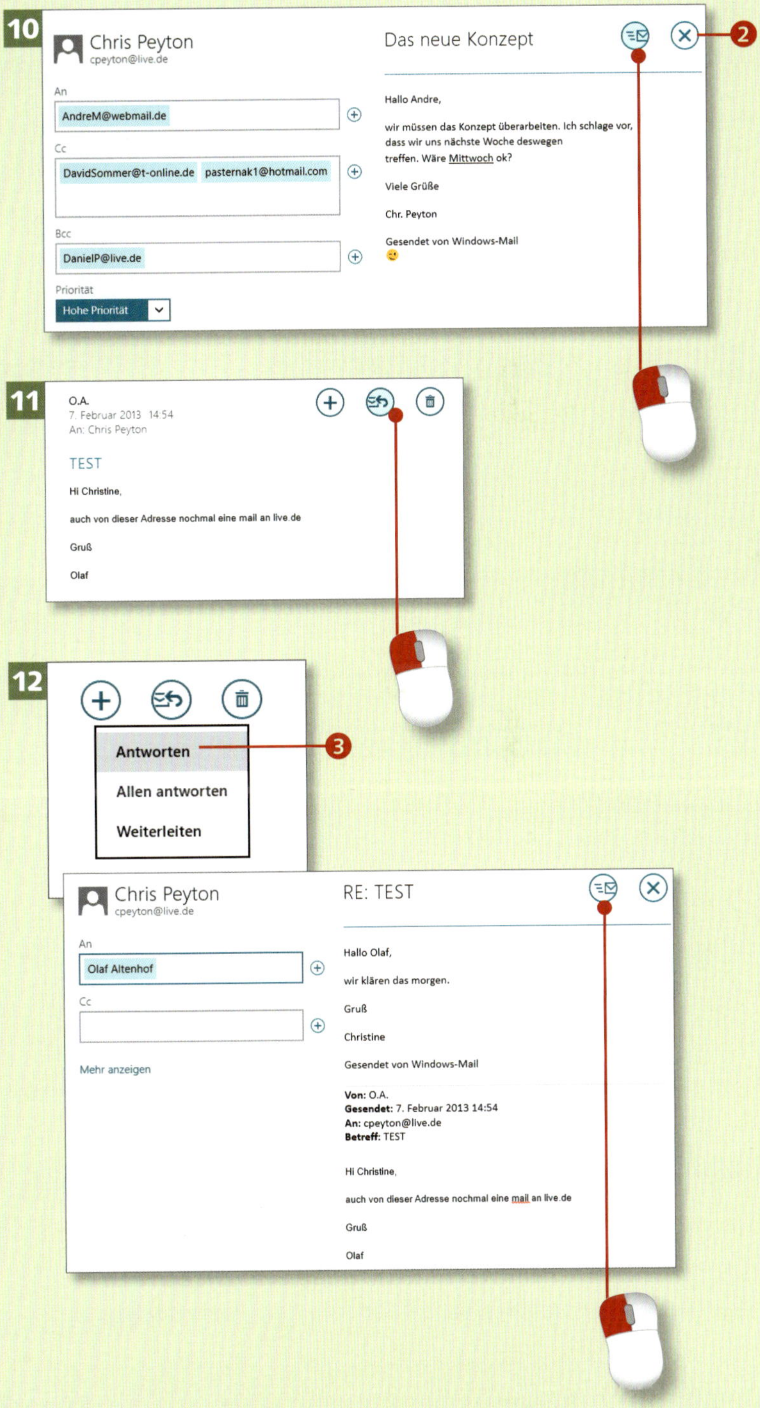

E-Mails löschen

1
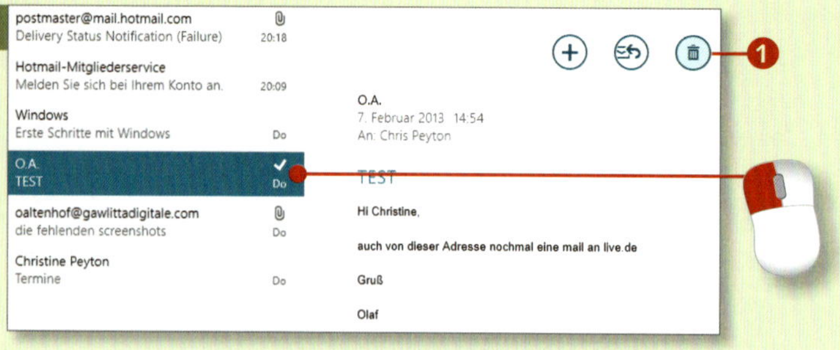

2
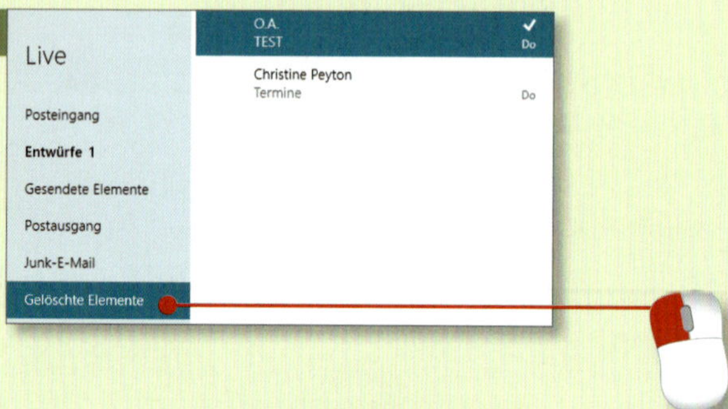

3
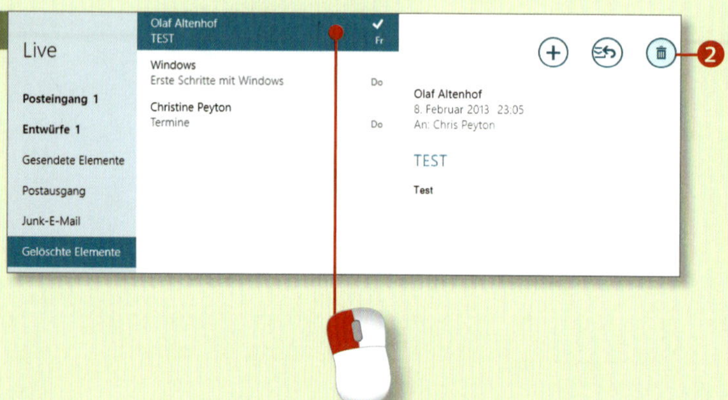

Binnen Kurzem liegen viele E-Mails in Ihrem Postfach. Daher sollten Sie hin und wieder aufräumen und E-Mails löschen, die Sie bereits beantwortet haben oder gar nicht beantworten möchten.

Schritt 1

Das Löschen einer E-Mail ist denkbar einfach. Markieren Sie die E-Mail im **Posteingang**, und klicken Sie dann auf das Symbol **Löschen** ❶ oben rechts im Fenster.

Schritt 2

Eine gelöschte E-Mail landet zunächst im Ordner **Gelöschte Elemente**. Dies können Sie überprüfen, wenn Sie in der Liste auf diesen Eintrag klicken, um den Inhalt anzeigen zu lassen.

Schritt 3

Um eine E-Mail endgültig zu löschen, markieren Sie sie im Ordner **Gelöschte Elemente** und klicken dann auf das Symbol **Löschen** ❷. Die E-Mail wird ohne weitere Nachfrage gelöscht.

Aus Versehen gelöscht?
Wenn Sie eine E-Mail gar nicht wegwerfen wollten, markieren Sie sie im Ordner **Gelöschte Elemente**, und verschieben Sie sie wieder in den **Posteingang**.

Schritt 4

Sie können auch mehrere E-Mails auf einmal löschen. Dazu klicken Sie die erste zu löschende E-Mail an, halten die [Strg]-Taste gedrückt, und klicken die nächsten E-Mails an. Dann klicken Sie auf **Löschen** ❸.

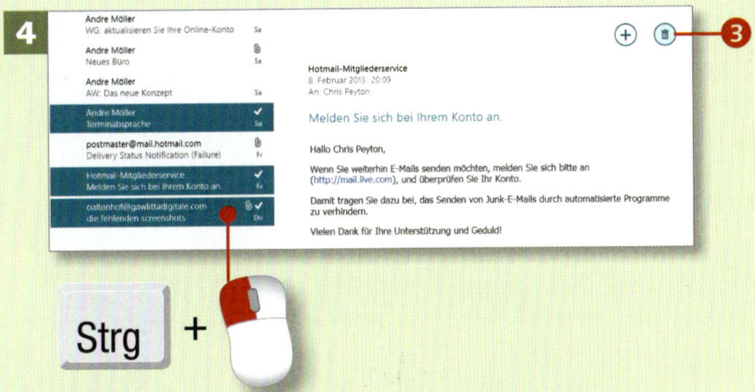

Schritt 5

E-Mails, deren Absender und/oder Betreff-Text darauf hindeuten, dass es sich um Werbung handelt, landen meist automatisch im Ordner **Junk-E-Mail**. Diese E-Mails bewahrt man in der Regel nicht auf. Daher sollten Sie die E-Mails in diesem Ordner regelmäßig löschen.

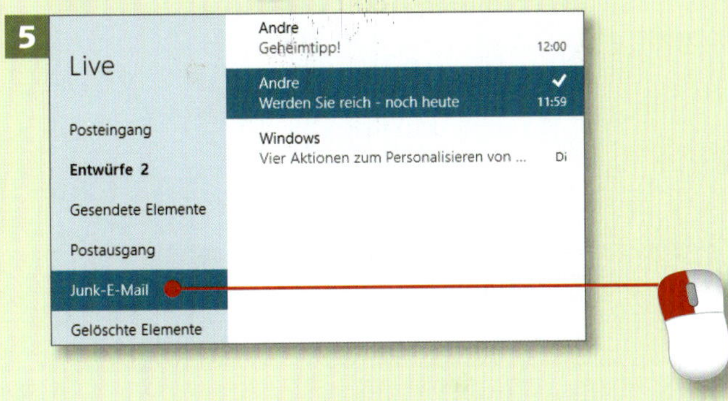

Schritt 6

Sie können eine vermeintliche »Junk-E-Mail« aber auch in den Posteingang verschieben, und damit zu einer »normalen« E-Mail machen, deren Elemente nicht mehr deaktiviert sind. Dazu markieren Sie sie und klicken unten in der Leiste (zu öffnen mit der rechten Maustaste) in den App-Befehlen auf **Verschieben**. Dann markieren Sie den Ordner **Posteingang**.

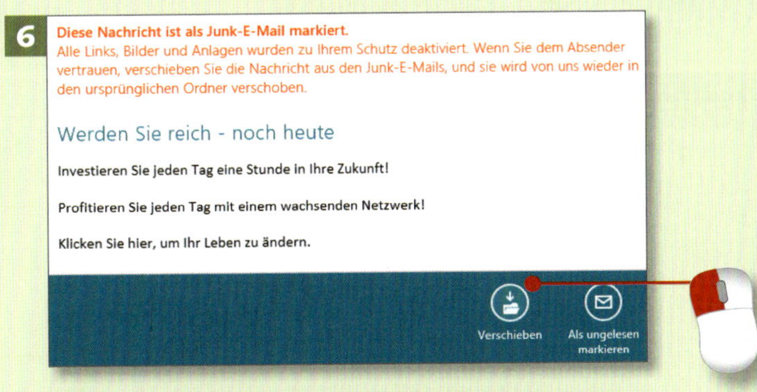

Junk-E-Mails

Wenn Sie eine E-Mail, die im Ordner **Junk-E-Mail** gelandet ist, markieren, erhalten Sie eine Meldung, dass alle Elemente (Links, Bilder und Anlagen) der Mail zu Ihrem Schutz deaktiviert wurden.

E-Mails mit Anlage versenden

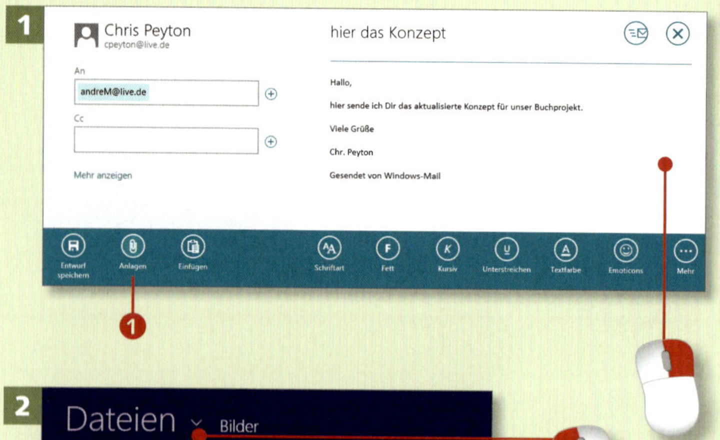

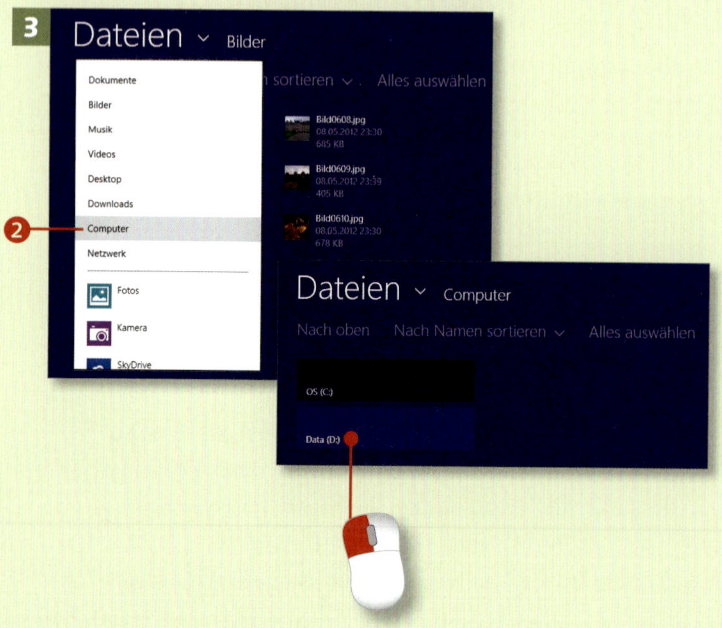

Sie können nicht nur Text schreiben, sondern auch Dateien an eine E-Mail anhängen, z. B. einen Word-Text, eine Excel-Tabelle oder Fotos.

Schritt 1

Klicken Sie im Fenster der Mail-App auf **Neu**. Tragen Sie die Empfänger-Adresse ein und schreiben Sie Ihre Nachricht. Dann klicken Sie mit der rechten Maustaste, um die untere Leiste einzublenden. Hier klicken Sie auf **Anlage** ❶.

Schritt 2

Daraufhin erhalten Sie einen Bildschirm mit einer Auflistung diverser Ordner (in der Bibliothek **Bilder**). Sofern sich die Datei, die Sie anhängen möchten, nicht in einem dieser Ordner befindet, klicken Sie auf den Pfeil neben **Dateien**, um weitere Inhalte Ihres PCs zu sehen.

Schritt 3

Im nächsten Fenster erhalten Sie eine Auflistung gängiger Speicherorte auf Ihrem PC. Klicken Sie hier z. B. auf **Computer** ❷. Im nächsten Fenster wählen Sie das Laufwerk, auf dem sich der gesuchte Ordner bzw. die gesuchte Datei befindet.

Schritt 4

Ein weiteres Fenster zeigt die Ordner des gewählten Laufwerks. Klicken Sie hier auf den Ordner, der die gesuchte Datei enthält. Daraufhin wird der Inhalt des Ordners angezeigt.

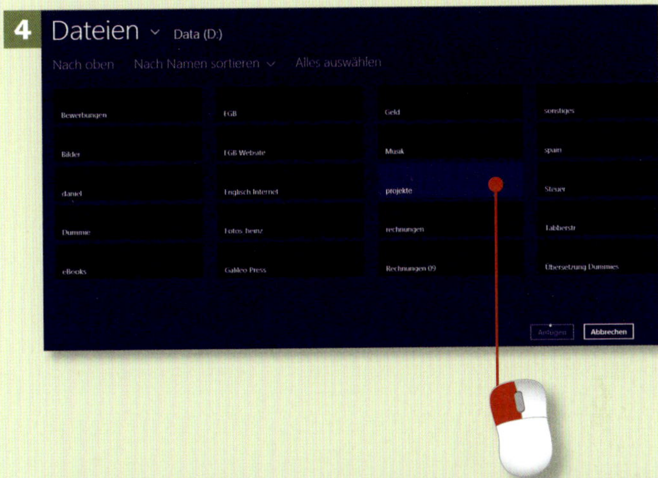

Schritt 5

Wählen Sie im nächsten Fenster die gewünschte Datei aus – durch Anklicken oder Antippen –, und dann klicken Sie auf die Schaltfläche **Anfügen** ❸ unten rechts.

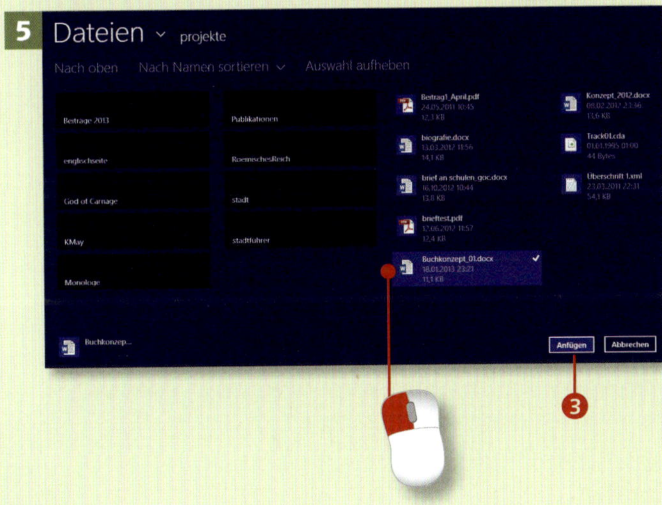

Schritt 6

Dies bringt Sie zurück zum Nachrichtenfenster. Sie sehen, dass die Datei angefügt wurde. Um die E-Mail mit Anhang zu verschicken, klicken Sie nun einfach, wie gewohnt, auf das Symbol **Senden**.

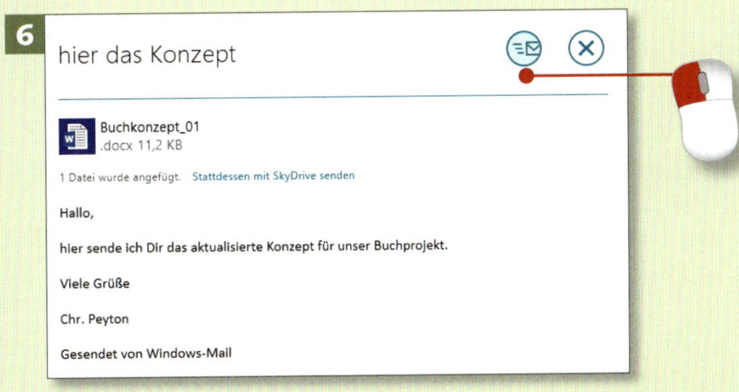

Anlagen entfernen

Wenn Sie Ihre Meinung ändern und die Datei doch nicht mitschicken möchten, entfernen Sie sie einfach wieder aus der E-Mail. Klicken Sie sie an, und wählen Sie in dem kleinen Menü **Entfernen**.

Anlagen öffnen und speichern

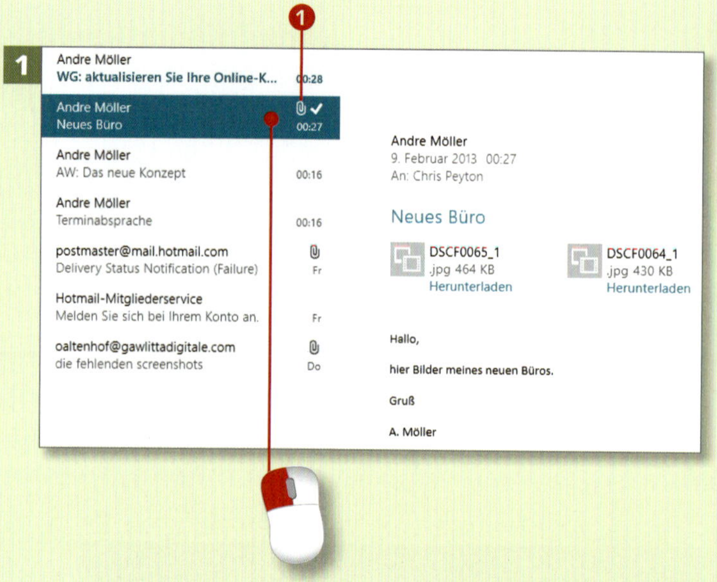

In diesem Abschnitt beschreiben wir, wie Sie mit Dateianhängen umgehen, die Sie empfangen.

Schritt 1

Wenn eine E-Mail einen Anhang hat, erkennen Sie das an der Büroklammer 1 rechts neben dem E-Mail-Eintrag. Markieren Sie die E-Mail, um sie anzuzeigen.

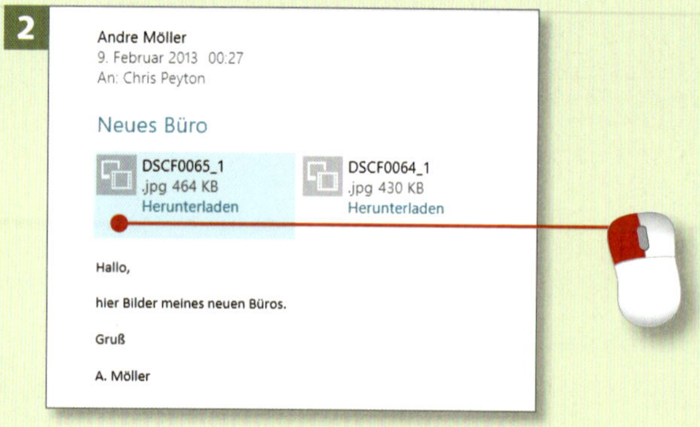

Schritt 2

Sie sieht aus wie jede andere geöffnete E-Mail. Unterhalb des Absenders werden zusätzlich der Name des Dateianhangs sowie der Dateityp und die Größe angezeigt.

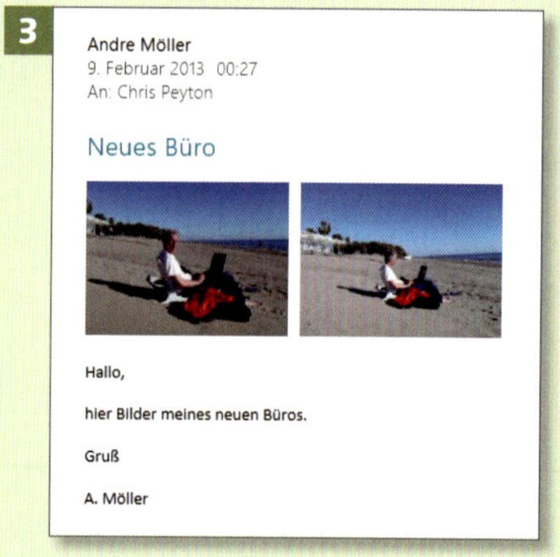

Schritt 3

Um sich die Datei anzusehen, klicken Sie darauf. Daraufhin wird der Inhalt der Datei – hier ein Foto – als Vorschau angezeigt (bei anderen Formaten erscheint lediglich das Programmsymbol).

!

Vorsicht vor Viren!

Auch wenn Sie eine Datei nicht speichern, werden durch das Öffnen Daten auf Ihren Computer geladen; vergewissern Sie sich also, dass die Datei sicher ist.

Schritt 4

Wenn Sie den Dateianhang öffnen oder auf Ihrem Rechner speichern möchten, klicken Sie die Vorschau an. Daraufhin erscheint ein kleines Menü mit drei Optionen. Wählen Sie hier **Öffnen**, wird das Foto in der *Foto-App* als Vollbild angezeigt, Dateien mit anderen Formaten in dem jeweiligen Programm. **Öffnen mit** bietet eine Auswahl an Programmen.

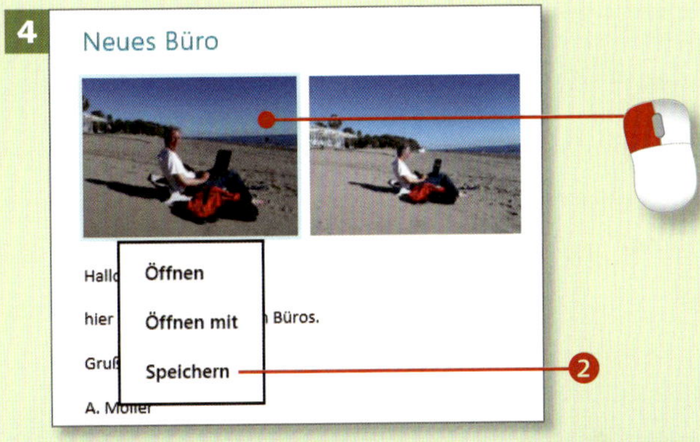

Schritt 5

Wenn Sie die Datei sichern möchten, klicken Sie auf **Speichern** ❷. Im nächsten Fenster bestimmen Sie, wo Sie die Datei ablegen möchten (siehe auch den Abschnitt »E-Mails mit Anlage versenden« ab Seite 140).

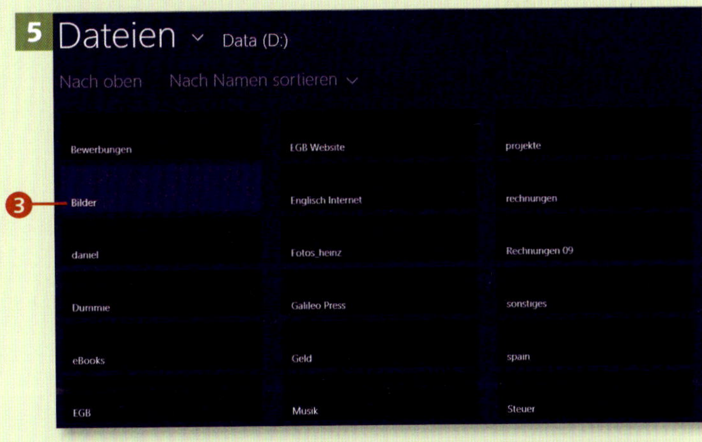

Schritt 6

Klicken Sie den gewünschten Ordner an, um ihn zu öffnen ❸. Vergewissern Sie sich im nächsten Fenster, dass Sie die richtige Datei speichern (der Name steht ganz unten in der weißen Leiste) ❹, und klicken Sie auf **Speichern**.

Ein Adressbuch pflegen

1

Windows 8 hat ein Adressbuch an Bord, die App »Kontakte«. Sie können es unabhängig von der Mail-App füllen und beim Versenden von E-Mails auf die E-Mail-Adresse des Kontakts zugreifen.

Schritt 1

Rufen Sie den Startbildschirm auf, und klicken Sie hier auf die Kachel **Kontakte**. Oder tippen Sie die Kachel einfach an, wenn Sie einen Touch-Bildschirm besitzen.

2

Schritt 2

Sie erhalten dann einen Bildschirm, in dem die Kontakte aufgelistet sind. Zunächst ist er naturgemäß leer (in der Abbildung ist bereits ein Kontakt vorhanden).

3

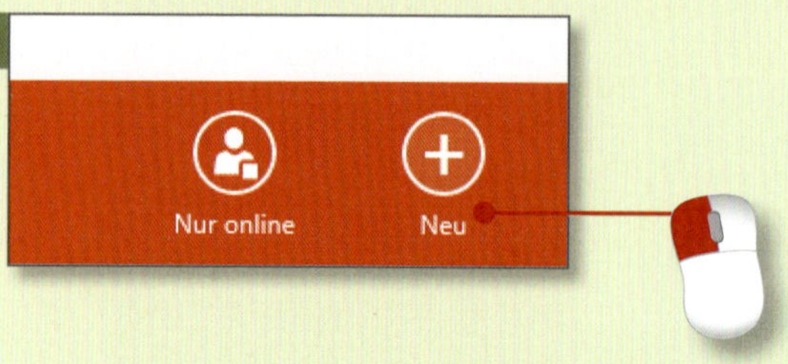

Schritt 3

Um einen Kontakt hinzuzufügen, blenden Sie die untere Leiste mit einem Rechtsklick ein und klicken hier auf das Symbol **Neu** rechts unten.

Schritt 4

Sie erhalten ein »Formular«, in das Sie die Daten des Kontakts eintragen. Sie müssen hier nicht alle Felder ausfüllen.

Schritt 5

Wenn Sie weitere Angaben eintragen möchten, z. B. eine zweite E-Mail-Adresse oder eine zweite Telefonnummer, klicken Sie jeweils auf das Pluszeichen. Dies öffnet Menüs mit Optionen für zusätzliche Felder.

Schritt 6

Weitere Felder, in denen Sie z. B. die Web-Adresse oder Anmerkungen eintragen können, blenden Sie ein, indem Sie auf die Schaltfläche **Weitere Informationen** klicken und im Menü dann auswählen, welches Feld Sie hinzufügen möchten.

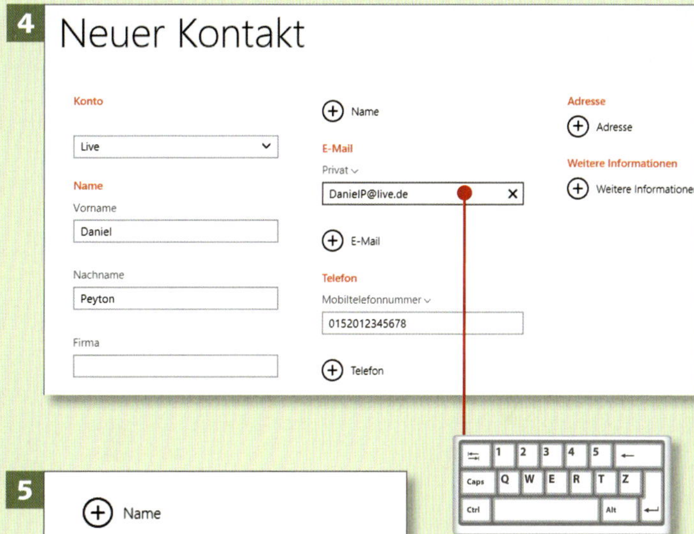

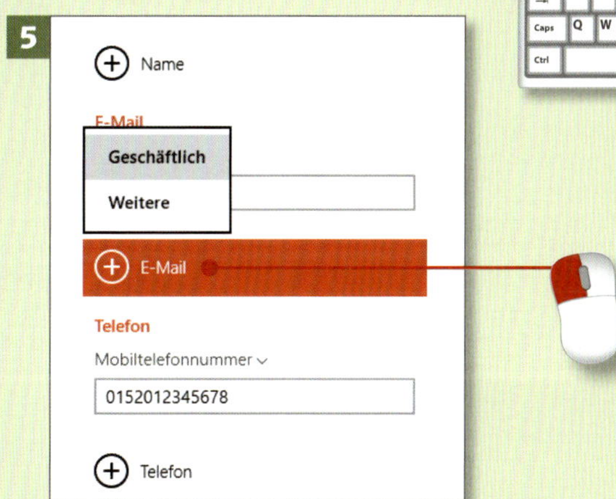

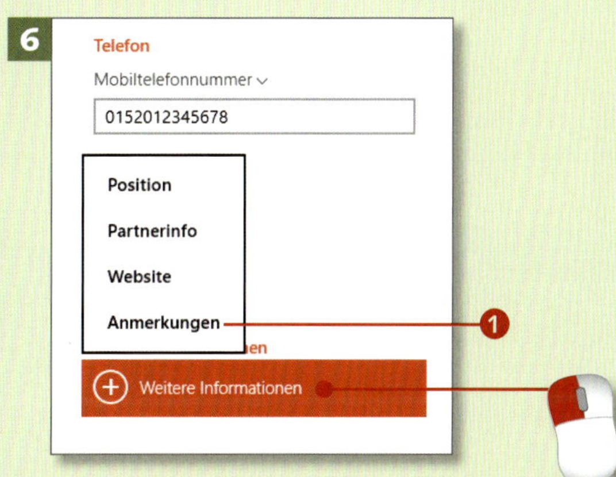

Anmerkungen zum Kontakt

Die Option **Anmerkungen** 1 blendet ein Feld ein, in das Sie einen etwas längeren Text eintragen können.

Ein Adressbuch pflegen (Forts.)

7

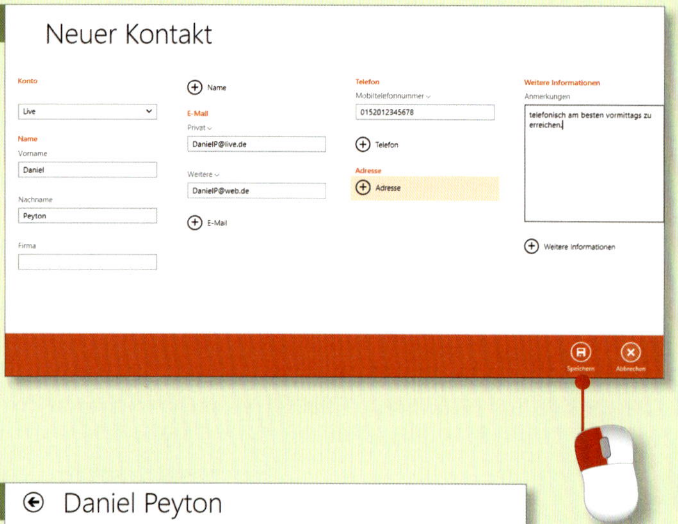

8

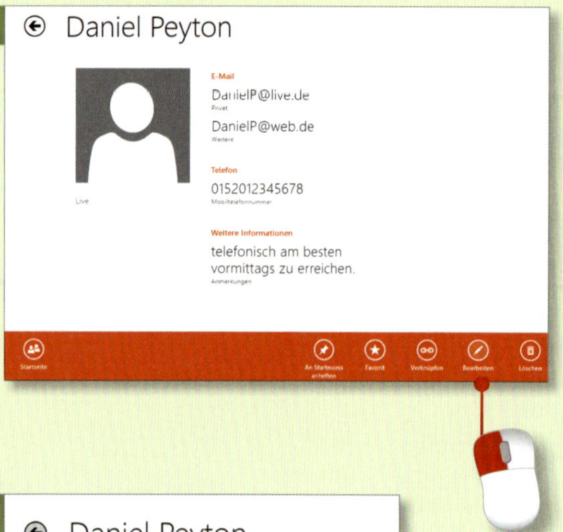

9

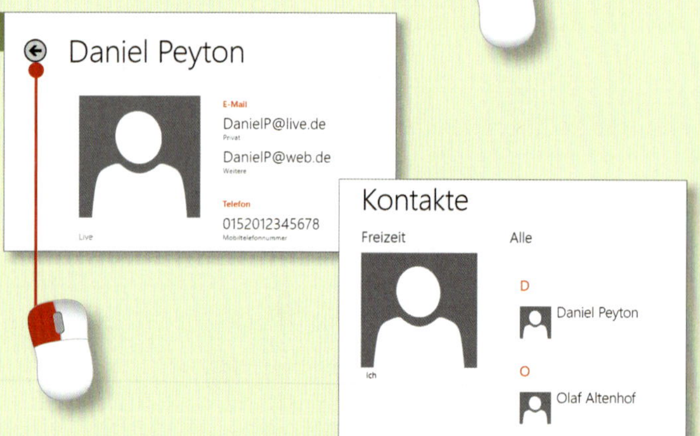

Schritt 7

Wenn Sie alle Daten eingetragen haben, sichern Sie die Angaben. Klicken Sie auf das Symbol **Speichern** unten rechts am Bildschirm.

Schritt 8

Danach werden Ihnen die Details des Kontakts in einem neuen Fenster angezeigt. Falls Sie etwas vergessen haben oder ändern möchten, kehren Sie zum Formular zurück. Klicken Sie mit der rechten Maustaste (oder streifen Sie von unten nach oben), um die untere Leiste mit App-Befehlen einzublenden. Hier klicken Sie auf **Bearbeiten**.

Schritt 9

Wenn alles in Ordnung ist, klicken Sie auf den nach links weisenden Pfeil, um zur Übersicht zu gelangen. Der neue Kontakt ist hier nun eingetragen.

Die Kontaktdaten in der Cloud

Ihre Kontakte und Einstellungen werden in der Cloud gespeichert und sind daher sofort vorhanden, wenn Sie sich an einem anderen Gerät oder im Web anmelden.

Schritt 10

Wenn Sie jetzt eine E-Mail schreiben, können Sie auf die in den Kontakten hinterlegte E-Mail-Adresse zugreifen. Neben dem Feld **An** klicken Sie auf das Plus-Symbol.

Schritt 11

Dies öffnet ein Kontaktfenster mit den Namen und E-Mail-Adressen. Klicken Sie hier auf den gewünschten Empfänger der E-Mail. Wenn es mehrere E-Mail-Adressen gibt, öffnen Sie mit dem Pfeil (1) ein Menü, in dem Sie die gewünschte E-Mail-Adresse auswählen können.

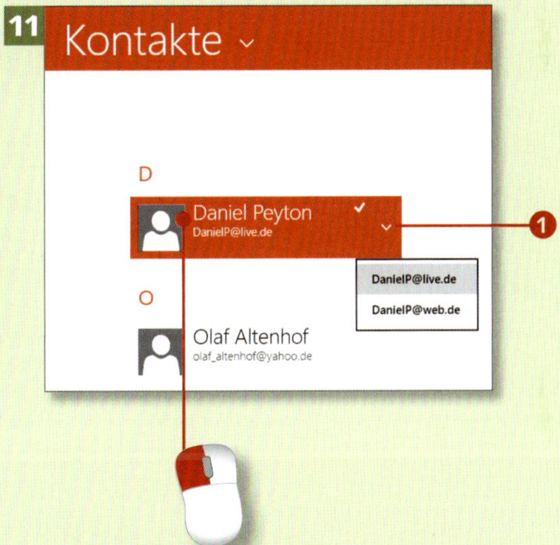

Schritt 12

Um die E-Mail-Adresse in das Feld **An** zu übertragen, klicken Sie auf **Hinzufügen** unten rechts am Bildschirm.

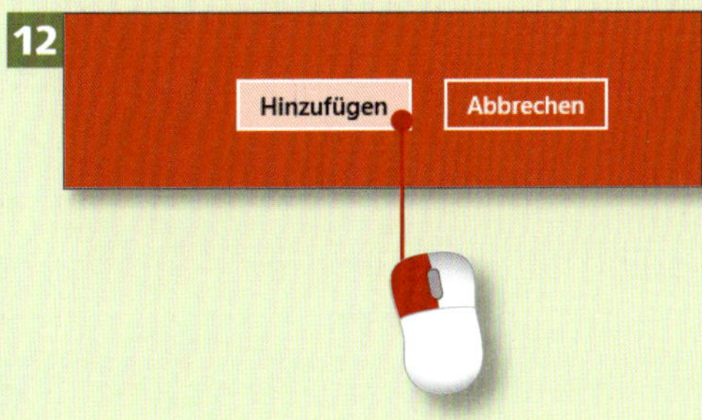

E-Mails über Kontakte versenden

Sie können auch von den Kontakten aus den Versand einer E-Mail starten. Klicken Sie im Profil eines Kontakts auf die E-Mail-Adresse. Sodann erhalten Sie ein kleines Menü, in dem Sie auf **E-Mail senden** klicken. Dies führt zu Ihrem Standard-E-Mail-Programm, in dem die Adresse bereits eingetragen ist.

Kapitel 7
Fotos sortieren und bearbeiten

Der Computer bietet tolle Möglichkeiten, Fotosammlungen zu verwalten und einzelne Fotos zu bearbeiten. Es gibt viele Programme, die für solche Zwecke eingesetzt werden können. Wir stellen Ihnen hier kurz die einfache Foto-App von Windows und dann Picasa vor, weil Sie es kostenlos aus dem Internet herunterladen können und weil Sie damit nicht nur Ihre Fotos organisieren, sondern sie auch verbessern und, wenn Sie mögen, auch ins Internet stellen können.

Die Foto-App von Windows

Mit der Foto-App von Windows lassen sich Fotos auf die Schnelle in groß oder klein betrachten ❶, außerdem kann man sie drehen und zuschneiden.

Fotos organisieren und sortieren

Mit Picasa behalten Sie den Überblick über Ihre Fotos. Die Übersicht ❷ zeigt die Fotos nach den Ordnern sortiert, aus denen sie stammen. Zusätzlich können Sie Alben anlegen, in die Sie die passenden Fotos legen.

Fotos verbessern

Picasa bietet diverse Möglichkeiten, missglückte Fotos zu korrigieren, egal ob es um die Helligkeit, den Kontrast oder schiefe Linien geht ❸. Oftmals reichen hierfür ein oder zwei Klicks.

Fotos ins Internet schicken

Als Ableger von Google ist Picasa eng mit dem Internet verknüpft. Von Picasa aus können Sie Fotos im Internet präsentieren ❹ und sie so mit Freunden und Bekannten teilen. Die Voraussetzung dafür ist lediglich, dass Sie sich bei Google und bei Google+, dem sozialen Netzwerk von Google, mit einem Konto registrieren.

1 Die Foto-App zeigt Ihre Fotos als Kachel oder im Vollbild an.

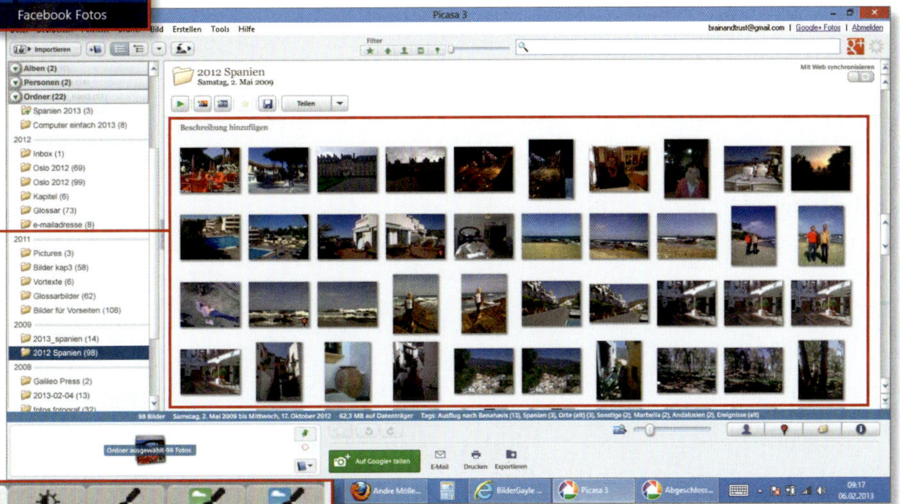

2 Die Fotoübersicht von Picasa zeigt all Ihre Fotos, die das Programm geladen hat.

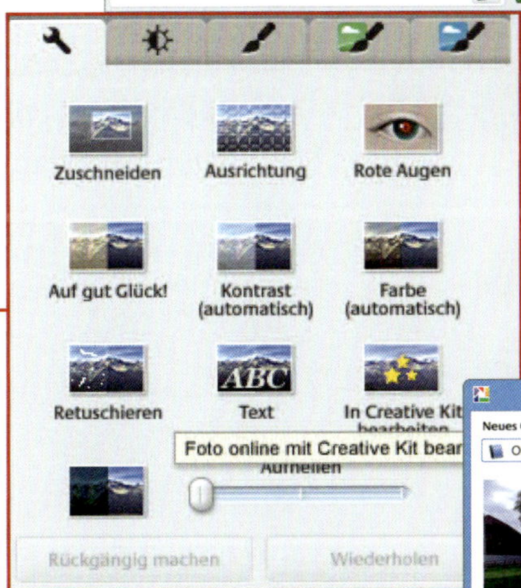

3 Mit Picasa können Sie missglückte Fotos verbessern.

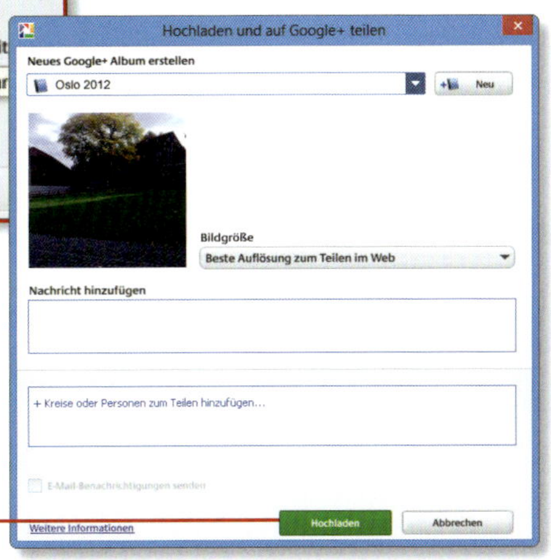

4 Picasa bietet die Möglichkeit, Fotos über Google+ im Internet zu präsentieren.

Die Foto-App von Windows benutzen

Windows hat eine einfache Foto-App an Bord, mit der man Fotos betrachten und zuschneiden kann. Wir stellen diese App kurz vor.

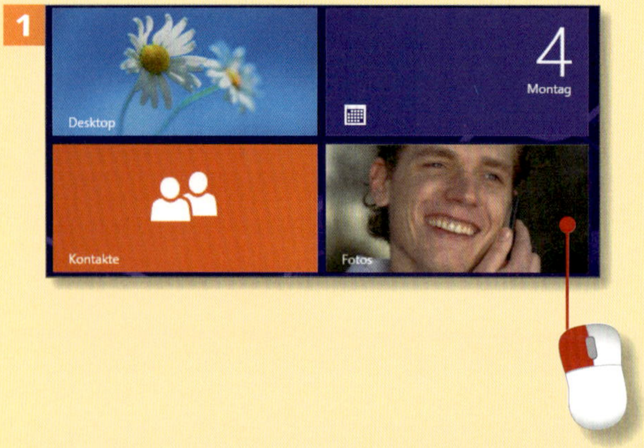

Schritt 1

Um Fotos von einem externen Gerät in die Foto-App zu laden, verbinden Sie den Datenträger, z. B. einen USB-Stick, mit dem PC/Laptop. Rufen Sie den Starbildschirm auf, und klicken Sie hier auf die Kachel **Fotos**.

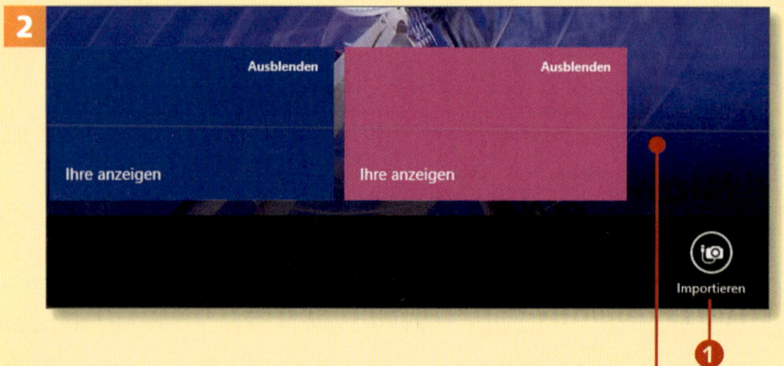

Schritt 2

Die Foto-App wird geöffnet. Klicken Sie mit der rechten Maustaste auf den Bildschirm, oder streifen Sie kurz vom unteren Rand nach oben. Unten rechts in der Leiste taucht das Symbol **Importieren** ❶ auf. Klicken Sie darauf.

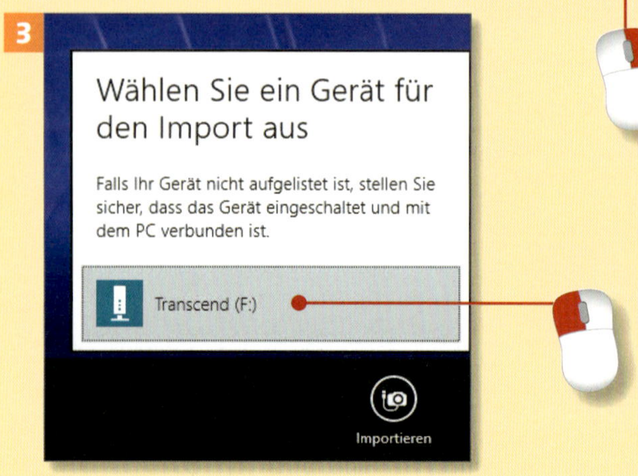

Schritt 3

Ein kleines Fenster wird eingeblendet, in dem Sie das Gerät, das die Fotos enthält, auswählen. Klicken Sie die Bezeichnung, hinter der der Laufwerksbuchstabe in Klammern steht, an.

Schritt 4

Nun werden die Fotos angezeigt, die Sie im Begriff sind zu importieren. Sie sind automatisch markiert. Wenn Sie mit der Auswahl einverstanden sind, klicken Sie rechts unten auf **Importieren**. Mit einem einfachen Klick können Sie markierte Fotos aber auch wieder abwählen.

Schritt 5

Die Bilder werden importiert. Danach werden Sie gefragt, ob Sie den Ordner öffnen möchten. Wenn Sie auf die entsprechende Schaltfläche klicken, werden Ihnen die Fotos auf dem Bildschirm präsentiert.

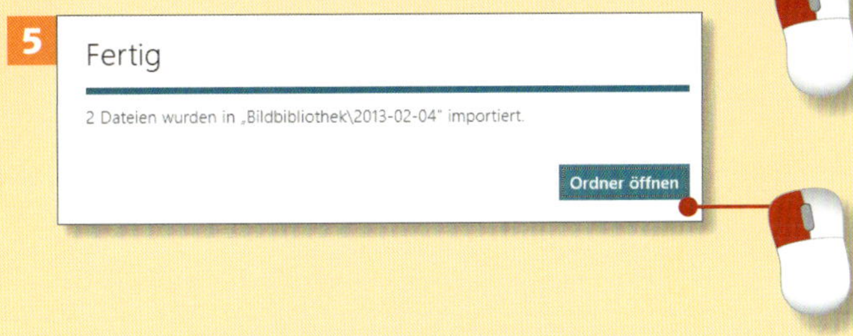

Schritt 6

Durch den Import wird automatisch, als Unterordner des Verzeichnisses **Bilder** ❷, ein neuer Ordner mit dem Namen des aktuellen Datums erstellt. Sie öffnen den Ordner per Doppelklick.

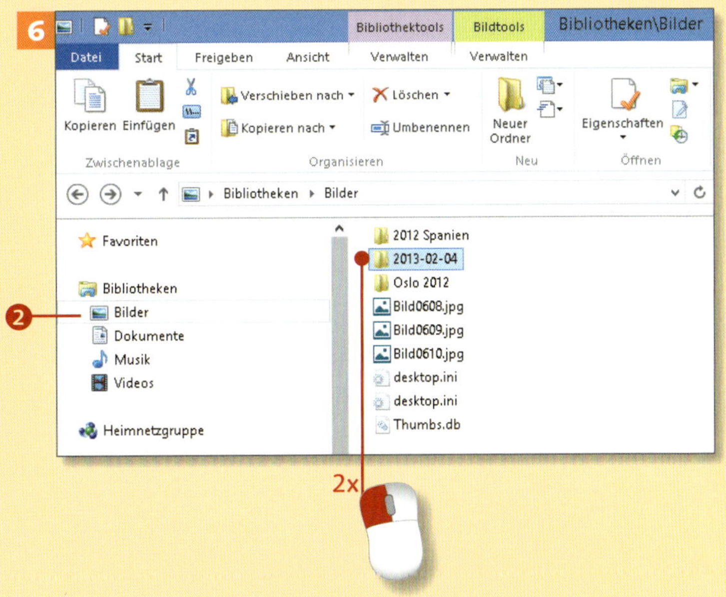

Die Foto-App von Windows benutzen (Forts.)

7

Schritt 7

Wenn Sie ein Foto hier doppelt anklicken, wird es als Vollbild in der *Foto-App* angezeigt. Mit den Pfeilen links ❶ und rechts (die auftauchen, sobald Sie die Maus bewegen) können Sie durch den ganzen Ordner wandern.

8

Schritt 8

Fotos, die quasi automatisch in der Foto-App angezeigt werden sollen, müssen in der Bildbibliothek ablegt sein (also im Ordner **Bilder**). Sie müssen allerdings eine weitere Einstellung vornehmen. Öffnen Sie die Foto-App, aktivieren Sie die Charms-Leiste und klicken Sie auf **Einstellungen**.

9

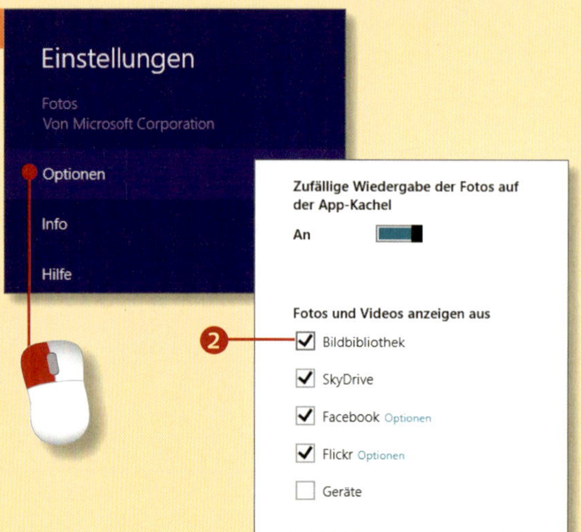

Schritt 9

Im nächsten Fenster klicken Sie oben auf **Optionen**; Sie erhalten dann einen Bereich, in dem Sie die Option **Bildbibliothek** ❷ anhaken.

Mit anderem Programm öffnen
Um zu bestimmen, in welchem Programm ein Foto angezeigt wird, klicken Sie es mit der rechten Maustaste an und zeigen auf **Öffnen mit**. Im Kontextmenü werden neben der Foto-App weitere Optionen angeboten.

Schritt 10

Wenn Sie die Foto-App geöffnet haben und Sie die Bilder betrachten möchten, klicken Sie auf die Kachel der Bibliothek ❸. Zunächst werden die Ordner angezeigt. Einen Ordner öffnen Sie ebenfalls per Klick.

10

Schritt 11

Sodann werden die Bilder des Ordners präsentiert. Nutzen Sie die Pfeile in der unteren Leiste ❹, um mit der Maus nach links oder rechts zu wandern. Bei einem Touchscreen können Sie auch mit der Fingerkuppe nach links oder rechts wischen.

11

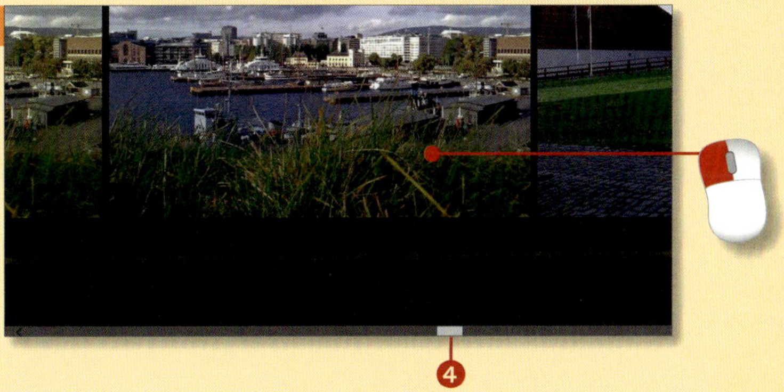

Schritt 12

Ein Klick oder Touch auf ein Foto zeigt es als Vollbild an. In der unteren Leiste erscheinen einige Symbole zum Bearbeiten des Fotos; Sie können es drehen und zuschneiden, d. h., einen anderen Ausschnitt festlegen.

12

Ausschnitt festlegen

Nachdem Sie auf **Zuschneiden** ❺ geklickt haben, erhalten Sie auf dem Foto einen Rahmen. Ziehen Sie mit gedrückter linker Maustaste an den Ecken (bzw. den dort befindlichen Kreisen) dieses Rahmens nach innen oder außen.

Picasa herunterladen und installieren

1

2

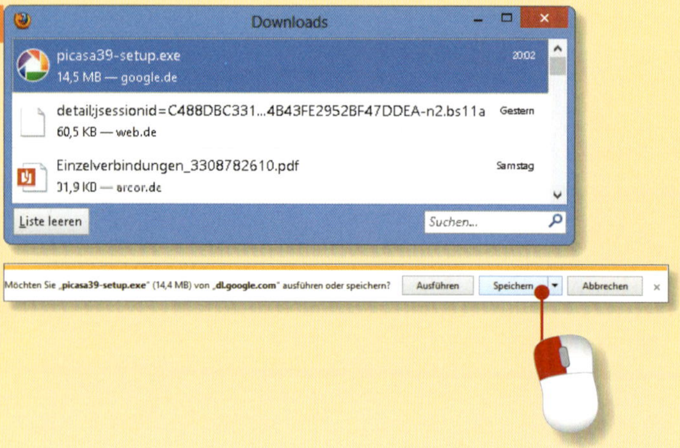

3

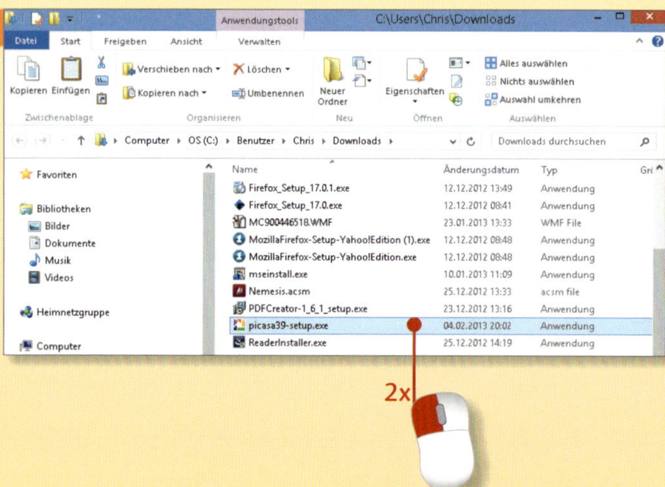

Picasa ist ein frei erhältliches Programm von Google, mit dem Sie Ihre Fotos prima verwalten und bearbeiten können. Wir machen Sie mit den wichtigsten Funktionen vertraut.

Schritt 1

Rufen Sie die Webseite *picasa.google.com* auf, und klicken Sie hier auf die Schaltfläche **Picasa herunterladen**.

Schritt 2

Ein Fenster öffnet sich mit dem Hinweis, dass Sie die Datei *picasa39-setup.exe* herunterladen. Klicken Sie auf **Speichern**. Daraufhin wird das Programm heruntergeladen.

Schritt 3

Öffnen Sie den Datei-Explorer, und wandern Sie zu Ihrem Download-Ordner. Dieser ist meistens unter *C:\Benutzer\Benutzername\Downloads* zu finden. Klicken Sie doppelt auf die Datei *picasa39-setup.exe*.

Den Downloads-Ordner finden

Sie finden Sie den Ordner **Downloads** im Datei-Explorer unter dem Eintrag **Favoriten**, der ganz oben in der Ordnerliste angezeigt wird.

Schritt 4

Akzeptieren Sie die Nutzungsbedingungen, und belassen Sie es im nächsten Dialog bei dem vorgeschlagenen Ordner im Feld **Zielverzeichnis** ❶. Klicken Sie auf die Schaltfläche **Installieren**.

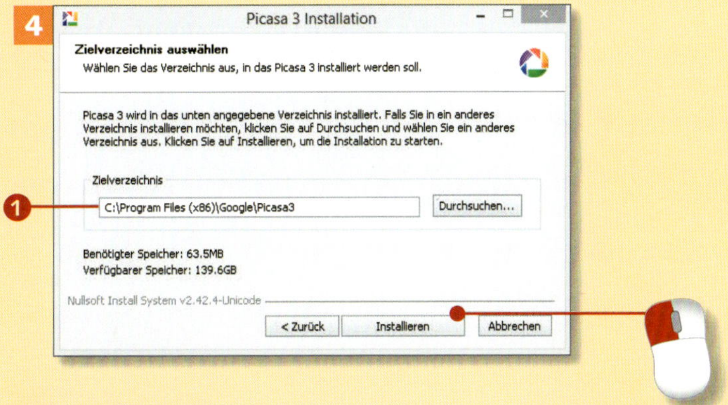

Schritt 5

Wenn Sie die Option **Picasa 3 ausführen** ❷ angehakt lassen, wird das Programm danach automatisch aufgerufen. Ansonsten öffnen Sie es über den Startbildschirm. Zu guter Letzt klicken Sie auf **Fertig stellen**.

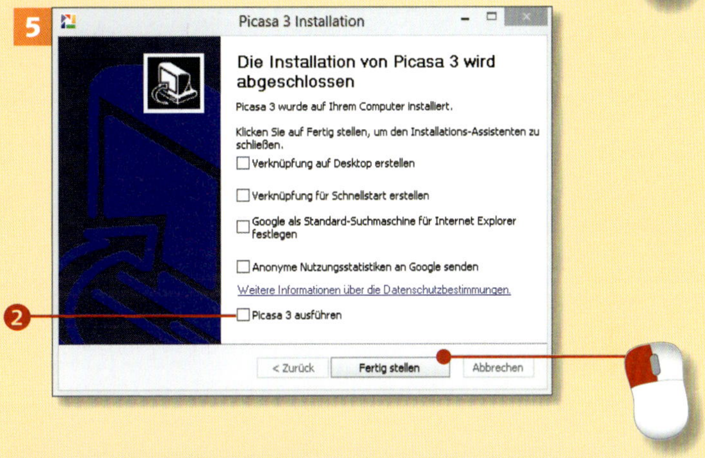

Schritt 6

Sobald Picasa geladen wird, öffnet sich ein Dialog, in dem Sie entscheiden, wo Picasa nach Fotos suchen soll. Sie können das Programm entweder auf Ihrem gesamten Computer suchen lassen ❸ oder die Suche auf bestimmte Ordner einschränken ❹: **Nur Eigene Dokumente, Eigene Bilder und den Desktop durchsuchen**.

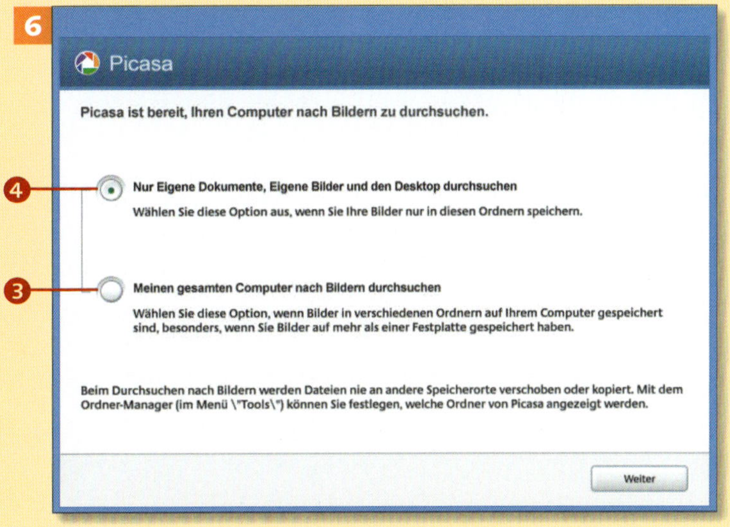

Fotos auf den Computer kopieren

1

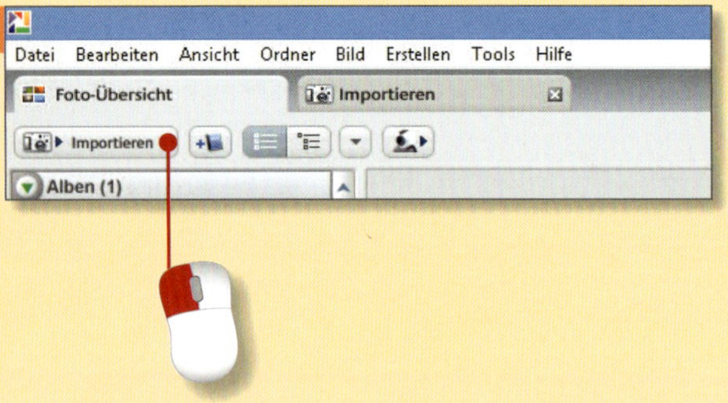

2

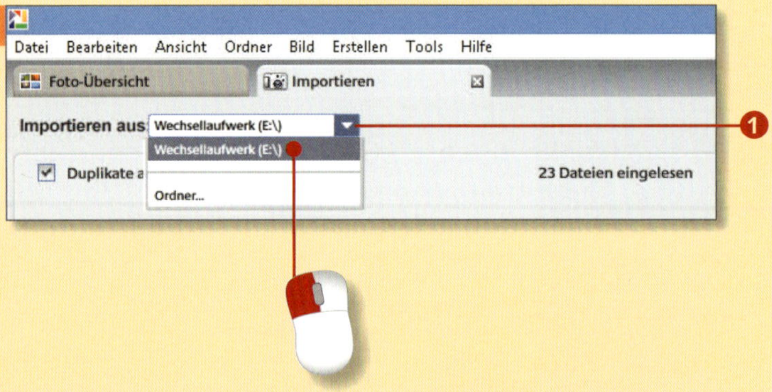

3

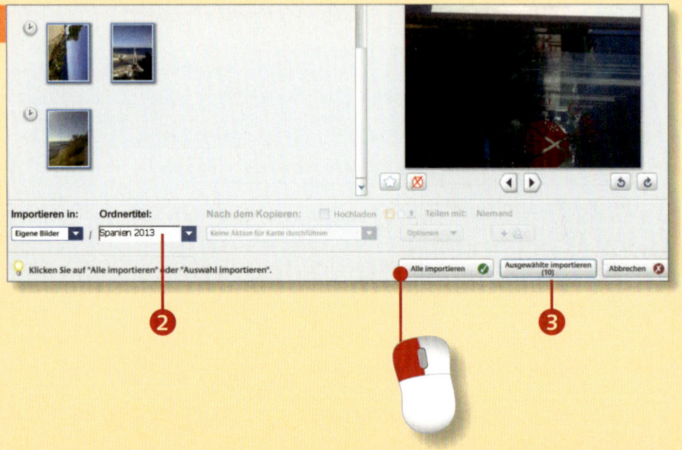

Nach der Installation durchsucht Picasa Ihren Computer nach Bildern und lädt sie automatisch in das Programm. Fotos, die sich auf Ihrer Digitalkamera befinden, laden Sie einfach nachträglich hoch.

Schritt 1

Klicken Sie im Picasa-Fenster auf die Schaltfläche **Importieren**. Dadurch wird die entsprechende Registerkarte aufgeklappt. Schließen Sie Ihre Kamera (oder das Handy) mit einem Kabel an den Computer an, oder stecken Sie direkt die Speicherkarte in den Kartenleser.

Schritt 2

Klicken Sie nun auf den Pfeil am Feld **Importieren aus** ❶. In dem kleinen Menü wird das angeschlossene Speichermedium angezeigt, das Sie per Mausklick auswählen.

Schritt 3

Sie sehen einen Dialog mit einer Vorschau. Tragen Sie hier im Feld **Ordnertitel** ❷ einen Namen ein. Dann klicken Sie entweder auf **Alle importieren** oder – sofern Sie Fotos per Klick ausgewählt haben – auf **Ausgewählte importieren** ❸.

Schritt 4

Sofern irgendwo auf Ihrem Computer Bilder liegen, die noch nicht in die Picasa-Fotoübersicht geladen wurden, klicken Sie in der Menüleiste auf **Tools ▸ Ordner-Manager**. Im zugehörigen Dialog bestimmen Sie, welche Ordner von Picasa nach Bildern durchforstet werden.

Schritt 5

Klicken Sie auf der linken Seite (unter **Ordnerliste**) auf den Ordner ❹, in dem sich Bilder befinden, die in die Übersicht aufgenommen werden sollen. Auf der rechten Seite haken Sie die Option **Einmal scannen** ❺ an; für Ordner, die nicht durchsucht werden sollen, wählen Sie die Option **Aus Picasa entfernen** ❻. Klicken Sie dann auf **OK**.

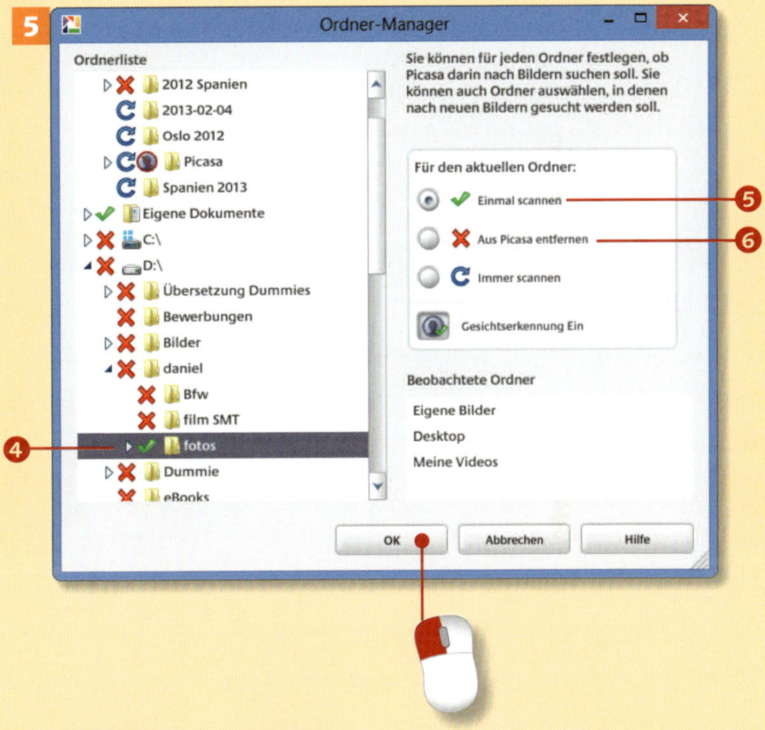

Schritt 6

Daraufhin werden die neuen Fotos in die Übersicht geladen; ganz unten rechts am Bildschirm erscheint ein kleines Fenster, das den Vorgang anzeigt.

Fotos sortieren und selektieren

Picasa bietet gute Möglichkeiten, Fotos zu sortieren und/oder nur bestimmte Fotos anzeigen zu lassen. So bewahren Sie den Überblick über all Ihre Fotos auf dem Computer.

1

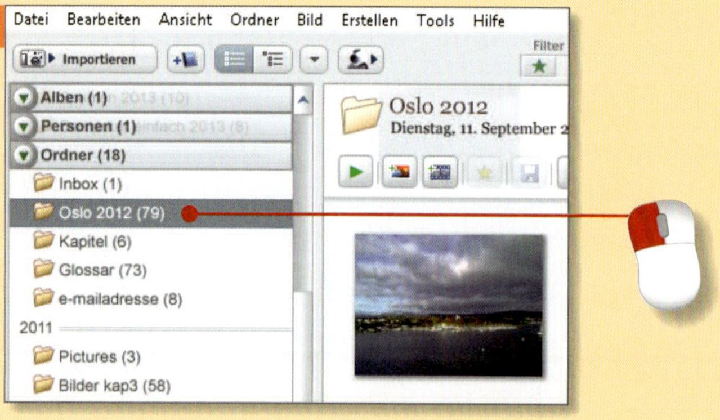

Schritt 1

Die Fotoübersicht zeigt alle Fotos an, die sich in den von Picasa gescannten Ordnern befinden. Um gezielt zu einer bestimmten Fotosammlung zu springen, klicken Sie links in der Leiste auf den entsprechenden Ordner.

2

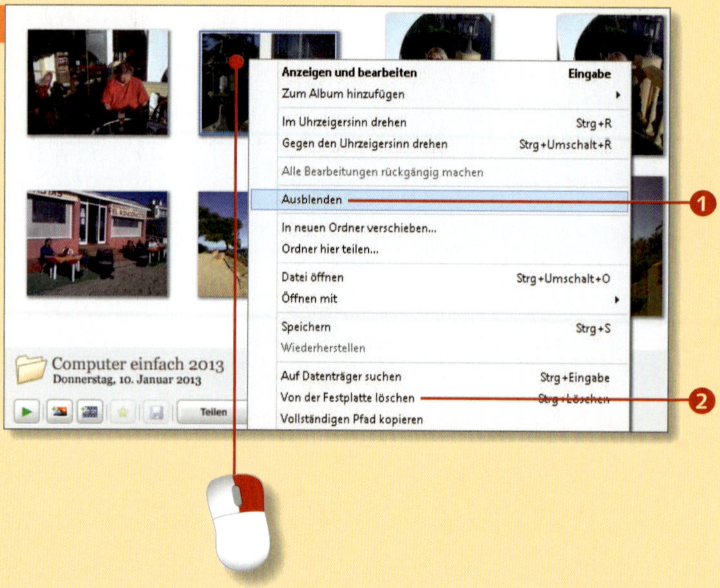

Schritt 2

Um Fotos aus der Übersicht zu entfernen, klicken Sie das Foto mit der rechten Maustaste an und wählen **Ausblenden** ❶. Sie können Fotos auch komplett löschen; wählen Sie dazu **Von der Festplatte löschen** ❷.

3

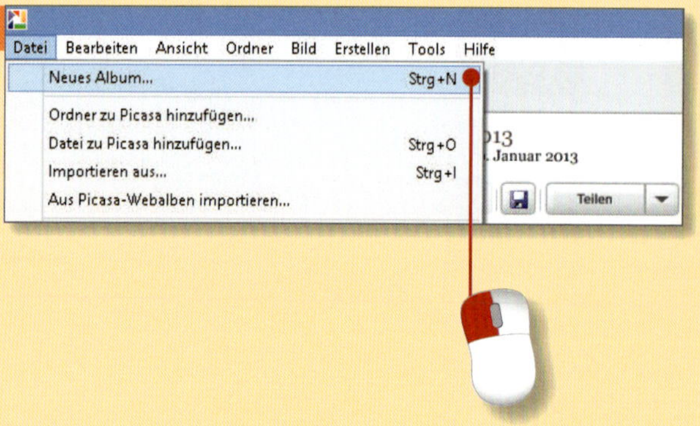

Schritt 3

Für eine übersichtliche Sortierung können Sie die Fotos der Übersicht in passende Alben legen. Um ein neues Album anzulegen, klicken Sie in der Menüleiste auf **Datei** und wählen die Option **Neues Album**.

Schritt 4

Im Dialog **Albumeigenschaften** geben Sie dem Album einen Namen. Wie Sie sehen, können Sie optional einen Ort und eine Beschreibung eingeben. Klicken Sie auf **OK** ❸. Das Album wird in der Ordnerleiste links oben unter **Alben** angezeigt.

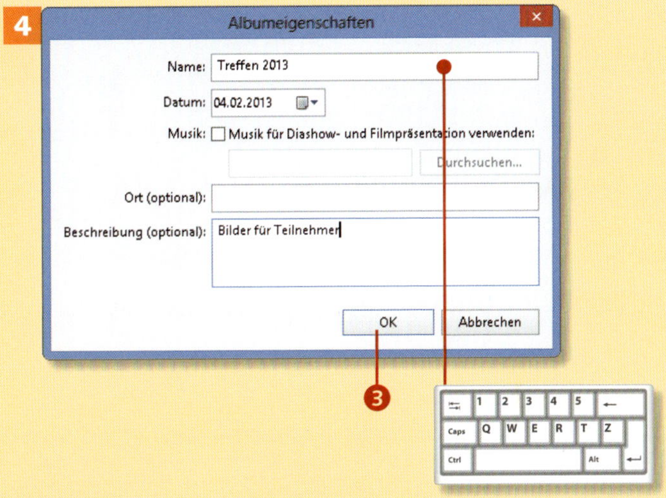

Schritt 5

Um Fotos in das neue Album einzusortieren, klicken Sie sie mit der rechten Maustaste an. Im Menü zeigen Sie mit der Maus auf **Zum Album hinzufügen** ❹. Im Untermenü klicken Sie auf den Namen des Zielalbums ❺.

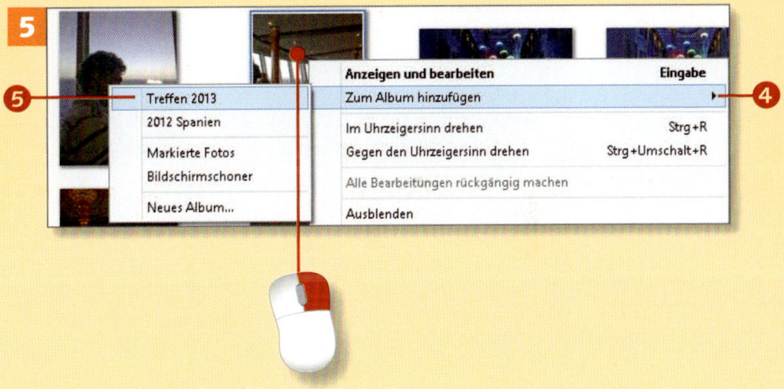

Schritt 6

Sie können ein Foto auch auf ein Album ziehen. Klicken Sie auf das einzuordnende Foto, und ziehen Sie es mit gedrückter Maustaste zu dem Album. Lassen Sie die Maustaste los, wenn die Miniaturansicht über dem Albumnamen »schwebt«.

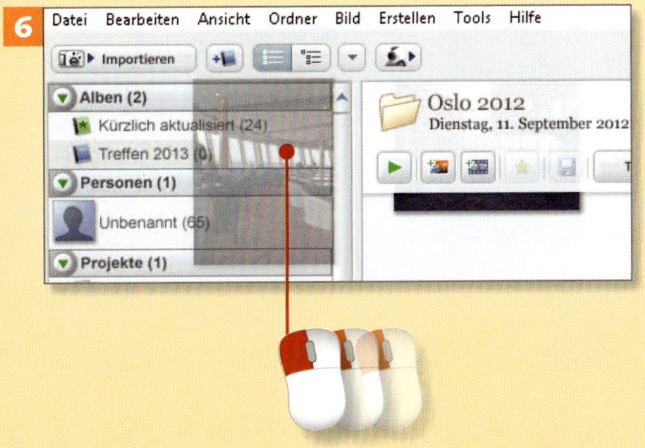

Album vs. Ordner

Wenn Sie Fotos in ein Album legen, verändern Sie damit nicht den eigentlichen Speicherort der Fotos. Alben dienen nur der Sortierung der Fotos in Picasa.

Fotos sortieren und selektieren (Forts.)

7

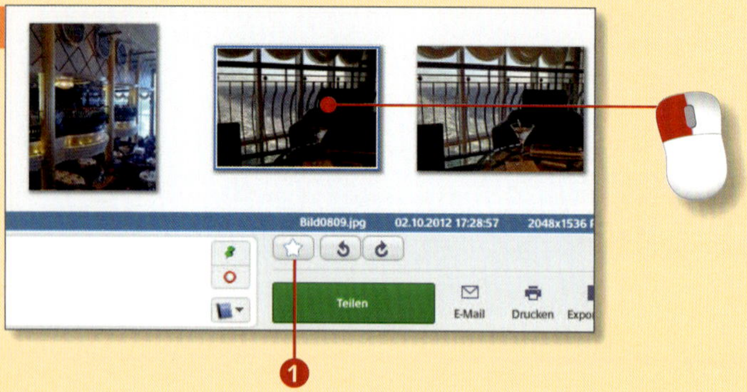

Schritt 7

Um nur bestimmte Fotos anzeigen zu lassen, können Sie Markierungen verwenden. Klicken Sie das Foto an, und klicken Sie dann auf die Schaltfläche **Markierung hinzufügen/entfernen** ❶ unterhalb der Übersicht.

8

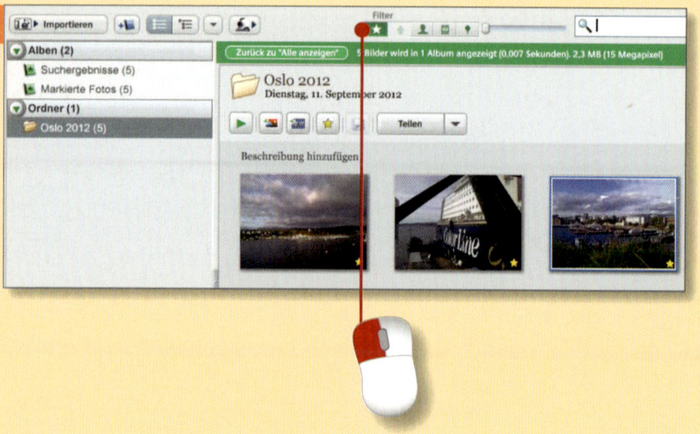

Schritt 8

Markierte Fotos erkennen Sie an einem gelben Sternchen. Um nur solche Fotos in der Übersicht anzeigen zu lassen, klicken Sie in der Ordnerleiste auf **Markierte Fotos** (das Sternchen im Bereich **Filter**). Ein erneuerter Klick auf das Sternchen blendet wieder alle Fotos ein.

9

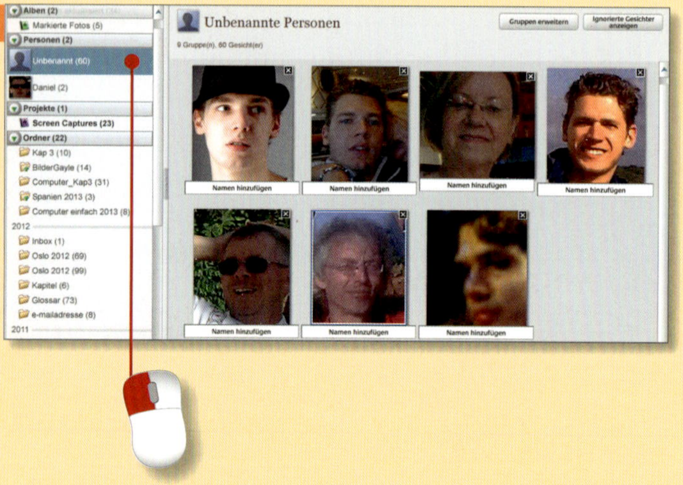

Schritt 9

Beim ersten Aufruf von Picasa scannt das Programm automatisch jedes Foto, auf dem eine Person abgebildet ist, und sammelt diese Aufnahmen in Personen-Alben. Klicken Sie in der Ordnerliste im Bereich **Personen** auf **Unbenannt**, um diese Aufnahmen zu sehen.

Gesichtererkennung

Erwarten Sie nicht zu viel von der Gesichtererkennung. Picasa scannt nur Gesichter, die gut zu erkennen sind, und irrt sich ab und an auch.

Schritt 10

Picasa bildet Gruppen und fasst darin Gesichter zusammen, die nach Meinung von Picasa zusammengehören. Wenn Sie den Gesichtern Namen zuordnen möchten, klicken Sie in das Feld **Namen hinzufügen** unterhalb des Gruppenbildes.

10
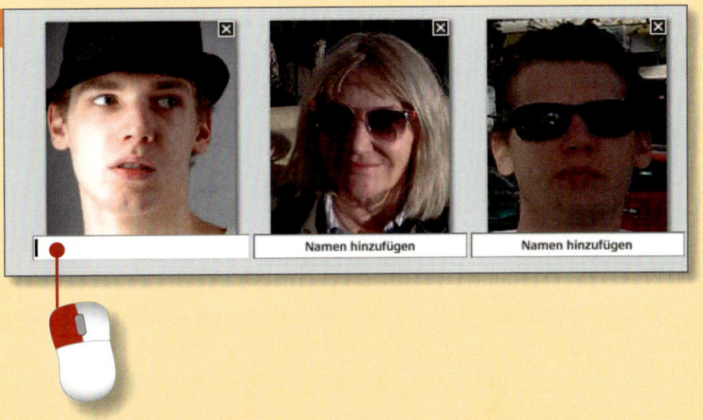

Schritt 11

Tragen Sie den passenden Namen in das leere Feld ein, und drücken Sie dann die [↵]-Taste, um den Eintrag zu bestätigen.

11

Schritt 12

Daraufhin wird der Dialog **Personen** geöffnet, wo im Suchfeld ❷ bereits der Name eingetragen ist. Hier klicken Sie auf **Neue Person** und bestätigen die Eingabe mit **OK** (rechts können Sie vorher noch eine E-Mail-Adresse angeben ❸). Daraufhin wird automatisch ein passendes Album angelegt.

12
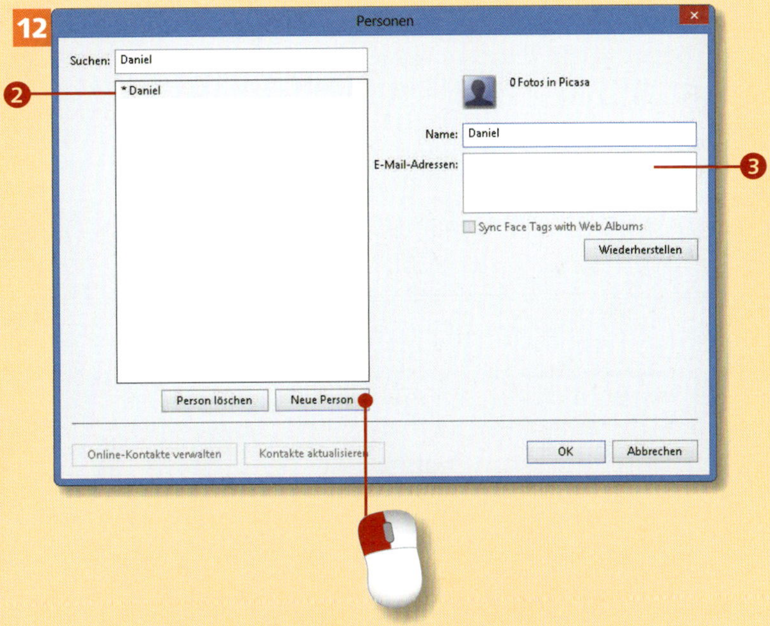

Die Personen-Alben

Wenn Sie in der Ordnerleiste auf den Namen eines Personen-Albums klicken, werden die Porträts rechts in der Übersicht angezeigt.

Die Darstellung der Fotos ändern

1

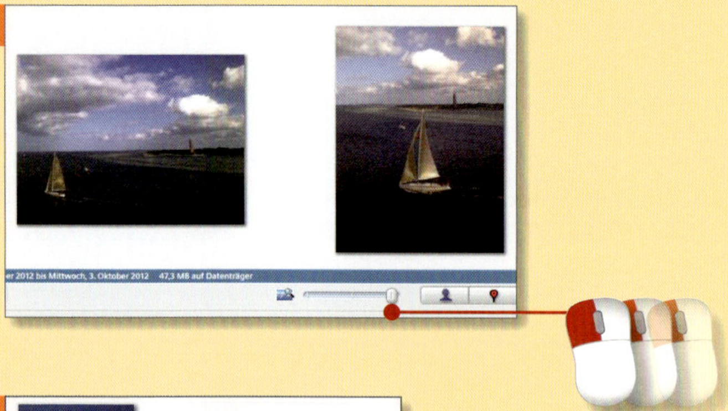

2

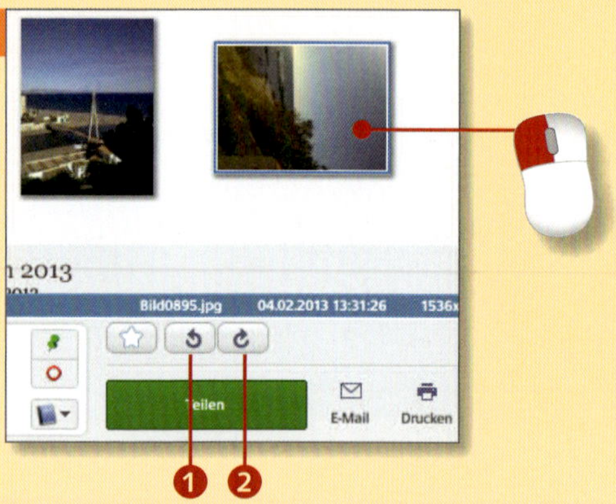

3

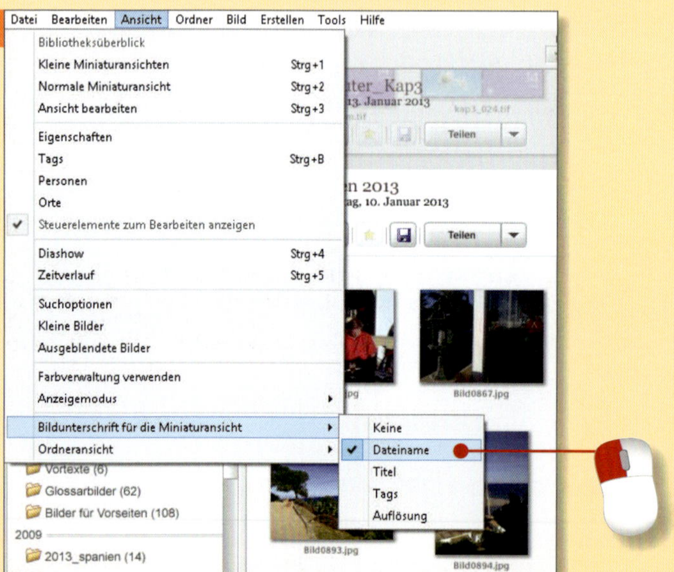

Sie können sich die Fotos in der Übersicht auf unterschiedliche Weise anzeigen lassen: als Miniaturen, mit und ohne Details oder als Diashow.

Schritt 1

Um die Fotos in der Übersicht größer anzeigen zu lassen, ziehen Sie mit gedrückter Maustaste an dem Schieberegler, den Sie unterhalb der Übersicht finden. Auf diese Weise können Sie die Darstellung stufenlos vergrößern.

Schritt 2

Um ein Foto zu drehen, markieren Sie es mit einem Mausklick und klicken dann auf die Schaltflächen **Nach links drehen** ❶ oder **Im Uhrzeigersinn drehen** ❷.

Schritt 3

Sie können die Fotos auch mit bestimmten Informationen einblenden lassen, z. B. dem Dateinamen. Dazu klicken Sie auf den Menüpunkt **Ansicht** und zeigen auf den Eintrag **Bildunterschrift für Miniaturansicht**. Im Untermenü klicken Sie dann auf **Dateiname**.

Schritt 4

Eine tolle Sache ist es, die Fotos als Diashow abzuspielen. Markieren Sie in der Ordnerleiste den Ordner, dessen Fotos in der Diashow angezeigt werden sollen, oder markieren Sie per Mausklick einzelne Fotos eines Ordners. Klicken Sie dann auf **Vollbild-Diashow abspielen** ❸.

4

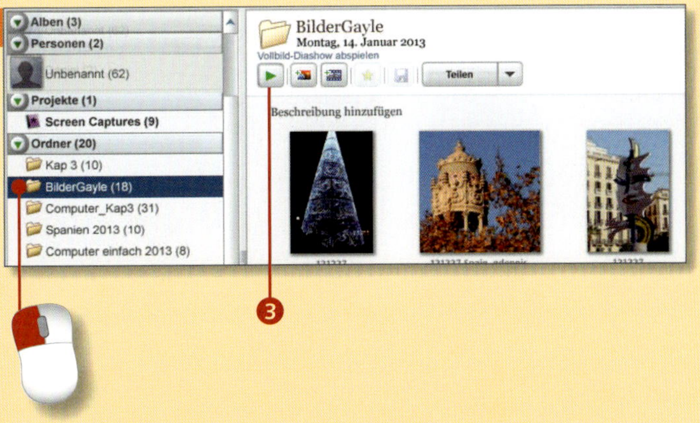

Schritt 5

Daraufhin wird das erste Foto als Vollbild angezeigt. Am unteren Rand befinden sich die Schaltflächen zum Navigieren. Um vor oder zurück zu wandern, klicken Sie auf die nach links oder rechts weisenden Pfeile ❹.

5

Schritt 6

Um die Diashow automatisch ablaufen zu lassen, klicken Sie auf den mittleren Pfeil ❺. Um die Show zu beenden, drücken Sie die [Esc]-Taste, oder Sie klicken auf die Schaltfläche **Beenden**.

6

Anzeigedauer verändern

Achten Sie auf die Plus- und Minuszeichen rechts im Bereich **Anzeigezeit** ❻. Damit können Sie festlegen, wie lange ein Foto jeweils zu sehen ist. Klicken Sie auf das Plus, um die Zeit sekundenweise zu erhöhen.

Fotos verbessern und bearbeiten

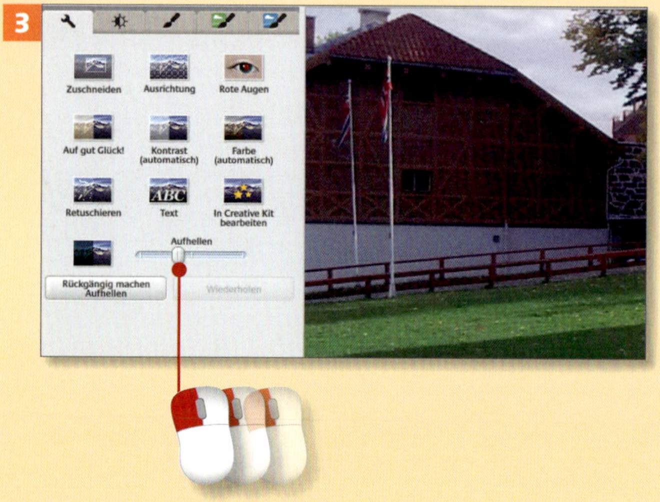

Wenn Sie viel fotografieren, sind oft auch missglückte Fotos dabei. Picasa bietet einige Möglichkeiten zur Korrektur.

Schritt 1

Um ein Foto zu bearbeiten, klicken Sie es doppelt an. Daraufhin wird es als Einzelbild im Überarbeitungsmodus angezeigt. Auf der linken Seite sehen Sie nun fünf Registerkarten ❶, die Werkzeuge zum Bearbeiten von Fotos enthalten.

Schritt 2

Schnelle Korrekturmöglichkeiten finden Sie auf der ersten Registerkarte **Allgemeine Optimierungen** ❷. Um z. B. ein Foto zu verbessern, das farblich flau und kontrastarm wirkt, klicken Sie auf die Schaltfläche **Auf gut Glück!**

Schritt 3

Ein zu dunkles Foto können Sie mit dem Schieberegler **Aufhellen** heller wirken lassen. Schieben Sie dazu den Regler mit gedrückter Maustaste ein wenig nach rechts. Nutzen Sie dieses Werkzeug aber vorsichtig, da ein zu helles Foto an Kontrast verliert.

Schritt 4

Sie können Fotos auch beschriften. Klicken Sie auf der Registerkarte **Allgemeine Optimierungen** auf das Symbol für **Text** ❸. Tippen Sie dann einfach einen Text auf das Bild. Links gibt es einen Bereich mit diversen Einstellungsmöglichkeiten für den Text (**Schriftart**, **Schriftgröße** etc.).

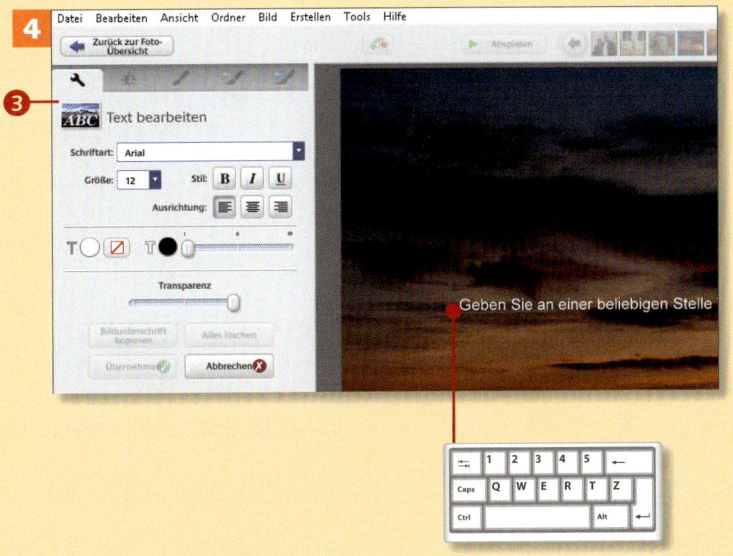

Schritt 5

Auch schiefen Horizonten und »stürzenden« Linien können Sie mit Picasa zu Leibe rücken. Klicken Sie auf der Registerkarte **Allgemeine Optimierungen** auf **Ausrichtung**.

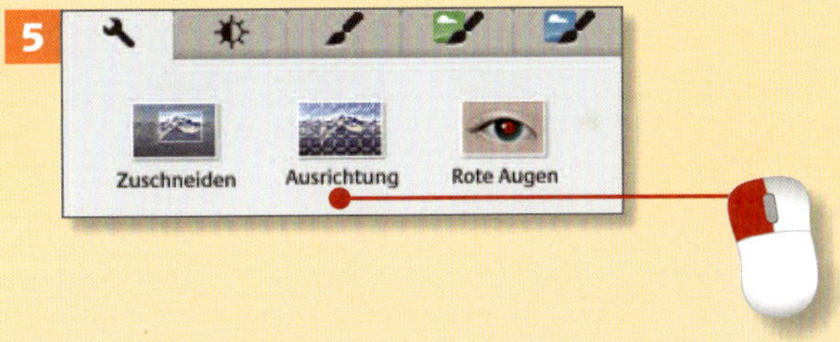

Schritt 6

Daraufhin erscheint ein Gitternetz auf dem Foto. Am unteren Rand sehen Sie einen Schieberegler. Ziehen Sie diesen Regler mit gedrückter Maustaste nach links oder rechts, und überprüfen Sie die Ausrichtung der Gitternetzlinien (im Beispiel anhand des Horizonts). Bestätigen Sie die Korrektur mit einem Klick auf die Schaltfläche **Übernehmen** ❹.

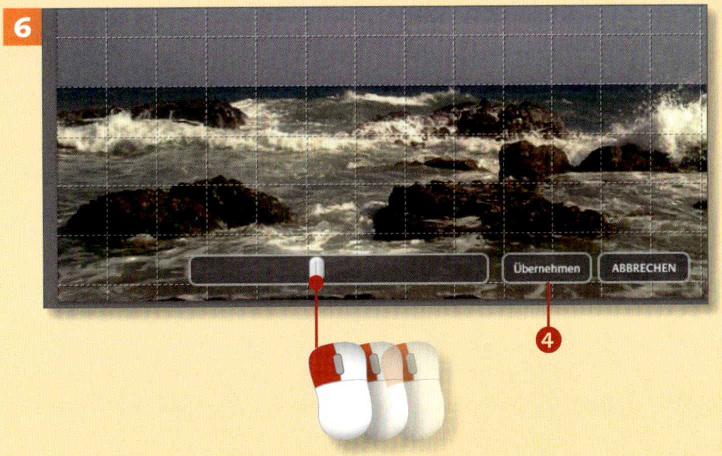

Fotos zuschneiden

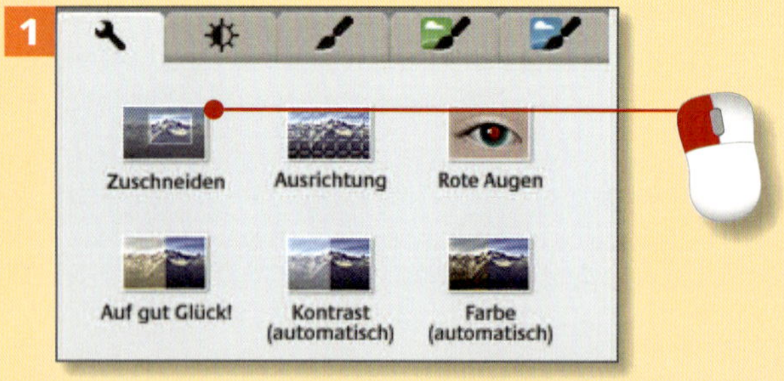

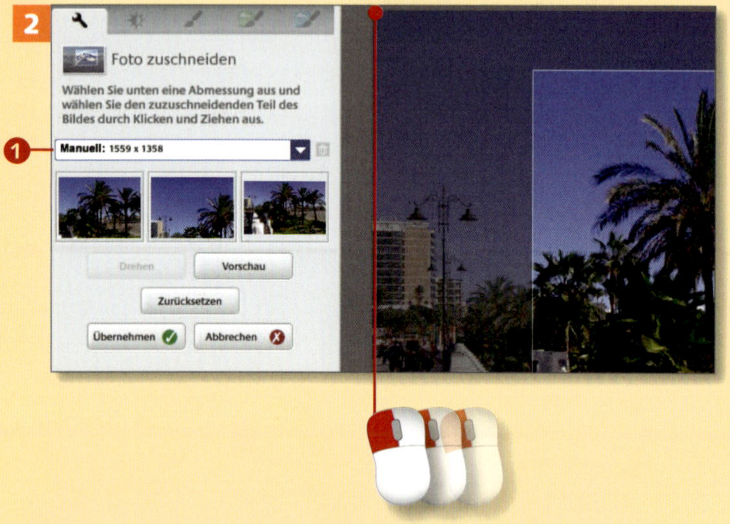

Sie können in Picasa ein Foto auch neu zuschneiden, sodass überflüssige Teile des Fotos wegfallen.

Schritt 1

Um ein Foto zuzuschneiden, klicken Sie auf der Registerkarte **Allgemeine Optimierungen** auf **Zuschneiden**.

Schritt 2

Im nächsten Fenster belassen Sie es bei der Option **Manuell** (1). Klicken Sie an der Stelle auf das Foto, an der der neue Ausschnitt beginnen soll, halten Sie die Maustaste gedrückt, und ziehen Sie den Ausschnitt auf. Dann lassen Sie die Maustaste los.

Schritt 3

Der Ausschnitt lässt sich auch nach dieser Aktion noch verschieben oder vergrößern bzw. verkleinern. Zum Verschieben zeigen Sie mit der Maus auf den Ausschnitt. Sobald als Mauszeiger ein Händchen erscheint, lässt sich der Ausschnitt mit gedrückter Maustaste verschieben.

Schritt 4

Um den Ausschnitt (der heller dargestellt wird als der Rest des Bildes) endgültig festzulegen, klicken Sie im linken Bereich auf **Übernehmen**.

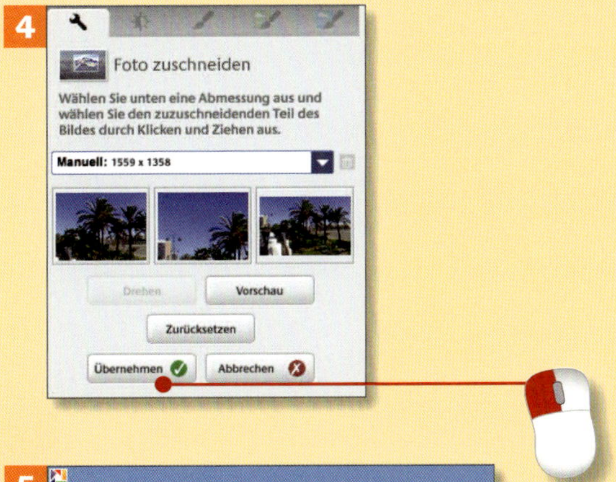

Schritt 5

Um ein Foto auf eine feste Größe zuzuschneiden, wählen Sie auf der Registerkarte **Allgemeine Optimierungen** nicht **Manuell**, sondern die gewünschten Maße für den Ausschnitt.

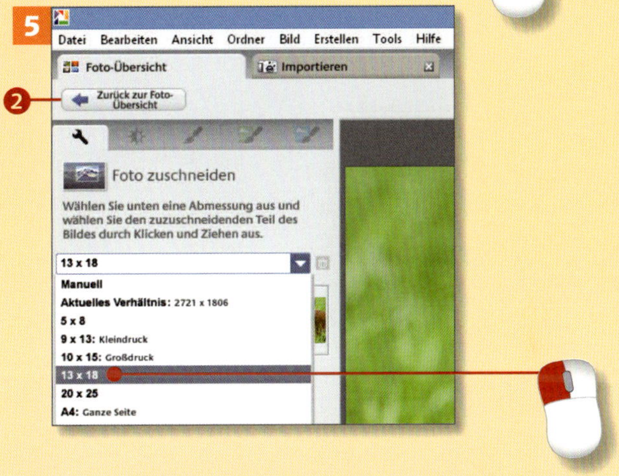

Schritt 6

Selbstverständlich gibt es auch eine Schaltfläche zum Rückgängig machen Ihrer Korrekturmaßnahmen. Wenn Sie ein Bild zugeschnitten haben, heißt die Schaltfläche z. B. **Rückgängig machen Zuschneiden**.

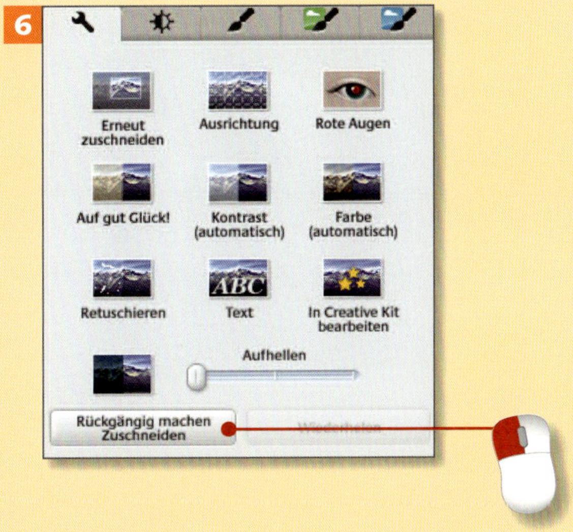

Zurück zur Übersicht

Um aus dem Überarbeitungsmodus wieder in die Übersicht mit den Miniaturen zu gelangen, klicken Sie oben links auf die Schaltfläche **Zurück zur Foto-Übersicht** ❷.

Farb- und Belichtungskorrekturen vornehmen

Falls es während der Aufnahme Ihrer Fotos zu hell oder zu dunkel war, können Sie diese Belichtungsfehler mit Picasa korrigieren.

1

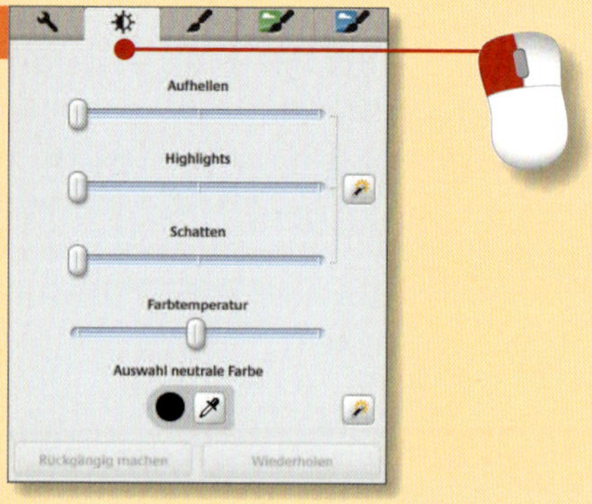

Schritt 1

Klicken Sie doppelt auf das Foto, dessen Farbeinstellung Sie verbessern möchten, und klicken Sie dann links auf den Reiter **Fein eingestellte Beleuchtungs- und Farboptimierungen**.

2

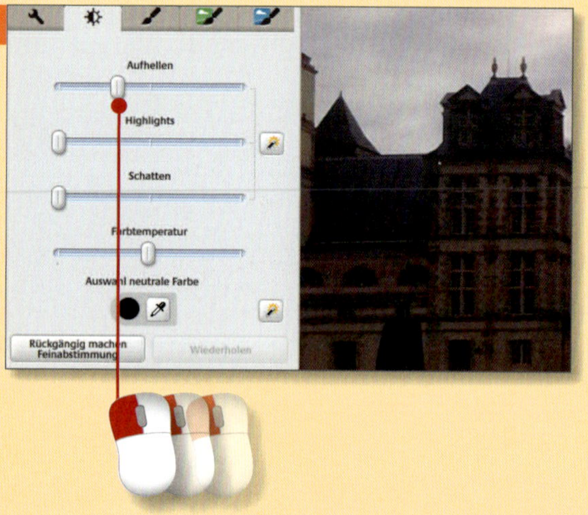

Schritt 2

Um ein Foto generell ein wenig aufzuhellen, ziehen Sie den Schieberegler **Aufhellen** mit gedrückter Maustaste ein wenig nach rechts. Sie sehen den Effekt unmittelbar im Foto.

3

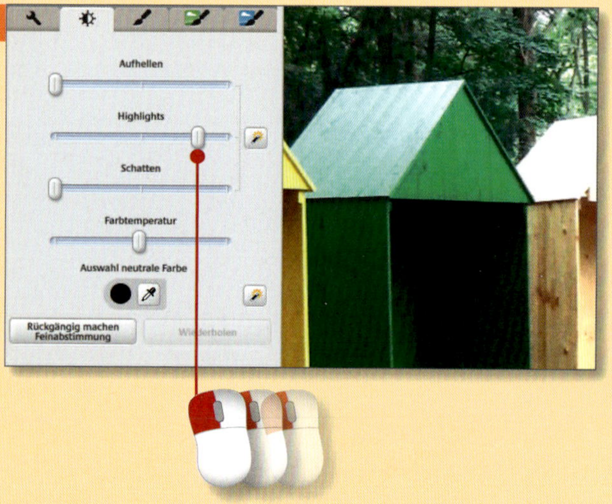

Schritt 3

Einen interessanten Effekt erreichen Sie, wenn Sie den Regler **Highlights** verschieben. Die Farben des Fotos werden punktuell leuchtender, und die Konturen treten teilweise deutlicher hervor.

Schritt 4

Mit dem Regler **Schatten** dunkeln Sie das Foto partiell ab. Probieren Sie diesen Effekt auch im Zusammenspiel mit **Highlights**; eventuell entsteht eine spannende Wirkung.

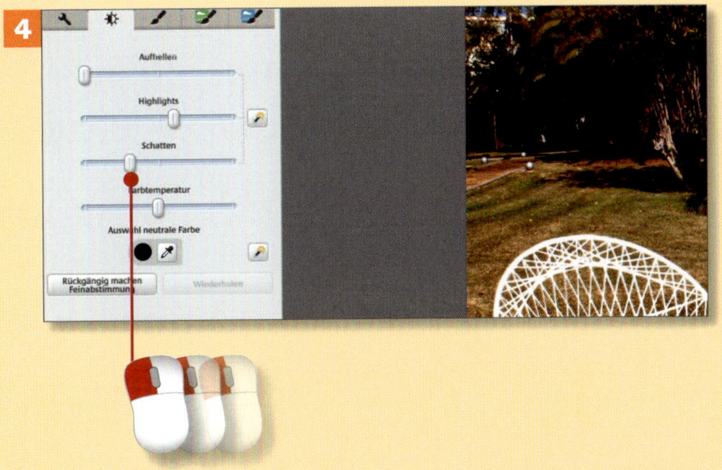

Schritt 5

Mit dem Regler **Farbtemperatur** tauchen Sie ein Foto durch die Verstärkung der Kalt- oder Warmtöne in ein anderes Licht. Indem Sie den Regler wieder auf die Mitte setzen, kehren Sie zur ursprünglichen Farbtemperatur zurück.

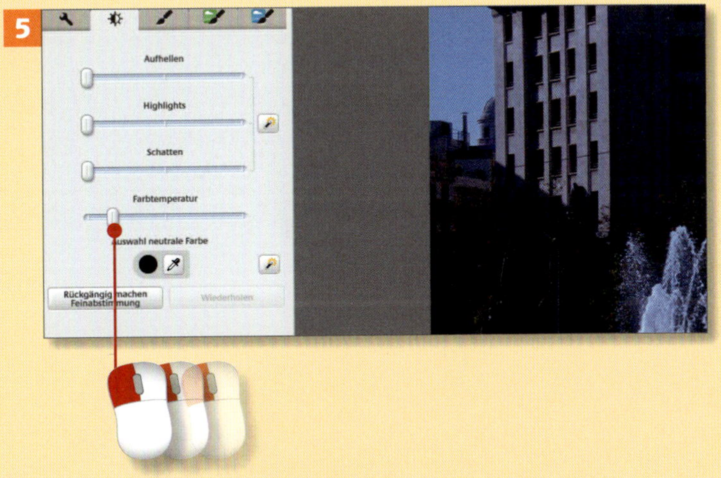

Schritt 6

Auch einem Farbstich (also der Dominanz eines Farbtons) können Sie mithilfe von Picasa zu Leibe rücken. Klicken Sie dazu auf die Pipette ❶ und dann auf einen weißen oder grauen, in jedem Fall relativ farbneutralen Bereich im Foto. Der Farbstich wird automatisch entfernt.

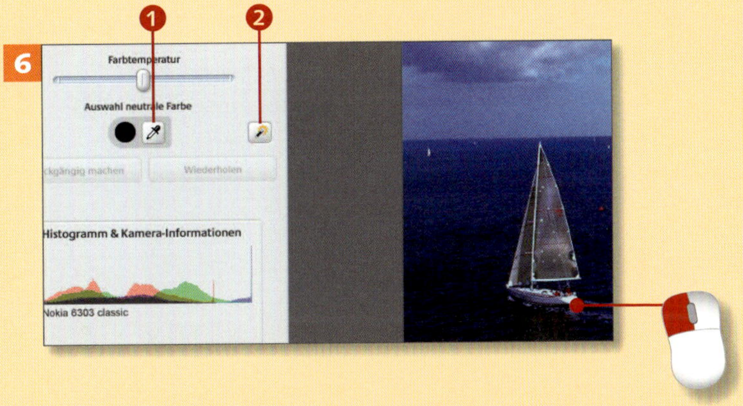

Optimierung per Mausklick

Achten Sie auf das Symbol ❷ neben dem Schieberegler für **Highlights** und der Pipette. Dahinter verbergen sich die Funktionen zur schnellen Optimierung der Belichtung und Farbe.

Fotos mit Effekten versehen

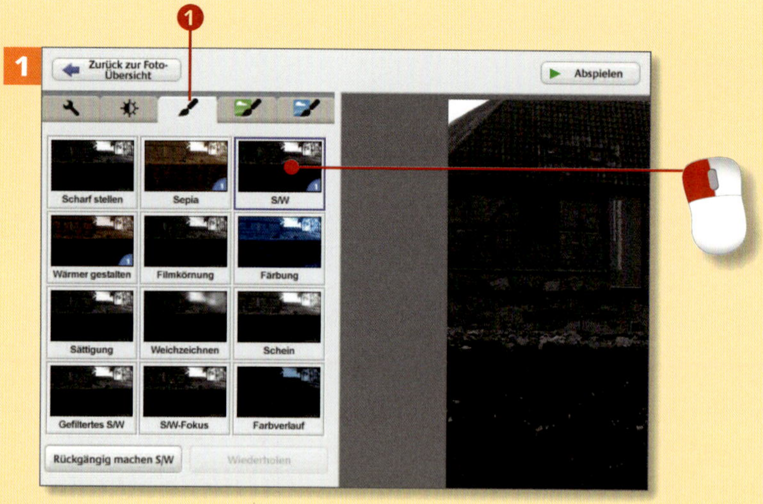

Picasa bietet viele Effekte, mit denen Sie Ihre Fotos verfremden können. Sie können sie z. B. neu einfärben, im Nu aus einem Farbfoto ein Schwarzweißfoto machen oder bestimmte Bereiche weichzeichnen.

Schritt 1

Um ein Farbfoto in ein Schwarzweißfoto zu verwandeln, öffnen Sie es per Doppelklick und klicken dann auf die Registerkarte **Kreative und nützliche Bildbearbeitung** ❶. Hier klicken Sie einfach auf **S/W**.

Schritt 2

Um ein Foto neu einzufärben, steht auf der Registerkarte **Kreative und nützliche Bildbearbeitung** der Effekt **Färbung** zur Verfügung. Klicken Sie auf diese Schaltfläche.

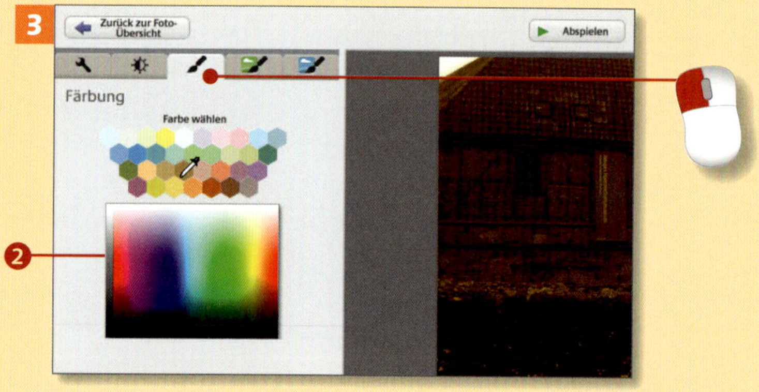

Schritt 3

Im nächsten Fenster klicken Sie auf die Schaltfläche **Farbe wählen**. Mit der Pipette wählen Sie eine Farbe aus, indem Sie entweder auf das entsprechende Sechseck oder im Rechteck darunter ❷ auf eine Farbe klicken.

Schritt 4

Für manche Fotos eignet sich der Effekt **Weichzeichnen**. Dadurch wird die Bildschärfe von einem Mittelpunkt ausgehend reduziert. Sobald Sie auf die Schaltfläche geklickt haben, erscheint auf dem Foto ein Kreuz ❸, mit dem Sie den scharfen Bereich festlegen können.

Schritt 5

Mit gedrückter Maustaste können Sie diesen Bereich verschieben. Seine Größe ändern Sie, indem Sie den Schieberegler **Größe** ❹ mit gedrückter Maustaste nach rechts oder links verschieben. Der Schieberegler **Anzahl** bestimmt, wie stark der unscharfe Bereich des Bildes weichgezeichnet wird.

Schritt 6

Mit dem Effekt **Sepia** wird erreicht, dass Fotos eine bräunliche Färbung annehmen, ähnlich wie wirklich alte Fotos. Klicken Sie auf der Registerkarte **Kreative und nützliche Bildbearbeitung** einfach auf **Sepia**.

Fotos drucken

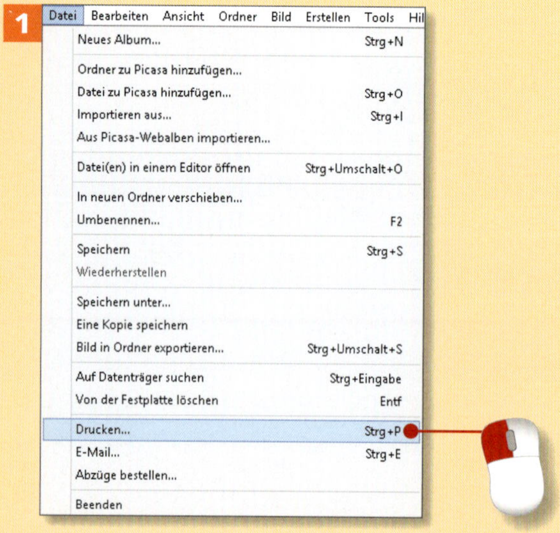

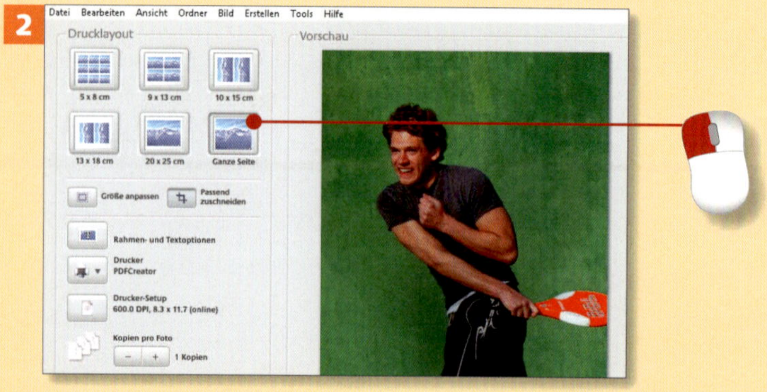

Selbstverständlich können Sie Fotos auch ausdrucken. Nutzen Sie dabei gutes Fotopapier, das Ergebnis ist dann deutlich schöner.

Schritt 1

Um ein einzelnes Foto auszudrucken, markieren Sie es und öffnen dann den Dialog **Drucken**. Dazu klicken Sie auf **Datei ▸ Drucken**.

Schritt 2

Wählen Sie hier im oberen Bereich per Mausklick das gewünschte Layout aus. Wenn Sie eine andere Option als **Ganze Seite** wählen, müssen Sie das Foto nach dem Ausdruck eventuell noch zurechtschneiden.

Schritt 3

Im Dialog **Drucken** gibt es auch die Option **Rahmen- und Textoptionen**. Klicken Sie darauf, um den Dialog **Weitere Druckoptionen** aufzurufen. Hier können Sie z. B. festlegen, dass Bildunterschriften, die Sie für das Bild vergeben haben, unterhalb des Bildes mit ausgedruckt werden.

Schritt 4

Haken Sie dazu mit einem Klick die Option **Bildunterschrift** ❶ an. Im Feld **Schriftart** ❷ können Sie per Klick auf den Pfeil die Schriftart ändern, im Feld **Größe** ❸ die Schriftgröße. Klicken Sie zur Bestätigung auf **OK**.

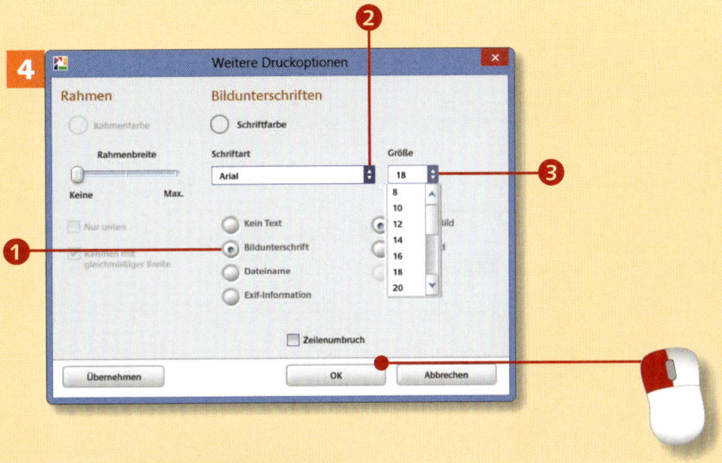

Schritt 5

Zurück im Dialog **Drucken** klicken Sie zunächst auf **Überprüfen** ❹, um die Vorschau auf den Ausdruck zu sehen. Wenn Sie die Meldung erhalten, dass alle Bilder zum Drucken bereit sind, klicken Sie auf **OK**.

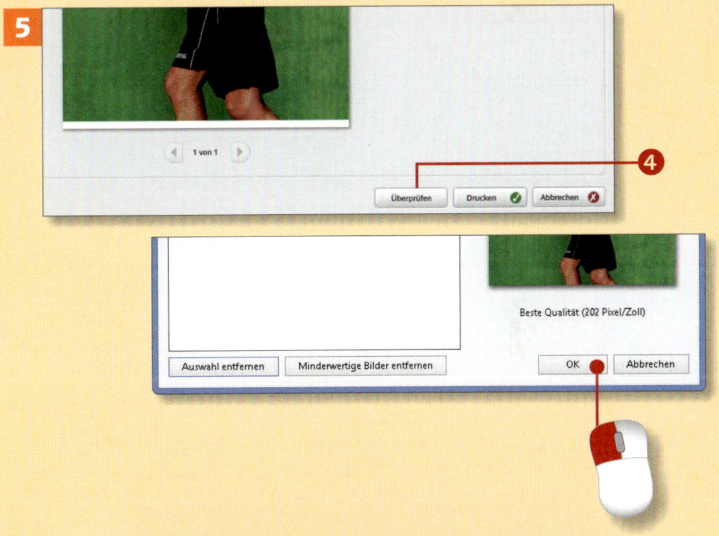

Schritt 6

Statt nur ein Foto für den Druck vorzubereiten, können Sie auch in einem Rutsch mehrere Fotos ausdrucken. Dazu markieren Sie die gewünschten Fotos in der Foto-Übersicht. Im Dialog **Drucken** können Sie dann mit den Pfeilen ❺ durch die Auswahl wandern.

Bildunterschriften hinzufügen
Bildunterschriften legen Sie fest, indem Sie das Foto in den Bearbeitungsmodus versetzen und dann unterhalb des Fotos im Feld **Bildunterschrift eingeben** einen passenden Text eintippen.

Fotos auf DVD brennen

Um Fotos weiterzugeben oder Ihren Rechner aufzuräumen, sollten Sie Ihre Bilder auf DVD brennen. Diese Aktion können Sie sehr komfortabel direkt aus Picasa heraus starten.

1
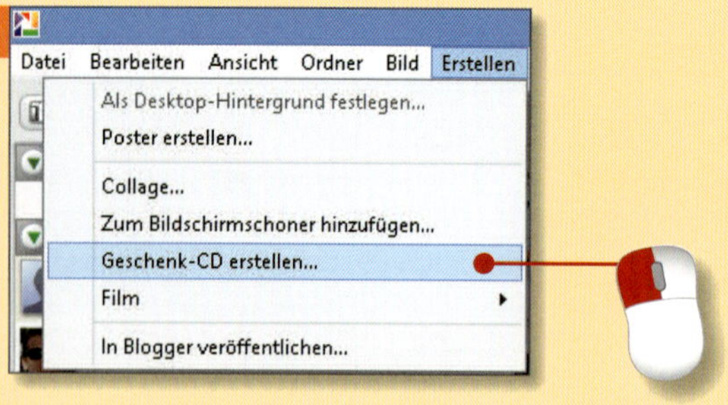

2
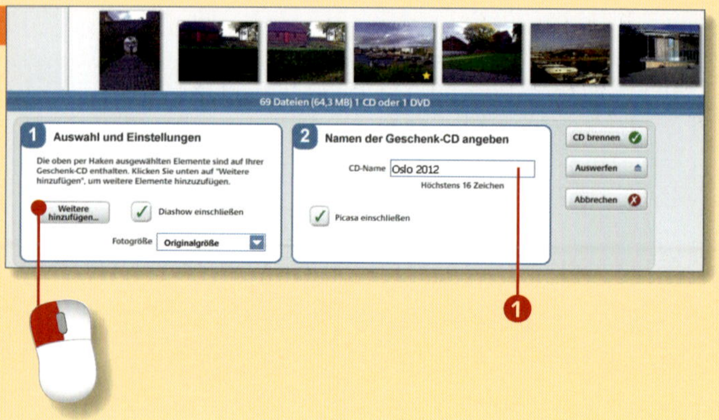

3
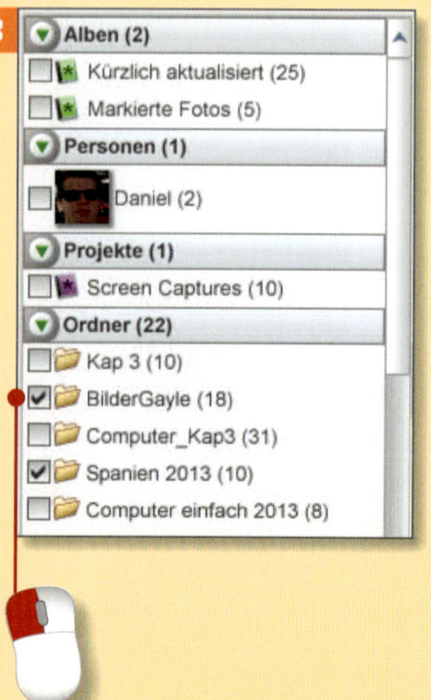

Schritt 1

Markieren Sie in der Ordnerleiste den Ordner, der die Fotos enthält, die Sie auf CD oder DVD brennen möchten. Klicken Sie dann in der Menüleiste auf **Erstellen ▸ Geschenk-CD erstellen**.

Schritt 2

Nun sehen Sie im unteren Bereich zwei Fenster. Wenn Sie noch andere Fotos als die des aktuellen Ordners brennen möchten, klicken Sie im linken Fenster auf **Weitere hinzufügen**. Im rechten Fenster ist als CD-Bezeichnung ❶ automatisch der Ordnername eingetragen.

Schritt 3

Sie sehen dann wieder die komplette Ordnerleiste und vor den Ordnern kleine Kästchen. Setzen Sie mit der Maus ein Häkchen vor den Ordner, dessen Fotos Sie ebenfalls auf die CD/DVD packen möchten.

Schritt 4

Im rechten Fenster tragen Sie im Feld **CD-Name** einen Namen ein. Beachten Sie auch die Option **Picasa einschließen** ❷. Wenn sie aktiviert ist, wird auch das Programm selbst auf die CD oder DVD gelegt.

4

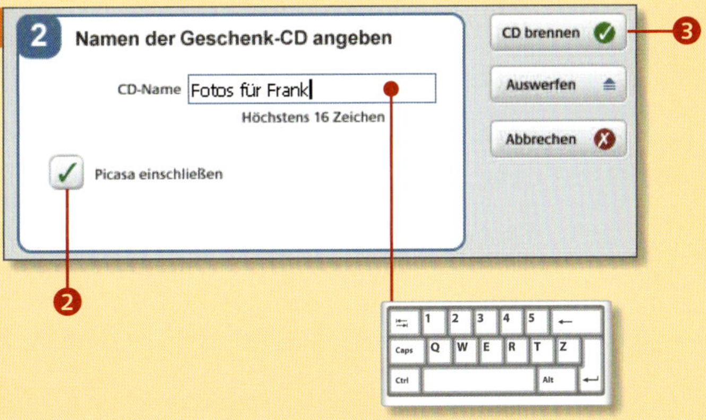

Schritt 5

Auch jetzt können Sie die Zusammenstellung der Fotos noch ändern, indem Sie das Häkchen vor einem Ordner per Klick wieder entfernen und/oder einen anderen Ordner anhaken.

5

Schritt 6

Nachdem Sie alle Einstellungen vorgenommen haben, legen Sie einen Datenträger in das Laufwerk ein und klicken Sie auf **CD brennen** ❸. Der Datenträger wird nun gebrannt. Sie sehen den Fortschritt in einem kleinen Fenster, das unten rechts am Bildschirm erscheint.

6

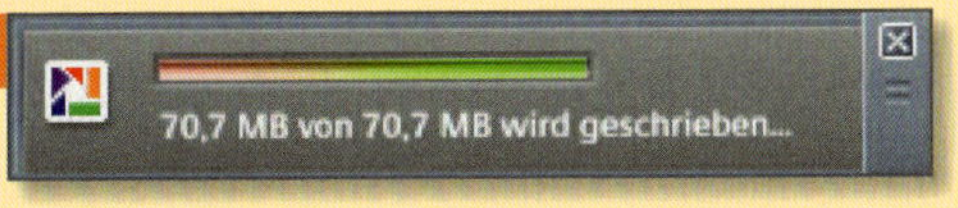

Brennsoftware

Es gibt zahlreiche Programme zum Brennen von Dateien. Solche Programme bieten mehr Einstellungsmöglichkeiten als Picasa, aber für einen einfachen Brennvorgang funktioniert der hier beschriebene Weg problemlos.

Fotos im Internet präsentieren

1

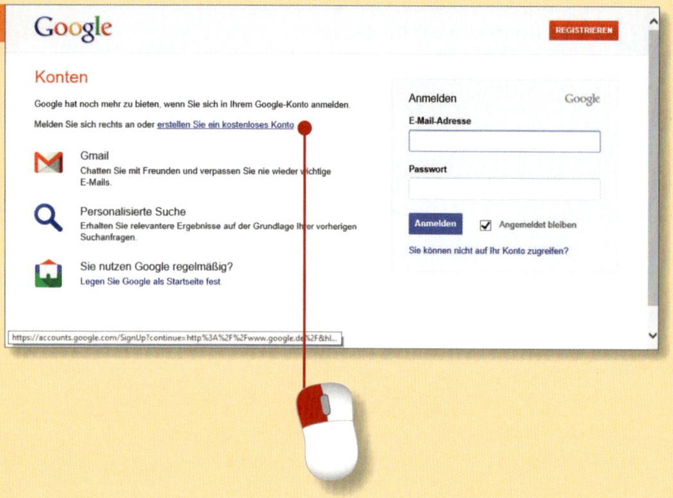

2

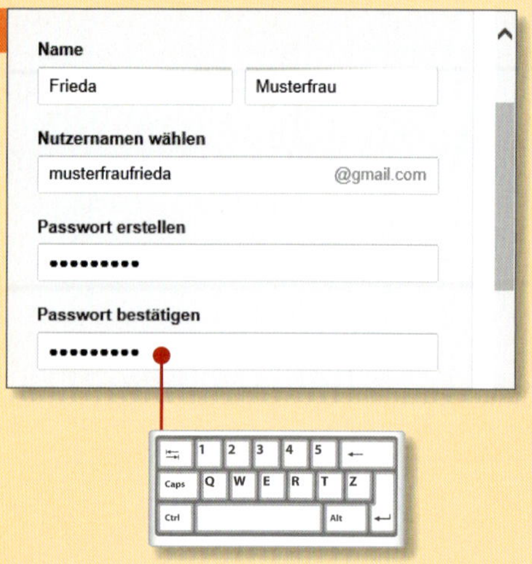

3

Die Voraussetzung dafür, dass Sie Ihre Fotos von Picasa aus ins Internet stellen können, sind ein Google-Konto und die Anmeldung beim Netzwerk Google+.

Schritt 1

Rufen Sie die Google-Seite auf, und klicken Sie oben rechts auf **Anmelden**. Klicken Sie dann auf den Link **erstellen Sie ein kostenloses Konto**.

Schritt 2

Danach füllen Sie das übliche Anmeldeformular aus und klicken ganz unten auf **Nächster Schritt**. Sobald Sie die Registrierung abgeschlossen haben (es folgen noch ein paar weitere Dialoge), können Sie sich jederzeit über die Schaltfläche **Anmelden** oben rechts auf der Google-Startseite bei Google einloggen.

Schritt 3

Dann müssen Sie sich noch bei *Google+* anmelden. Dazu klicken Sie ganz links auf der Google-Seite auf die Schaltfläche **+Ich** (wenn Sie angemeldet sind, zeigt die Schaltfläche Ihren Namen).

Schritt 4

Im nächsten Fenster geben Sie die Daten Ihres eben erstellten Google-Kontos ein (E-Mail-Adresse und Passwort). Dann öffnen sich weitere Fenster, die Sie zunächst mit einem Klick auf **Überspringen** ignorieren.

Schritt 5

Zu guter Letzt erscheint eine Liste mit Links, in der Sie auch den Eintrag **Fotos** finden. Wenn Sie darauf klicken, werden Ihnen die Alben präsentiert, die Sie bei *Google+* hochgeladen haben. Wenn Sie noch keine Fotos ins Internet gestellt haben, ist dieser Bereich leer.

Schritt 6

Um Fotos hochzuladen, markieren Sie in Picasa das entsprechende Album. Klicken Sie auf die Schaltfläche **Teilen** (bzw. **Auf Google+ teilen**) unterhalb der Foto-Übersicht.

4

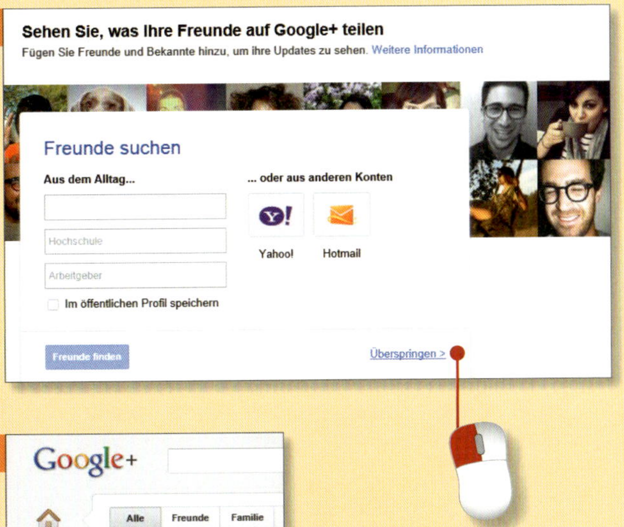

5

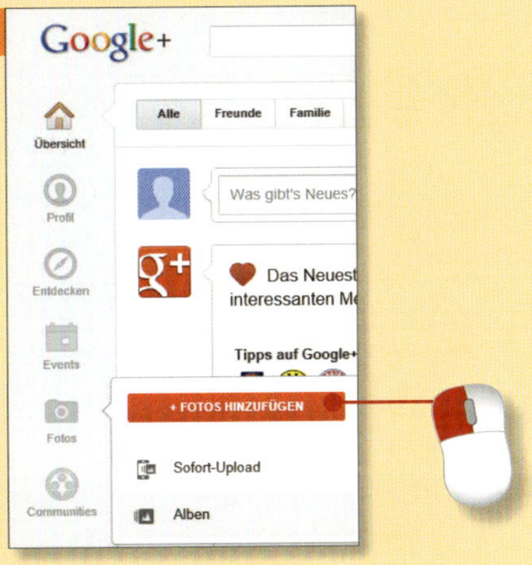

6

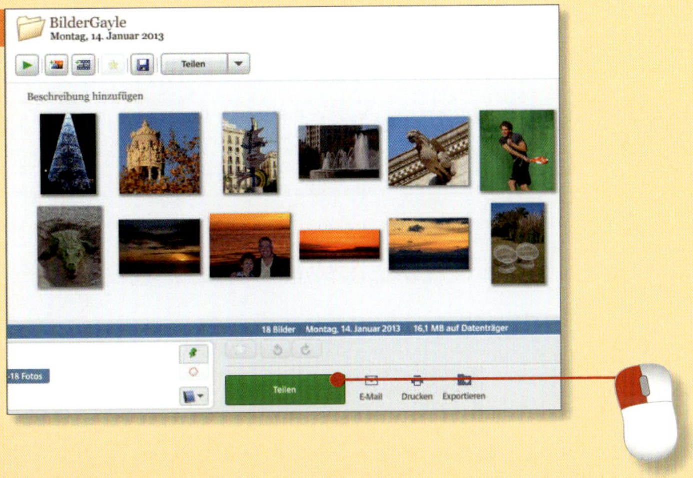

> **Fotos teilen**
>
> Sie können auch nach dem Hochladen noch bestimmen, mit wem Sie Ihre Fotos teilen möchten. Die Entscheidung im Dialog **Hochladen und auf Google+ teilen** in den Schritten 8 bis 10 auf den Seiten 178 und 179 ist nicht endgültig.

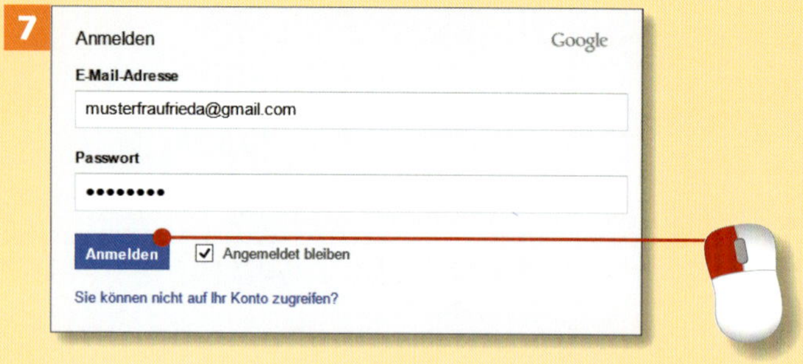

Schritt 7

Daraufhin öffnet sich der Dialog **In Google anmelden**, über den Sie sich bei Ihrem Google-Konto anmelden – sofern Sie noch nicht oder nicht mehr angemeldet sind.

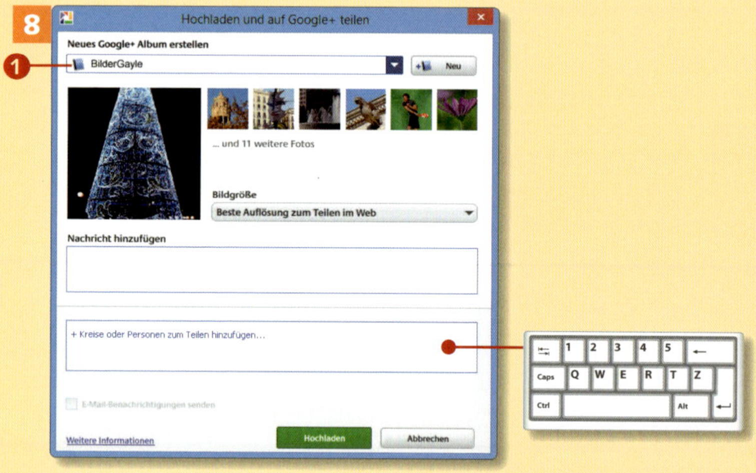

Schritt 8

Im nächsten Dialog **Hochladen und auf Google+ teilen** können Sie einige Einstellungen vornehmen. Im Feld unterhalb des Eintrags **Neues Google+ Album erstellen** wird der Ordnername ❶ angezeigt. Wichtig ist vor allem das Feld **+ Kreise und Personen zum Teilen hinzufügen**. Hierüber bestimmen Sie, wer die Fotos später im Internet sehen kann.

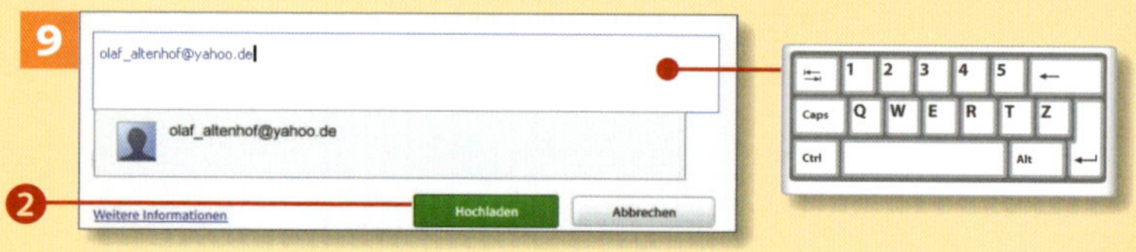

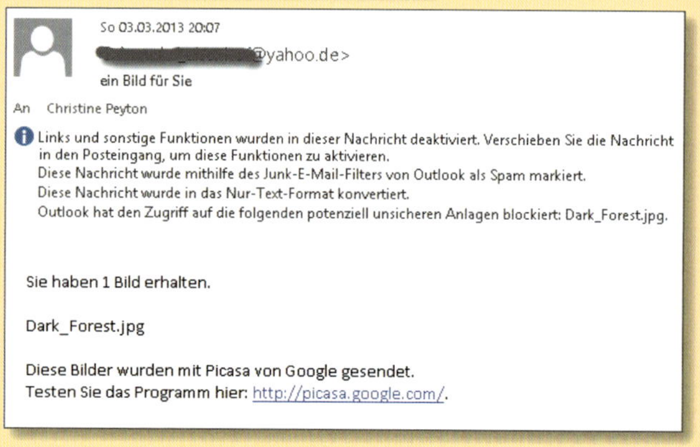

Schritt 9

Wenn Sie das Feld leer lassen, werden die hochgeladenen Fotos nur für Sie sichtbar sein. Wenn Sie hier eine E-Mail-Adresse eintragen und auf **Hochladen** ❷ klicken, erhält der Empfänger eine Mail mit dem oder den Fotos. Per Klick auf eines der Fotos werden ihm die Fotos in Google+ präsentiert.

Schritt 10

Falls Sie bei Google+ Kreise mit Personen festgelegt haben, können Sie auch aus einer Liste wählen, mit wem Sie die Fotos teilen möchten. Nach allen Einstellungen klicken Sie auf die Schaltfläche **Teilen** ❸ (bzw. **Hochladen**, falls Sie eine E-Mail-Adresse eingegeben haben).

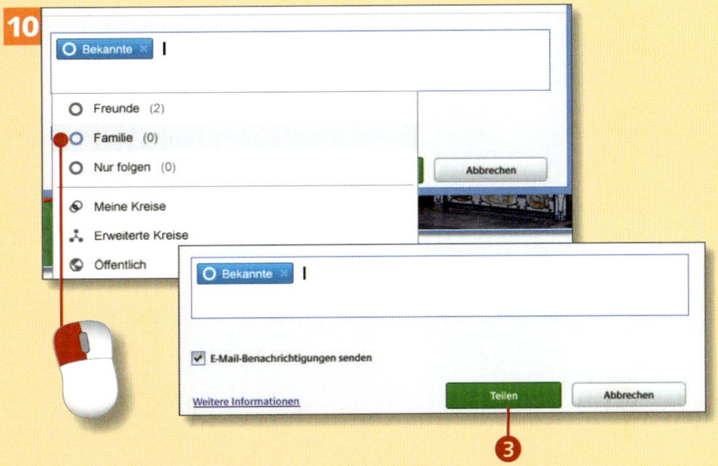

Schritt 11

Im Dialog **Upload-Manager** sehen Sie den Fortschritt des Hochladens. Zum Schluss erhalten Sie die Meldung, dass die Fotos hochgeladen wurden. Um den Erfolg direkt zu prüfen, klicken Sie auf die Schaltfläche **Online anschauen**.

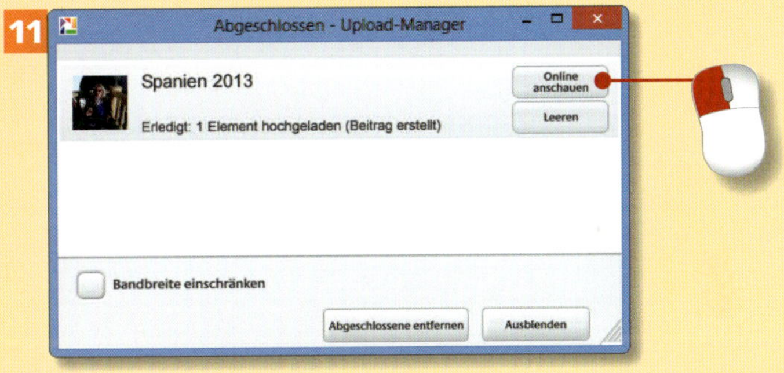

Schritt 12

Die Fotos werden Ihnen nun bei Google+ im Bereich **Alben** präsentiert. Wenn Sie ein Foto anklicken, wird es als Einzelbild angezeigt.

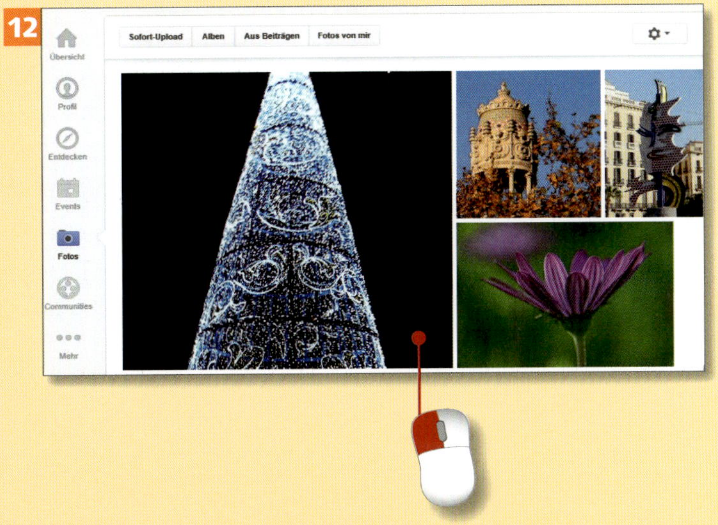

Fotos teilen

Die Fotos, die Sie hochgeladen haben, ohne sie zu teilen, sind in Google+ mit einem kleinen Verbotssymbol (**nur für mich**) markiert. Über die Schaltfläche **Einstellungen zum Teilen** können Sie diese Einstellung ändern.

Kapitel 8
Texte am Computer schreiben

Texte am Computer zu schreiben, ist eine feine Sache. Sie können Rechtschreibfehler schnell korrigieren, den Text leicht verändern und ihn mithilfe vieler Formatierungsbefehle gestalten. In diesem Kapitel lernen Sie die wichtigsten Funktionen von Microsoft Word kennen, das seit Jahren das am häufigsten genutzte Textverarbeitungsprogramm ist.

Text korrigieren

Alle Fehler in einem Dokument können Sie ganz einfach korrigieren ❶. Die Korrektur können Sie selbst übernehmen oder der Rechtschreib- und Grammatikprüfung von Word überlassen.

Text formatieren

Sie können Texte, die Sie in Word geschrieben haben, optisch verschönern ❷. Egal, ob es eine andere Schriftart sein soll, eine auffällige Schriftfarbe oder ein raffinierter Effekt – all das ist meistens mit nur ein oder zwei Mausklicks möglich.

Tabellen einfügen

Es ist auch kein Problem, eine Tabelle in ein Word-Dokument einzufügen, mit deren Hilfe Sie z. B. sauber untereinander schreiben können. Legen Sie einfach im Menü die Anzahl der Spalten und Zeilen fest ❸.

Grafiken einfügen

Eine Grafik kann ein Dokument beleben. Von Word aus können Sie die Suche nach Onlinegrafiken starten und passende Bildchen in Ihr Dokument einfügen ❹. Passt die Größe nicht auf Anhieb, können Sie solche Bilder mit der Maus in die richtige Größe ziehen.

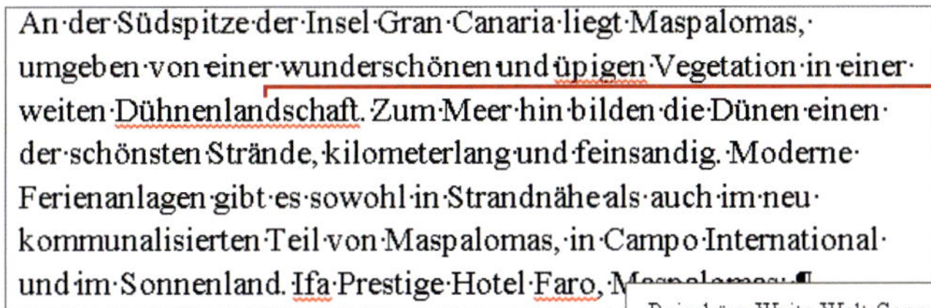

1 Fehler sind in Word kein Problem, sie lassen sich blitzschnell korrigieren.

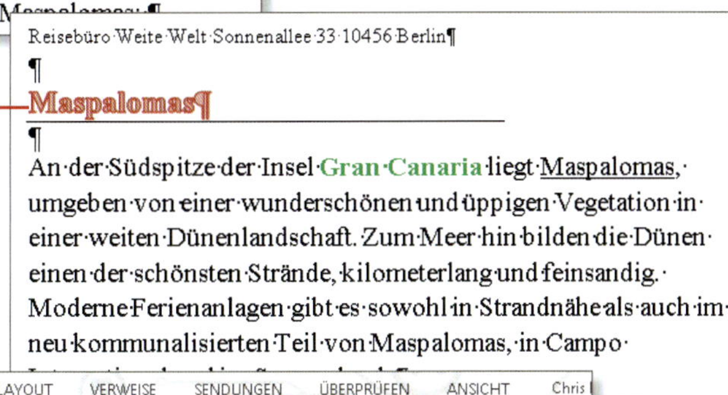

2 Ein Text lässt sich mit vielen Formatierungsattributen versehen.

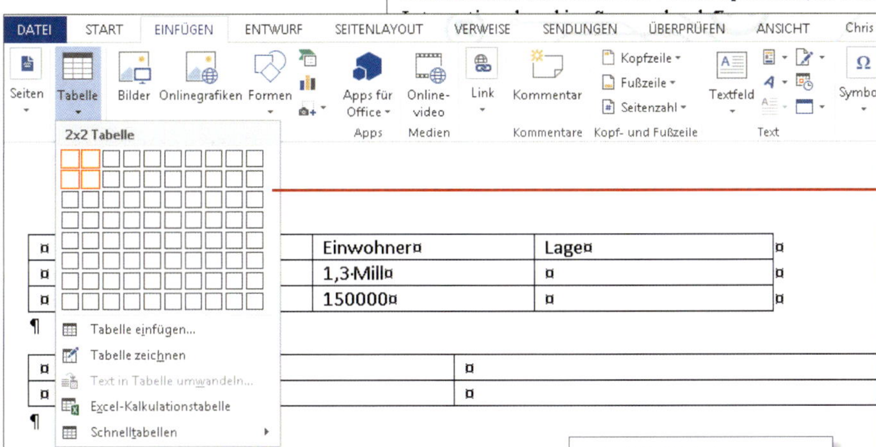

3 Fügen Sie z. B. eine Tabelle ein, um Text ordentlich untereinander zu schreiben.

4 Onlinegrafiken beleben Ihr Dokument.

Word 2013 kennenlernen

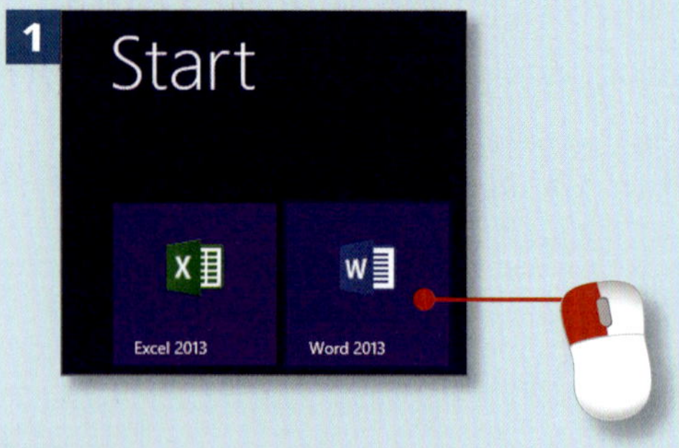

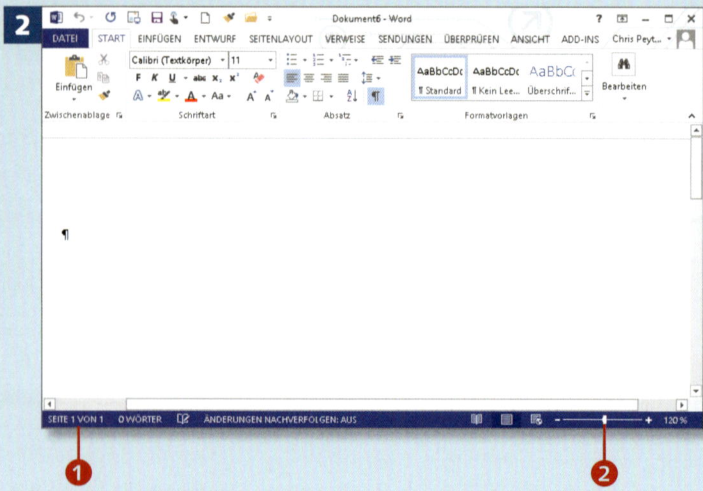

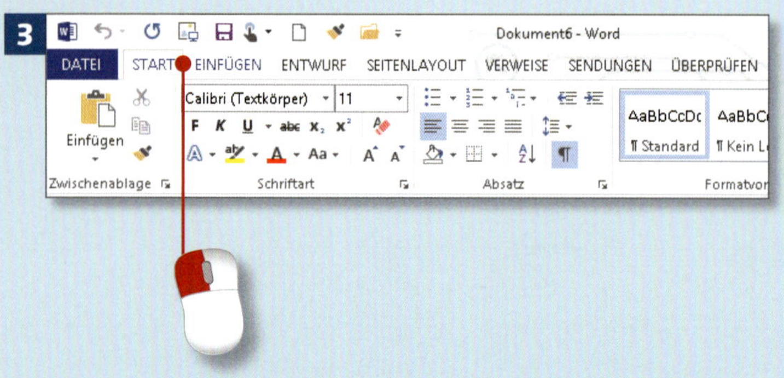

Millionen von Menschen schreiben Ihre Texte mit Word. Die neueste Version ist Word 2013, das Teil des Office-Pakets ist, in dem sich noch andere Programme befinden, z. B. Excel und PowerPoint.

Schritt 1

Sofern das Office-Paket auf Ihrem Rechner installiert ist, entdecken Sie die Kachel für Word auf dem Startbildschirm von Windows 8. Klicken Sie auf diese Kachel, oder tippen Sie sie an.

Schritt 2

Der Eingangsbildschirm zeigt Ihnen eine leere Seite. Oben links blinkt erwartungsvoll der Cursor (auch als *Einfügemarke* bezeichnet); dies ist die Stelle, an der der Text erscheint, wenn Sie anfangen zu schreiben.

Schritt 3

Alle Befehle, die Word anbietet, sind auf den *Registerkarten* versammelt, die sich in der Menüleiste oben am Bildschirm befinden. Klicken Sie auf einen der Reiter, um eine Registerkarte nach vorn zu holen und Zugriff auf ihre Befehle zu bekommen.

Schritt 4

Die Registerkarten sind in Gruppen eingeteilt. An manchen dieser Gruppen sehen Sie rechts unten einen kleinen Pfeil. Mit einem Klick darauf öffnen Sie Dialoge, die weitere Einstellungsmöglichkeiten bieten.

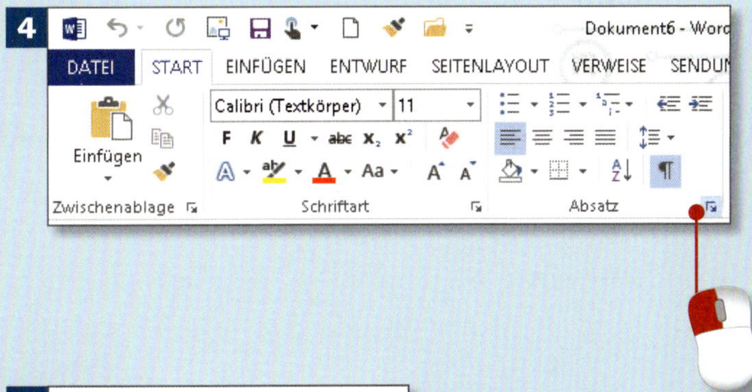

Schritt 5

Ganz oben links gibt es die *Symbolleiste für den Schnellzugriff*. Hier liegen einige Schaltflächen für alltägliche Befehle, auf die Sie immer Zugriff haben, egal, welche Registerkarte aufgeklappt ist.

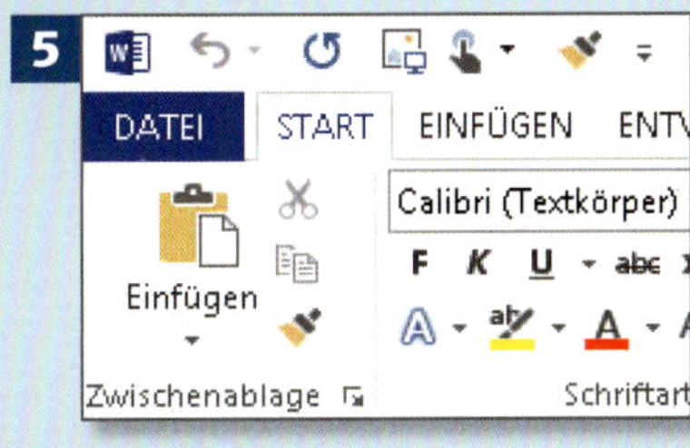

Schritt 6

Sie können sich weitere Schaltflächen auf die Symbolleiste für den Schnellzugriff legen. Klicken Sie auf den Pfeil ganz rechts an der Leiste, und wählen Sie z. B. **Neu** und **Speichern** aus dem Menü.

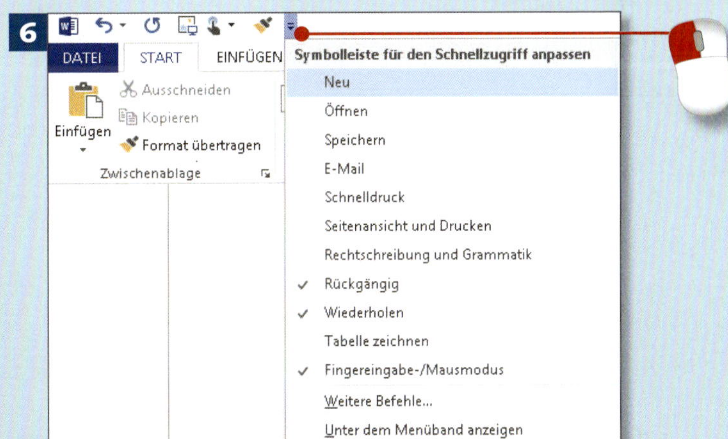

Die Statusleiste

Werfen Sie einen Blick auf die Statusleiste, die sich unterhalb der Word-Seite befindet. Hier werden die aktuelle Seitenzahl und die Gesamtseitenanzahl des Dokuments angezeigt ❶ (**Seite: 1 von 1**). Ganz rechts sehen Sie einen Schieberegler, mit dem Sie die Zoomstufe ❷ verändern können.

Dokumente öffnen und neu anlegen

1

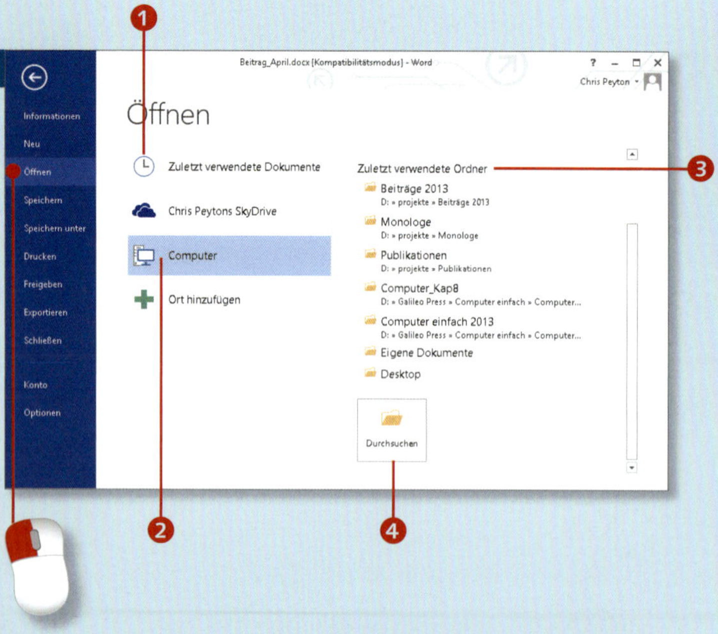

2

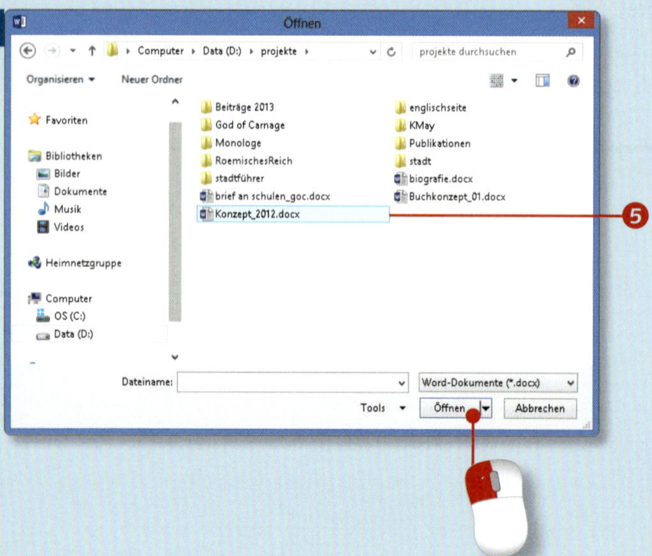

3

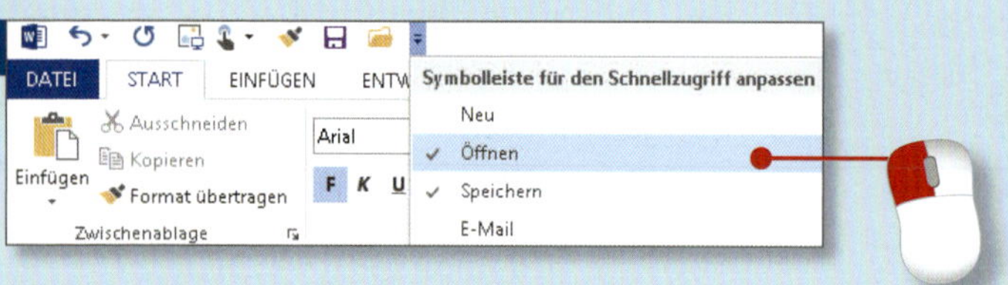

Wenn Sie ein Dokument gespeichert haben, können Sie es später wieder öffnen. Und es ist auch kein Problem, jederzeit ein leeres Blatt aufzurufen.

Schritt 1

Wie Sie eine Datei in Word öffnen, haben Sie bereits im Abschnitt »Dateien öffnen und suchen« ab Seite 78 gelernt: Sie klicken auf den Reiter **Datei** und dann auf **Öffnen**. Im Fenster **Öffnen** markieren Sie entweder **Zuletzt verwendete Dokumente** ❶ oder **Computer** ❷.

Schritt 2

Mit der Option **Zuletzt verwendete Dokumente** können Sie die gewünschte Datei in der Liste anklicken. Die Option **Computer** zeigt zuletzt geöffnete Ordner an ❸. Klicken Sie auf einen der Ordner oder auf **Durchsuchen** ❹. Beides ruft den Dialog **Öffnen** auf, in dem Sie die gewünschte Datei markieren ❺ und auf **Öffnen** klicken.

Schritt 3

Für den schnellen Zugriff auf die Funktion **Öffnen** legen Sie sie auf die Schnellzugriffsleiste. Klicken Sie dazu auf den Pfeil, und wählen Sie **Öffnen** aus dem Menü.

Schritt 4

Wenn Sie während Ihrer »Word-Sitzung« ein neues Dokument erstellen möchten, brauchen Sie eine neue leere Seite. Dazu klicken Sie auf den Reiter **Datei** und wählen im Menü **Neu**.

4

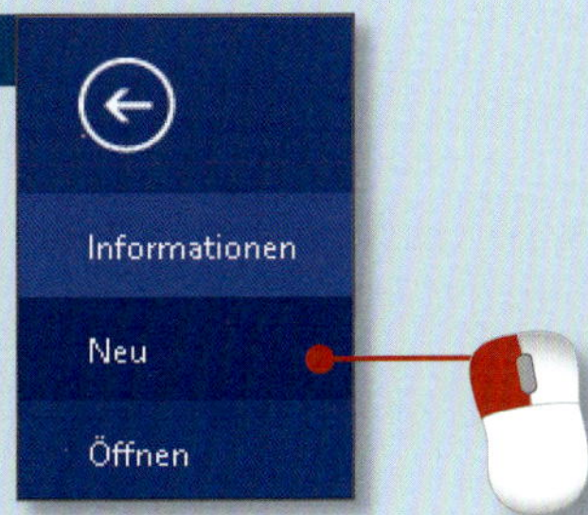

Schritt 5

Im nächsten Fenster klicken Sie auf das Symbol **Leeres Dokument**. Daraufhin öffnet Word eine neue leere Seite und damit ein neues Dokument für Sie.

5

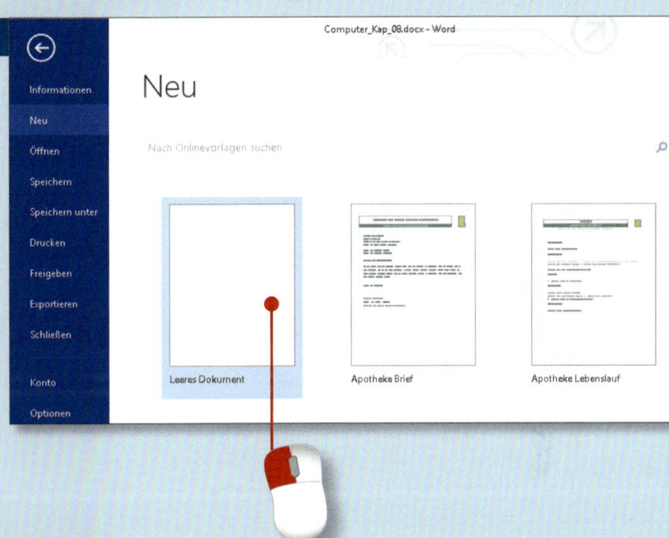

Schritt 6

Statt einer leeren Seite können Sie auch eine Vorlage mit einem bestimmten Layout öffnen. Dazu klicken Sie auf **Datei** ▸ **Neu** und dann auf eine der angebotenen Vorlagen.

6

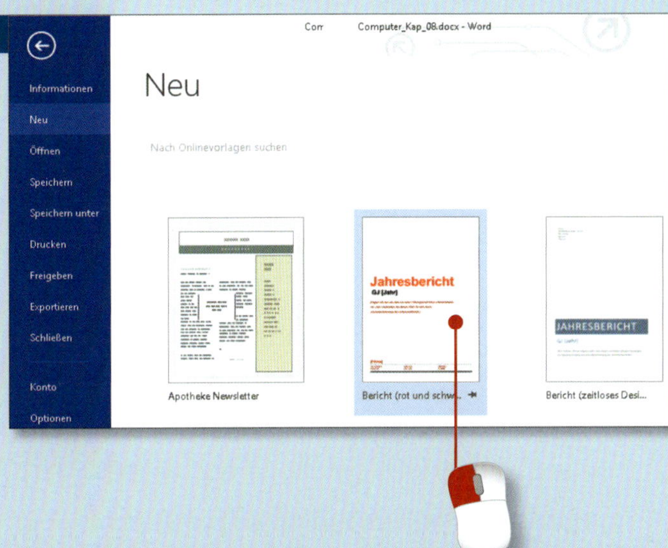

Vorlagen

Word bietet zahlreiche Vorlagen, die für unterschiedliche Zwecke eingesetzt werden können. In diese Vorlagen können Sie dann einfach »hineinschreiben«, der Mustertext verschwindet. Im Fenster **Neu** können Sie auch nach Online-Vorlagen suchen.

Im Modus »Fingereingabe« arbeiten

1

2
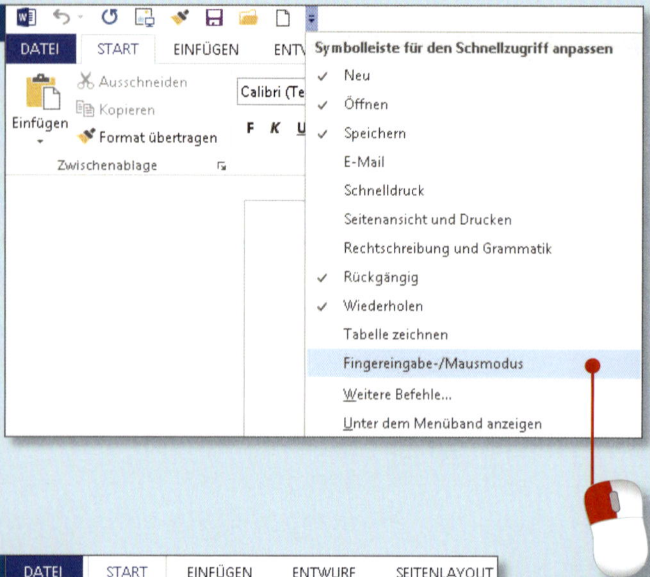

3
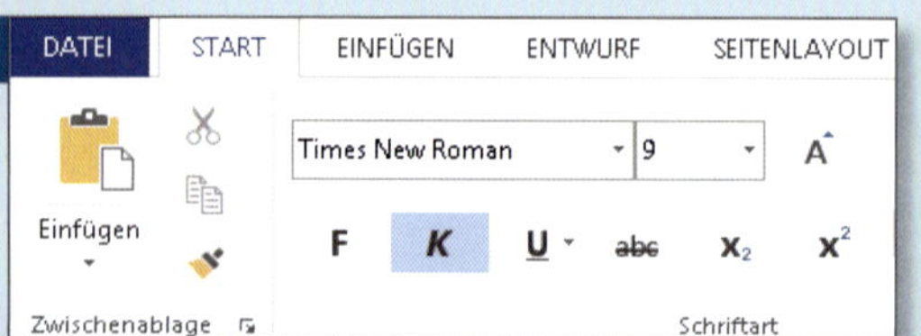

Mit einem Touch-Bildschirm können Sie nicht nur Windows-Funktionen bedienen, sondern auch die neuen Office-Programme.

Schritt 1

Wenn Sie bei der Arbeit mit Word hauptsächlich die Fingereingabe nutzen möchten, bietet sich der dafür optimierte Modus an. Klicken Sie in der Symbolleiste für den Schnellzugriff auf den Pfeil am Symbol **Fingereingabe-/Mausmodus**, und wählen Sie **Fingereingabe**.

Schritt 2

Sollten Sie das Symbol nicht in der Schnellzugriffsleiste entdecken, klicken Sie auf den Pfeil rechts. Klicken Sie in der Auswahlliste auf **Fingereingabe-/Mausmodus**. Damit fügen Sie der Symbolleiste das Symbol hinzu.

Schritt 3

Im Modus **Fingereingabe** sind die Abstände zwischen Schaltflächen und Befehlen etwas größer, sodass man sie mit der Fingerkuppe leichter trifft. Sie sehen den Unterschied auf Anhieb auf den Registerkarten.

Abbildungen im Buch

Die meisten Abbildungen dieses Buches zeigen Dialoge, Menüs etc. im Mausmodus, da der Modus **Fingereingabe** zu raumgreifend für die Buchseiten wäre.

Schritt 4

Um einen Befehl zu aktivieren, tippen Sie einfach mit dem Finger auf die entsprechende Schaltfläche. Auch Optionen in Auswahllisten werden mit größeren Abständen angezeigt, wenn Sie sie per Fingerzeig aufrufen (in der Abbildung die Auswahlliste des Formatierungsattributs **Unterstreichung**).

4

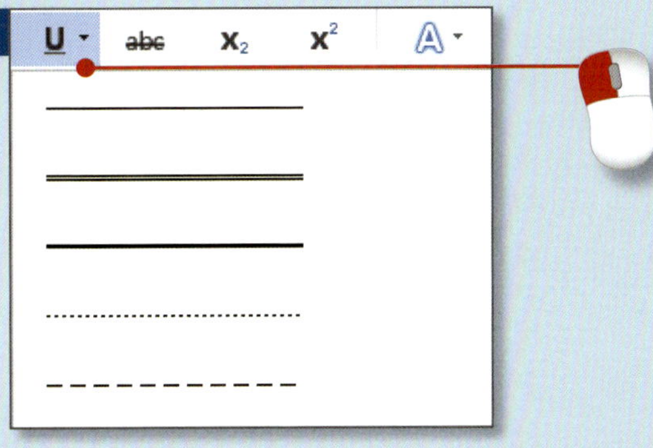

Schritt 5

Auch andere Registerkarten können Sie per »Touch« aktivieren. Tippen Sie einfach mit der Fingerkuppe auf den Reiter der Registerkarte, die Sie nach vorn legen möchten.

5

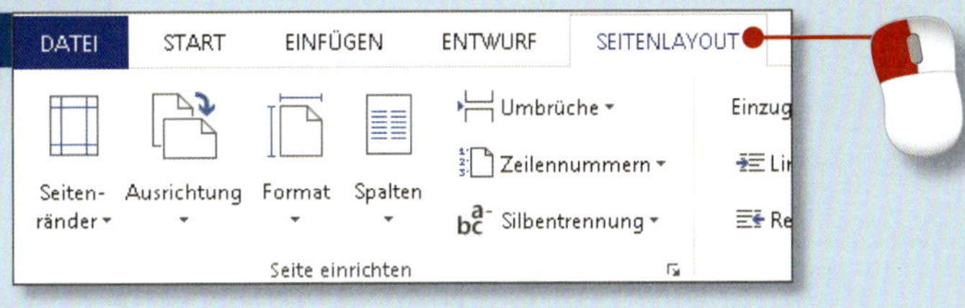

Schritt 6

Das Kontextmenü einer Schaltfläche, das Sie mit der Maus per Rechtsklick aufrufen, öffnen Sie mit der Fingereingabe, indem Sie die Schaltfläche etwas länger als gewöhnlich mit dem Finger antippen.

6

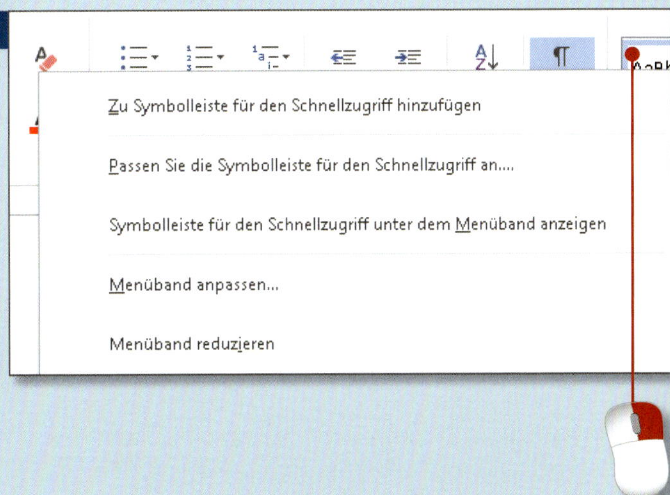

Schnelles Formatieren

Wenn Sie mit der Fingerkuppe etwas länger auf einen Text zeigen, wird eine Symbolleiste mit gängigen Symbolen zum Formatieren eingeblendet; dort gibt es ganz rechts einen Pfeil, der ein Menü mit Befehlen des Kontextmenüs öffnet.

Die Seite einrichten

1

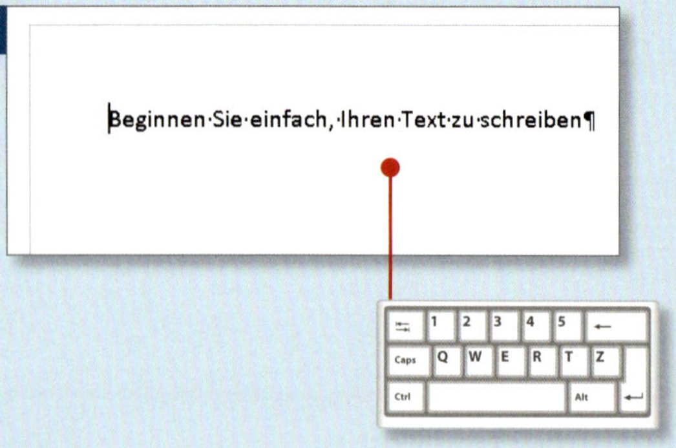

2

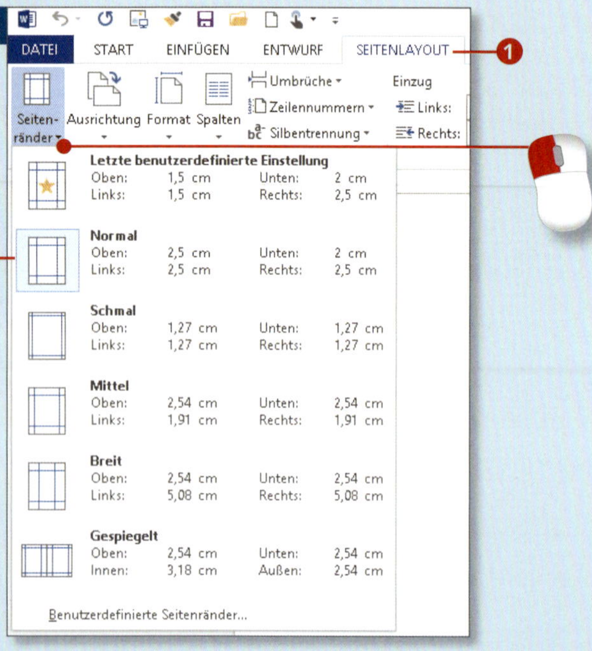

3

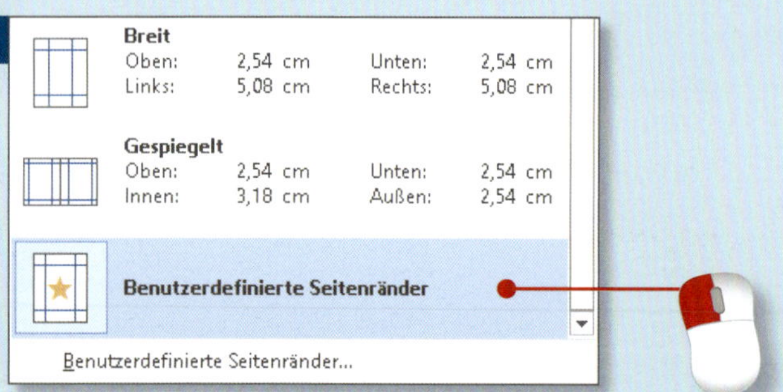

Sie können eine Seite ganz nach Wunsch einrichten, z. B. die Breite der Seitenränder oder das passende Format bestimmen.

Schritt 1

Wenn Sie ein leeres Blatt vor sich haben, könnten Sie im Prinzip drauflosschreiben. In der Standard-Word-Seite sind bestimmte Seitenränder und eine Schriftart sowie Schriftgröße voreingestellt.

Schritt 2

Um die Seitenränder einzustellen, klicken Sie auf den Reiter **Seitenlayout** ❶. Auf dieser Registerkarte klicken Sie auf die Schaltfläche **Seitenränder**. Sie sehen, dass im Menü die Einstellung **Normal** ❷ markiert ist.

Schritt 3

Wenn Sie für Ihr Dokument ein anderes Layout möchten, klicken Sie auf eine der Optionen des Menüs oder auf den Eintrag **Benutzerdefinierte Seitenränder**.

Schritt 4

Im Dialog **Seite einrichten**, der sich nun öffnet, geben Sie in den Feldern für die Seitenränder (**Oben**, **Unten**, **Links**, **Rechts**) die gewünschten Maße ein. Als Dezimaltrennzeichen dient ein Komma. Bestätigen Sie Ihre Eingaben mit einem Klick auf die Schaltfläche **OK** ❸.

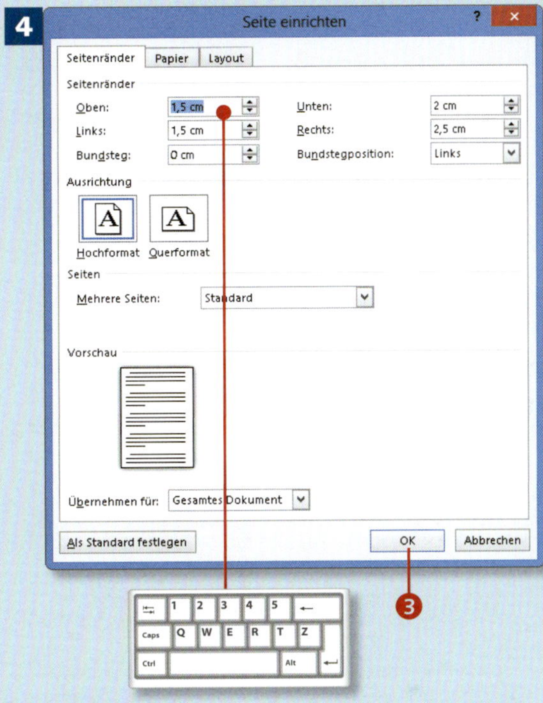

Schritt 5

Normalerweise schreiben Sie Dokumente im Hochformat (wie auf einer DIN-A4-Seite). Für manche Zwecke eignet sich aber das Querformat besser. Klicken Sie also auf der Registerkarte **Seitenlayout** auf die Schaltfläche **Ausrichtung**.

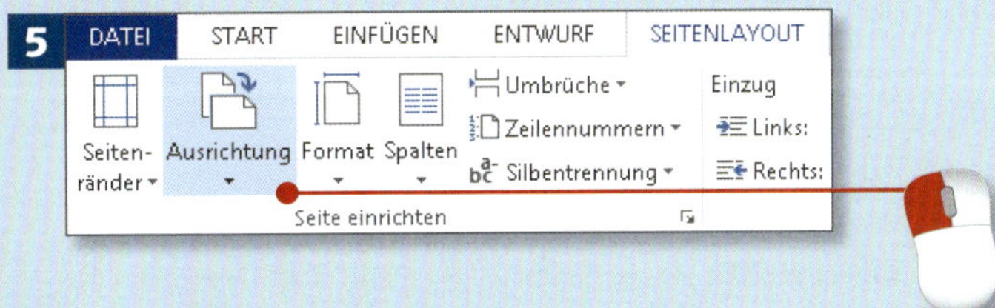

Schritt 6

In dem kleinen Menü wählen Sie dann **Querformat**. Den Unterschied sehen Sie an der Darstellung der Seite, die nun breiter geworden ist.

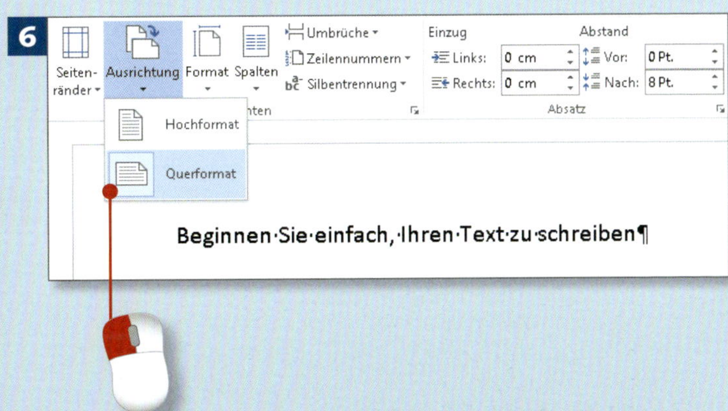

Hochformat als Standard

Wenn Sie nach der Einstellung des Querformats eine neue leere Seite öffnen, ist für diese wieder das Hochformat eingestellt.

Text eingeben

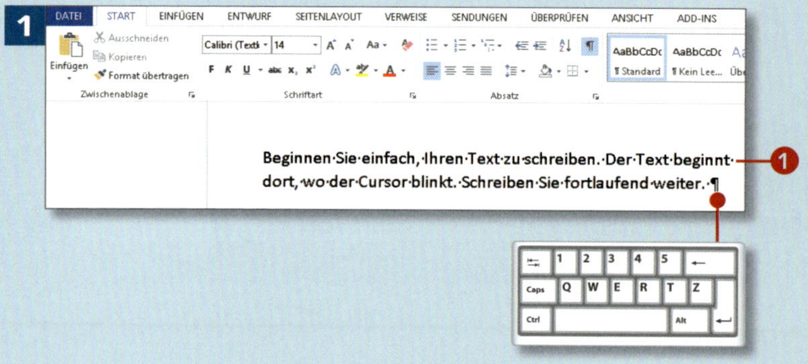

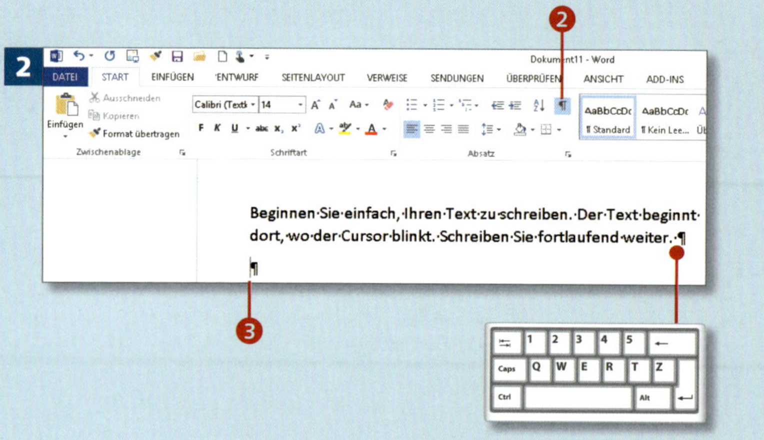

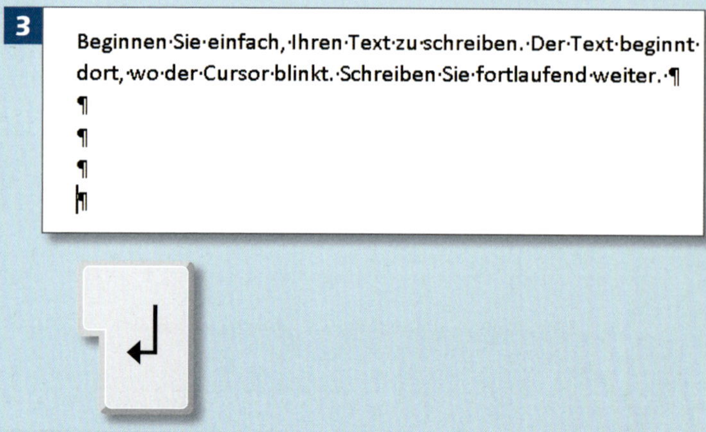

Word ist ein Textverarbeitungsprogramm. Es ist hauptsächlich dazu da, Text einzugeben und zu bearbeiten. Sie werden feststellen, dass das Schreiben am Computer mit Word sehr einfach ist.

Schritt 1

Beginnen Sie, zu schreiben, aber ohne am Ende der Zeile mit der ↵-Taste einen *Zeilenumbruch* zu erzeugen. Word bricht die Zeilen am rechten Rand automatisch um ❶.

Schritt 2

Wenn Sie in Ihrem Text einen neuen Absatz beginnen möchten, drücken Sie die ↵-Taste. Dadurch springt der Cursor in eine neue Zeile. Wenn Sie die *Formatierungszeichen* eingeblendet haben (über das Symbol mit der Absatzmarke ❷), erscheint eine Absatzmarke ❸.

Schritt 3

Wenn Sie einen größeren Abstand zwischen Ihren Absätzen erzeugen möchten, drücken Sie einfach mehrfach die ↵-Taste. Dadurch entstehen Leerzeilen.

Schritt 4

Word kümmert sich nicht nur um den Zeilen-, sondern auch um den *Seitenumbruch*. Am Ende einer Seite, also wenn der untere Rand erreicht ist, springt der Cursor automatisch auf die nächste Seite, und Sie können einfach weiterschreiben.

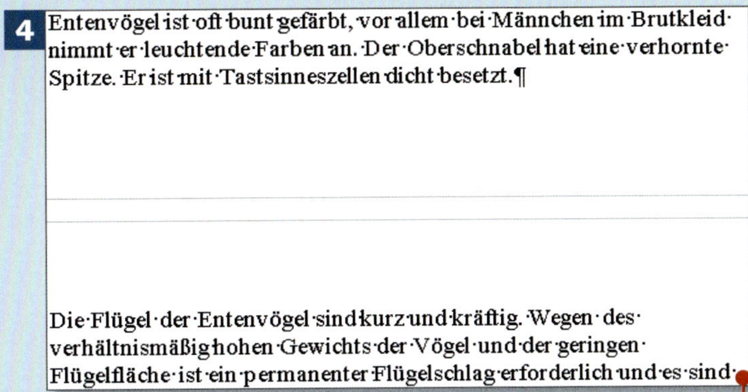
Entenvögel ist oft bunt gefärbt, vor allem bei Männchen im Brutkleid nimmt er leuchtende Farben an. Der Oberschnabel hat eine verhornte Spitze. Er ist mit Tastsinneszellen dicht besetzt.¶

Die Flügel der Entenvögel sind kurz und kräftig. Wegen des verhältnismäßig hohen Gewichts der Vögel und der geringen Flügelfläche ist ein permanenter Flügelschlag erforderlich und es sind

Schritt 5

Es kommt vor, dass Sie den Text auf einer Seite (z. B. nach einem Kapitel) beenden und auf der nächsten Seite weiterschreiben möchten. Erzwingen Sie einen Seitenumbruch, indem Sie die Strg-Taste gedrückt halten und dann die ↵-Taste drücken.

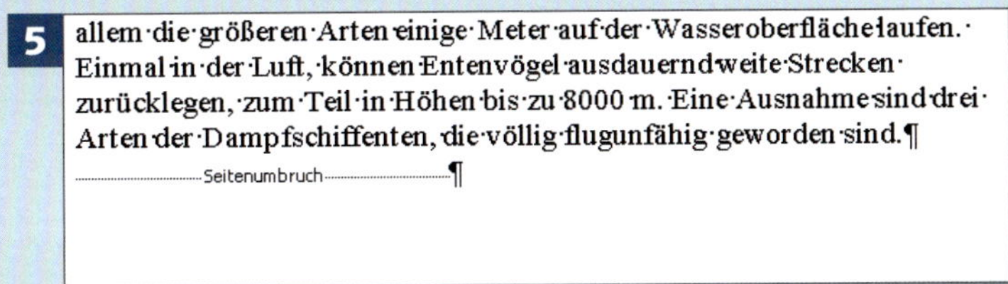
allem die größeren Arten einige Meter auf der Wasseroberfläche laufen. Einmal in der Luft, können Entenvögel ausdauernd weite Strecken zurücklegen, zum Teil in Höhen bis zu 8000 m. Eine Ausnahme sind drei Arten der Dampfschiffenten, die völlig flugunfähig geworden sind.¶
..........Seitenumbruch..........¶

Schritt 6

Falls es Wörter in Ihrem Text gibt, die (ohne Ihr Zutun) mit einer roten Wellenlinie unterstrichen werden, weist Word Sie damit darauf hin, dass deren Schreibweise nicht korrekt ist. Ignorieren Sie diese Rechtschreibkorrektur zunächst.

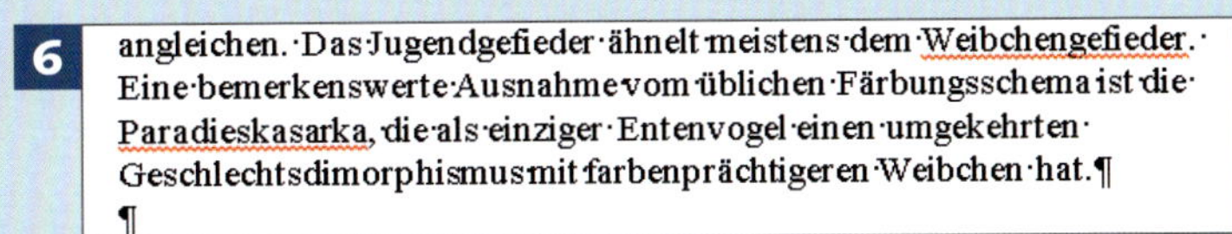
angleichen. Das Jugendgefieder ähnelt meistens dem Weibchengefieder. Eine bemerkenswerte Ausnahme vom üblichen Färbungsschema ist die Paradieskasarka, die als einziger Entenvogel einen umgekehrten Geschlechtsdimorphismus mit farbenprächtigeren Weibchen hat.¶
¶

!

Den Seitenumbruch entfernen

Einen Seitenumbruch können Sie wieder entfernen. Setzen Sie den Cursor vor die gepunktete Linie mit dem Text **Seitenumbruch**, und drücken Sie die Entf-Taste.

Text markieren – mit Maus oder Finger

Für viele Aktionen müssen Textabschnitte als Erstes markiert werden. Dafür können Sie viele Methoden anwenden, bei einem Touchscreen geht es auch mit dem Finger.

1

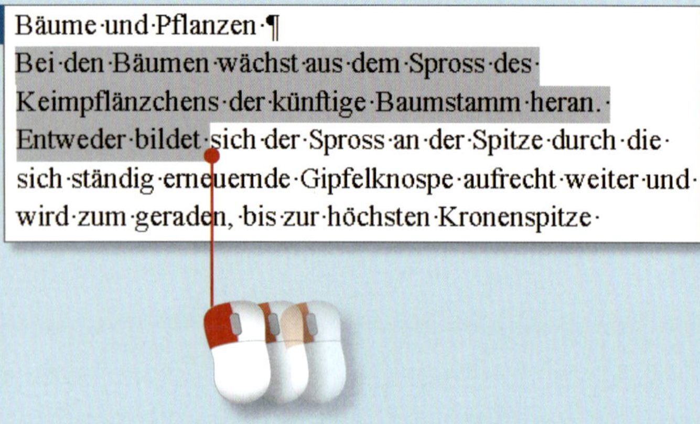

Schritt 1

Die gängigste Methode des Markierens besteht darin, den Cursor an den Anfang der zu markierenden Stelle zu setzen, die linke Maustaste gedrückt zu halten und mit der Maus über den Text zu fahren.

2

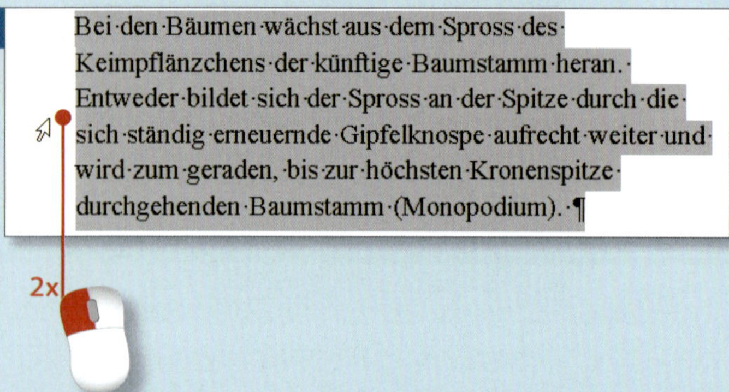

Schritt 2

Es gibt einige Mausklicks, mit denen Sie Wörter/Textpassagen besonders einfach markieren können: ein Doppelklick auf ein Wort markiert das Wort, ein Klick links neben einer Zeile markiert die Zeile, ein Doppelklick links neben einem Absatz (der Mauszeiger sieht aus wie ein Pfeil) markiert den Absatz.

3

Schritt 3

Wenn Sie mit der Maus nicht gut zurechtkommen, nutzen Sie die Tastatur. Halten Sie die ⇧-Taste gedrückt und markieren Sie den Text dann mithilfe der Pfeiltasten ❶.

Schritt 4

Um den gesamten Text eines Dokuments zu markieren, funktioniert eine Tastenkombination: Drücken Sie die Strg-Taste, halten Sie sie gedrückt, und drücken Sie dann die Taste A.

4

Schritt 5

Um mit dem Finger zu markieren, tippen Sie die Stelle an, an der die Markierung beginnen soll. Sie sehen, dass dort dann ein Kreis erscheint.

5
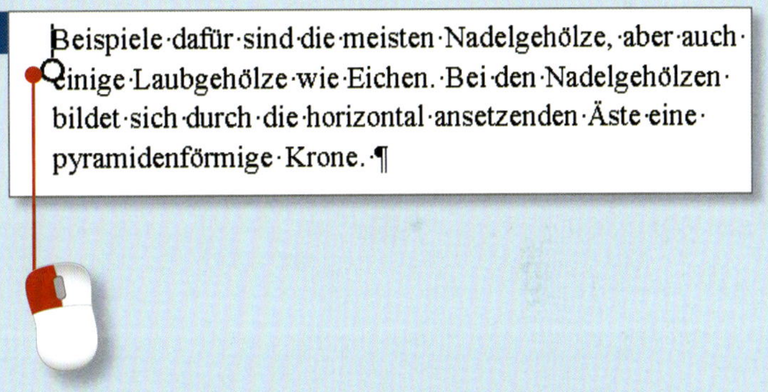

Schritt 6

Ziehen Sie mit der Fingerkuppe über den Text, den Sie markieren möchten. Am Ende der Markierung erscheint dann wieder ein Kreis. Mit ein wenig Geschick können Sie den Kreis antippen und wieder zurückwandern, falls Sie zu viel markiert haben.

6
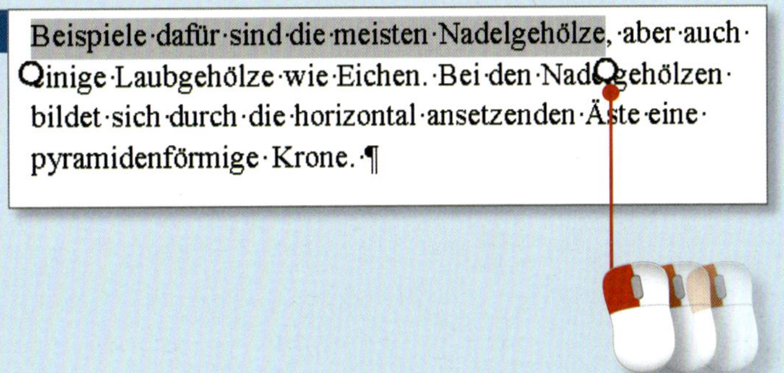

Alles markieren per Befehl

Zum Markieren eines ganzen Textes gibt es auch einen praktischen Befehl. Klicken Sie auf der Registerkarte **Start** auf den Pfeil an der Schaltfläche **Markieren** (ganz recht auf der Registerkarte) und wählen Sie im Menü **Alles markieren**.

Text korrigieren

Wenn Sie Texte am Computer schreiben, können Sie jeden Fehler leicht und schnell korrigieren. In vielen Fällen zeigt Word Fehler sogar mit roten Wellenlinien an.

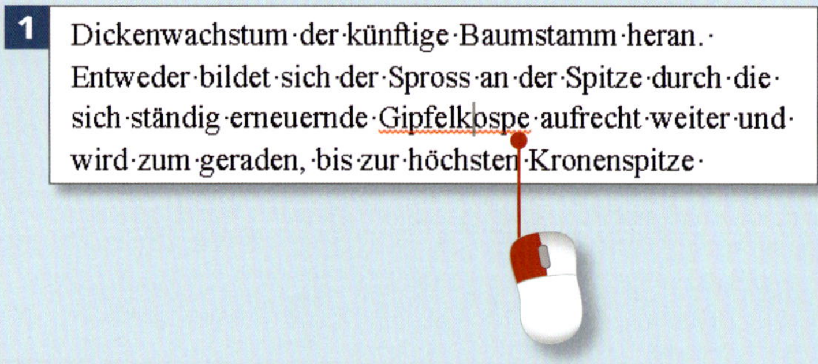

Schritt 1

Wenn Sie Buchstaben vergessen haben, klicken Sie an die entsprechende Stelle, und tippen Sie den oder die fehlenden Buchstaben ein. Der (alte) Text verschiebt sich ein wenig nach rechts.

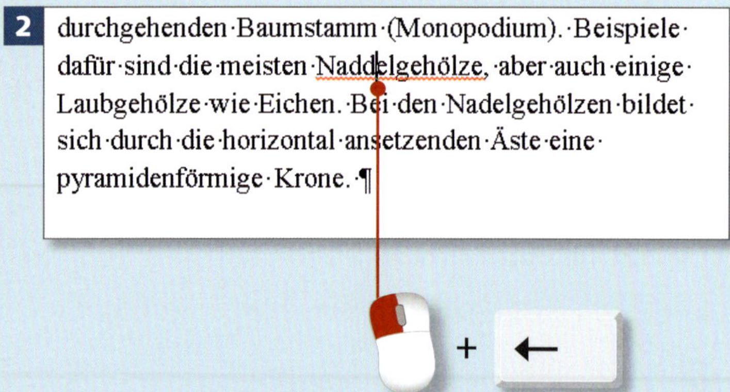

Schritt 2

Wenn es darum geht, Zeichen zu löschen, setzen Sie den Cursor mit einem Mausklick rechts neben den Buchstaben, den Sie löschen möchten, und drücken Sie die [←]-Taste (*Rücktaste*). Das Zeichen wird gelöscht und der Text rückt zusammen.

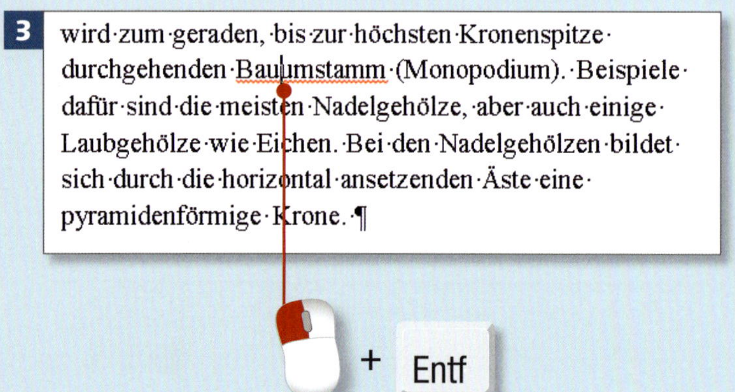

Schritt 3

Genauso gut können Sie links neben den Buchstaben klicken, den Sie löschen möchten, und dann die [Entf]-Taste drücken. Um den Cursor zu bewegen, können Sie – abgesehen vom Mausklick – auch die Pfeiltasten [→] und [←] benutzen.

Schritt 4

Mehrere Zeichen auf einmal löschen Sie, wenn Sie die [←]-Taste bzw. die [Entf]-Taste nicht nur einmal kurz drücken, sondern gedrückt halten. Aber Vorsicht: Schnell haben Sie mehr Zeichen gelöscht, als Sie wollten.

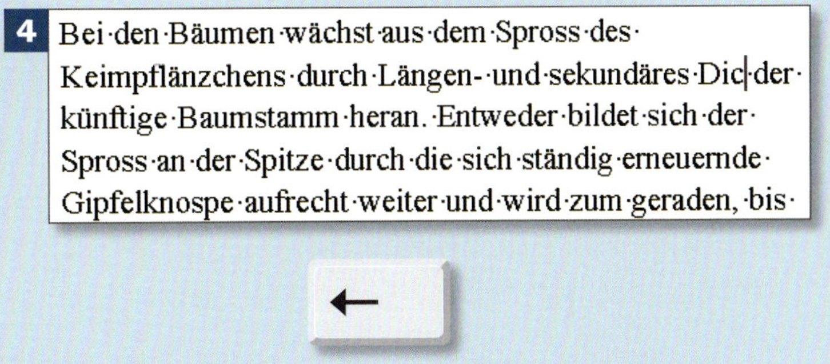

Schritt 5

Mehrere Wörter zu löschen, ist am einfachsten, wenn Sie diese Wörter markieren und dann entfernen. Setzen Sie den Cursor zunächst per Mausklick direkt vor das erste zu löschende Wort.

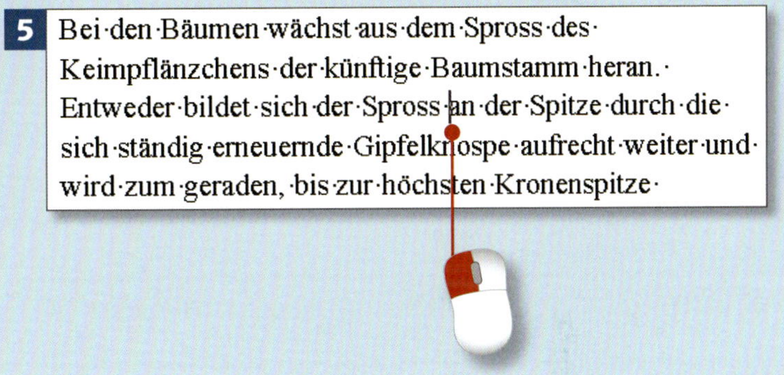

Schritt 6

Halten Sie die Maustaste gedrückt, und ziehen Sie den Cursor quasi über den Text, den Sie löschen möchten. Drücken Sie dann die [Entf]-Taste. Auch bei größeren »Löschaktionen« entstehen keine Lücken im Text.

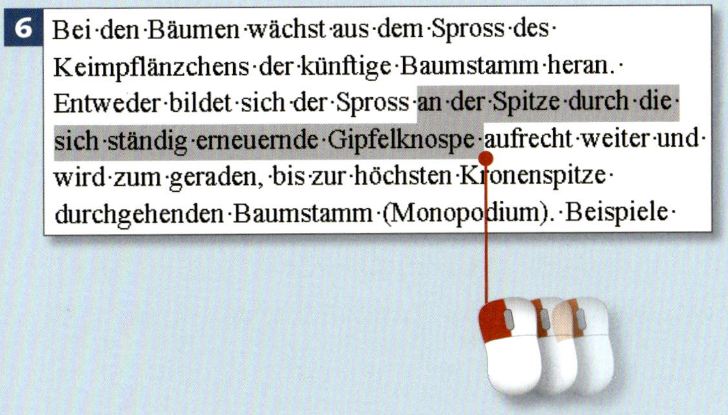

Mehrere Zeilen löschen

Wenn Sie mehrere Zeilen löschen möchten, müssen Sie nicht jeweils nach rechts über die einzelnen Zeilen fahren, sondern Sie können gleich von oben nach unten ziehen. Dann ist der Text markiert und Sie drücken die [Entf]-Taste.

Die Rechtschreibkorrektur

1

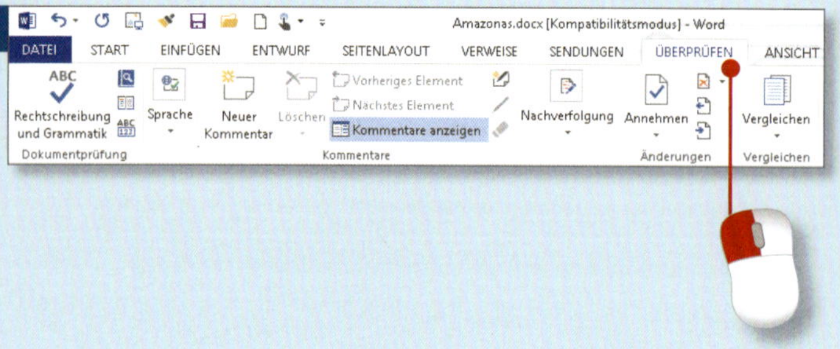

Neben der manuellen Korrektur können Sie auch auf die Rechtschreibprüfung von Word zurückgreifen. Word hat ein internes Wörterbuch und vergleicht Ihren Text damit.

Schritt 1

Sie können die Rechtschreibung Ihres Textes überprüfen und in einem Rutsch korrigieren. Klicken Sie auf den Reiter **Überprüfen**.

2

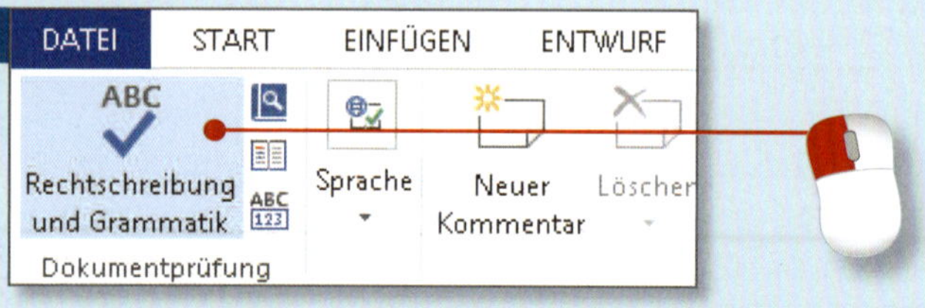

Schritt 2

Auf der Registerkarte **Überprüfen** klicken Sie auf die Schaltfläche **Rechtschreibung und Grammatik**, die Sie ganz links auf der Registerkarte finden.

3

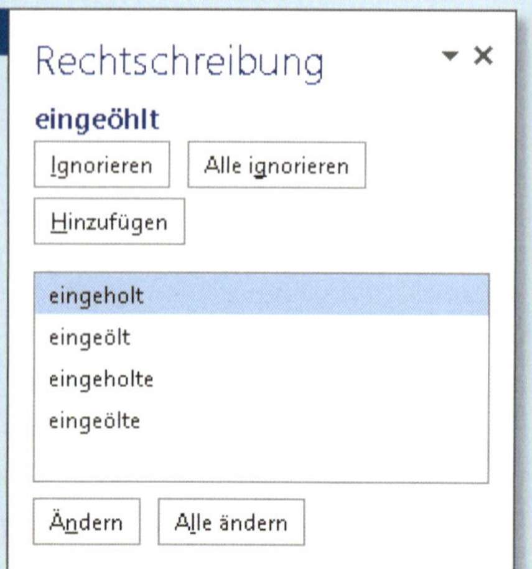

Schritt 3

Daraufhin wird rechts am Bildschirm der Aufgabenbereich **Rechtschreibung** angezeigt. In diesem Dialog werden Rechtschreibfehler, die Word entdeckt hat, nacheinander angezeigt und Korrekturen angeboten.

Die Rechtschreibprüfung

Bedenken Sie, dass Word auch Wörter als falsch anzeigt, die nicht im internen Wörterbuch enthalten sind. Sie können also richtig geschrieben, aber unbekannt sein.

Schritt 4

Um ein falsch geschriebenes Wort zu korrigieren, klicken Sie im unteren Bereich auf den passenden Korrekturvorschlag ❶ und dann auf die Schaltfläche **Ändern**.

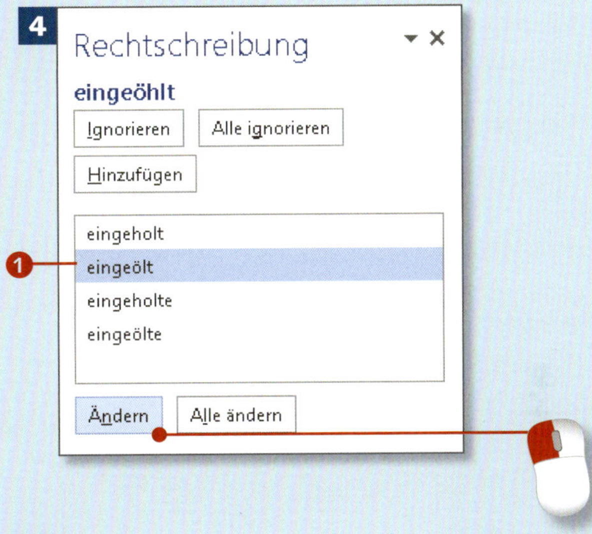

Schritt 5

Nach der ersten Korrektur wird das nächste falsch geschriebene Wort – oder das nächste Wort, das Word nicht kennt – angezeigt. Falls Sie das Wort nicht korrigieren möchten, klicken Sie auf **Ignorieren** (mit **Alle ignorieren** bleibt das Wort in dieser Schreibweise im gesamten Dokument ohne Beanstandung stehen).

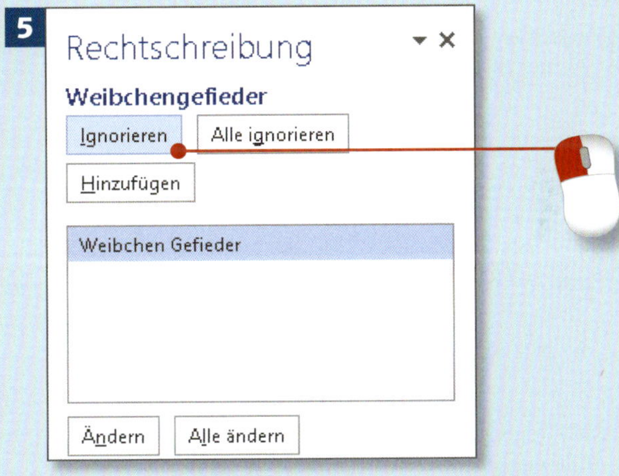

Schritt 6

Word kreidet alle Wörter an, die nicht im internen Wörterbuch stehen. Um Wörter in diesem Wörterbuch zu ergänzen, damit sie künftig nicht mehr rot unterstrichen werden, klicken Sie auf **Hinzufügen**.

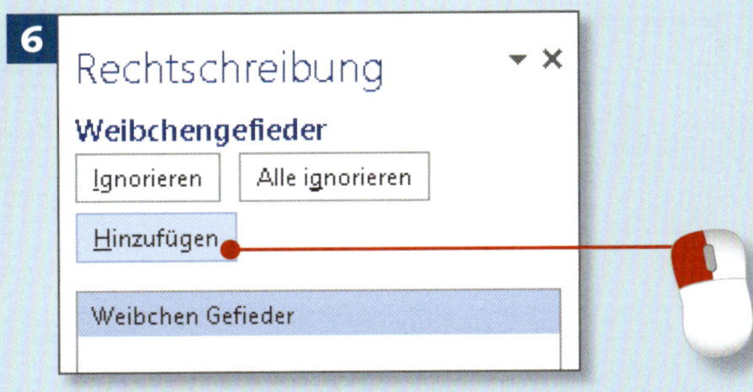

!

Korrekturvorschläge prüfen
Vertrauen Sie den Korrekturen der Rechtsschreibprüfung nicht blind! Mitunter werden auch falsche Vorschläge gemacht. Im Zweifel überprüfen Sie die Rechtschreibung noch einmal mithilfe eines Nachschlagewerks oder im Internet.

Die Rechtschreibkorrektur (Forts.)

7

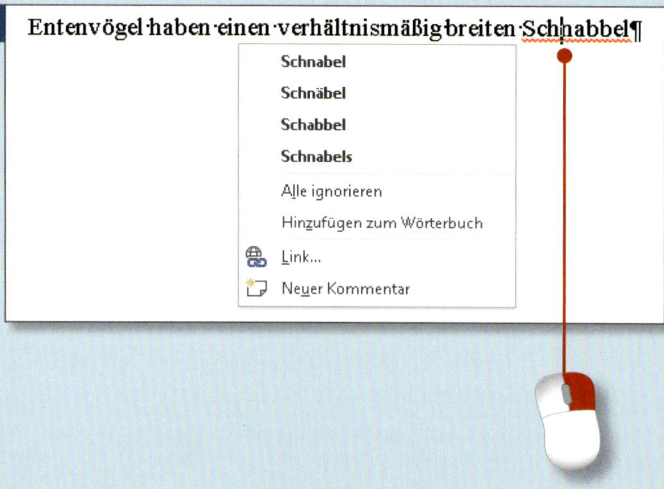

Schritt 7

Anstatt die Korrektur auf die eben beschriebene Weise durchzuführen, können Sie ein unterstrichenes Wort auch mithilfe des Kontextmenüs korrigieren. Dazu setzen Sie den Cursor in dieses Wort und klicken die rechte Maustaste an. Ein kurzes Antippen funktioniert auch.

8

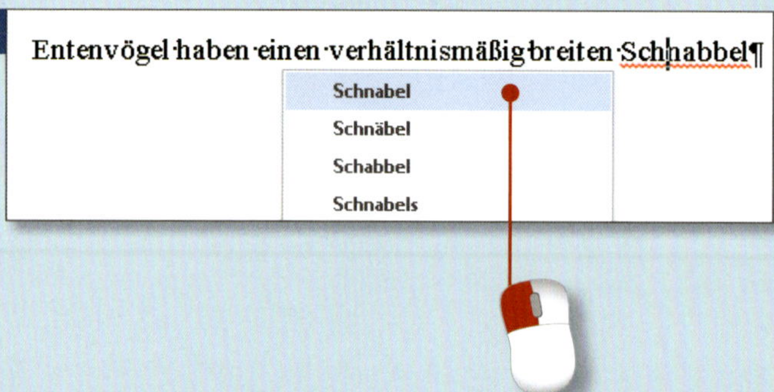

Schritt 8

Im Kontextmenü, das dann erscheint, werden Korrekturvorschläge angeboten. Wenn ein passender Vorschlag dabei ist, klicken Sie ihn an, um ihn zu übernehmen.

9

Schritt 9

Auch im Kontextmenü gibt es den Befehl **Hinzufügen zum Wörterbuch**, mit dem Sie das Word-Wörterbuch um dieses Wort ergänzen können, sodass es zukünftig nicht mehr als Fehler angestrichen wird.

Rechtschreibprüfung aktiv?

Wenn falsch geschriebene Wörter nicht rot unterstrichen werden, ist die Rechtschreibprüfung vermutlich deaktiviert. Klicken Sie auf **Datei ▸ Optionen** und dann links auf **Dokumentprüfung**. Im dazugehörigen Fenster setzen Sie ein Häkchen vor **Rechtschreibung während der Eingabe überprüfen**.

Schritt 10

Mitunter entdecken Sie in Ihrem Text auch blau unterstrichene Wörter. In solchen Fällen meint Word, einen Grammatikfehler entdeckt zu haben.

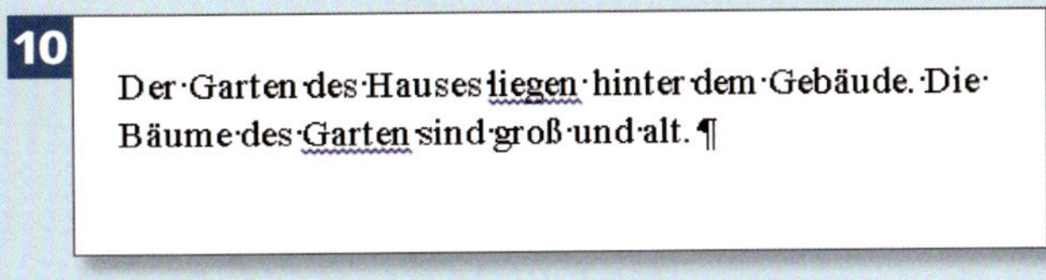

Schritt 11

Setzen Sie den Cursor in das unterkringelte Wort, und drücken Sie die rechte Maustaste. Im Kontextmenü wird eine mögliche Korrektur ❶ angeboten, die Sie per Mausklick übernehmen können.

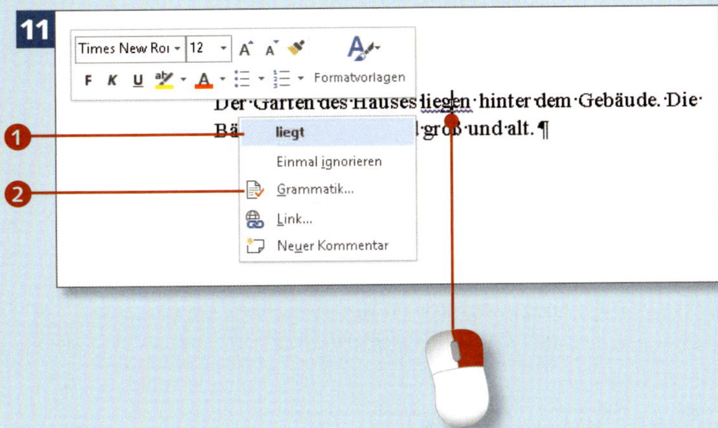

Schritt 12

Wenn Sie im Kontextmenü auf den Eintrag **Grammatik** ❷ klicken, erscheint rechts im Aufgabenbereich eine passende Erklärung zur Korrektur.

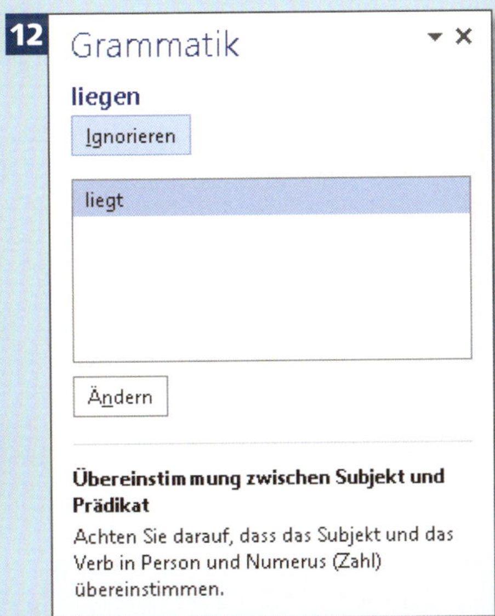

Die Grammatikprüfung

Die Grammatikprüfung funktioniert recht gut bei offensichtlichen Fehlern, kann aber komplizierte grammatische Strukturen, z. B. verschachtelte Sätze, nicht sauber identifizieren. Mitunter werden richtige Sätze angekreidet, und falsche Konstruktionen nicht.

Schrift und Layout gestalten

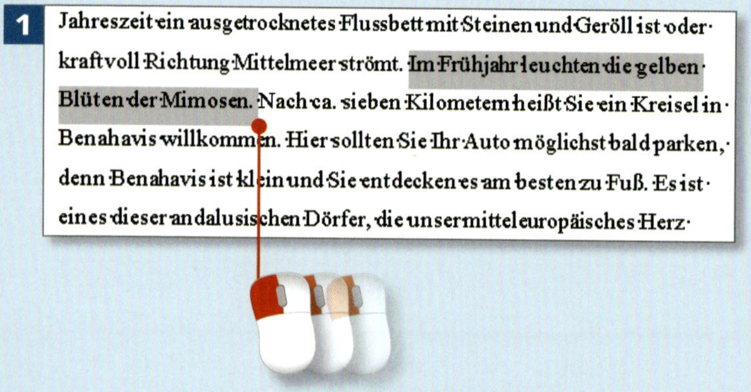

Neben der Korrektur ist die Möglichkeit, Dokumente in vieler Hinsicht zu gestalten und optisch zu verschönern, ein echtes Plus bei der Arbeit mit Word. Wir zeigen Ihnen, wie Sie auf die Schnelle Ihr Dokument gestalten (»formatieren«) können.

Schritt 1

Um einen Text in irgendeiner Form zu gestalten, müssen Sie ihn markieren, damit Word weiß, welchen Abschnitt Sie bearbeiten möchten.

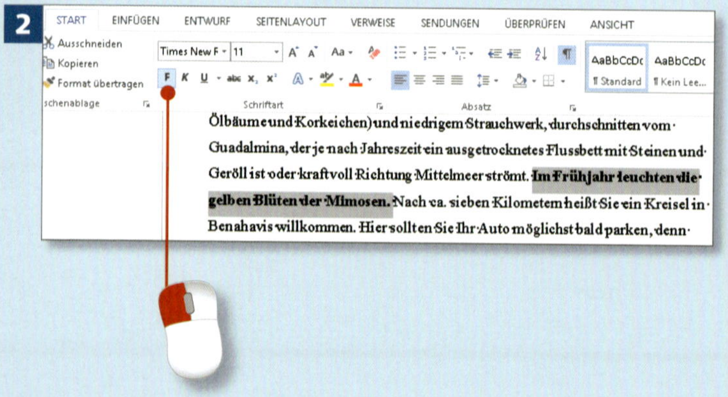

Schritt 2

Aktivieren Sie die Registerkarte **Start**. Hier finden Sie die »klassischen« Formatierungen. Um den Text beispielsweise fett darzustellen, klicken Sie einfach auf die Schaltfläche **Fett**.

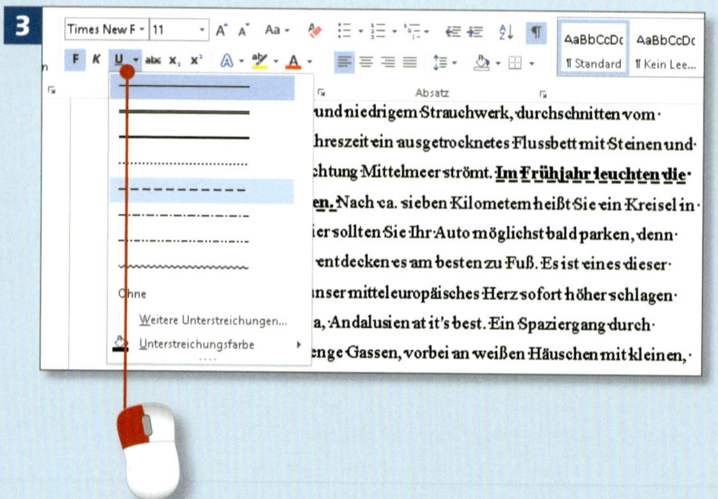

Schritt 3

Genauso einfach ist es, einen Text zu unterstreichen. Markieren Sie ihn, und klicken Sie auf die Schaltfläche **Unterstreichen**. Wenn Sie auf den Pfeil daneben klicken, können Sie eine Unterstreichungsart aus dem Menü wählen.

Schritt 4

Sie können einen Text auch farbig gestalten. Klicken Sie auf der Registerkarte **Start** auf den Pfeil an der Schaltfläche **Schriftfarbe**. Im Menü, das sich daraufhin öffnet, wählen Sie eine Farbe mit einem Klick aus.

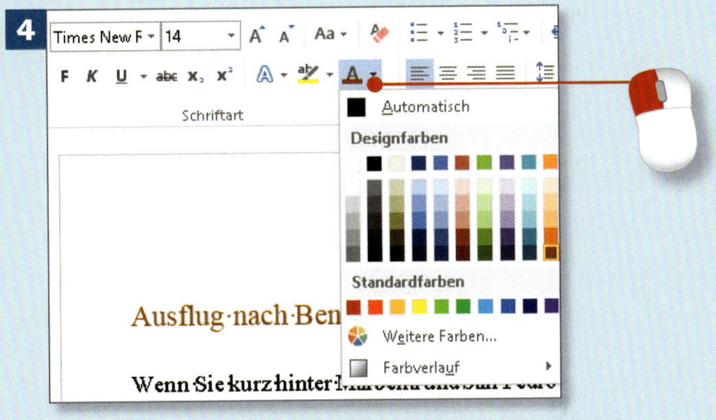

Schritt 5

Um dem markierten Text eine andere Schriftart zuzuweisen, klicken Sie auf den Pfeil an der Schaltfläche **Schriftart**. In der (ziemlich langen) Auswahlliste klicken Sie die gewünschte Schriftart an.

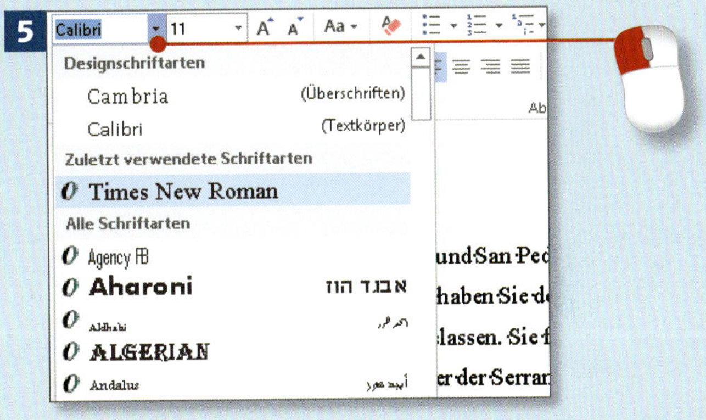

Schritt 6

Die Größe einer Schriftart ändern Sie, indem Sie auf den Pfeil am Feld **Schriftgrad** klicken. Im Auswahlmenü klicken Sie auf die gewünschte Schriftgröße; je höher die Zahl, desto größer wird die Schrift.

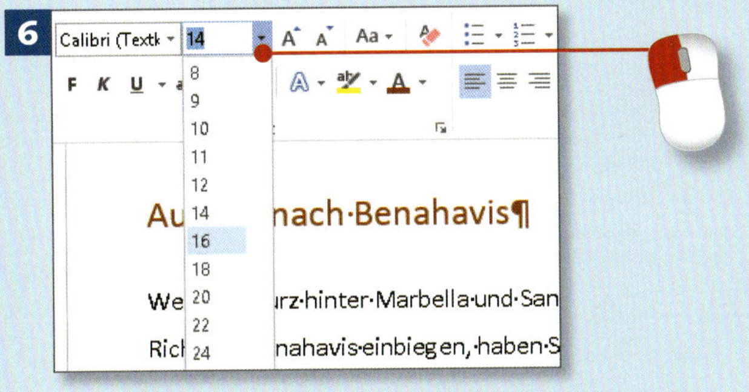

Designfarben

Wenn Sie im Menü der Schaltfläche **Schriftfarbe** eine Farbe aus der Gruppe **Designfarben** auswählen, wird automatisch eine Schriftfarbe ausgewählt, die das verwendete Design vorsieht (siehe dazu auch die Schritte 11 und 12 in diesem Abschnitt).

Schrift und Layout gestalten (Forts.)

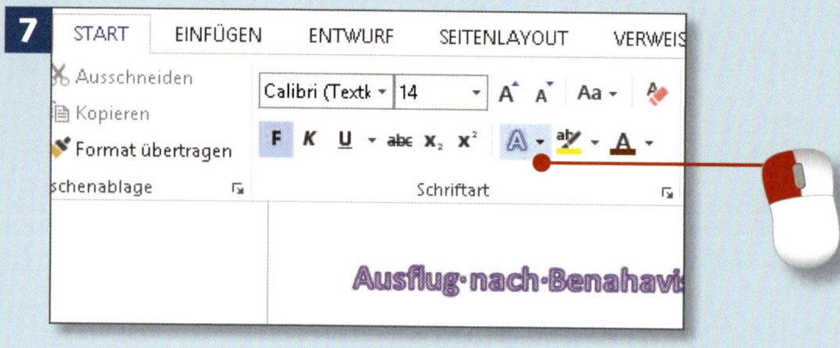

Schritt 7

Besonders schick sind Effekte, die Sie einem Text zuweisen können. Die vielen Möglichkeiten entdecken Sie, wenn Sie auf den Pfeil an der Schaltfläche **Texteffekte** klicken.

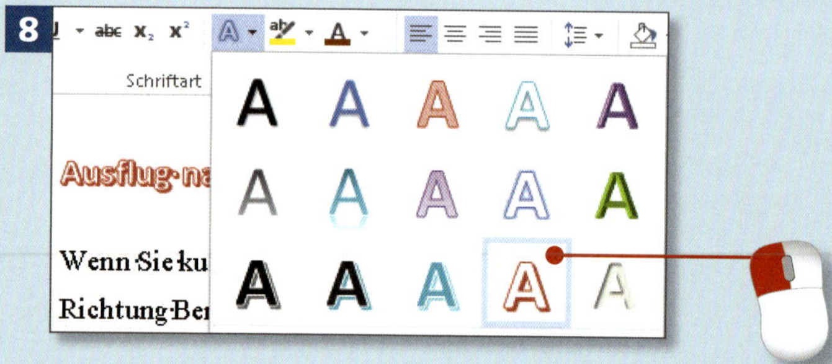

Schritt 8

Um zu sehen, wie sich ein Effekt auswirkt, zeigen Sie mit der Maus einfach auf eine der Schaltflächen für die unterschiedlichen Füllungen oder Farbverläufe. Um einen Effekt zuzuweisen, klicken Sie auf die Schaltfläche.

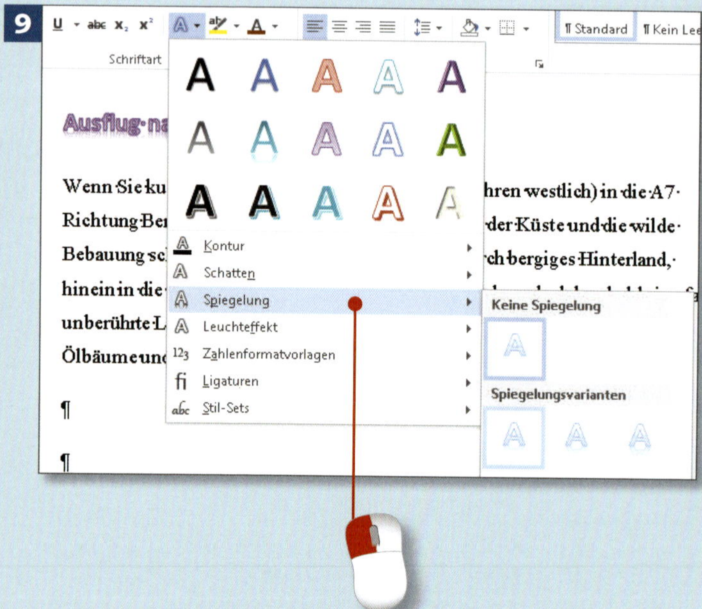

Schritt 9

Weitere Texteffekte sehen Sie, wenn Sie mit der Maus auf die Optionen **Kontur**, **Schatten**, **Spiegelung** oder **Leuchteffekt** zeigen. Im jeweiligen Untermenü klicken Sie dann auf die Schaltfläche für den Effekt, den Sie dem Text zuweisen möchten.

Spezielle Formate für Zahlen

Im Menü der Schaltfläche **Texteffekte** gibt es auch die Option **Zahlenformatvorlagen**. Im Untermenü dieser Option finden sich verschiedene spezielle Formate für Zahlen.

Schritt 10

Wenn Sie zu beherzt in den Formatierungstopf gegriffen haben, können Sie alle Formatierungen rückgängig machen. Markieren Sie dazu den Text, und klicken Sie auf die Schaltfläche **Formatierung löschen** in der Gruppe **Schriftart**.

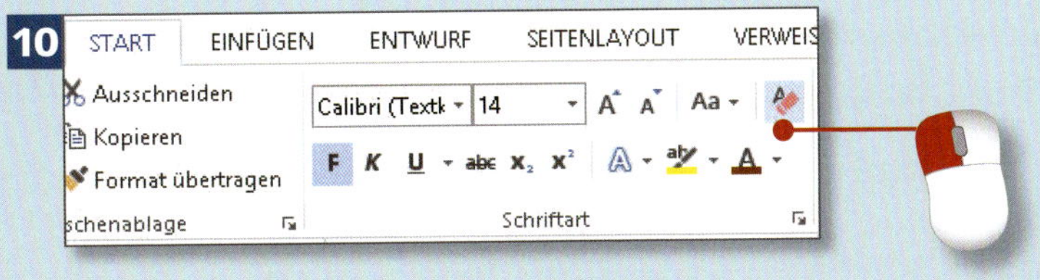

Schritt 11

Vorgefertigte Designs kombinieren verschiedene Schriftfarben, Schriftarten und Texteffekte. Um dem aktuellen Dokument ein anderes Design zuzuweisen, aktivieren Sie die Registerkarte **Entwurf**.

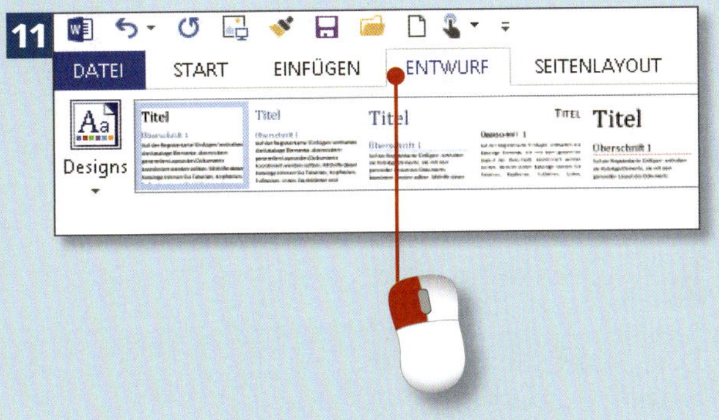

Schritt 12

Klicken Sie dort auf die Schaltfläche **Designs**. Daraufhin wird ein Auswahlmenü aufgeklappt. Mit einem Mausklick auf eine der Schaltflächen weisen Sie Ihrem Dokument das gewünschte Design zu.

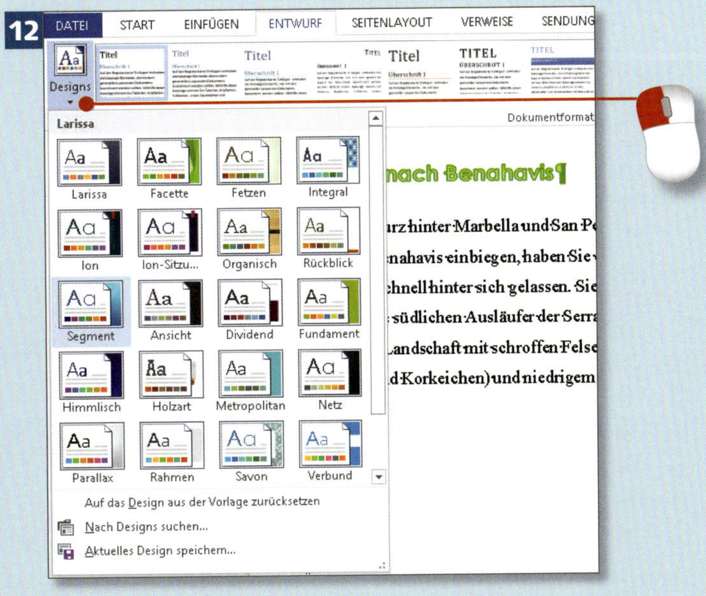

Die Designs in Word

In Word 2013 können Sie zur Gestaltung von Dokumenten ein Design verwenden, über das die Elemente im Dokument dann automatisch ein bestimmtes Aussehen erhalten.

Absätze und Aufzählungen formatieren

Wenn Sie die [↵]-Taste drücken, beginnen Sie einen neuen Absatz, egal ob Sie zuvor ein einziges Wort oder viele Zeilen geschrieben haben. Hierfür gibt es spezielle Absatzformatierungen.

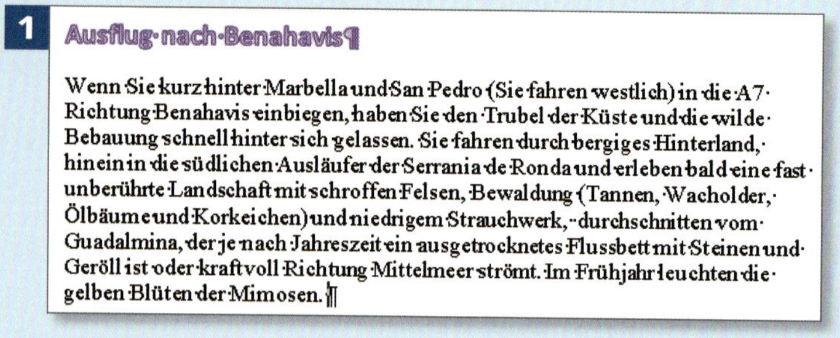

Schritt 1

Normalerweise wird der Text in einem Dokument linksbündig dargestellt: Es gibt einen glatten linken Rand, und der Text, der nicht mehr in die Zeile passt, weil der rechte Seitenrand erreicht ist, wandert in die nächste Zeile.

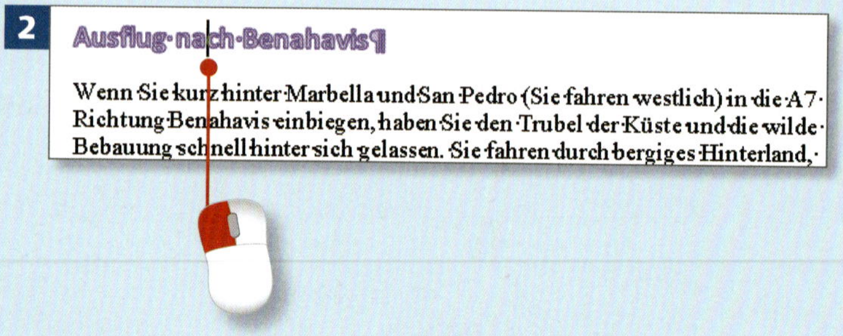

Schritt 2

Sie können die Ausrichtung eines Absatzes verändern und den Text z. B. in die Mitte der Seite rücken (zentrieren). Setzen Sie den Cursor irgendwo in den Absatz, den Sie mittig ausrichten wollen.

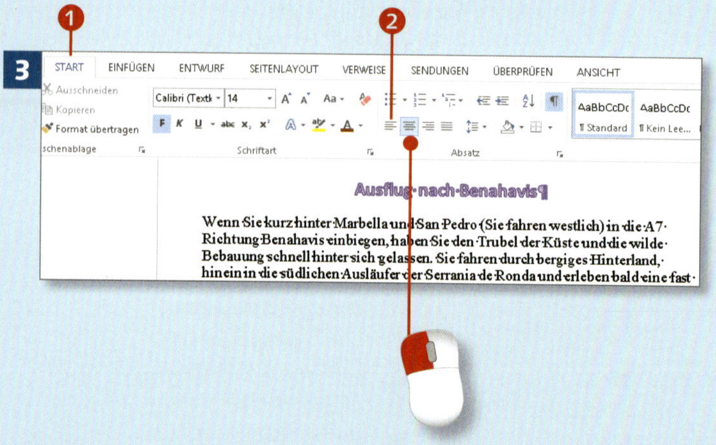

Schritt 3

Aktivieren Sie die Registerkarte **Start** ❶. Dann klicken Sie hier in der Gruppe **Absatz** auf die Schaltfläche **Zentriert**. Der Absatz, in dem der Cursor stand, rutscht in die Mitte der Seite.

Textausrichtung rückgängig machen

Wenn Ihnen der mittig ausgerichtete Text nicht gefällt, klicken Sie noch einmal auf die Schaltfläche **Linksbündig** ❷ und machen den Befehl rückgängig.

Schritt 4

Ähnlich verfahren Sie, wenn der Text im Blocksatz stehen soll. Diese Ausrichtung soll in der Regel für alle Absätze des Textes gelten, daher markieren Sie sie zunächst, indem Sie den Cursor mit gedrückter Maustaste über den Text ziehen.

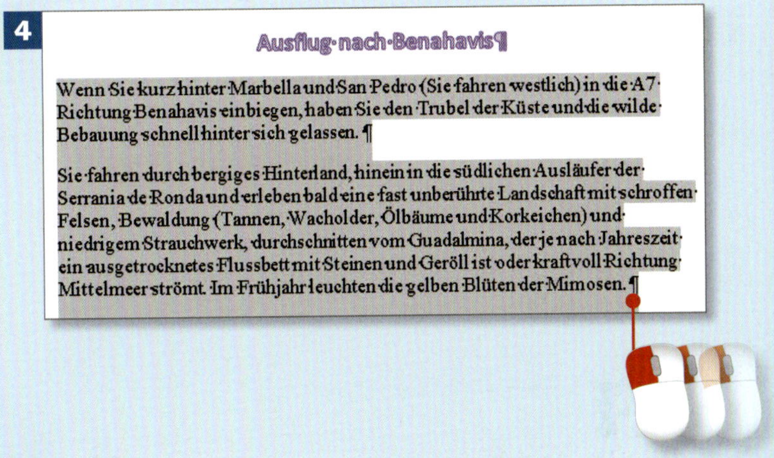

Schritt 5

Dann klicken Sie auf der Registerkarte **Start** auf die Schaltfläche **Blocksatz**. Sie sehen, dass die Zeichen nun am linken und rechten Rand genau untereinander stehen (nur nicht in der Zeile, in der der Absatz endet).

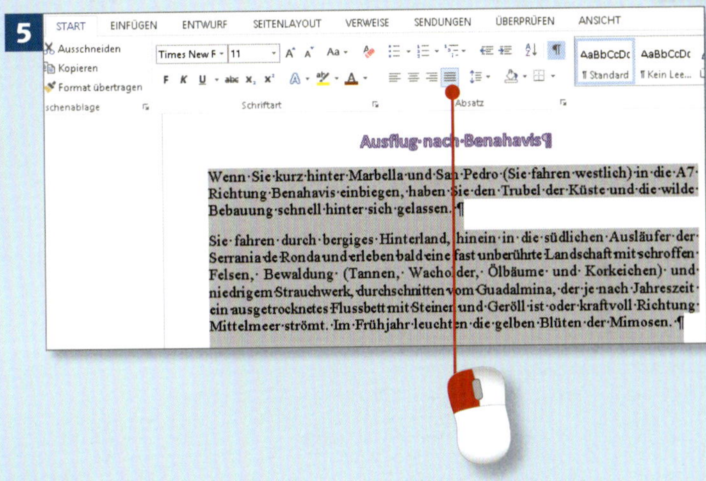

Schritt 6

Es gibt auch die Möglichkeit, einen Absatz ein wenig vom linken Seitenrand einzurücken. Setzen Sie den Cursor in den entsprechenden Absatz **3**, und klicken Sie auf die Schaltfläche **Einzug vergrößern**.

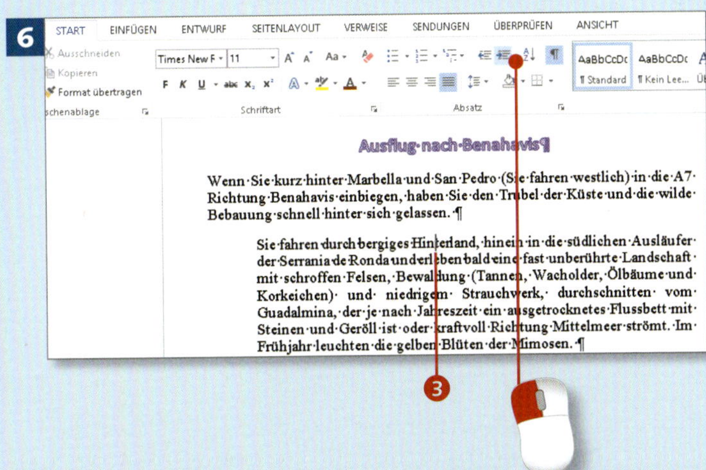

Absätze formatieren

Wenn Sie die Ausrichtung eines einzelnen Absatzes ändern möchten, müssen Sie ihn vorher nicht markieren; es reicht, den Cursor in den Absatz zu setzen.

Absätze und Aufzählungen formatieren (Forts.)

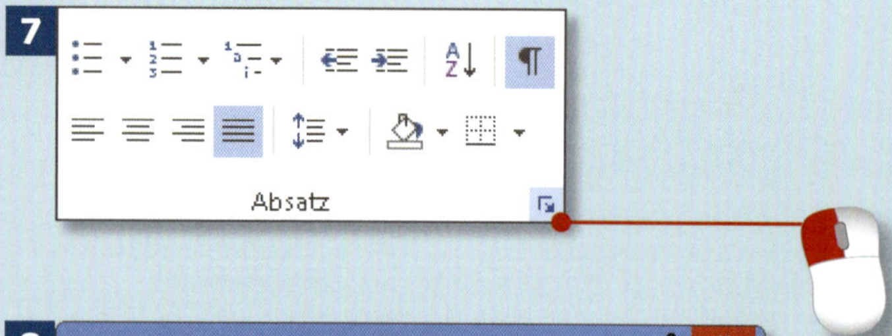

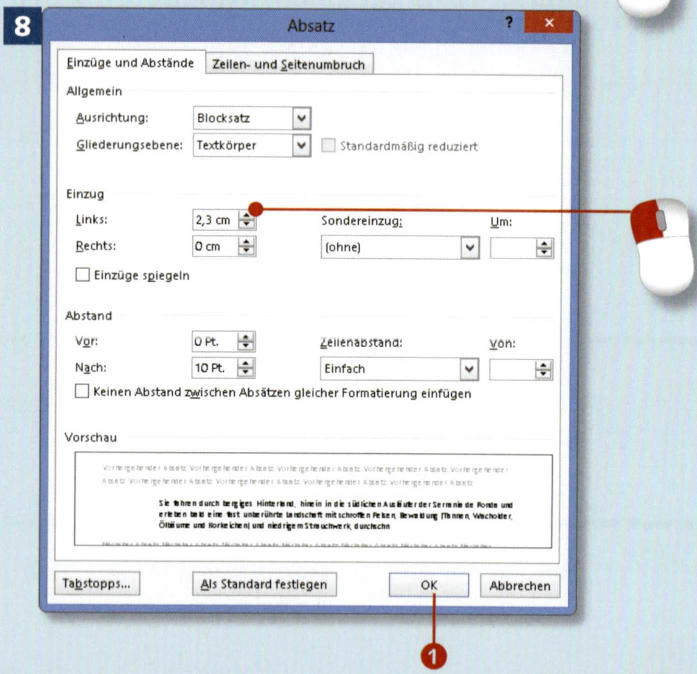

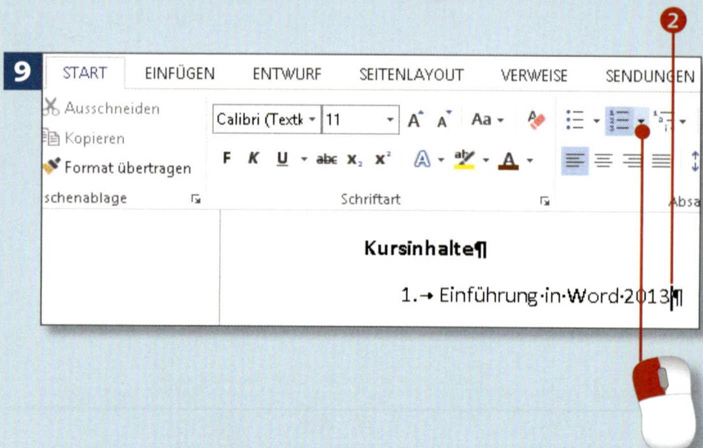

Schritt 7

Mit der Schaltfläche **Einzug vergrößern** wird der Absatz 1,25 cm vom linken Seitenrand eingerückt. Um die Größe des Einzugs selbst zu bestimmen, öffnen Sie den Dialog **Absatz**, indem Sie auf den Pfeil unten rechts an der Gruppe **Absatz** klicken.

Schritt 8

Im Dialog **Absatz** klicken Sie im Bereich **Einzug** in das Feld **Links**. Daneben sehen Sie zwei Pfeile. Klicken Sie so oft auf den nach oben weisenden Pfeil, bis der gewünschte Wert im Feld steht. Dann klicken Sie auf **OK** ❶.

Schritt 9

Sie möchten Zeilen oder Absätze Ihres Textes durchnummerieren? Kein Problem: Setzen Sie den Cursor in die betreffende Zeile ❷, und klicken Sie auf der Registerkarte **Start** auf die Schaltfläche **Nummerierung**.

Den Dialog Absatz aufrufen

Den Dialog **Absatz** können Sie auch im Kontextmenü aufrufen (mit dem Befehl **Absatz**).

Schritt 10

Drücken Sie die [↵]-Taste, wenn Sie die Nummerierung im nächsten Absatz fortsetzen wollen. Um die Nummerierung zu beenden, klicken Sie erneut auf die Schaltfläche **Nummerierung**.

10
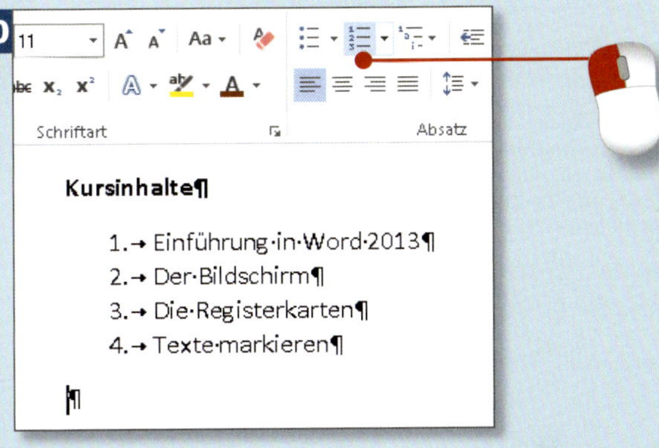

Schritt 11

Wenn Sie bereits Text in mehreren Zeilen bzw. Absätzen (untereinander) geschrieben haben und ihn nachträglich nummerieren möchten, markieren Sie diese Absätze, und klicken Sie dann auf die Schaltfläche **Nummerierung**.

11
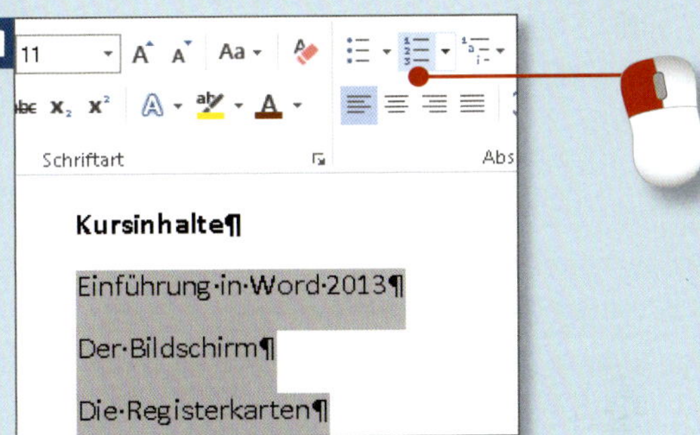

Schritt 12

Statt einer Nummerierung können Sie Absätzen auch Aufzählungszeichen zuweisen. Klicken Sie dazu auf die Schaltfläche **Aufzählungszeichen** – entweder bevor Sie Ihre Liste schreiben oder wenn Sie mehrere Absätze markiert haben. Für andere Aufzählungszeichen klicken Sie auf den Pfeil neben der Schaltfläche.

12
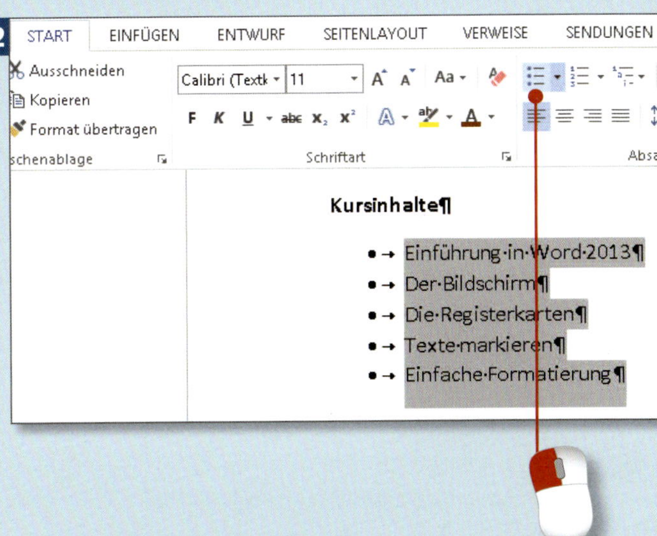

Text ausschneiden, kopieren und einfügen

Es ist kein Problem, einen Text komplett umzustellen. Sie können ihn kopieren, um ihn erneut einzufügen, oder ausschneiden und ihn dort einfügen, wo er besser passt.

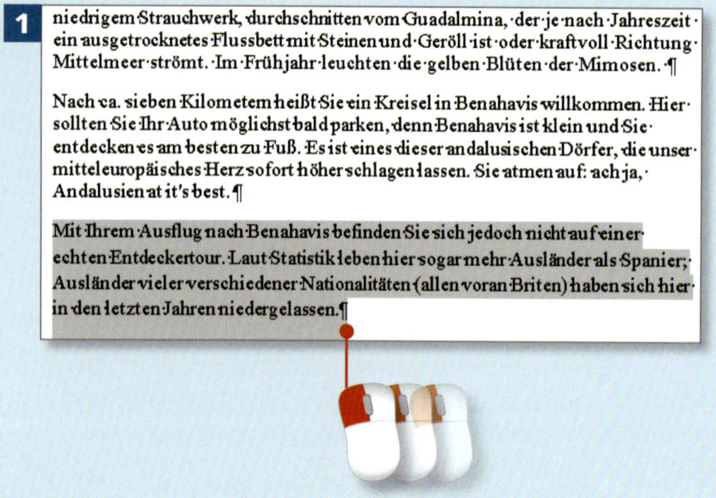

Schritt 1

Ein Stück Text, das Sie geschrieben haben, können Sie problemlos an anderer Stelle einfügen. Als Erstes markieren Sie den Text, den Sie ausschneiden möchten.

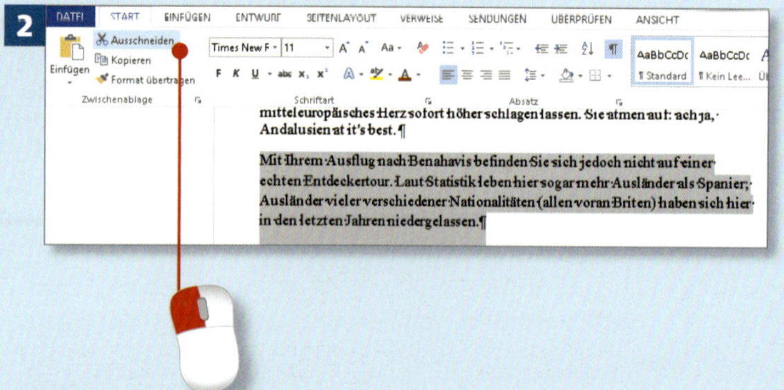

Schritt 2

Aktivieren Sie die Registerkarte **Start**, und klicken Sie auf die Schaltfläche **Ausschneiden** ganz links (diesen Befehl finden Sie auch im Kontextmenü des Absatzes). Der markierte Text wird dadurch an der ursprünglichen Stelle entfernt.

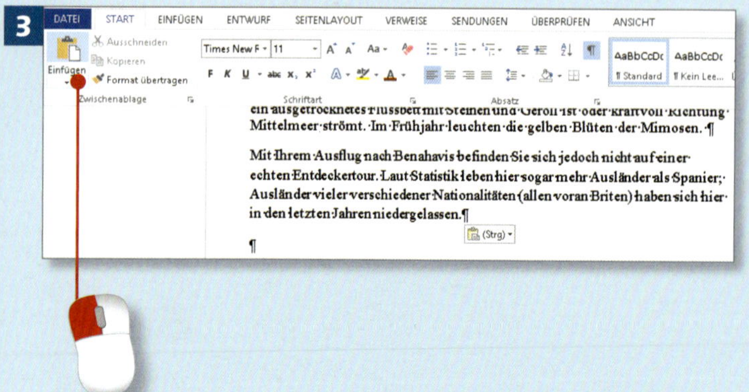

Schritt 3

Nun klicken Sie im Text an die Stelle, an der Sie den ausgeschnittenen Text einfügen möchten. Klicken Sie nun auf die Schaltfläche **Einfügen**.

Schritt 4

Ganz ähnlich kopieren Sie ein Textstück: Sie markieren es, klicken dann aber auf die Schaltfläche **Kopieren**. Dadurch bleibt der Text an der ursprünglichen Stelle erhalten.

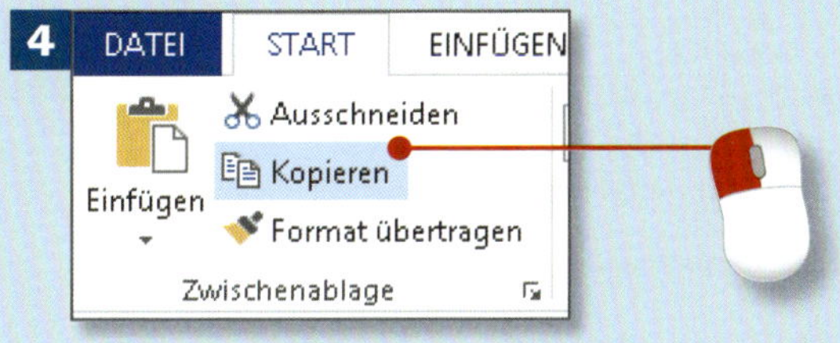

Schritt 5

Um den kopierten Text an anderer Stelle einzufügen, positionieren Sie den Cursor an der Stelle ❶ und klicken dann auf die Schaltfläche **Einfügen**.

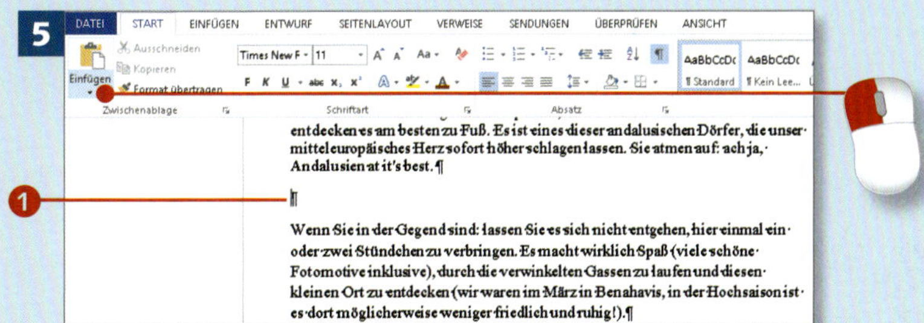

Schritt 6

Sie können markierte Textstücke auch mithilfe der Tastatur ausschneiden, kopieren und einfügen. Zum Ausschneiden drücken Sie [Strg] + [X], zum Kopieren [Strg] + [C]. Zum Einfügen halten Sie die [Strg]-Taste ❷ gedrückt und drücken [V].

Einfügeoptionen

Wenn Sie auf den Pfeil an der Schaltfläche **Einfügen** klicken, öffnen sich diverse Einfügeoptionen. Sie können z. B. nur den Text einfügen oder die Formatierung »mitnehmen«. Für eine kurze Erklärung zeigen Sie mit der Maus auf eins der Symbole.

Tabellen und Grafiken einfügen

Sie können in Word auch mit Tabellen arbeiten, etwa wenn Texteinträge ordentlich untereinanderstehen sollen. Grafiken beleben Ihre Dokumente und sind schnell eingefügt.

1
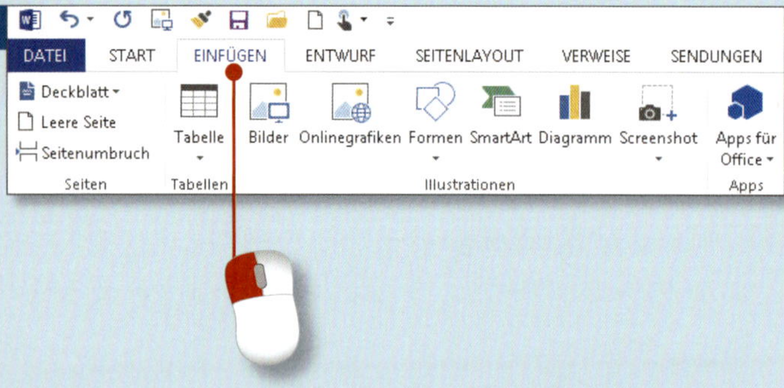

Schritt 1

Eine Tabelle bietet sich z. B. an, wenn Texteinträge Zeile für Zeile sauber untereinanderstehen sollen. Die entsprechende Funktion finden Sie auf der Registerkarte **Einfügen**. Klicken Sie darauf, um sie nach vorn zu legen.

2
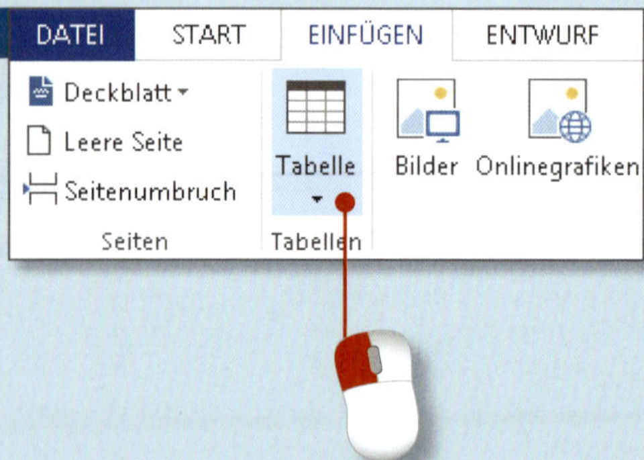

Schritt 2

Auf der Registerkarte **Einfügen** klicken Sie dann in der Gruppe **Tabellen** auf die Schaltfläche **Tabelle**. Daraufhin öffnet sich ein Untermenü.

3
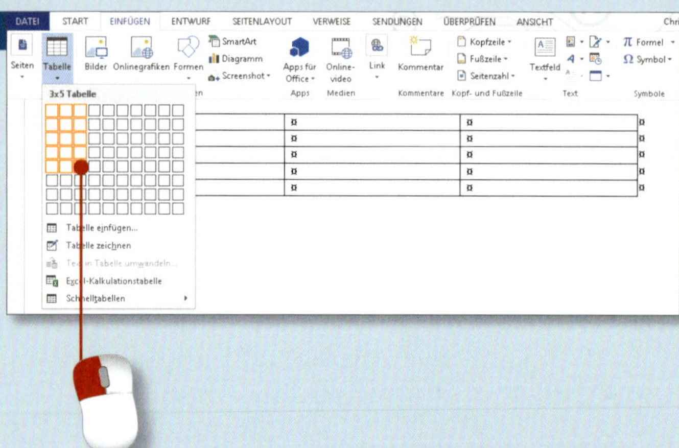

Schritt 3

Im Menü sehen Sie Kästchen, die horizontal für die Anzahl der Spalten und vertikal für die Anzahl der Zeilen stehen. Zeigen Sie also z. B. auf drei horizontale und fünf vertikale Kästchen; und klicken Sie auf das letzte, um eine Tabelle mit drei Spalten und fünf Zeilen einzufügen.

Schritt 4

In die Zellen (die Kästchen) der Tabelle können Sie »normal« Ihren Text tippen. Auch alle Formatierungsfunktionen können Sie nutzen, z. B. den Text der ersten Zeile fett formatieren. Vor dem Klick auf die Schaltfläche **Fett** markieren Sie die Zeile.

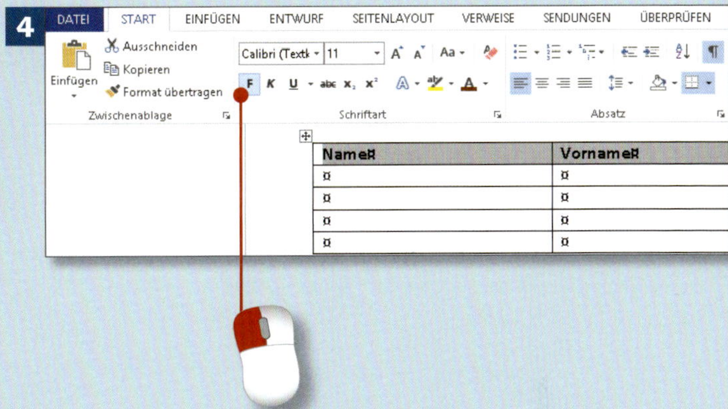

Schritt 5

Beim Markieren in Tabellen gibt es einen Trick: Um schnell eine ganze Zeile zu markieren, zeigen Sie mit der Maus links neben die Zeile, sodass der Mauszeiger zu einem Pfeil wird. Dann klicken Sie. Genauso funktioniert das beim Markieren von Spalten.

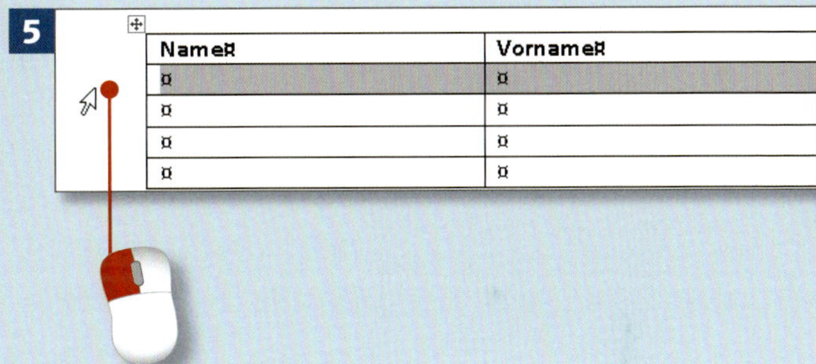

Schritt 6

Es gibt eine Menge Möglichkeiten, Tabellen zu bearbeiten. Sobald der Cursor irgendwo in der Tabelle steht, taucht oben im Menüband die Registerkarte **Tabellentools** mit den Reitern **Entwurf** und **Layout** auf, die viele Funktionen für den Umgang mit Tabellen beherbergen.

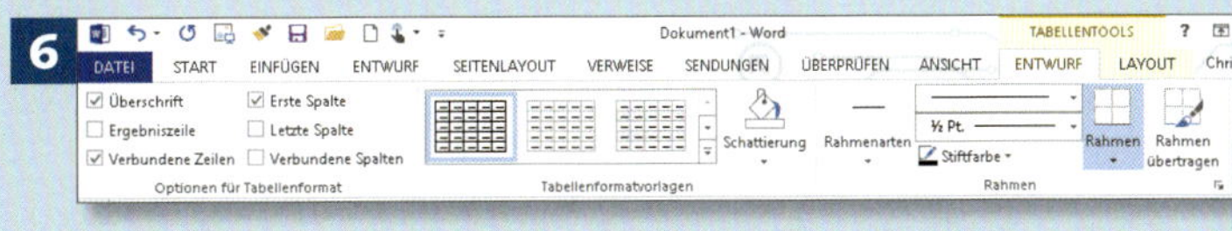

Größe von Zellen ändern

Es gibt eine einfache Methode, die Größe von Tabellenzellen zu verändern. Zeigen Sie mit der Maus genau auf die Linie unter/über oder neben der Zelle. Den Doppelpfeil ziehen Sie nun mit gedrückter Maustaste nach links oder rechts bzw. oben oder unten.

Tabellen und Grafiken einfügen (Forts.)

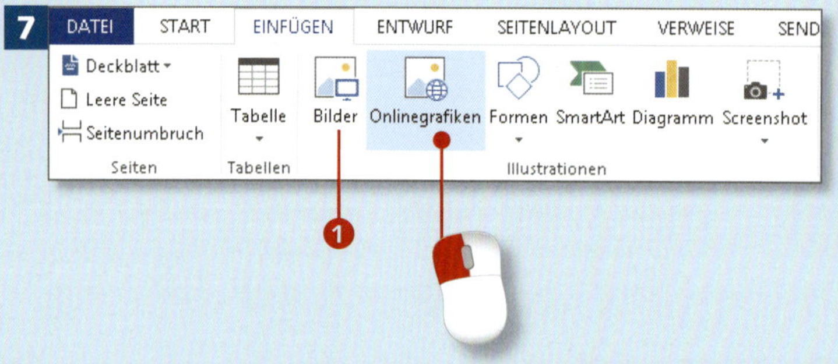

Schritt 7

Viele Dokumente erhalten durch eine Grafik erst den richtigen Pep. Sie können über Word nach Grafiken im Internet suchen und sie für Ihr Dokument verwenden. Klicken Sie auf der Registerkarte **Einfügen** auf **Onlinegrafiken** (um auf Ihrem Rechner gespeicherte Bilder einzufügen, klicken Sie auf **Bilder** ❶).

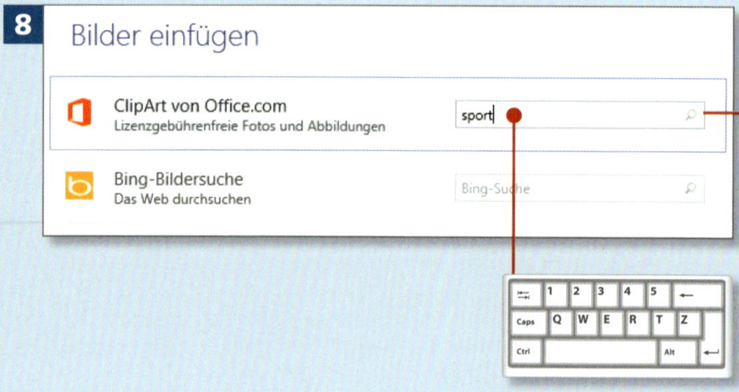

Schritt 8

Im Fenster **Bilder einfügen** geben Sie in das Suchfeld einen Suchbegriff ein, der das Thema umreißt, zu dem Sie Bilder angezeigt bekommen möchten. Dann klicken Sie auf **Suchen** ❷.

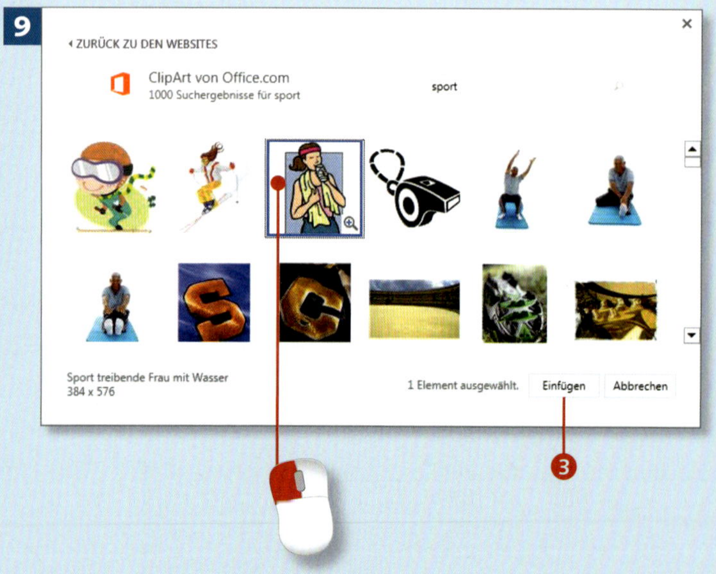

Schritt 9

Daraufhin werden Bildchen präsentiert, die zu dem Suchbegriff passen. Markieren Sie die gewünschte Grafik per Mausklick; und klicken Sie dann auf die Schaltfläche **Einfügen** ❸.

Keine Cliparts mehr an Bord

Um Onlinegrafiken einfügen zu können, müssen Sie mit dem Internet verbunden sein. Die alten Cliparts, die Office früher an Bord hatte, gibt es nicht mehr.

Schritt 10

Um die Größe der Grafik zu verändern, zeigen Sie mit der Maus auf eine Ecke. Der Mauszeiger wird zu einem Doppelpfeil. Halten Sie die Maustaste gedrückt, und ziehen Sie den Pfeil nach innen oder außen.

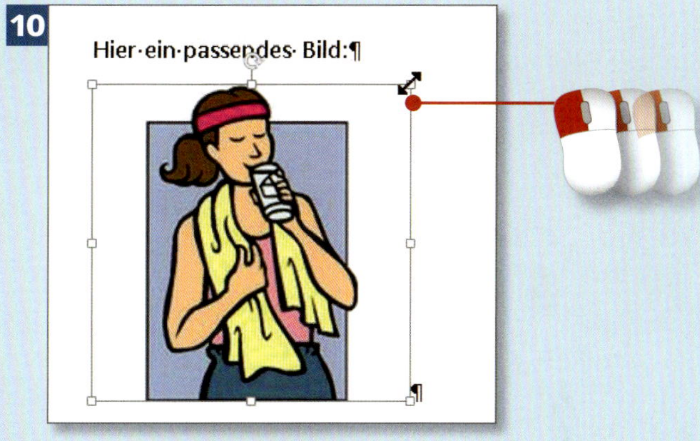

Schritt 11

Um die Grafik mit der Maus verschieben zu können, müssen Sie zunächst den *Zeilenumbruch* verändern: Klicken Sie die Grafik an, und dann auf **Layoutoptionen**. Im Menü können Sie alles bis auf **Mit Text in Zeile** wählen, z. B. **Passend.**

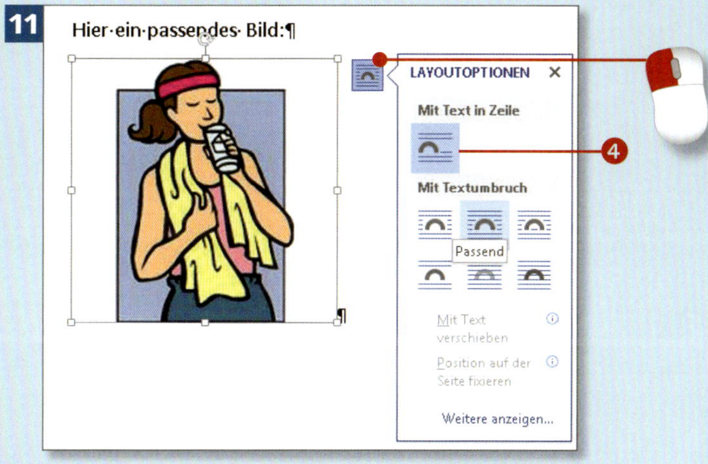

Schritt 12

Mit dem geänderten Zeilenumbruch können Sie mit der Maus auf die Grafik zeigen und sie mit gedrückter Maustaste an die gewünschte Position ziehen. Der Mauszeiger wird dabei zu einem Vierfachpfeil. Die grünen Ausrichtungslinien helfen bei der Anordnung.

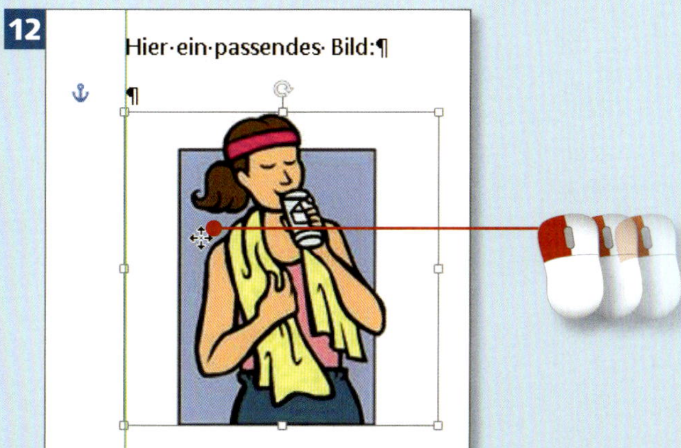

Zeilenumbrucharten

Mit der Zeilenumbruchart **Mit Text in Zeile** ❹ lassen sich Grafiken wie Absätze anordnen (also linksbündig, zentriert etc.).

Dokumente speichern

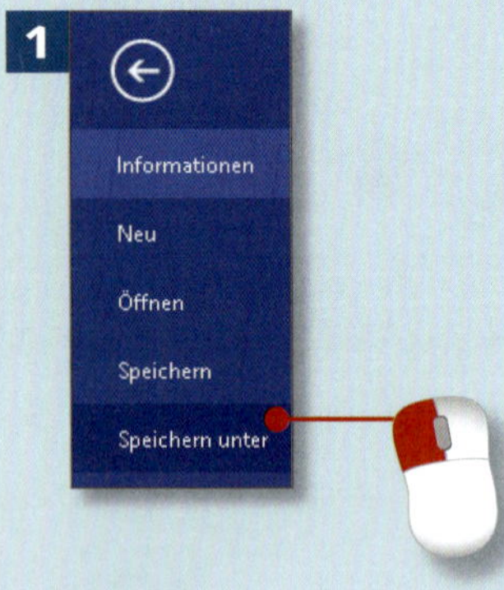

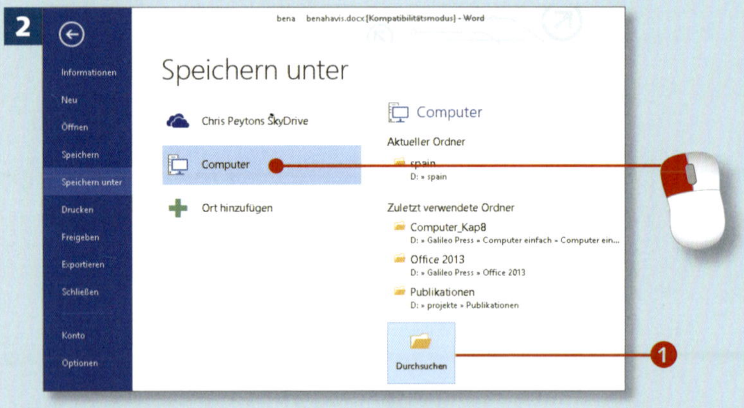

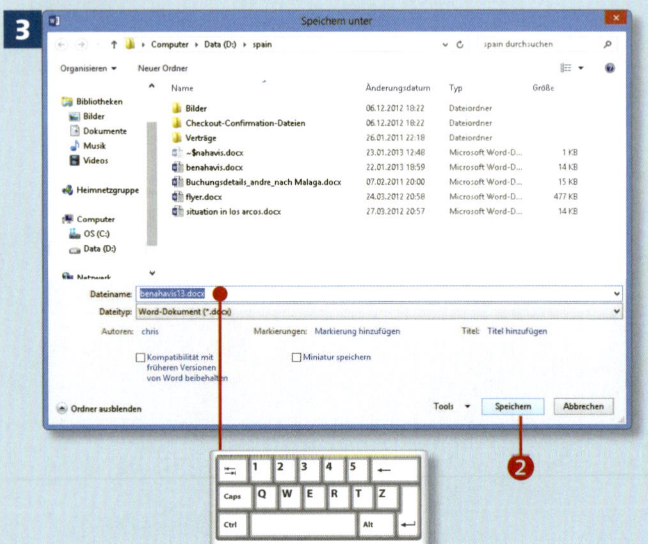

All Ihre Mühe war umsonst, wenn Sie Ihr Dokument nicht speichern. Einmal erledigt, sichern Sie alle weiteren Veränderungen am Dokument einfach mit einem Klick auf die Schaltfläche mit der Diskette.

Schritt 1

Um das Dokument zu speichern, klicken Sie auf den Reiter **Datei**. Im Menü **Datei** klicken Sie auf **Speichern unter**.

Schritt 2

Im Fenster **Speichern unter** markieren Sie **Computer** und klicken in der rechten Liste auf einen der Ordner, sofern Sie die Datei dort speichern möchten. Ansonsten klicken Sie auf **Durchsuchen** ❶.

Schritt 3

Beides öffnet den Dialog **Speichern unter**. Wandern Sie hier gegebenenfalls zu dem Ordner, in dem Sie das Dokument speichern möchten. Im Feld **Dateiname** geben Sie dem Dokument einen Namen und klicken auf **Speichern** ❷.

Schritt 4

Sie können in diesem Dialog auch direkt einen neuen Ordner anlegen. Klicken Sie einfach auf die Schaltfläche **Neuer Ordner** ❸, geben Sie im Feld **Neuer Ordner** einen Namen ein und drücken Sie die [↵]-Taste. Mit einem Doppelklick öffnen Sie diesen Ordner.

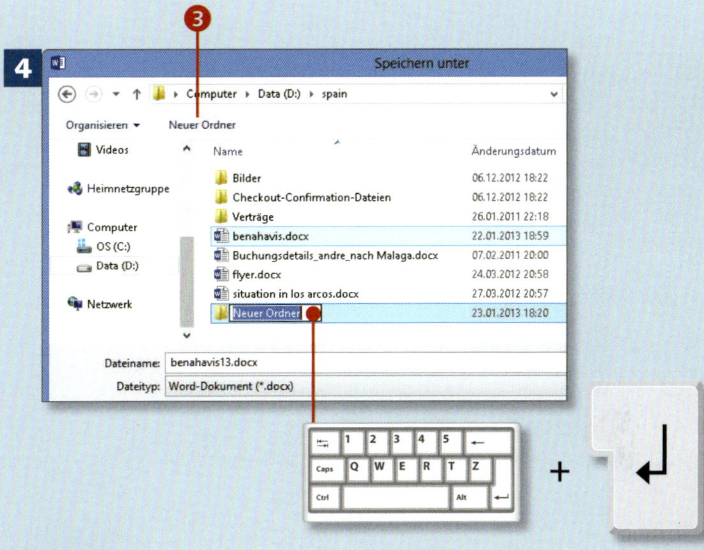

Schritt 5

Wenn Sie das Dokument in SkyDrive speichern möchten, gehen Sie ganz ähnlich vor, nur dass Sie im Fenster **Speichern unter** den Eintrag **SkyDrive** markieren und rechts auf den gewünschten Ordner klicken.

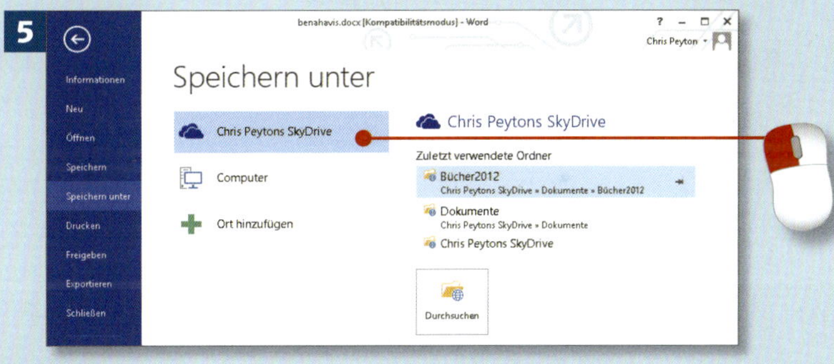

Schritt 6

Der Dialog **Speichern unter** wird geöffnet, der sich nicht von dem zuvor beschriebenen Dialog unterscheidet. Aber achten Sie auf die Adresszeile ❹; Sie sehen, dass Sie Ihren SkyDrive-Speicherplatz aufgerufen haben.

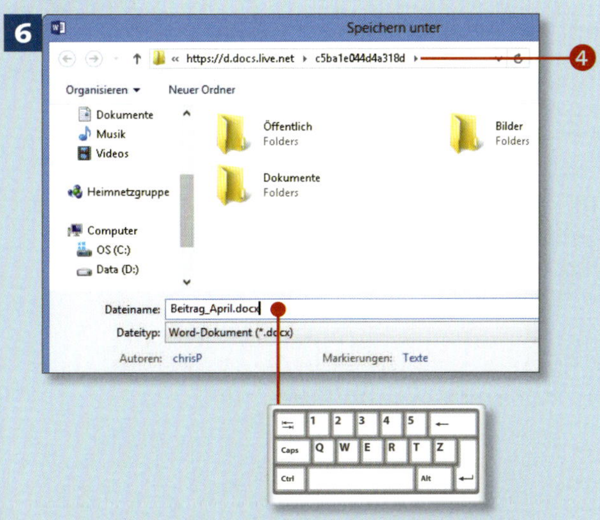

Dateinamen

Denken Sie daran, dass jeder Dateiname eindeutig sein muss! Geben Sie also für jedes Dokument, das Sie speichern, einen anderen Namen ein. Die Zeichen /, \, : und ? sind nicht erlaubt.

Dokumente ausdrucken

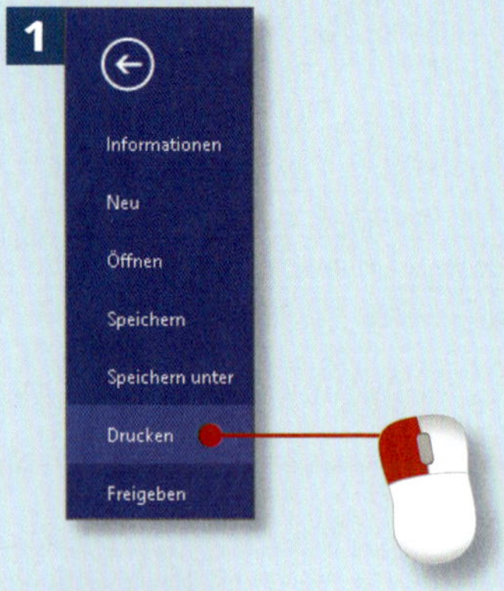

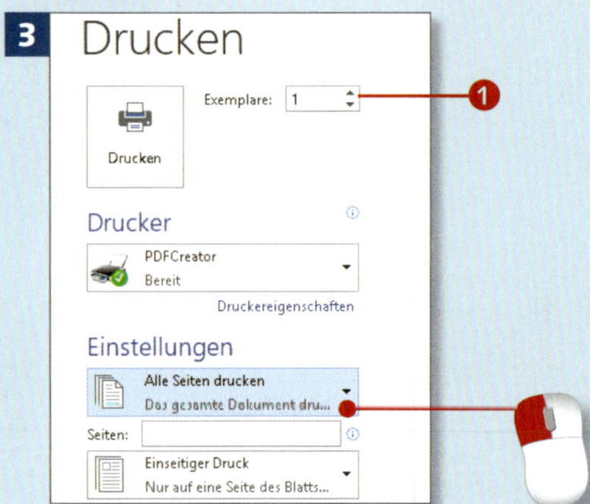

Auch im digitalen Zeitalter braucht man Dokumente schwarz auf weiß. Wenn ein Drucker angeschlossen ist, können Sie Ihre Dokumente ausdrucken und dabei auch noch einige Einstellungen vornehmen.

Schritt 1

Alle Einstellungen für den Ausdruck eines Dokuments regeln Sie im Dialog **Drucken**. Klicken Sie auf den Reiter **Datei** und danach im Menü auf **Drucken**.

Schritt 2

Im Fenster **Drucken** sehen Sie auf der rechten Seite eine Vorschau auf den Ausdruck. Den Zoom können Sie mit dem Schieberegler rechts unten verändern.

Schritt 3

Im Feld **Exemplare** 1 stellen Sie ein, wie viele Exemplare des Dokuments der Drucker drucken soll. Im Bereich **Einstellungen** können Sie u.a. festlegen, ob Sie das gesamte Dokument ausdrucken möchten oder nur bestimmte Seiten.

Schritt 4

Um nur bestimmte Seiten auszudrucken, klicken Sie in das Feld **Seiten**. Geben Sie hier die Seitenzahlen ein, z. B. »1-10«. Einzelne Seitenzahlen trennen Sie jeweils durch ein Komma voneinander.

4

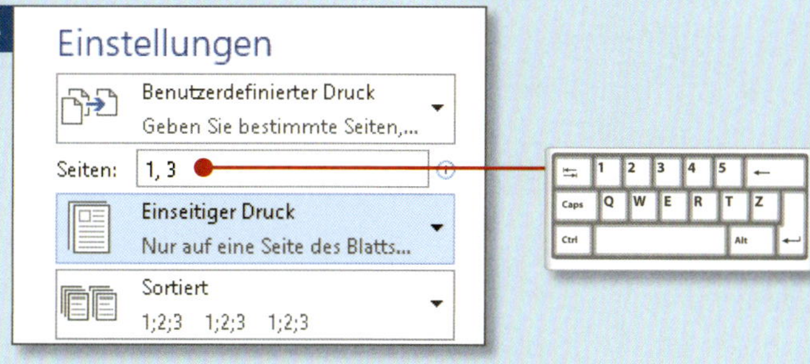

Schritt 5

Um die aktuelle Seite zu drucken, klicken Sie auf den Pfeil am Feld **Alle Seiten drucken**, und wählen Sie im Menü **Aktuelle Seite drucken**.

5

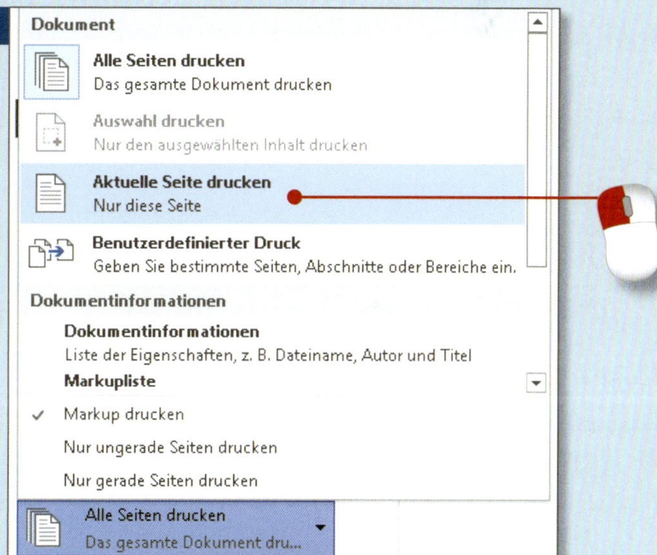

Schritt 6

Wenn Sie noch vor dem Ausdruck die Seitenränder verändern möchten, klicken Sie auf **Seite einrichten**. Dies öffnet den gleichnamigen Dialog, in dem Sie andere Maße für die Seitenränder eingeben können. Achten Sie darauf, die Seitenränder für den Ausdruck nicht zu eng zu setzen.

6

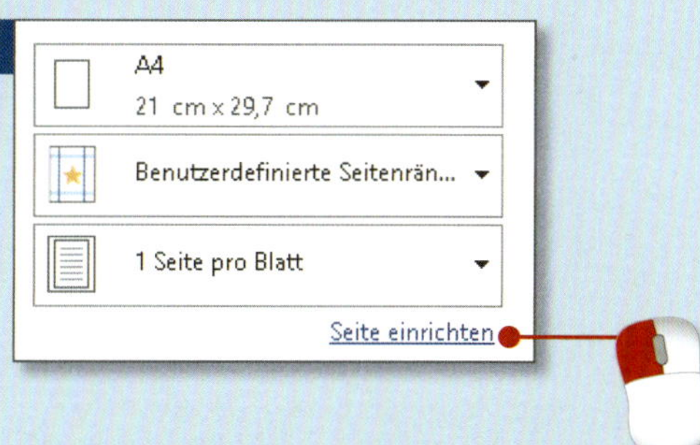

Die Seite einrichten

Den Dialog **Seite einrichten** haben wir bereits im Abschnitt »Die Seite einrichten« ab Seite 188 beschrieben.

Kapitel 9
Rechnen mit dem Computer

In diesem Kapitel lernen Sie, wie Sie mithilfe Ihres Computers rechnen können. Wir stellen Ihnen zwei Wege vor: den Windows-Taschenrechner, den Sie ähnlich bedienen wie einen normalen Taschenrechner, und dann das Kalkulationsprogramm Excel, das Teil des Office-Pakets und ein echter Rechenkünstler ist.

Der Taschenrechner von Windows
Wenn Sie das Programm **Rechner** aufrufen, haben Sie einen Taschenrechner mit Tasten und Funktionen ❶ vor sich, die denen eines handelsüblichen Taschenrechners entsprechen. Und genauso einfach können Sie damit Rechenaufgaben bewältigen.

Tabellen schreiben in Excel
Der Excel-Bildschirm bietet von Haus aus Spalten und Zeilen, sodass Sie automatisch Tabellen anlegen, wenn Sie Text oder Zahlen eingeben. Diese Tabellen können Sie durch Formatierungen verschönern ❷. Zahlen erhalten durch spezielle Zahlenformate, z. B. Nachkommastellen und Währungszeichen, das gewünschte Aussehen.

Mit Excel rechnen
Mit Excel können Sie außerdem einfache Rechenaufgaben erledigen ❸, darüber hinaus steht Ihnen das Programm aber auch bei komplexeren Rechenoperationen zur Seite. Durch die Verwendung der Zelladressen (statt konkreter Zahlen) in den Formeln können Sie Berechnungen in Excel in Windeseile aktualisieren, sodass die Ergebnisse immer stimmen, auch wenn sich die Ausgangswerte geändert haben.

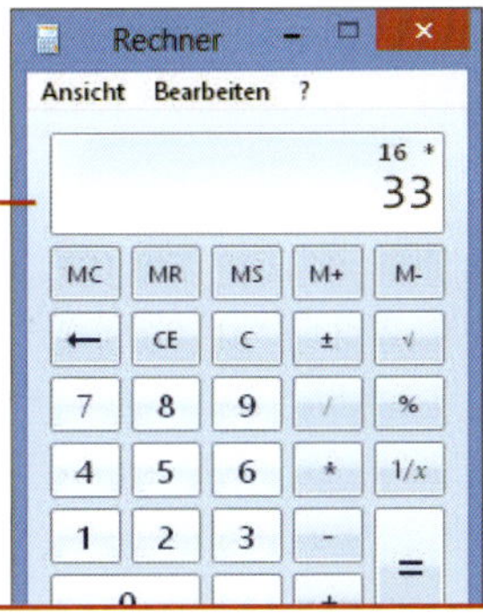

Mit der Windows-Funktion **Rechner** rechnen Sie wie mit einem normalen Taschenrechner.

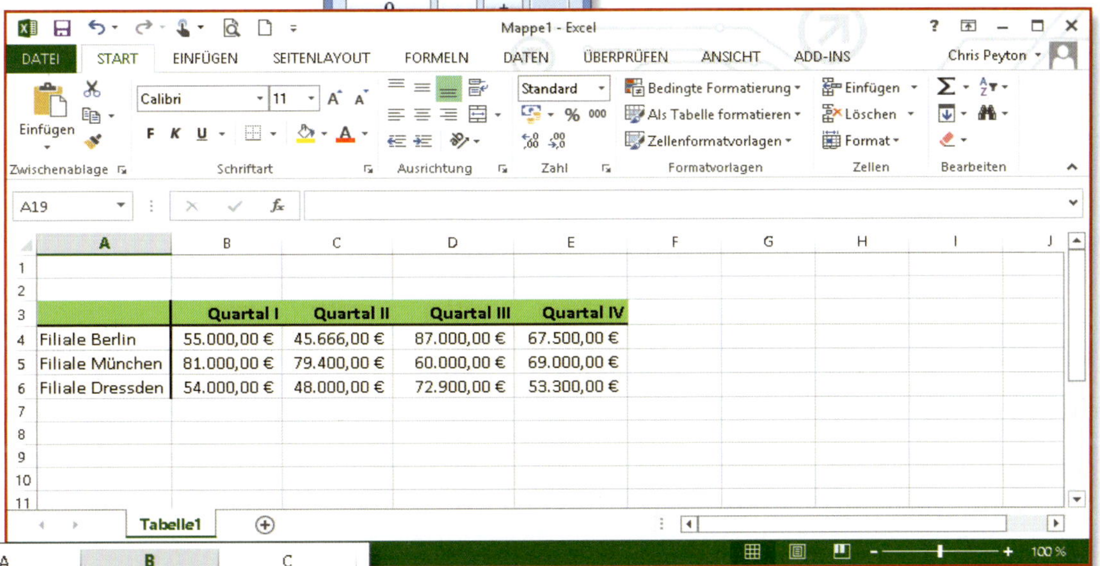

Mithilfe der Schrift- und Zahlenformate erhalten Excel-Tabellen ein schönes Aussehen.

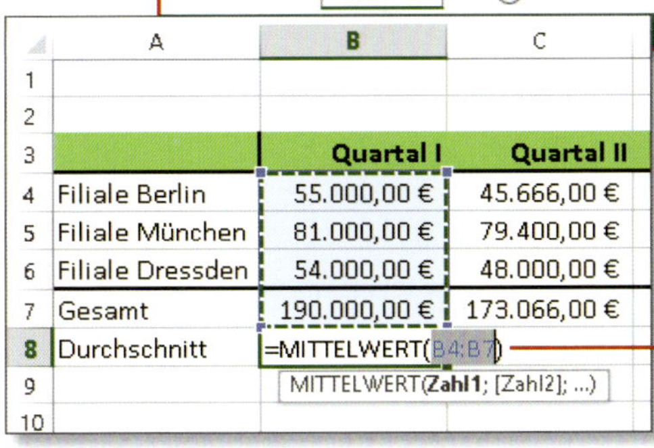

Mit der passenden Formel erhalten Sie in Excel im Nu das richtige Ergebnis.

Den Taschenrechner nutzen

1

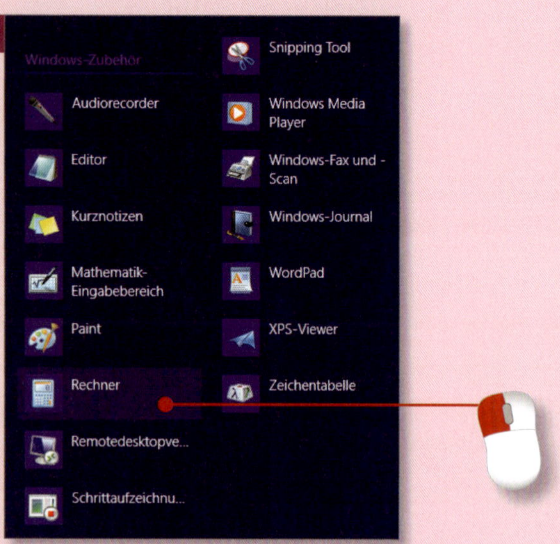

Windows hat einen einfachen Taschenrechner an Bord. Damit können Sie wie mit einem normalen Taschenrechner auf die Schnelle etwas ausrechnen.

Schritt 1

Der Taschenrechner gehört zum Windows-Zubehör. Aktivieren Sie auf dem Startbildschirm **Alle Apps** (z. B. per Rechtsklick), und öffnen Sie hier den Rechner per Mausklick oder Antippen. Sie finden ihn unter **Windows-Zubehör**.

2

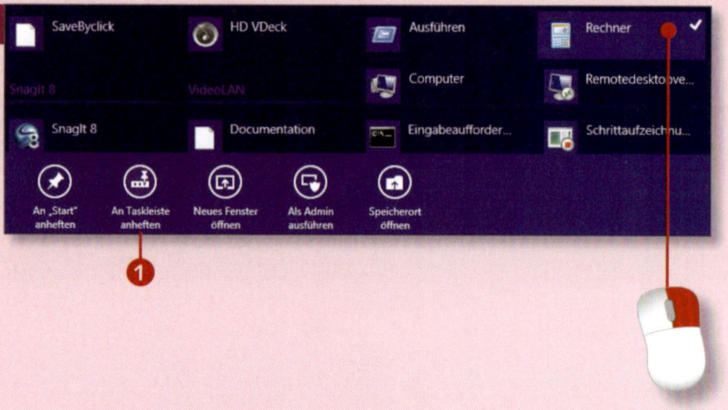

Schritt 2

Wenn Sie vorhaben, den Taschenrechner häufig zu nutzen, legen Sie ihn am besten auf die Taskleiste. Klicken Sie die Kachel mit der rechten Maustaste an, und klicken Sie dann auf der unteren Leiste auf **An Taskleiste anheften** 1.

3

Schritt 3

Nach dieser Aktion erscheint in der Taskleiste ein Symbol für den Taschenrechner. Per Mausklick auf das Symbol können Sie ihn aufrufen.

Schritt 4

Daraufhin wird ein Taschenrechner angezeigt. Sie können hier die Zahlen eingeben, indem Sie sie anklicken (oder gegebenenfalls antippen). Das Ergebnis Ihrer Berechnung erscheint nach einem Klick auf das Gleichheitszeichen.

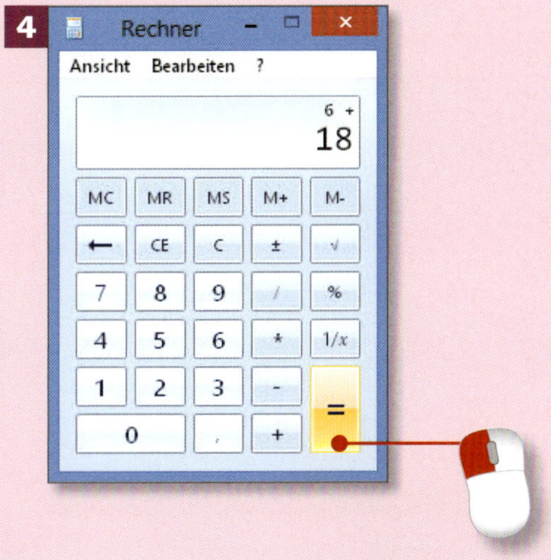

Schritt 5

Sie können auch die Darstellung dieses digitalen Taschenrechners ändern. Klicken Sie auf **Ansicht**, und wählen Sie z. B. **Wissenschaftlich**. Daraufhin werden zusätzliche mathematische Funktionen angezeigt.

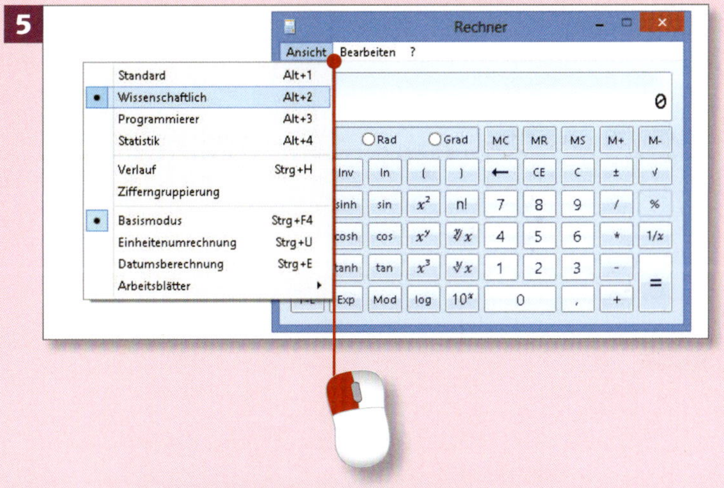

Schritt 6

Wenn Sie ein Ergebnis kopieren möchten, um es z. B. in ein Dokument einzufügen, klicken Sie in der Menüleiste auf **Bearbeiten ▸ Kopieren**. Um eine Zahl aus einem Dokument einzufügen, kopieren Sie sie und wählen **Bearbeiten ▸ Einfügen**.

Ergebnisse löschen

Um alle Eingaben zu löschen, klicken Sie auf die Taste **C**. Während der Eingabe können Sie den jeweils letzten Wert mit der Taste **CE** löschen.

Excel 2013 kennenlernen

1

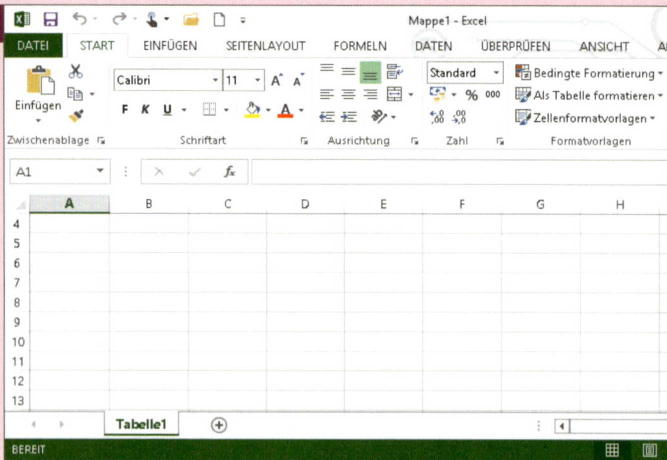

Excel ist ein Kalkulationsprogramm, das Sie bei einfachen und komplexen Rechenaufgaben unterstützt.

Schritt 1

Wenn Sie Excel aufrufen, sehen Sie ein Fenster mit Spalten und Zeilen vor sich. Die Kästchen sind die *Zellen*, in die Sie hineinschreiben.

2

	Filiale1	Filiale2	Filiale3	Filiale4
Quartal1	10000	15000	9000	16000
Quartal2	11000	12000	10000	8500
Quartal3	99000	11000	13000	12500
Quartal4	12000	10000	9000	12800

Schritt 2

Die Gitternetzlinien sind im Ausdruck nicht zu sehen, es sei denn, Sie richten die Seite extra so ein, dass sie mit ausgedruckt werden (auf der Registerkarte **Seitenlayout** in der Gruppe **Blattoptionen**).

3

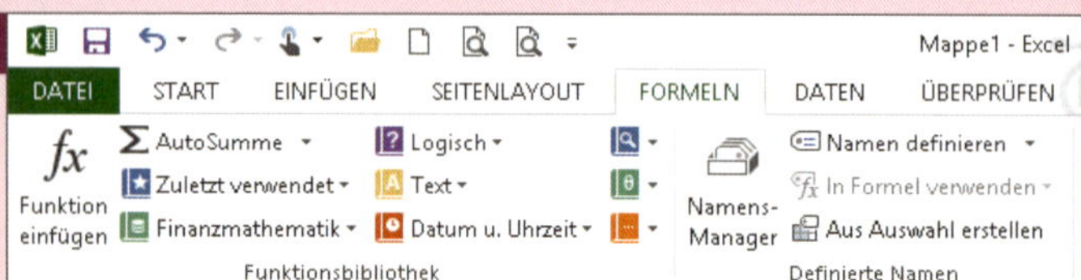

Schritt 3

Wie in Word sind die Befehle auf den unterschiedlichen Registerkarten des *Menübands* versammelt. Manche, z. B. **Start**, sind fast identisch mit denen in Word, andere enthalten Excel-spezifische Funktionen und Befehle.

Excel aufrufen

Sie rufen Excel genauso auf wie andere Office-Programme: Klicken Sie auf dem Startbildschirm einfach auf die Kachel.

Schritt 4

Auch in Excel befinden sich die zentralen Befehle **Öffnen**, **Speichern unter**, **Neu** und **Drucken** im Menü **Datei**, das Sie mit einem Klick auf den entsprechenden Reiter öffnen.

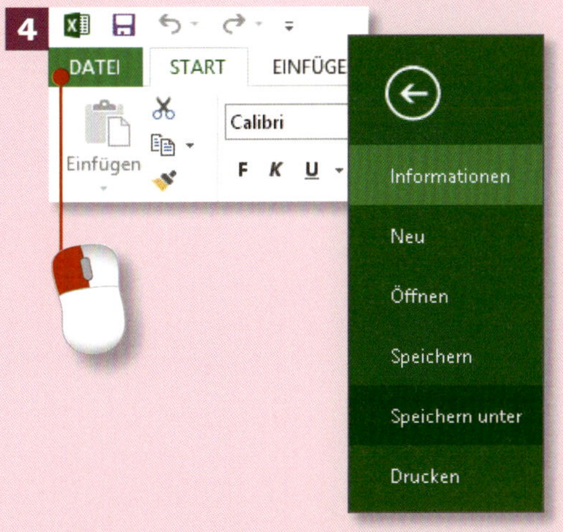

Schritt 5

Auf der Registerkarte **Start** sehen Sie die Befehle zum Formatieren der Zellen Ihrer Tabelle. Sie können hier z. B. Schriftart ❶ und Schriftgröße ❷ ändern, die Ausrichtung ❸ der Zellinhalte bestimmen und spezielle Zahlenformate ❹ zuweisen.

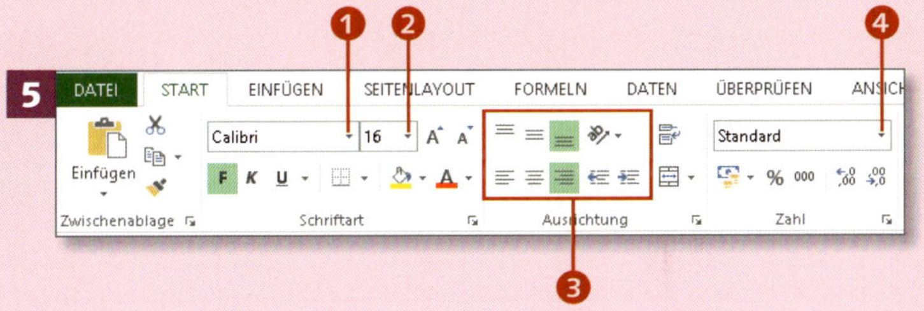

Schritt 6

Oben links gibt es die *Symbolleiste für den Schnellzugriff* mit Schaltflächen für häufig genutzte Befehle, z. B. **Rückgängig**. Wie Sie diese Leiste erweitern können, erfahren Sie im Abschnitt »Word 2013 kennenlernen« ab Seite 182.

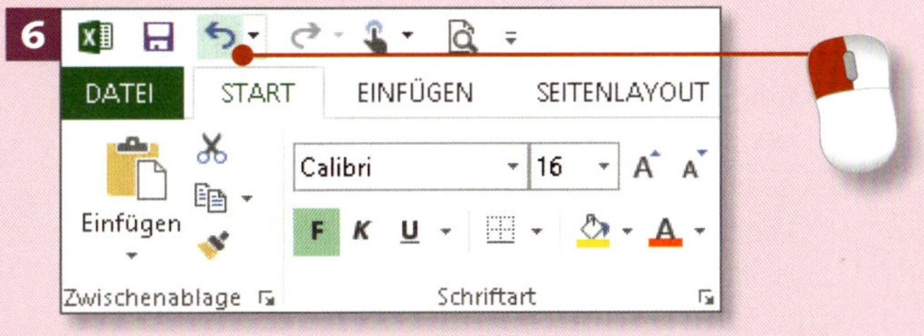

Excel im Touchmodus
Wie in Word 2013 können Sie auch in Excel in den Modus für die Fingereingabe wechseln. Die entsprechende Schaltfläche finden Sie in der *Symbolleiste für den Schnellzugriff*.

Excel 2013 kennenlernen (Forts.)

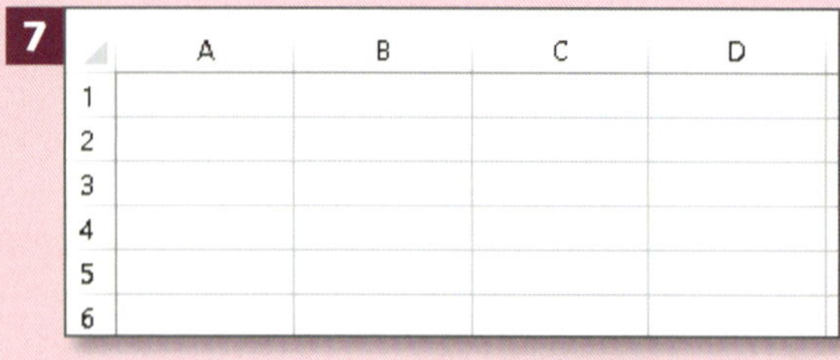

Schritt 7

Für die Arbeit mit Excel sind die Spalten- und Zeilenköpfe wichtig. Auf der Registerkarte **Ansicht** finden Sie sie als **Überschriften**. Aus ihren Buchstaben und Zahlen bilden sich die *Zelladressen*, die beim Rechnen eine Rolle spielen.

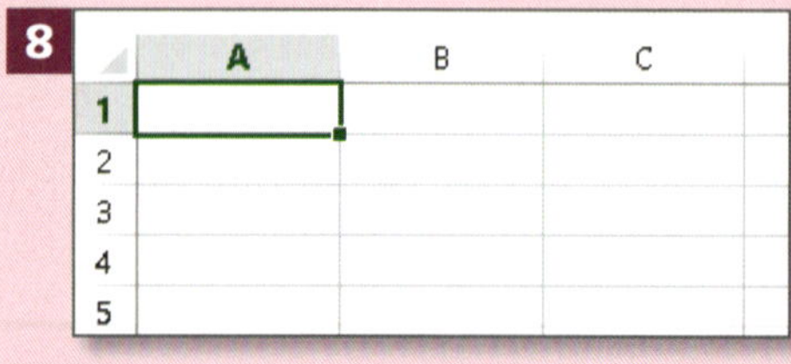

Schritt 8

Die Zelladresse beginnt immer mit der Spalte, d. h. mit dem Buchstaben. Die Zelle ganz oben links heißt also *A1*. Diese Bezeichnung nutzen Sie auch, wenn Sie mit dem Wert in dieser Zelle rechnen wollen.

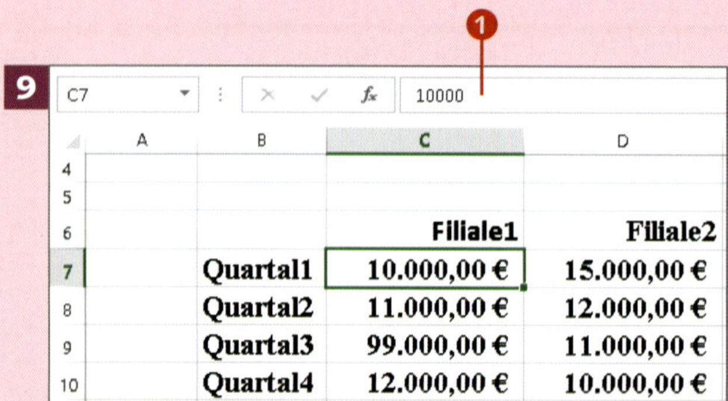

Schritt 9

Direkt oberhalb der Spaltenköpfe sehen Sie die *Bearbeitungsleiste* 1. Hier wird der Inhalt der jeweils markierten Zelle ohne Format, also ganz schlicht angezeigt.

Tabellenblätter umbenennen

Sie können den Tabellenblättern aussagekräftige Namen geben. Klicken Sie mit der rechten Maustaste auf den Reiter. Im Menü wählen Sie **Umbenennen**. Daraufhin wird die aktuelle Bezeichnung markiert, und Sie können den neuen Namen eintippen.

Schritt 10

Eine Excel-*Arbeitsmappe* kann aus mehreren Tabellenblättern bestehen, auf denen Sie Tabellen anlegen, die inhaltlich zusammengehören. Klicken Sie neben dem Reiter **Tabelle 1** auf das Pluszeichen, um ein neues Tabellenblatt einzufügen.

10
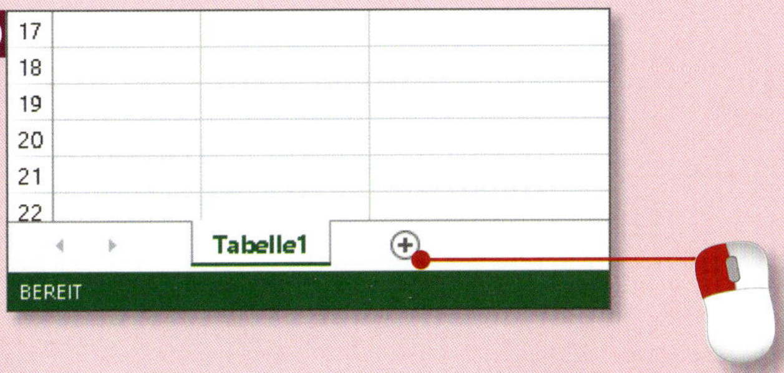

Schritt 11

Tragen Sie auf dem ersten Tabellenblatt z. B. Ihre Ausgaben ein und auf dem zweiten Tabellenblatt Ihre Einnahmen. Zwischen diesen beiden Tabellen können Sie dann einfach hin- und herwechseln, indem Sie den jeweils zugehörigen Reiter anklicken.

11
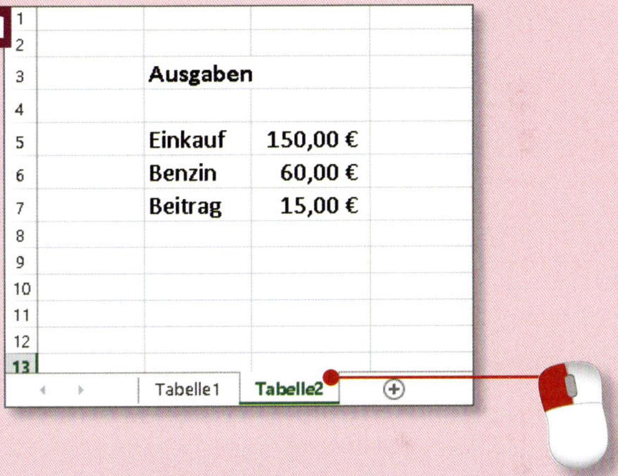

Schritt 12

Wenn Sie Ihre Excel-Datei, also die Arbeitsmappe, über **Datei ▸ Speichern unter** sichern, wird der Inhalt aller Tabellenblätter gespeichert. Das Dateiformat für Excel 2013-Dateien ist **Excel-Arbeitsmappe (xlsx)**.

12
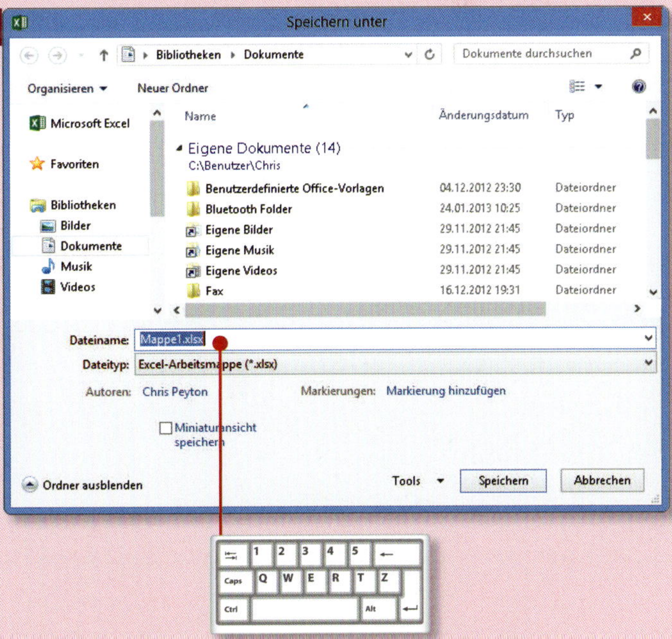

Zellmarkierung

Eine Zelle ist markiert, wenn Sie sie anklicken. Die Markierung wird durch einen Rahmen angezeigt.

Daten in Tabellen eingeben

Sie können Text und Zahlen in die Zellen eingeben. Aktivieren Sie per Mausklick einfach die Zelle, in der Sie anfangen möchten zu schreiben.

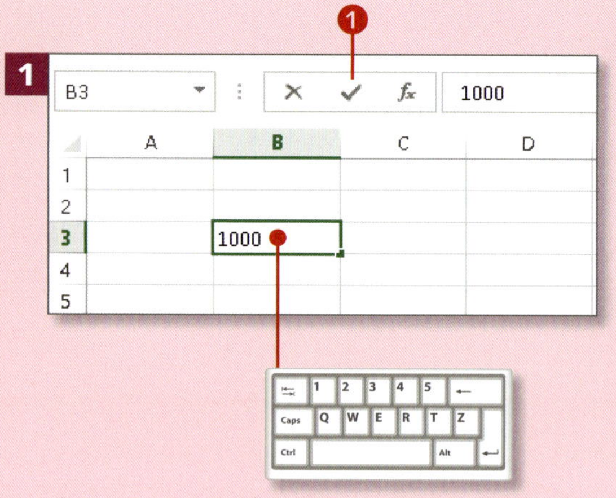

Schritt 1

Klicken Sie auf die Zelle, in der Sie Ihre Tabelle beginnen möchten. Dann geben Sie den Text bzw. die Zahl ein. Die Eingabe schließen Sie mit der [↵]-Taste ab oder indem Sie auf das Häkchen ❶ in der Bearbeitungsleiste klicken.

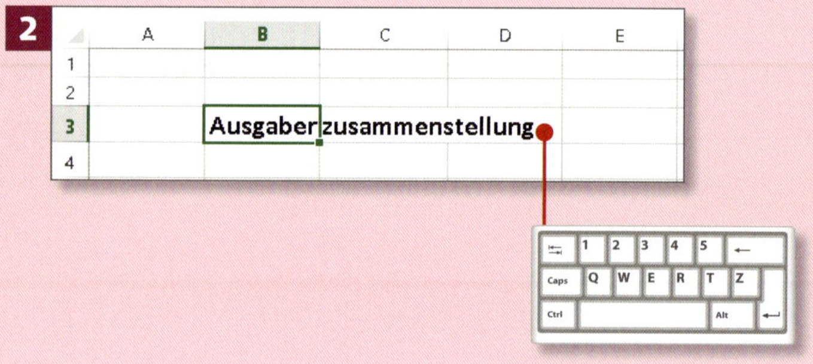

Schritt 2

Wenn Sie einen längeren Text eingeben, z. B. die Überschrift für eine Tabelle, können Sie einfach über die Zelle hinaus schreiben, allerdings nur, wenn die Zelle rechts daneben leer ist. Ansonsten wird der Text »abgeschnitten«.

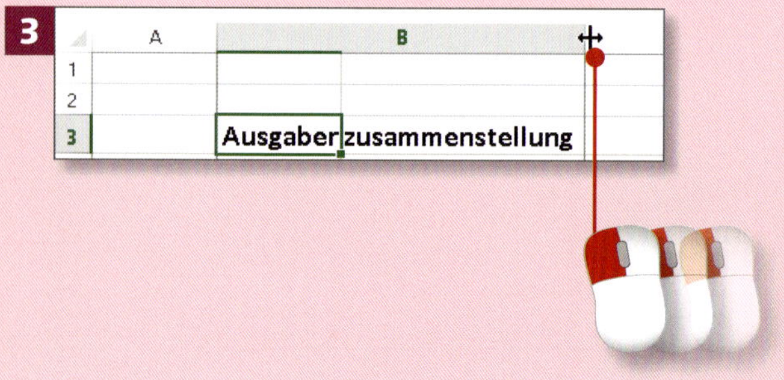

Schritt 3

Die Breite einer Zelle lässt sich leicht verändern. Zeigen Sie mit der Maus auf die vertikale Linie zwischen zwei Spalten, und ziehen Sie sie mit gedrückter Maustaste nach rechts oder links.

Schritt 4

Wenn Sie einen Eintrag korrigieren möchten, gibt es mehrere Möglichkeiten. Um den kompletten Inhalt einer Zelle zu löschen, markieren Sie sie und drücken [Entf]. Alternativ klicken Sie die Zelle mit der rechten Maustaste an und wählen **Inhalte löschen** ❷ aus dem Kontextmenü.

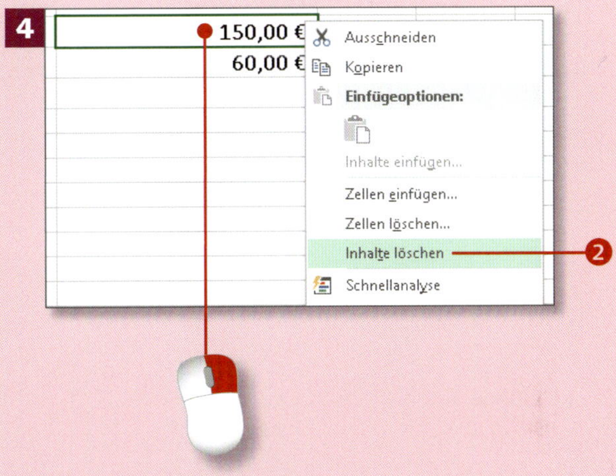

Schritt 5

Einzelne Zeichen können Sie löschen, indem Sie den Cursor per Mausklick in die Bearbeitungsleiste setzen und dann ein Zeichen mit der [←]-Taste oder der [Entf]-Taste löschen. Drücken Sie zum Abschluss die [↵]-Taste.

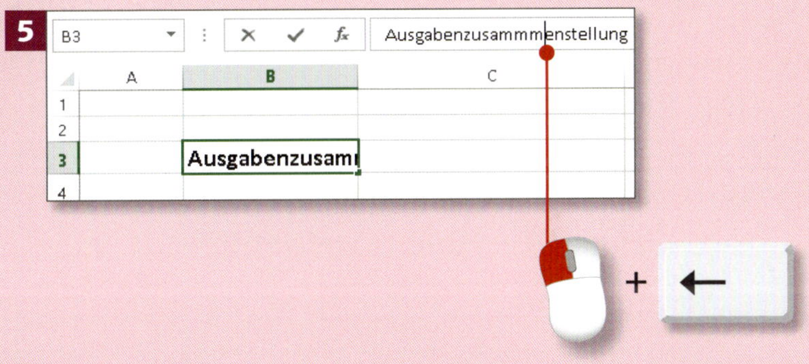

Schritt 6

Um Zellinhalte zu formatieren, müssen Sie die entsprechenden Zellen bzw. Zeilen und Spalten zunächst markieren. Sie können die Maus – wie in Word – mit gedrückter Maustaste über die zu markierenden Zellen ziehen.

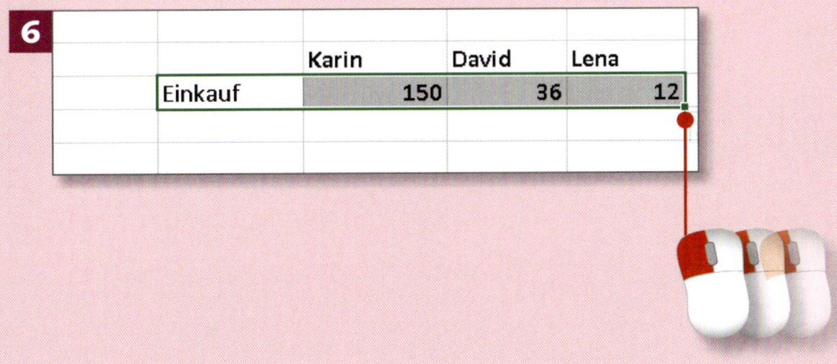

Direkt in der Zelle korrigieren
Wenn Sie eine Zelle doppelt anklicken, können Sie einzelne Zeichen auch direkt in dieser Zelle korrigieren.

Daten in Tabellen eingeben (Forts.)

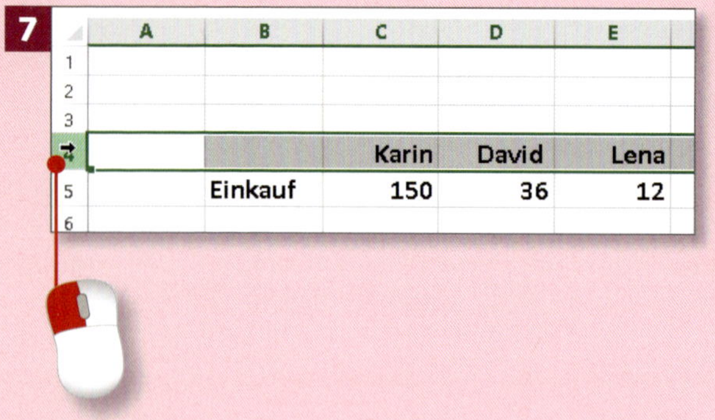

Schritt 7

Um eine ganze Spalte oder Zeile zu markieren, gibt es einen besseren Weg: Zeigen Sie mit der Maus auf den Spalten- oder Zeilenkopf. Der Mauszeiger wird zu einem nach unten (oder nach rechts) weisenden Pfeil. Klicken Sie nun. Bei einem Touchscreen können Sie den Spalten- oder Zeilenkopf antippen.

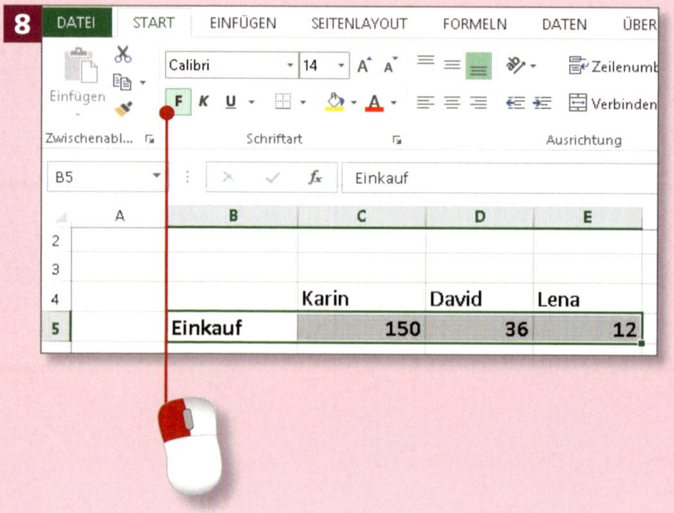

Schritt 8

Um die markierten Zellen z. B. fett zu formatieren, klicken Sie einfach auf die Schaltfläche **Fett**. Die erste Zelle eines markierten Bereichs wird zwar nicht eingefärbt, ist aber dennoch markiert, wie Sie am Rahmen erkennen.

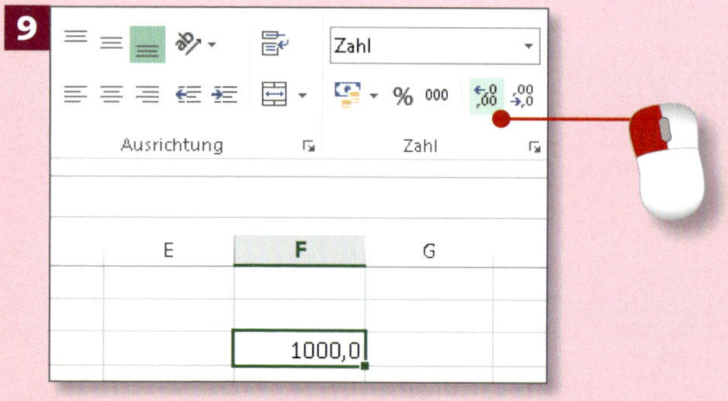

Schritt 9

Zahlen stehen bei Excel im Mittelpunkt. Daher gibt es viele Möglichkeiten ihrer Formatierung. *Dezimalstellen* (die Stellen nach dem Komma) z. B. fügen Sie einfach hinzu, indem Sie auf die Schaltfläche **Dezimalstelle hinzufügen** auf der Registerkarte **Start** klicken.

Schritt 10

Andere Dezimalstellen als 0 müssen Sie selbst eintippen. Wichtig ist, dass Sie, wie in Deutschland üblich, als Dezimalzeichen ein Komma und keinen Punkt verwenden, weil Excel (aufgrund der länderspezifischen Einstellung in Windows) nicht mit Punkten rechnen kann.

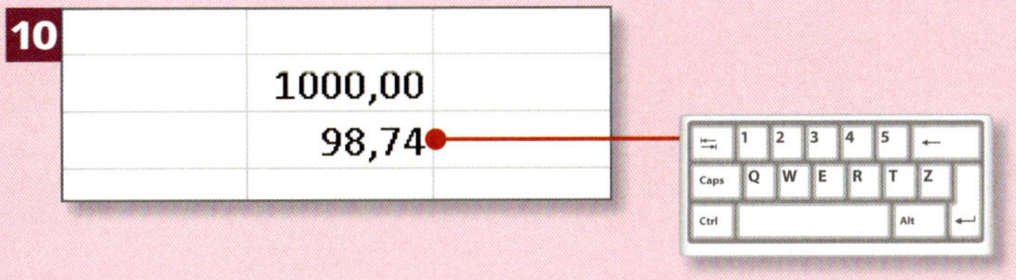

Schritt 11

Geldbeträge lassen sich mit einem Währungszeichen versehen. Markieren Sie die Zelle(n), und klicken Sie auf die Schaltfläche **Buchhaltungszahlenformat**.

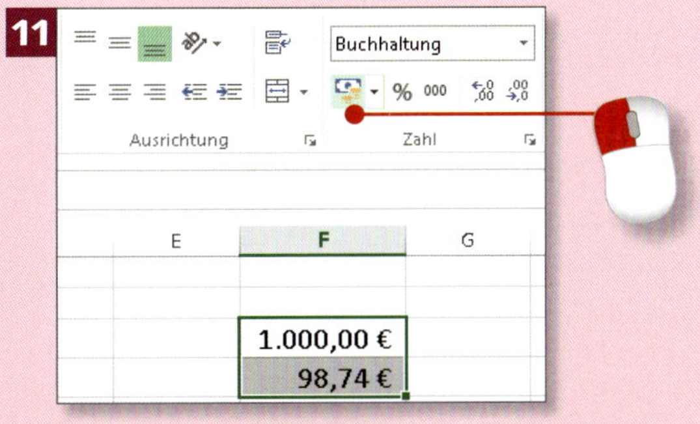

Schritt 12

Wenn Sie auf den Pfeil an dieser Schaltfläche und dann auf **Weitere Buchhaltungszahlenformate** klicken, öffnet sich der Dialog **Zellen formatieren**. Hier können Sie weitere Zahlenformate einstellen ❶ und diese im rechten Bereich anpassen ❷.

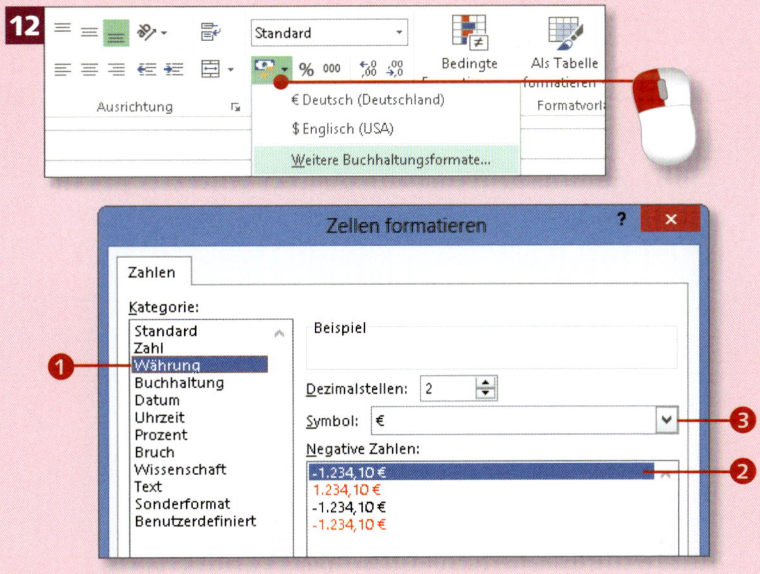

Zahlenformate zuweisen

Wenn Sie im Dialog **Zellen formatieren** die Kategorie **Währung** markieren, können Sie in der Menüliste des Feldes **Symbol** ❸ viele unterschiedliche Währungssymbole auswählen, z. B. das Zeichen für das englische Pfund.

Flash-Fill – Daten blitzschnell ausfüllen

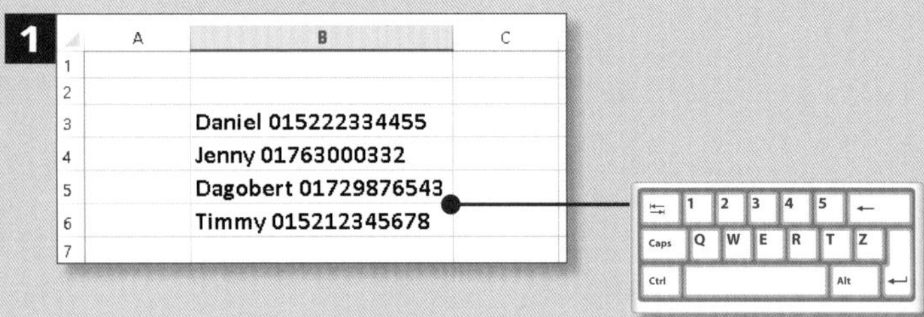

Ein neues Feature in Excel ist die Flash-Fill-Funktion, ins Deutsche übersetzt mit Blitzvorschau. Mit dieser Funktion können bereits vorliegende Daten nach einem Muster extrahiert und fortgeführt werden.

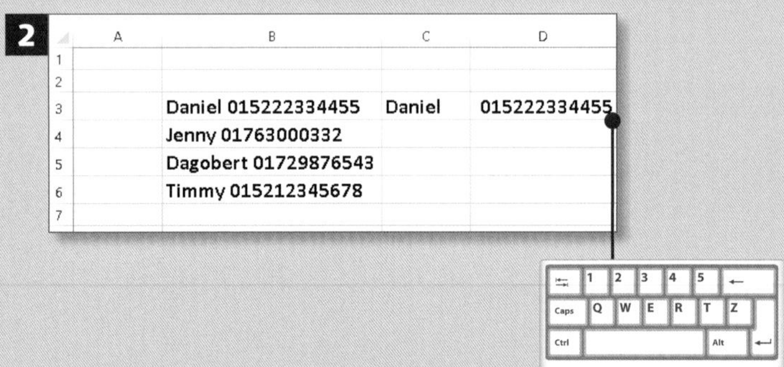

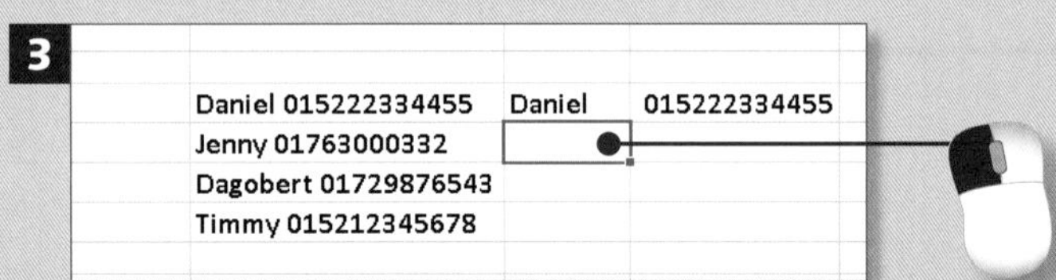

Schritt 1

Schreiben Sie z. B. für eine Adress-Tabelle Namen und Telefonnummer untereinander in eine einzige Spalte.

Schritt 2

In die danebenliegenden Spalten schreiben Sie die Daten einmal so, wie Sie sie brauchen: in eine Spalte den Namen und in die Spalte daneben die Telefonnummer (siehe den Kasten zum Format für Telefonnummern auf Seite 231).

Schritt 3

Um nun die erste Spalte ausfüllen zu lassen, aktivieren Sie die Zelle unterhalb der ersten Eingabe. Klicken Sie also einfach in diese Zelle.

Zellen formatieren

Denken Sie daran, die gesamte Spalte mit dem beschriebenen benutzerdefinierten Zahlenformat zu formatieren. Alternativ können Sie auch ein Anführungszeichen vor die erste Telefonnummer setzen, also vor die Telefonnummer, die Sie als Muster eingeben.

Schritt 4

Als nächstes aktivieren Sie die Registerkarte **Daten**. Hier klicken Sie auf **Blitzvorschau**.

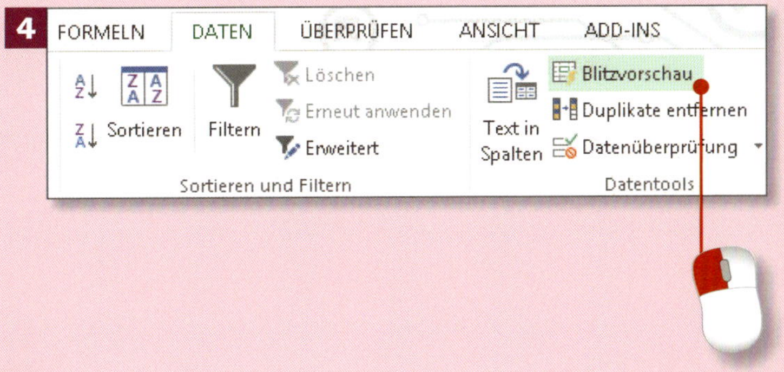

Schritt 5

Das Ergebnis sehen Sie gleich danach: Die Spalte ist mit den weiteren Daten gefüllt.

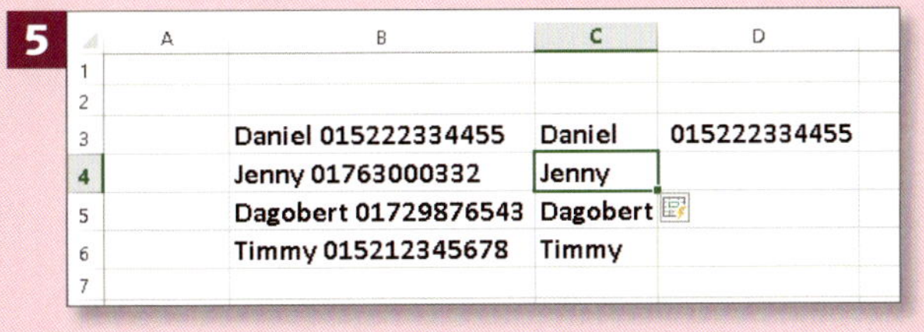

Schritt 6

Für die nächste Spalte verfahren Sie genauso: Sie aktivieren Sie Zelle unter der Telefonnummer und klicken wieder auf die Option **Blitzvorschau**. Fertig.

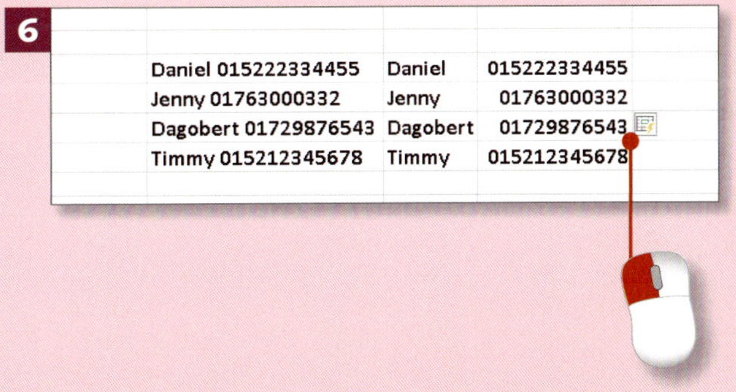

Zahlenformat für Telefonnummern

Das Beispiel benötigt ein besonderes Zahlenformat für die Spalte mit den Telefonnummern, da Excel ansonsten die führenden Nullen abschneidet. Öffnen Sie den Dialog **Zellen formatieren** mit der Registerkarte **Zahlen**. Markieren Sie links **Benutzerdefiniert** und geben Sie im Feld **Typ** das Muster ein: eine Null und mehrere Rautezeichen (so viele wie die mögliche Länge von Telefonnummern: 0#########).

Rechnen in Tabellen

Excel unterstützt Sie bei einfachen Rechnungen, z. B. Additionen oder Divisionen.

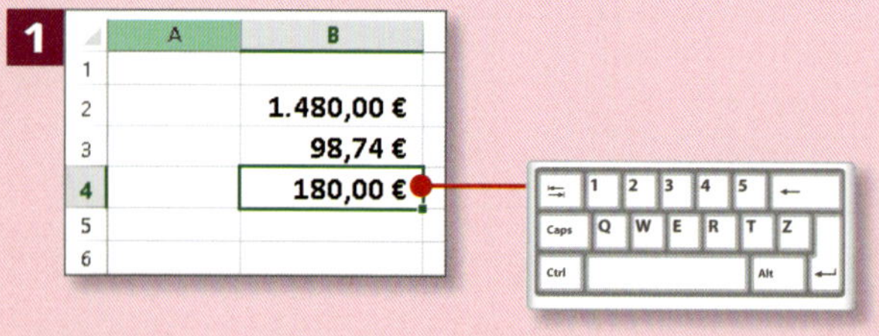

Schritt 1

Beginnen wir mit einer einfachen Addition. Schreiben Sie die zu addierenden Zahlen untereinander, und formatieren Sie sie gegebenenfalls.

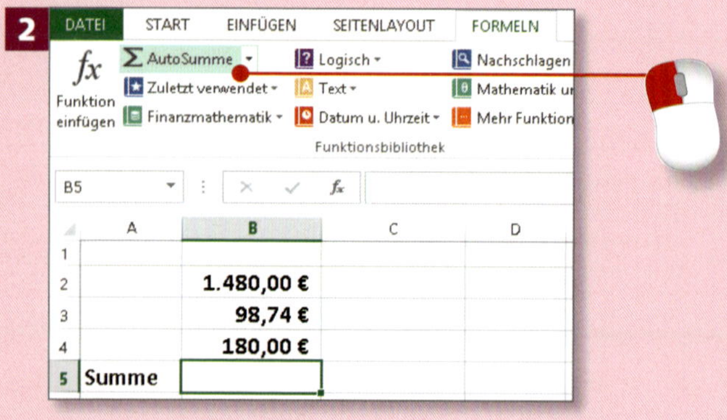

Schritt 2

Markieren Sie die Zelle, in der das Ergebnis auftauchen soll, also die Zelle unterhalb Ihrer Zahlen. Dann klicken Sie auf der Registerkarte **Formel** (oder auf der Registerkarte **Start** ganz rechts) auf die Schaltfläche **AutoSumme**.

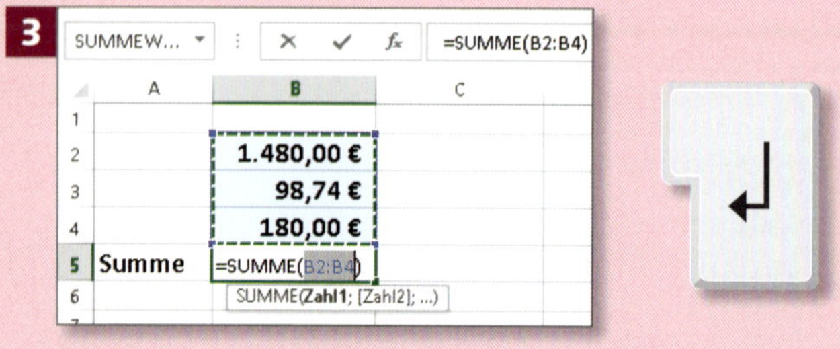

Schritt 3

Excel legt automatisch einen *Laufrahmen* um alle zusammenhängenden Zellen oberhalb der Ergebniszelle, in der nun die Formel *=SUMME* mitsamt dem Zellbereich steht, der zusammengerechnet werden soll, nämlich *B2:B4* (B2 bis B4). Drücken Sie die [↵]-Taste, um die Berechnung zu bestätigen.

Bestimmte Zellen mit AutoSumme berechnen
Wenn nicht alle Zellen der Spalte in die Berechnung aufgenommen werden sollen, klicken Sie auf **AutoSumme**, und fahren Sie mit der Maus über die zu addierenden Zellen. Einzelne Zellen klicken Sie an und halten dabei die [Strg]-Taste gedrückt.

Schritt 4

Wenn Sie die Werte verstreut liegender Zellen addieren möchten, verwenden Sie das Pluszeichen. Tippen Sie als Erstes ein Gleichheitszeichen in die Ergebniszelle. Mit diesem Zeichen beginnt jede Berechnung, die Sie in Excel anstellen möchten.

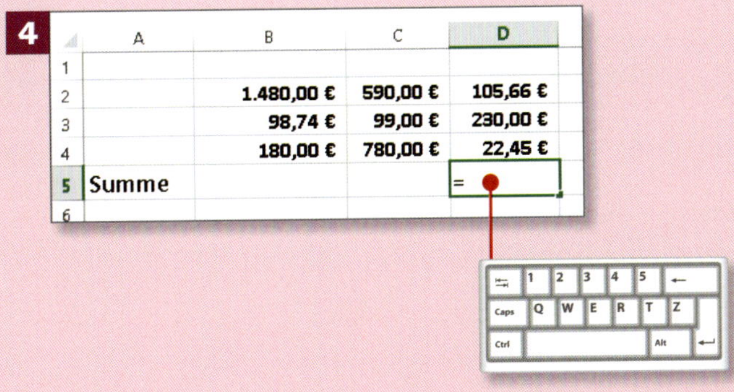

Schritt 5

Dann geben Sie die Adresse der ersten Zelle ein, die zu Ihrer Berechnung gehört, z. B. »C2«. Statt diese Zelladresse zu tippen, können Sie die Zelle auch anklicken.

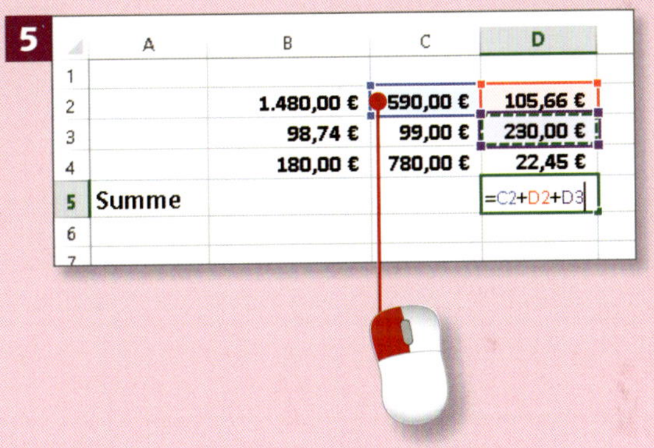

Schritt 6

Danach drücken Sie die [+]-Taste, geben die nächste Zelladresse ein, drücken wieder die [+]-Taste usw. Es spielt keine Rolle, ob Sie die Buchstaben klein oder groß schreiben, »D3« funktioniert genauso gut wie »d3«.

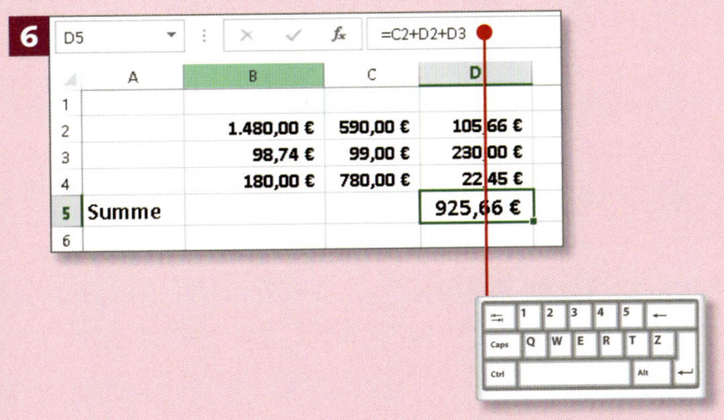

Formeleingabe

Beginnen Sie jede Berechnung mit einem Gleichheitszeichen, damit Excel weiß, dass gerechnet werden soll. Achten Sie auch darauf, dass jede Zahl, mit der Sie rechnen möchten, in einer eigenen Zelle steht und dass Sie in diesen Zellen keinen zusätzlichen Text eingeben.

Rechnen in Tabellen (Forts.)

7

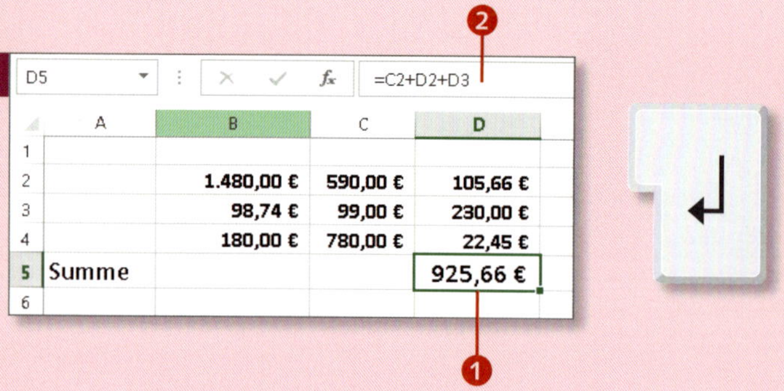

Schritt 7

Zum Schluss drücken Sie die [↵]-Taste. Voilà – Excel präsentiert das Ergebnis ❶. Achten Sie auf die Bearbeitungsleiste ❷: Hier wird nicht das Ergebnis, sondern die Formel für die Berechnung angezeigt.

8

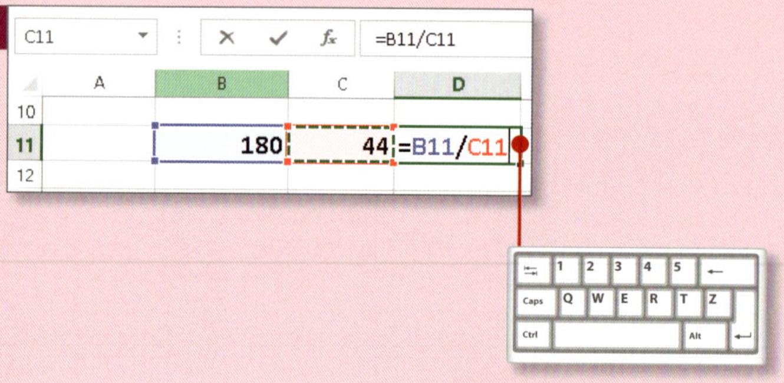

Schritt 8

Mit den übrigen (einfachen) Berechnungen verfahren Sie ähnlich, nur dass Sie andere Operatoren nutzen. Wenn Sie eine Zahl durch eine andere Zahl teilen möchten, lautet die Eingabe =*Zelladresse/Zelladresse*.

9

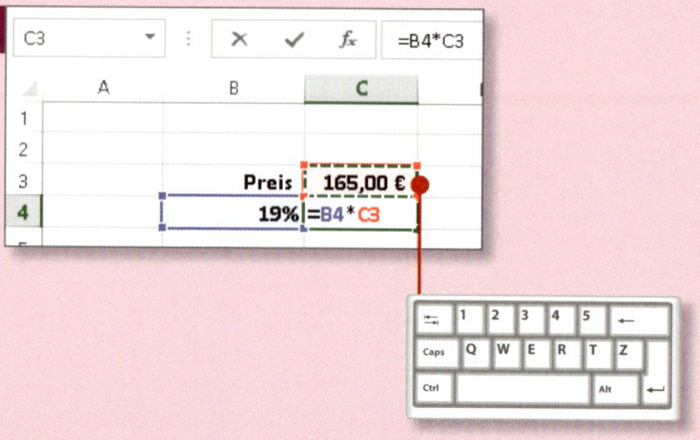

Schritt 9

Sie können z. B. auch die Mehrwertsteuer für einen Preis errechnen. Der Steuersatz steht in der Zelle B4 (mit Prozentzeichen). Geben Sie ein Gleichheitszeichen in die Zelle **C4** ein, und klicken Sie auf die Zelle **B4**. Dann drücken Sie [⇧] + [+] (für das Malzeichen) und klicken auf die Zelle mit dem Preis (**C3**).

Mathematische Zeichen

Zum Addieren drücken Sie die [+]-Taste, zum Subtrahieren [-]. Sie multiplizieren mithilfe des Sternchens [⇧] + [+] und dividieren mit dem Schrägstrich [⇧] + [7]. Bei Tastaturen mit einem Nummernblock können Sie auch die dortigen Tasten nutzen.

Schritt 10

Wieder bestätigen Sie die Formel mit der [↵]-Taste. Sie erhalten deshalb sofort das richtige Ergebnis, weil das Prozentzeichen nach der 19 automatisch dafür sorgt, dass durch 100 geteilt wird.

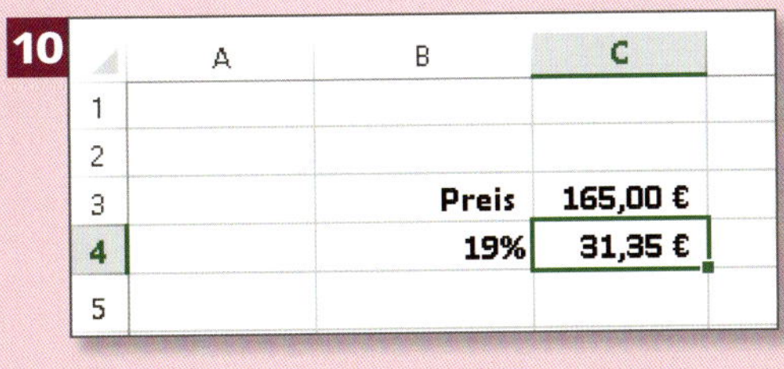

Schritt 11

Sie möchten den Durchschnitt Ihrer monatlichen Ausgaben wissen. Markieren Sie die Ergebniszelle ❸, klicken Sie auf den Pfeil an der Schaltfläche **AutoSumme** und im Menü dann auf **Mittelwert**.

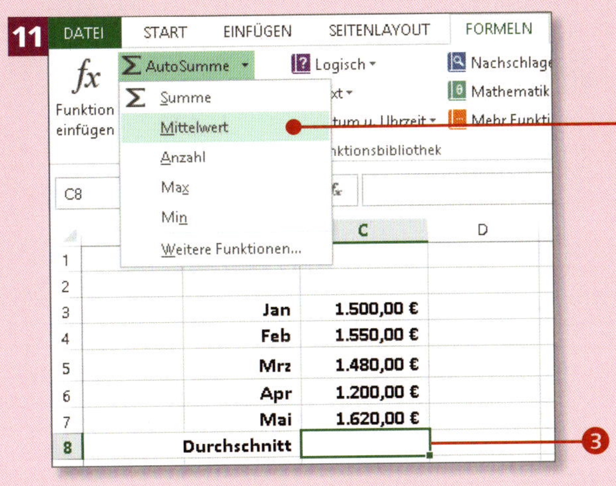

Schritt 12

Die Formel *=MITTELWERT* erscheint in der Ergebniszelle und außerdem der Zahlenbereich, um den es geht, nämlich *C3:C7* (C3 bis C7). Bestätigen Sie die Formel mit der [↵]-Taste.

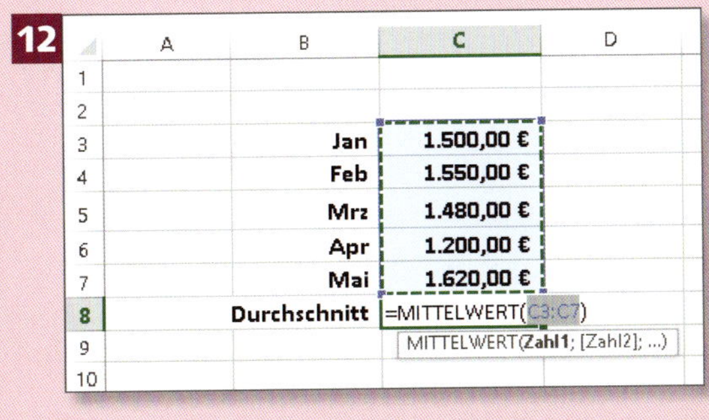

Mit Zelladressen rechnen

Sie können in den Formeln auch konkrete Zahlen verwenden, aber die Zusammenstellung der Berechnung mit den jeweiligen Zelladressen bietet den großen Vorteil, dass Excel das Ergebnis automatisch anpasst.

Zellen kopieren, verschieben und ausfüllen

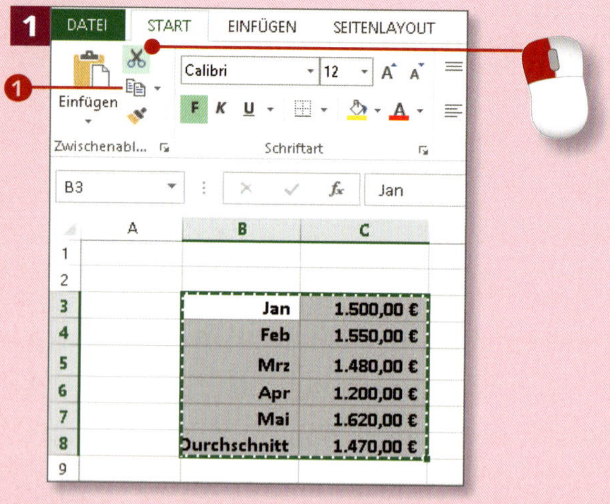

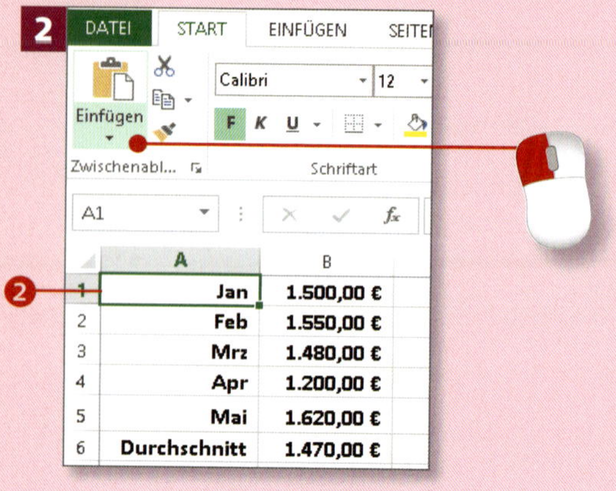

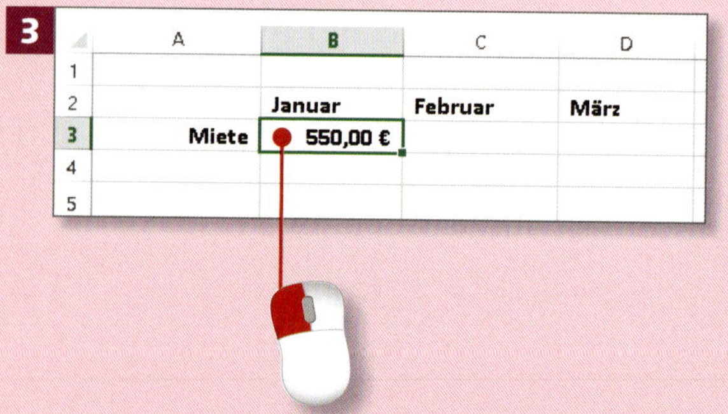

Excel bietet neben den normalen Funktionen zum Kopieren und Einfügen noch ein paar pfiffige Möglichkeiten, Zellen mit Werten auszufüllen, und erspart Ihnen auf diese Weise einiges an Tipparbeit.

Schritt 1

Einträge in Zellen lassen sich ausschneiden/kopieren und an anderer Stelle wieder einfügen. Markieren Sie den Zellbereich, und klicken Sie auf die Schaltfläche **Kopieren** (1) oder **Ausschneiden**.

Schritt 2

Sie sehen wieder einen Laufrahmen. Anschließend markieren Sie die erste Zelle (2), in die Sie den Text wieder einfügen wollen, und klicken auf **Einfügen**. Die »Zielzelle« kann auch auf einem anderen Tabellenblatt liegen, Sie müssen es vor dem Einfügen nur mit einem Mausklick auf den entsprechenden Reiter öffnen.

Schritt 3

Der Wert einer Zelle lässt sich ganz einfach auf andere Zellen übertragen. Unser Beispiel: Die Miete ist in jedem Monat die gleiche. Tippen Sie den Wert in die erste Zelle.

Schritt 4

Dann zeigen Sie mit der Maus auf die rechte untere Ecke, auf den kleinen schwarzen »Würfel«. Der Mauszeiger wird zu einem Kreuz. Klicken Sie, halten Sie die Maustaste gedrückt, und ziehen Sie den Rahmen nach rechts über die nächsten Zellen.

4

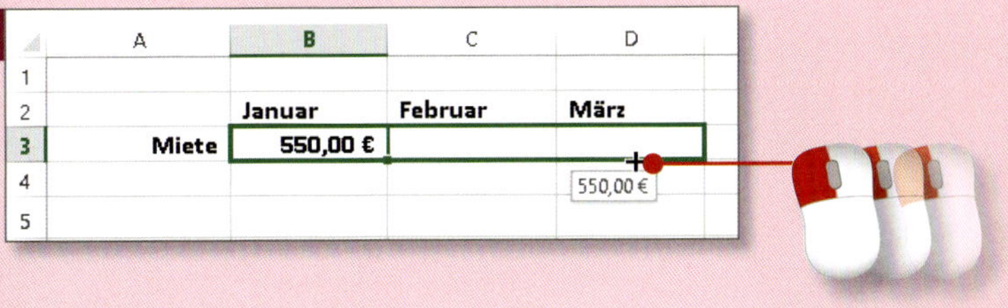

Schritt 5

Wenn Sie beispielsweise »1.« in eine Zelle tippen, können Sie auch diese Reihe ganz leicht mit »2.«, »3.« etc. fortsetzen. Klicken Sie auf den kleinen Würfel, und ziehen Sie ihn mit gedrückter Maustaste in die gewünschte Richtung.

5

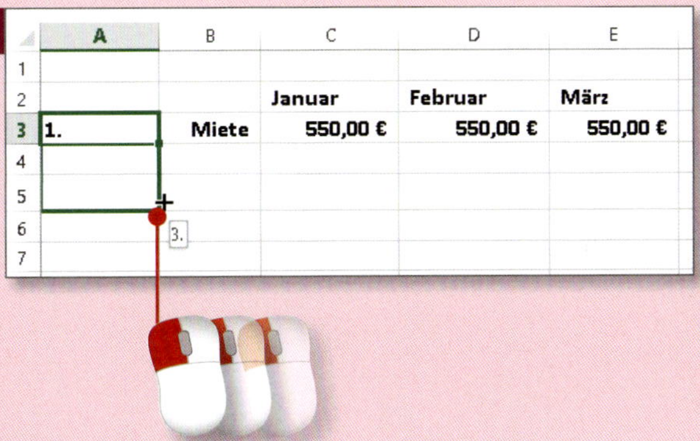

Schritt 6

Wenn Sie eine Reihe aus einfachen Zahlen (ohne Punkt) bilden möchten, schreiben Sie die ersten beiden Anfangswerte in die Zellen, z. B. »1« und »2«. Diese Werte markieren Sie. Dann setzen Sie den Mauszeiger auf den kleinen Würfel an der unteren Zelle und ziehen ihn mit gedrückter Maustaste über die nächsten Zellen.

6

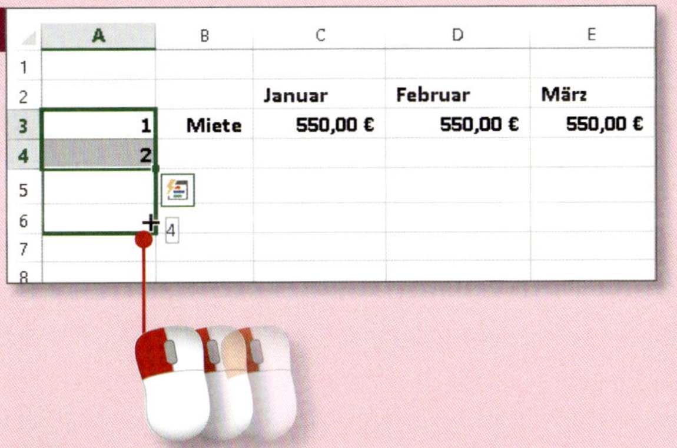

Datumsreihen erstellen

Fortlaufende Datumsangaben lassen sich so ebenfalls prima ausfüllen. Schreiben Sie beispielsweise »1.1.2013«. Excel erkennt das Datumsformat und verändert die Eingabe zu »01.01.2013«. Diese Reihe wird mit »02.01.2013« etc. fortgesetzt, sobald Sie den »Würfel«, wie beschrieben, über die angrenzenden Zellen ziehen.

Daten sortieren und filtern

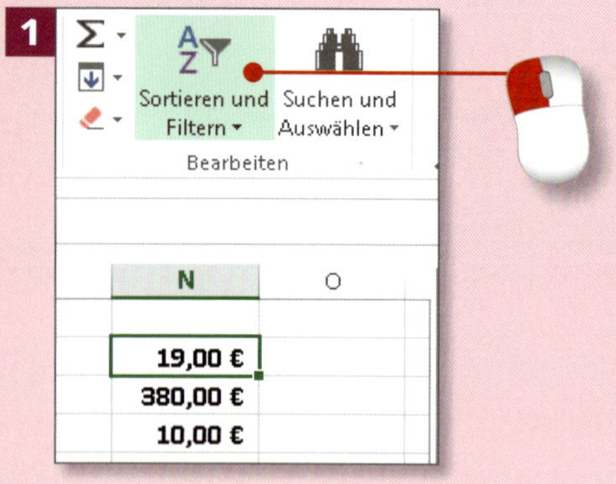

Sie brauchen bei der Eingabe von Daten nicht darauf zu achten, sie sortiert einzugeben. Mit Excel bringen Sie nachträglich problemlos Ordnung in Ihre Tabellen.

Schritt 1

Um eine Zahlenreihe zu sortieren, reicht es, eine Zelle der Spalte oder Zeile zu markieren. Dann klicken Sie auf der Registerkarte **Start** in der Gruppe **Bearbeiten** auf die Schaltfläche **Sortieren und Filtern**.

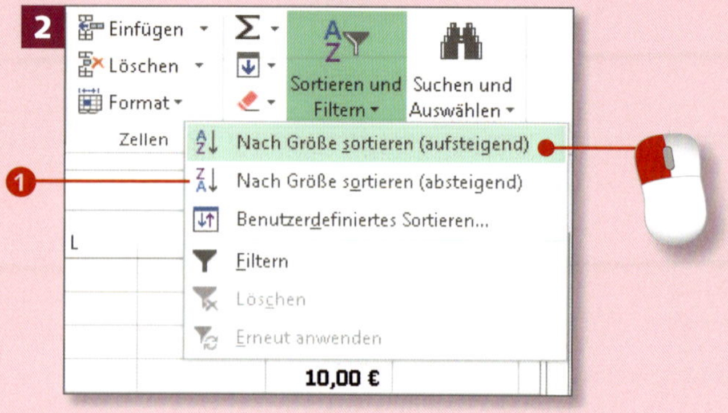

Schritt 2

Im zugehörigen Menü klicken Sie auf **Nach Größe sortieren (aufsteigend)**. Die Sortierung beginnt dann mit dem niedrigsten Wert. Mit **Nach Größe sortieren (absteigend)** (1) fängt sie beim größten Wert an.

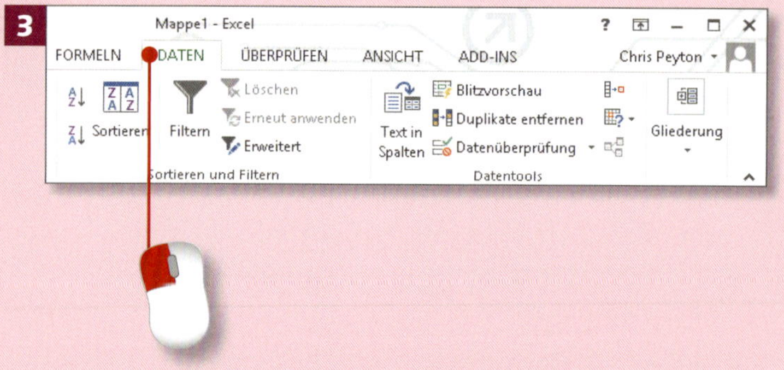

Schritt 3

Excel bietet auch die Möglichkeit, Daten zu filtern, sodass nur bestimmte Einträge bzw. Datensätze angezeigt werden. Öffnen Sie die Registerkarte **Daten**.

Schritt 4

Markieren Sie zunächst die Zeile ❷, die die Spaltenüberschriften enthält, die Sie filtern möchten. Klicken Sie dann auf die Schaltfläche **Filtern**.

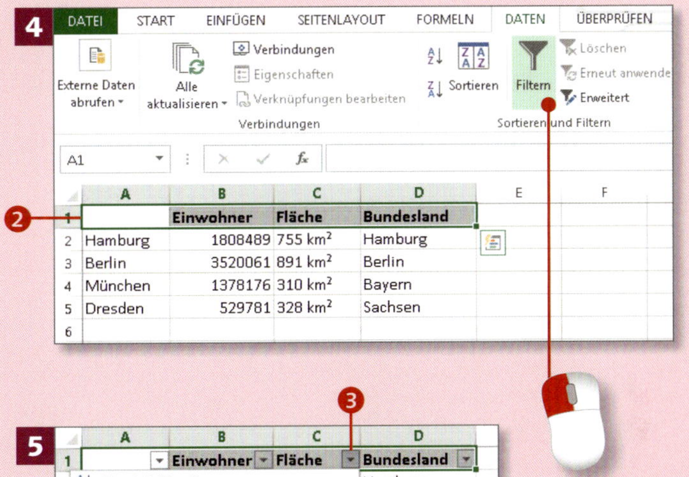

Schritt 5

Sie sehen, dass neben den Überschriften Pfeile aufgetaucht sind. Um Ihre Tabelle zu filtern, klicken Sie auf einen dieser Pfeile ❸. Das Menü bietet unterschiedliche Optionen: Wenn z. B. nur die Städte mit einer bestimmten Fläche angezeigt werden sollen, entfernen Sie zunächst mit einem Klick das Häkchen vor **Alles auswählen**.

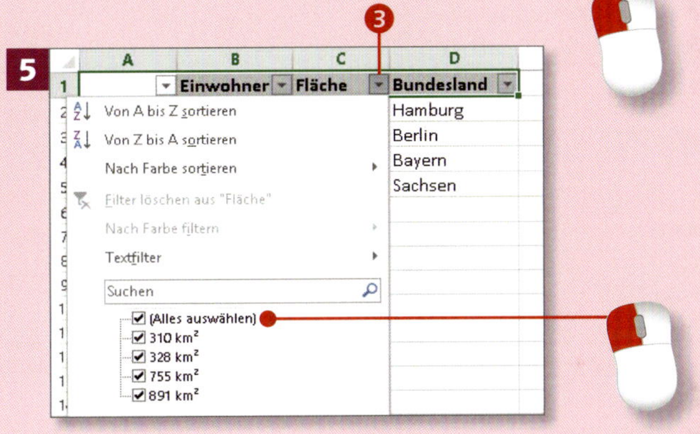

Schritt 6

Dann setzen Sie ein Häkchen vor den Eintrag, dessen Daten Sie anzeigen lassen möchten. Klicken Sie dann auf **OK** ❹. Bei der gefilterten Anzeige erscheint statt des Pfeils ein kleines Filtersymbol ❺ neben der Überschrift.

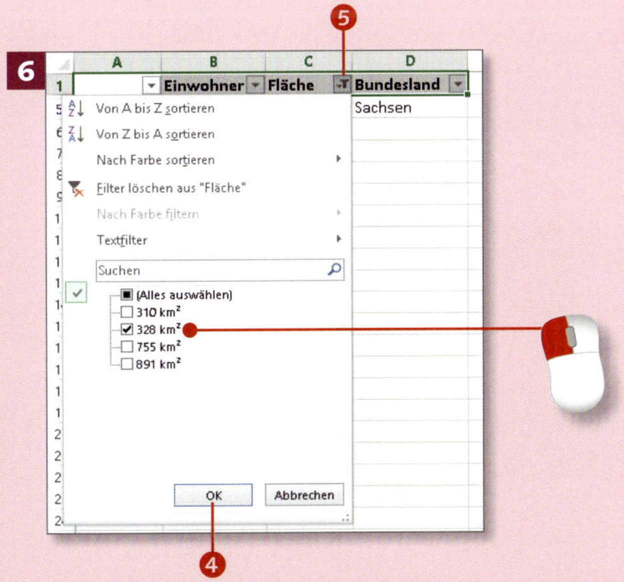

Die Sortieren-Schaltflächen

Die Schaltflächen zum aufsteigenden oder absteigenden Sortieren finden Sie auch auf der Registerkarte **Daten**.

Daten sortieren und filtern (Forts.)

7

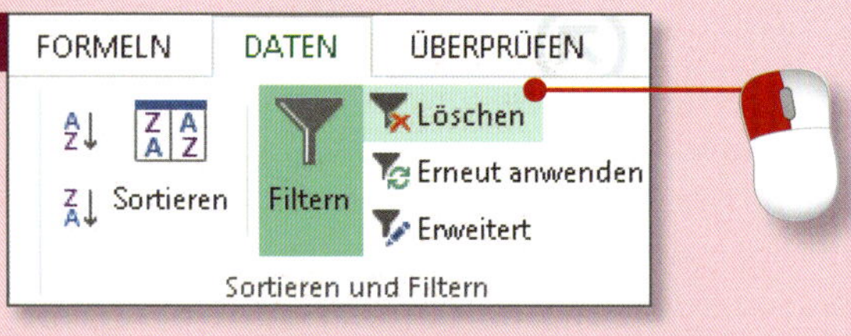

Schritt 7

Um den Filter wieder zu deaktivieren, klicken Sie auf die Schaltfläche **Löschen** (neben dem Symbol **Filtern**). Damit entfernen Sie alle Pfeile zum Filtern. Ansonsten aktivieren Sie im Filtermenü einfach wieder **Alles auswählen** (damit bleiben die Pfeile erhalten).

8

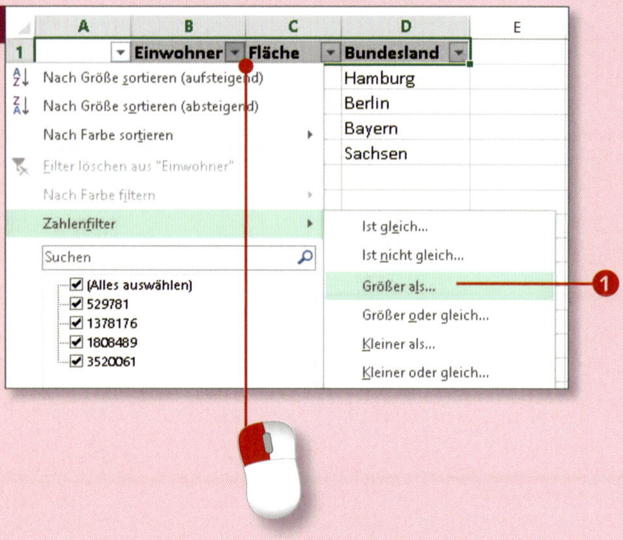

Schritt 8

Sie können auch nach bestimmten Kriterien filtern, z. B. nach der Einwohnerzahl. Klicken Sie beispielsweise auf den Pfeil neben der Spaltenüberschrift **Einwohner** und im Menü auf **Zahlenfilter ▸ Größer als** ❶.

9

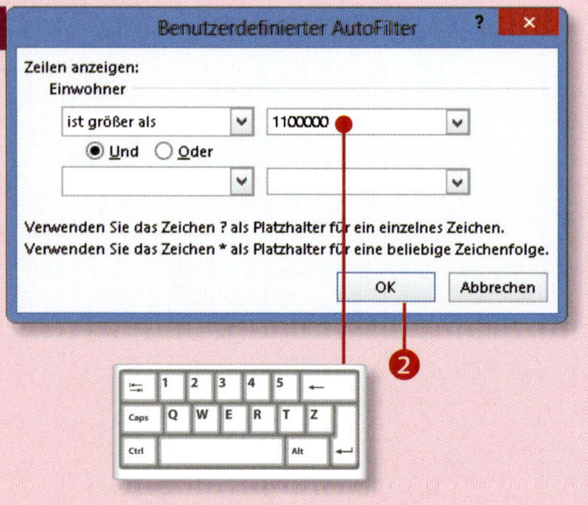

Schritt 9

Im Dialog **Benutzerdefinierter AutoFilter** tragen Sie in das Feld neben **ist größer als** die Einwohnerzahl ein, die Sie als Kriterium anlegen möchten, z. B. »1100000« (um nur Städte anzuzeigen, die mehr Einwohner haben). Klicken Sie auf **OK** ❷, um den von Ihnen ausgewählten Filter anzuwenden.

Schritt 10

Wie Sie sehen, werden nur noch die Datensätze angezeigt, die der zuvor festgelegten Bedingung entsprechen: alle Städte mit mehr als 1.100.000 Einwohnern. Im Beispiel fällt Dresden nun raus.

10

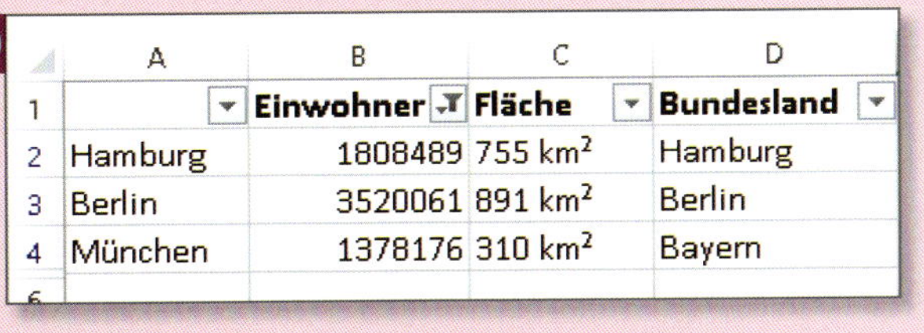

Schritt 11

Sie werden den Filter wieder los, indem Sie auf das Symbol neben der Überschrift (**Einwohner**) klicken und im Menü den Eintrag **Filter löschen aus „Einwohner“** wählen.

11

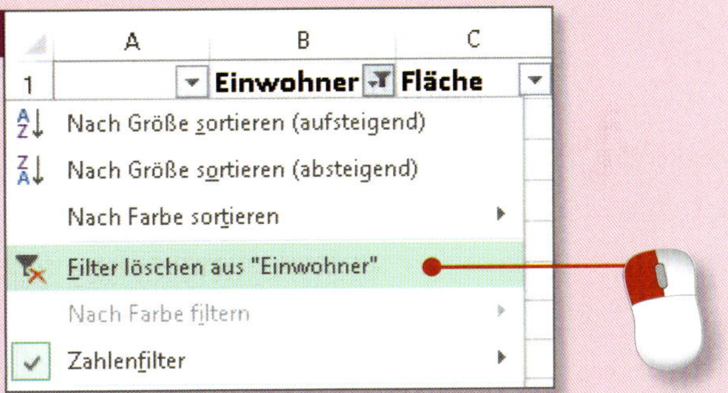

Schritt 12

Ähnlich funktioniert es auch bei Zellen mit Texteinträgen: Wenn Sie auf den AutoFilterpfeil klicken, können Sie anstelle eines Zahlenfilters einen Textfilter setzen. Auf diese Weise lassen sich z. B. nur Daten anzeigen, die mit einem bestimmten Buchstaben ❸ beginnen.

12

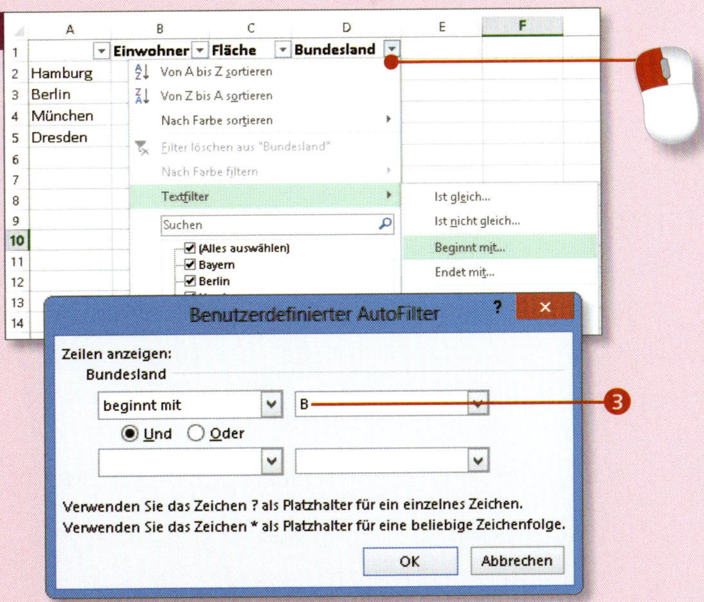

Einträge bequem filtern

Natürlich können Sie im Filtermenü auch einfach die Einträge deaktivieren, die nicht angezeigt werden sollen. Der beschriebene Weg, zunächst die Option **Alles auswählen** zu deaktivieren, bietet sich vor allem in einer langen Liste an.

Kapitel 10
Weitere Geräte anschließen

Für viele Aufgaben brauchen Sie ein paar weitere Geräte, die mit Ihrem Computer verbunden sind: einen Drucker, um Dokumente oder Fotos nicht nur am Bildschirm zu betrachten, eventuell eine externe Festplatte, wenn Sie große Datenmengen sichern möchten, oder einen Kopfhörer, um Musik zu hören, mit der Sie nicht die ganze Familie beglücken möchten.

Eine USB-Festplatte anschließen

Eine externe Festplatte ❶ kann sehr praktisch sein. Sie dient als zusätzlicher Datenspeicher, wenn die interne Festplatte an ihre Kapazitätsgrenzen stößt, und ist gleichzeitig ideal, um Daten unabhängig von der internen Festplatte zu sichern, falls diese mal kaputtgehen sollte.

Einen Drucker anschließen

Das papierlose Büro ist auch im digitalen Zeitalter ein Mythos. Oft brauchen Sie Dokumente schwarz auf weiß, oder Sie möchten ein paar schöne Fotos ausdrucken. Sie brauchen also einen Drucker ❷, der entweder direkt an Ihren Computer angeschlossen ist oder in einem Heimnetzwerk zur Verfügung gestellt wird.

Kopfhörer anschließen und die Lautstärke regulieren

Es ist sehr einfach, einen Kopfhörer mit Ihrem Computer zu verbinden. Die entsprechenden Buchsen sind deutlich gekennzeichnet. Wenn es Probleme gibt, prüfen Sie die Eigenschaften des Lautsprechers ❸, und ändern Sie die Einstellungen. In den entsprechenden Dialog gelangen Sie über den Dialog **Sound** in der **Systemsteuerung**.

❶ Eine externe Festplatte bietet sich zur Sicherung großer Datenmengen an.

❷ Drucker und Faxgeräte werden im Dialog **Geräte und Drucker** angezeigt.

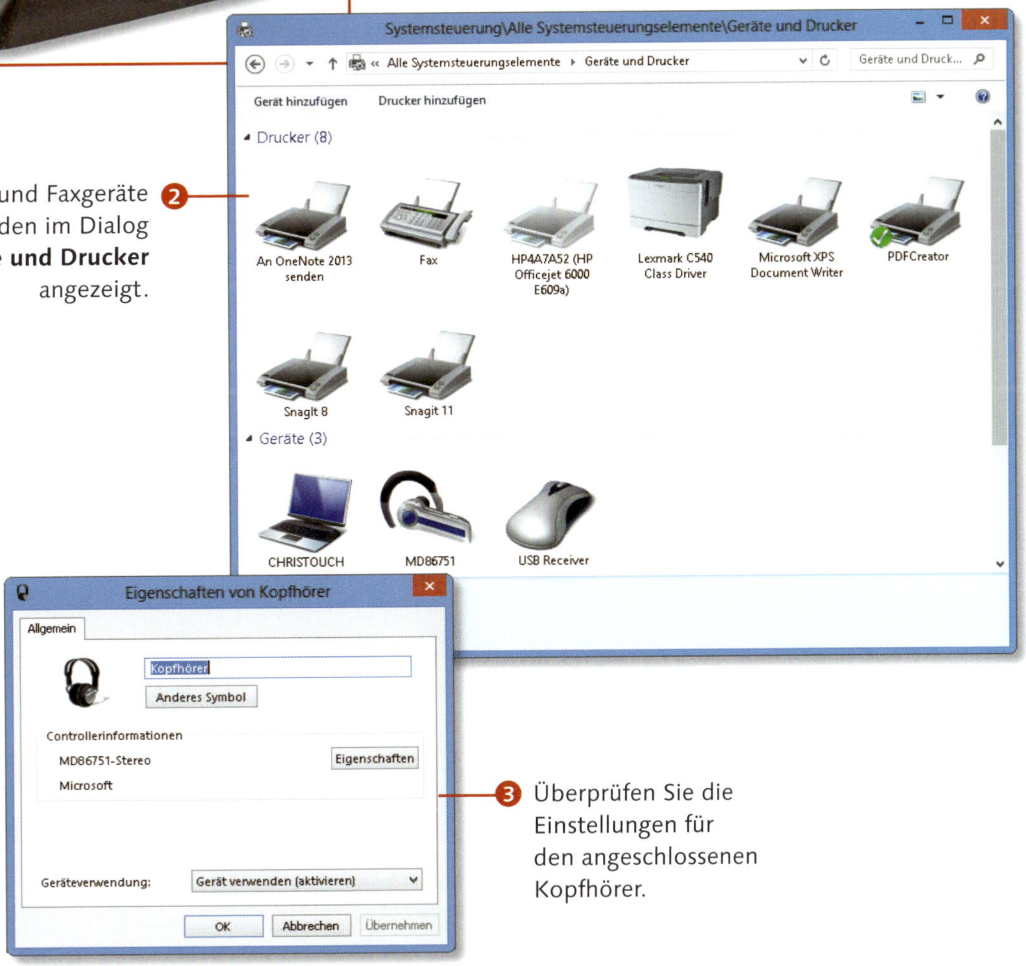

❸ Überprüfen Sie die Einstellungen für den angeschlossenen Kopfhörer.

Eine USB-Festplatte anschließen

1

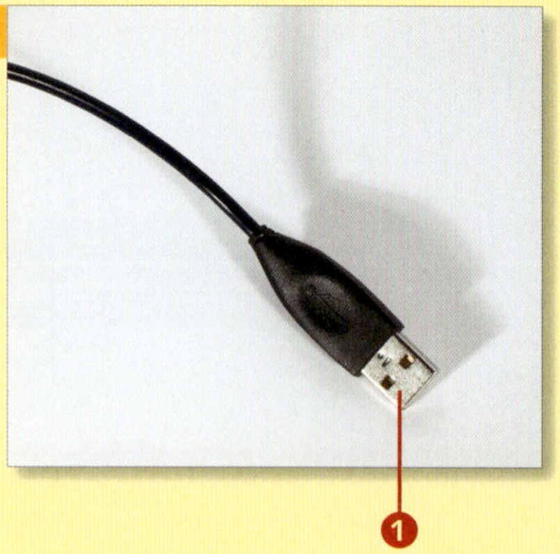

2

3

Auf einer externen USB-Festplatte können Sie nicht nur Daten sichern, sondern auch große Datenmengen speichern, um Platz auf Ihrer internen Festplatte zu schaffen.

Schritt 1

Zum Anschließen der externen Festplatte an den PC benötigen Sie ein passendes USB-Kabel ❶. Bei manchen Modellen (3,5-Zoll-Festplatten) brauchen Sie außerdem ein Netzkabel zum Verbinden mit einer Stromquelle. Beides gehört in der Regel zum Lieferumfang des Geräts.

Schritt 2

Wenn nötig, verbinden Sie die externe Festplatte über das Netzkabel mit der Stromquelle. Schalten Sie die Festplatte dann ein ❷. Verbinden Sie die Festplatte mithilfe des USB-Kabels mit dem PC ❸.

Schritt 3

Danach sehen Sie das Symbol für die Festplatte in der Taskleiste. Per Klick öffnen Sie die Festplatte im Datei-Explorer. Eventuell erscheint das Fenster mit dem Inhalt der Festplatte aber auch automatisch.

Schritt 4

Wenn Sie sich die auf Ihrer USB-Festplatte gespeicherten Dateien später anzeigen lassen möchten – und Sie das Symbol der Festplatte nicht (mehr) in der Taskleiste entdecken –, öffnen Sie den Datei-Explorer. Im Explorer klicken Sie links auf das Ihrer externen Festplatte zugewiesene Laufwerk.

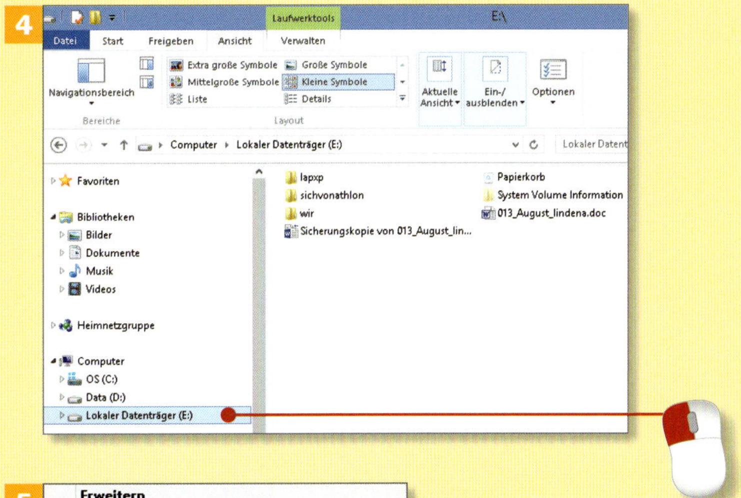

Schritt 5

Um festzustellen, wie viel Speicher auf Ihrer externen Festplatte zur Verfügung steht, klicken Sie im Datei-Explorer mit der rechten Maustaste auf das Laufwerk, um das Kontextmenü aufzurufen. Hier wählen Sie **Eigenschaften** ❹.

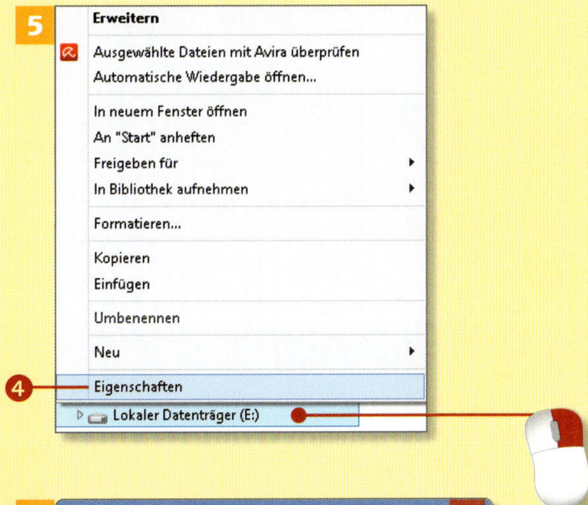

Schritt 6

Daraufhin öffnet sich ein Fenster, das die Festplattenkapazität anzeigt. Dieser Dialog ist im Prinzip selbsterklärend: Die »Torte« zeigt den belegten und den freien Speicher.

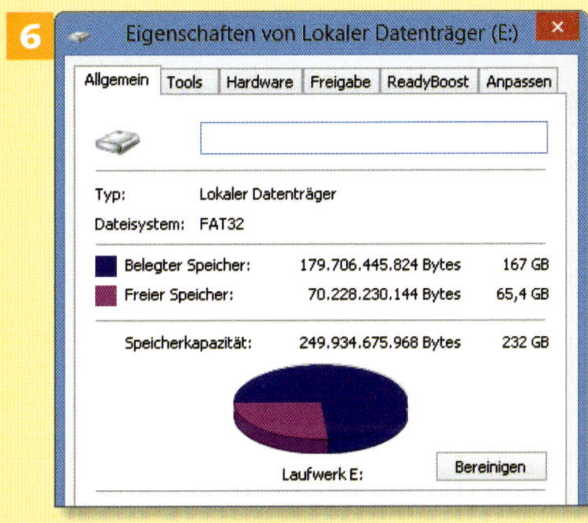

Festplatte trennen

Um Ihre externe USB-Festplatte sicher vom PC zu trennen, klicken Sie auf die Schaltfläche **Hardware sicher entfernen und Medium auswerfen** rechts unten in der Taskleiste.

Einen Drucker anschließen

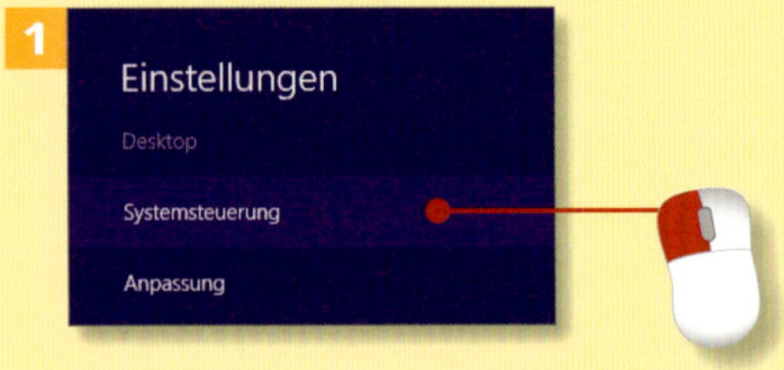

Drucker sind entweder direkt an einen Computer angeschlossen, oder können, sofern sie freigegeben sind, auch innerhalb eines Heimnetzwerks genutzt werden.

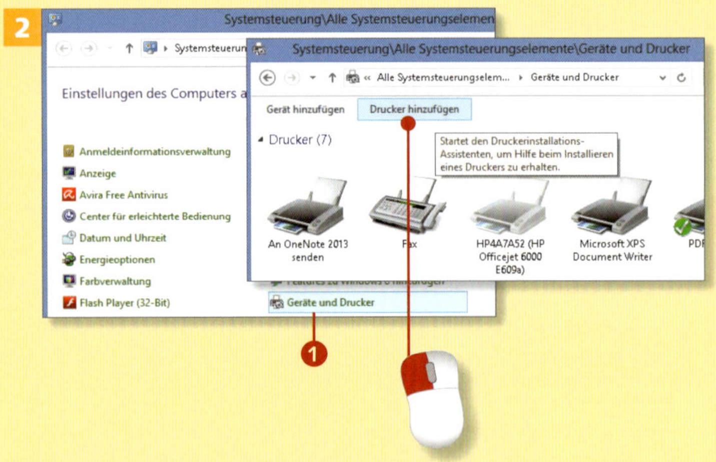

Schritt 1

Um einen Drucker anzuschließen, blenden Sie die Charms-Leiste ein, wählen hier Einstellungen und öffnen die **Systemsteuerung**.

Schritt 2

Hier klicken Sie auf den Eintrag **Geräte und Drucker** ❶. Im gleichnamigen Dialog klicken Sie oben in der Leiste auf **Drucker hinzufügen**.

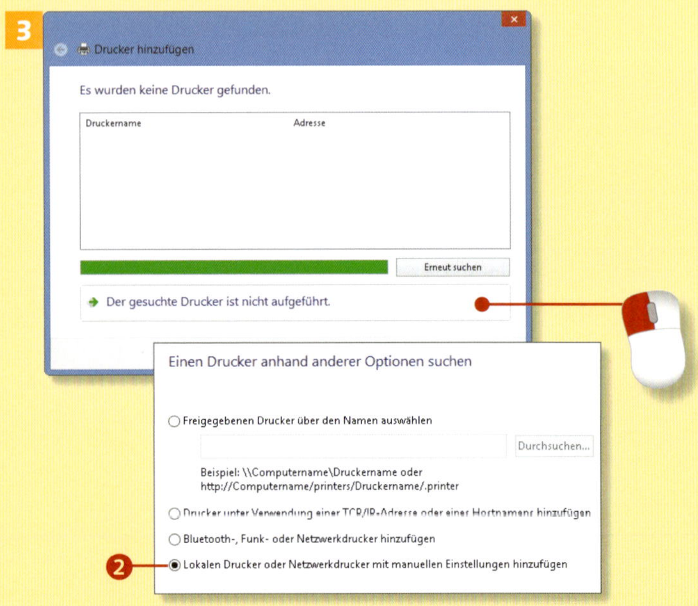

Schritt 3

Im nächsten Fenster werden die im Netzwerk und am Rechner angeschlossenen Drucker gesucht. Ist der gewünschte Drucker in der Auflistung, wählen Sie ihn aus, ansonsten klicken Sie auf **Der gesuchte Drucker ist nicht aufgeführt**, um ihn manuell zu installieren. Anschließend werden Sie gefragt, welchen Druckertyp Sie installieren möchten. Wenn der Drucker an Ihren Computer angeschlossen werden soll, markieren Sie die unterste Option ❷.

Schritt 4

Aktivieren Sie im nächsten Dialog die Option **Vorhandenen Anschluss verwenden** ❸, und vergewissern Sie sich, dass der richtige Druckeranschluss ❹ ausgewählt ist. Klicken Sie dann auf **Weiter**.

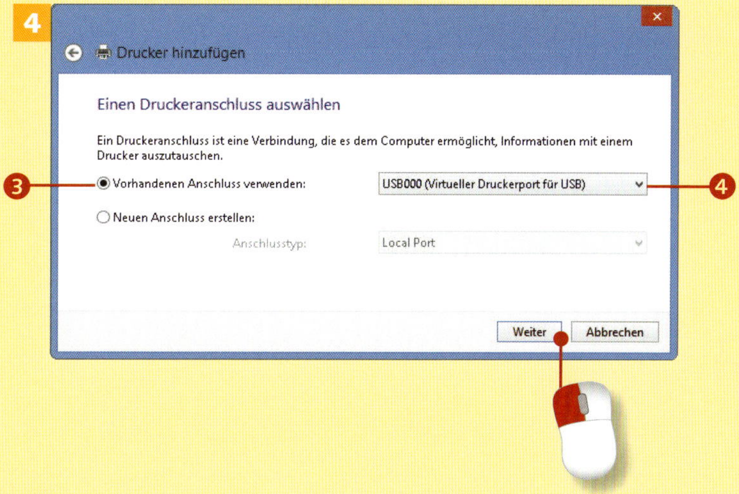

Schritt 5

Wählen Sie im Fenster **Den Druckertreiber installieren** in der linken Liste den Hersteller ❺ und rechts das Druckermodell ❻ aus. Klicken Sie dann auf **Weiter**.

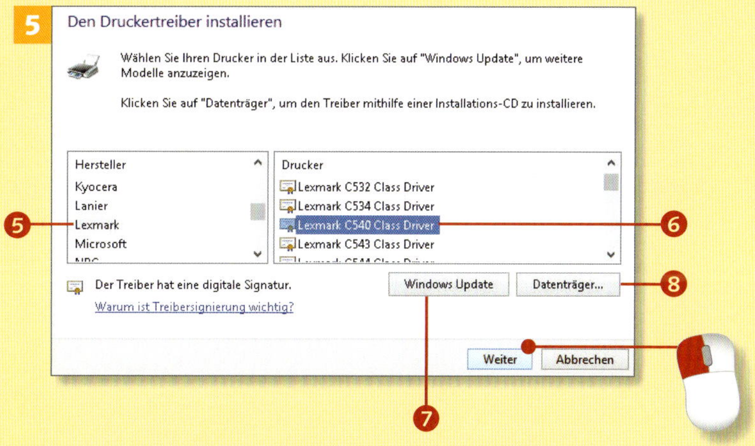

Schritt 6

Daraufhin wird der Drucker installiert. Führen Sie gegebenenfalls die letzten Schritte des Assistenten aus. Sie können den Drucker noch im Netz freigeben und ihm einen eigenen Namen geben. Zu guter Letzt klicken Sie auf **Fertig stellen**. Der Drucker ist installiert, zu sehen im Dialog **Geräte und Drucker**.

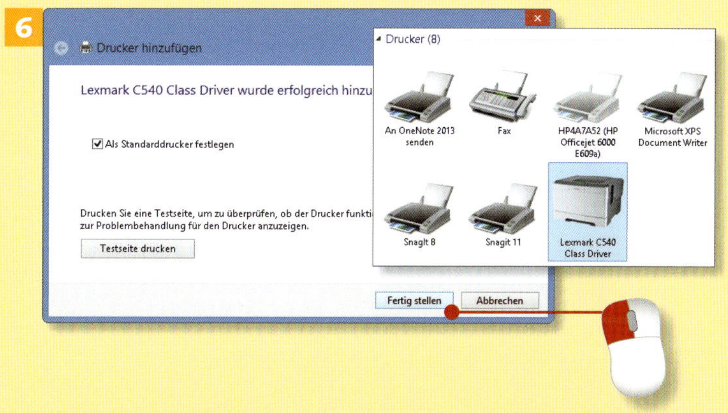

Nach einem Drucker suchen

Wenn Ihr Drucker in der Liste nicht auftaucht, müssen Sie seinen Treiber suchen. Klicken Sie entweder auf Windows Update ❼, oder legen Sie die Installations-CD ein, und klicken auf Datenträger ❽.

Einen Kopfhörer anschließen

Es ist denkbar einfach, einen Kopfhörer zu benutzen. Der Teufel steckt hier im Detail, z. B. wenn Sie nichts hören, obwohl der Kopfhörer an der richtigen Buchse angeschlossen ist.

Schritt 1

Nehmen Sie den Kopfhörer zur Hand, und schließen Sie sein Kabel an die dafür vorgesehene Buchse ❶ am Computer an (sie zeigt ein Kopfhörersymbol).

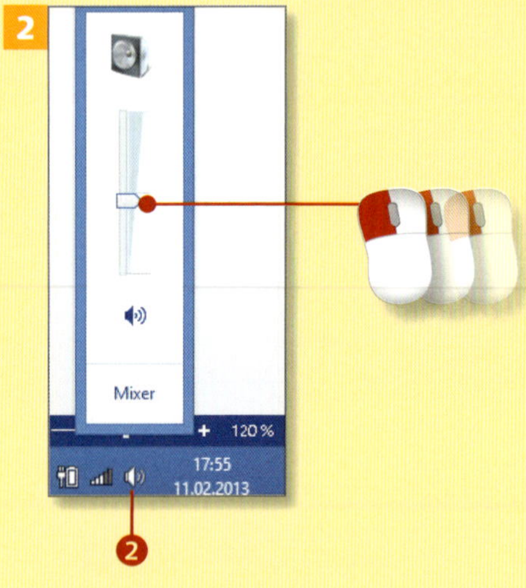

Schritt 2

Stellen Sie die Lautstärke ein. Dazu klicken Sie auf die Schaltfläche **Lautsprecher** ❷, die Sie ganz rechts in der Taskleiste finden, und verschieben den Schieberegler mit gedrückter Maustaste.

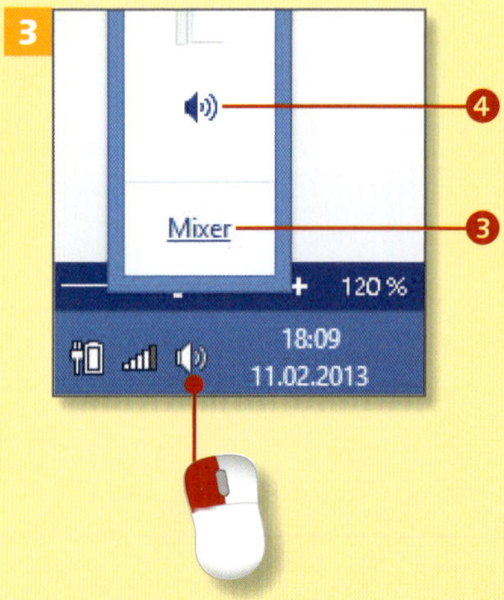

Schritt 3

Um die Lautstärke differenzierter einzustellen, klicken Sie auf die Schaltfläche **Lautstärke** und im Menü dann auf **Mixer** ❸.

Lautsprecher ausschalten

Um die Lautsprecher Ihres Computers komplett zu deaktivieren, klicken Sie im Lautsprechermenü auf die Schaltfläche **Stumm: Lautsprecher** ❹.

Schritt 4

Im Dialog **Lautstärkemixer** können Sie die Lautstärke für die Wiedergabe von Sprache und Musik und die Lautstärke für Systemsounds (z. B. Warnsignale) getrennt einstellen, indem Sie den entsprechenden Regler mit gedrückter Maustaste verschieben.

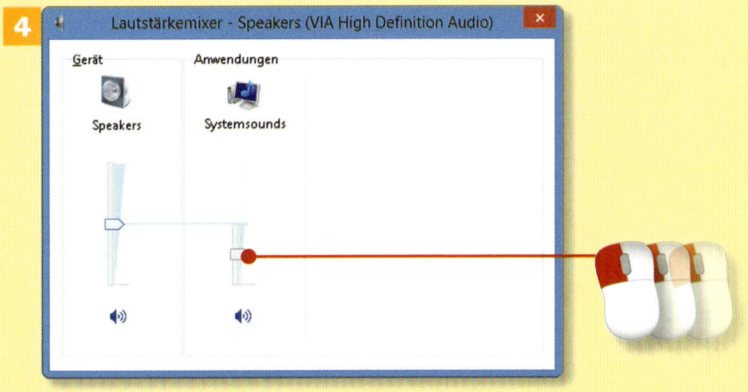

Schritt 5

Um die weiteren Einstellungen des Lautsprechers zu überprüfen, klicken Sie in der Systemsteuerung auf den Eintrag **Sound**. Im Dialogfenster **Sound** markieren Sie auf der Registerkarte **Wiedergabe** den Eintrag **Speakers** ❺ und klicken auf **Eigenschaften**.

Schritt 6

Im nächsten Dialog können Sie auf den Registerkarten **Pegel** ❻ und **Enhancements** ❼ diverse Einstellungen vornehmen; klicken Sie z. B. auf **Balance** ❽, um die Balance für den linken und rechten Ausgang zu regulieren. Auf der Registerkarte **Erweitert** können Sie u. a. die Bässe verstärken.

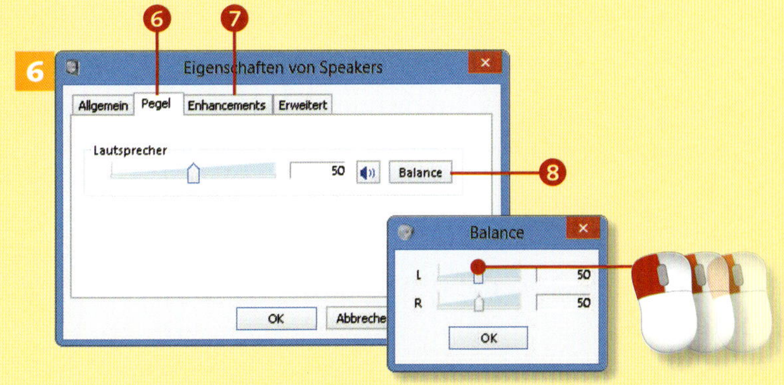

Kapitel 11
Persönliche Einstellungen vornehmen

Sind Sie mit bestimmten Standardeinstellungen am Computer nicht glücklich? Oder haben Sie festgestellt, dass die Uhr am Computer nicht richtig tickt? Kein Problem, passen Sie die Darstellung des Computers einfach so an, wie Sie sie brauchen.

Computeruhr und Datumsanzeige

Die Uhr des Computers und die Datumsanzeige ❶ werden von Windows u.a. dazu verwendet, die Zeitpunkte aufzuzeichnen, zu denen Sie auf dem Computer Dateien erstellen oder ändern. Sie können die Uhrzeit und sogar die Zeitzone ändern, und natürlich das richtige Datum einstellen.

Bildschirmschoner

Auch die Bildschirmschoner werden heutzutage dazu genutzt, einen Computer persönlicher zu gestalten und/oder sich in den Pausen an hübschen Bildern zu erfreuen. Windows enthält eine Reihe von Bildschirmschonern ❷. Sie können sie aber auch aus eigenen Bildern zusammenstellen.

Bildschirmauflösung

Über die Bildschirmauflösung bestimmen Sie, wie groß Objekte (Text, Schaltflächen, Symbole etc.) auf Ihrem Bildschirm angezeigt werden ❸. Bei einer niedrigeren Bildschirmauflösung passen weniger Objekte auf den Bildschirm, diese werden jedoch größer dargestellt. LCD-Monitore und Laptopbildschirme unterstützen höhere Auflösungen als die alten CRT-Monitore.

1 Der Computer zeigt Ihnen die Uhrzeit und das Datum an.

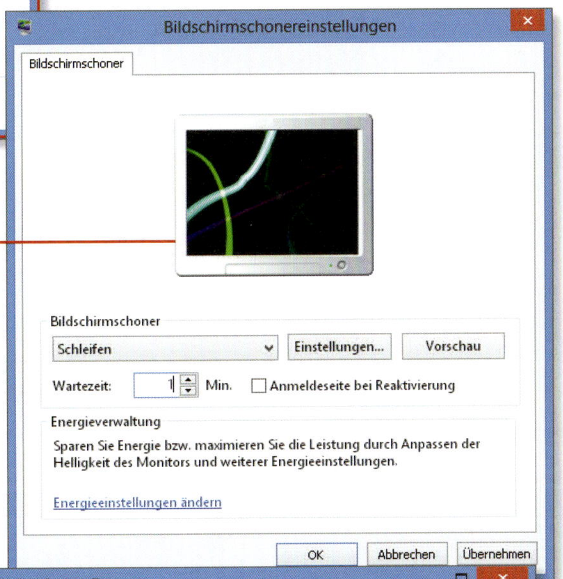

2 Die meisten Bildschirmschoner bestehen aus beweglichen Bildern oder Mustern.

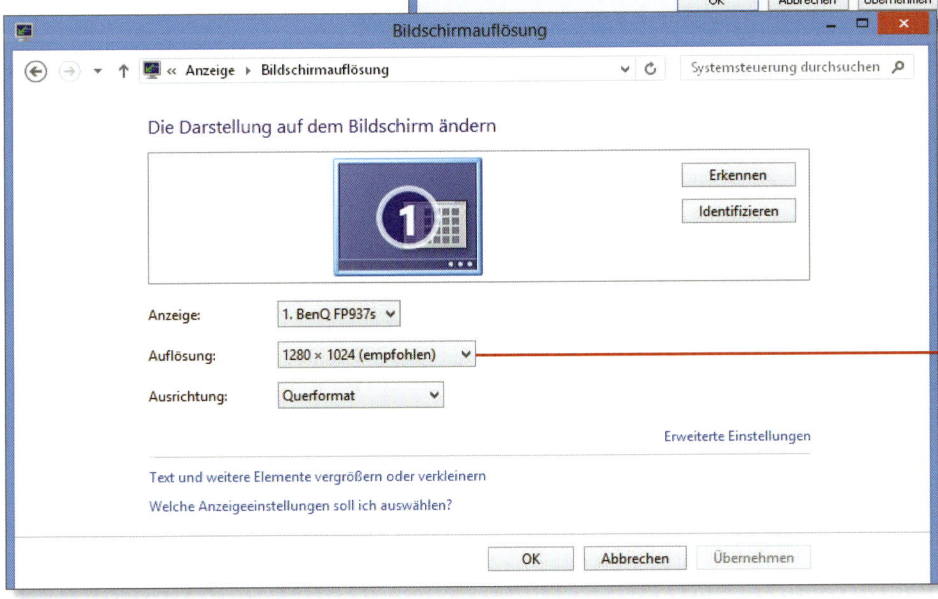

3 Je nach Auflösung werden Objekte am Bildschirm größer oder kleiner dargestellt.

Uhrzeit und Datum einstellen

Rechts unten in der Taskleiste werden die Uhrzeit und das Datum angezeigt. Beide Angaben können Sie ändern.

Schritt 1

Klicken Sie mit der rechten Maustaste auf die Anzeige der Uhrzeit. Im Menü, das sich daraufhin öffnet, klicken Sie auf **Datum/Uhrzeit ändern** ❶.

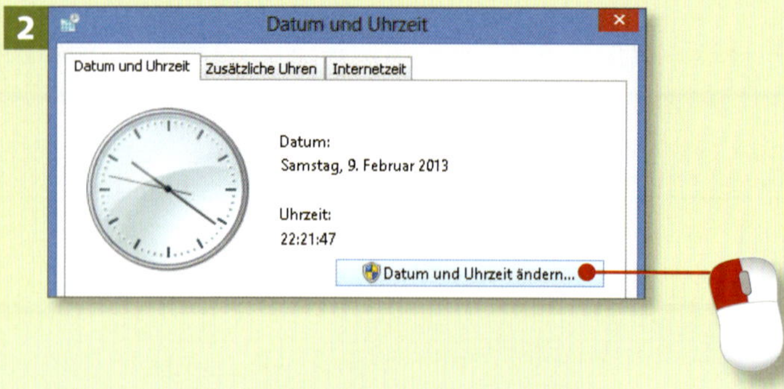

Schritt 2

Nun wird der Dialog **Datum und Uhrzeit** angezeigt. Hier klicken Sie auf die Schaltfläche **Datum und Uhrzeit ändern**.

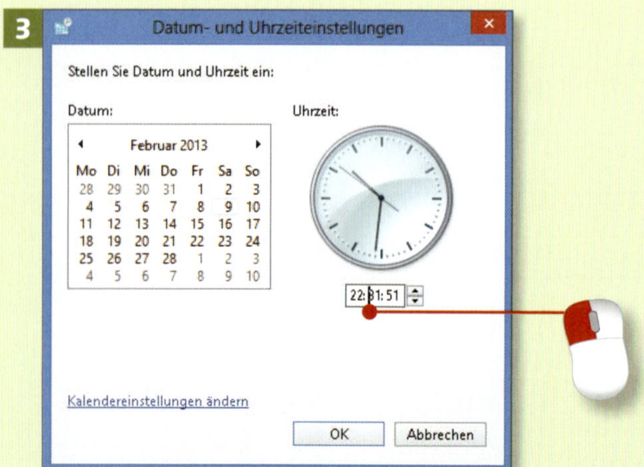

Schritt 3

Im Dialog **Datum- und Uhrzeiteinstellungen** setzen Sie den Cursor in das Feld mit der Uhrzeitanzeige, genau genommen vor die Stunden-, Minuten- oder Sekundenanzeige (je nachdem, was Sie ändern möchten).

Den Dialog aufrufen

Den Dialog **Datum und Uhrzeit** können Sie auch aufrufen, indem Sie auf die Anzeige der Uhrzeit klicken und im zugehörigen Menü dann auf **Datum- und Uhrzeiteinstellungen ändern**.

Schritt 4

Klicken Sie auf einen der Pfeile rechts neben dem Feld. Die neue Uhrzeit bestätigen Sie mit einem Klick auf **OK**.

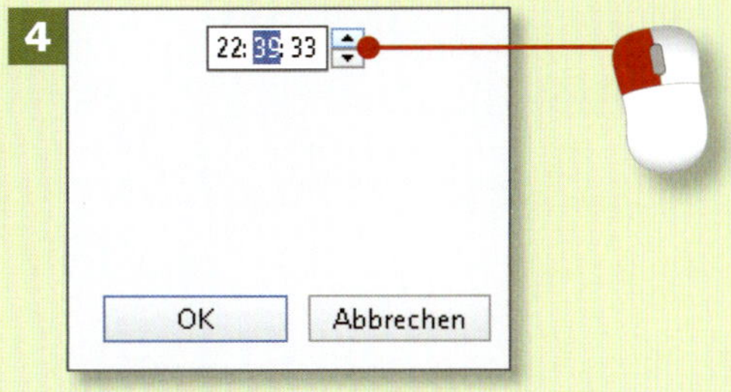

Schritt 5

Wenn Sie verreisen und Ihren Laptop mitnehmen, können Sie auch eine andere als die mitteleuropäische Zeitzone einstellen. Dazu klicken Sie im Dialog **Datum und Uhrzeit** auf die Schaltfläche **Zeitzone ändern**.

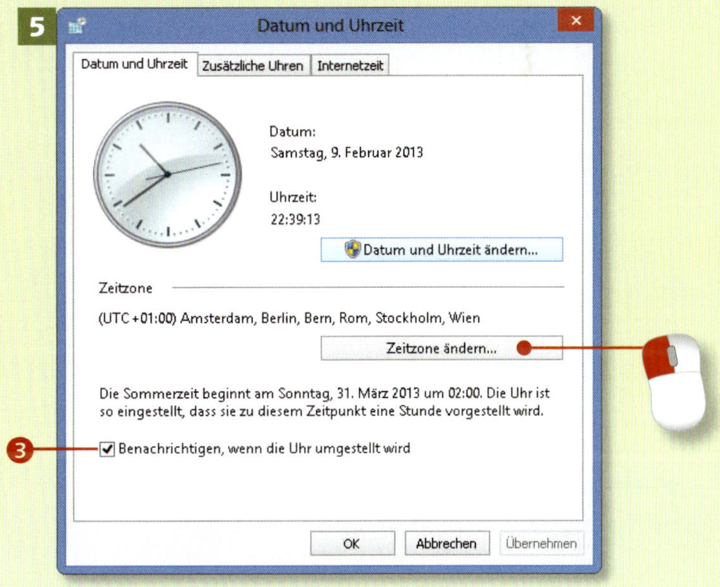

Schritt 6

Im nächsten Fenster klicken Sie auf den Pfeil am Feld **Zeitzone**. Daraufhin wird eine lange Liste mit Zeitzonen angezeigt. Markieren Sie hier die gewünschte Zeitzone ❷, und klicken Sie dann auf **OK**.

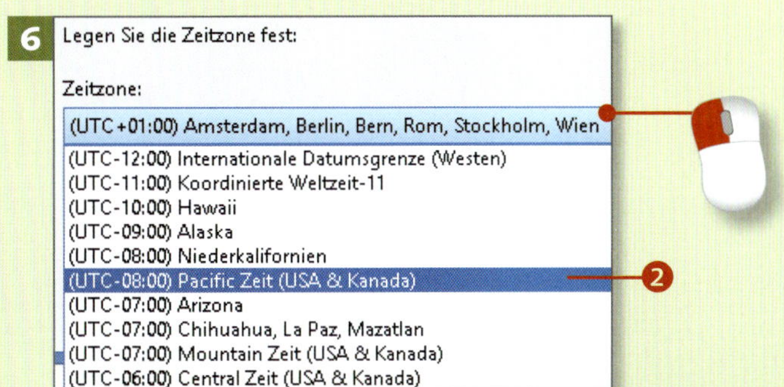

Zeitumstellung

Wenn Sie möchten, dass Sie benachrichtigt werden, wenn die Uhr umgestellt wird, aktivieren Sie die gleichnamige Option ❸.

Uhrzeit und Datum einstellen (Forts.)

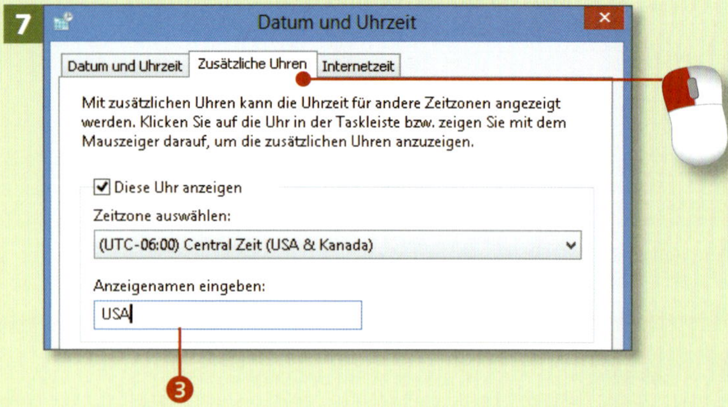

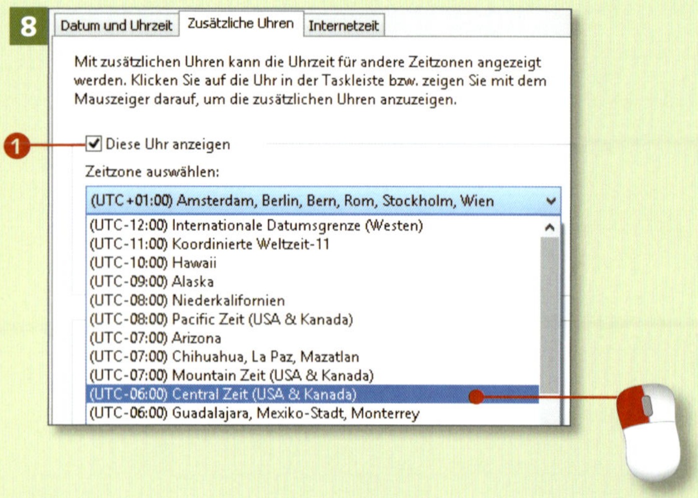

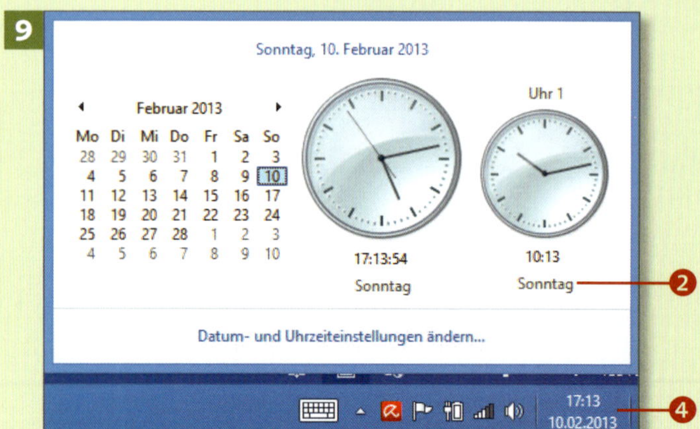

Schritt 7

Wenn Sie zusätzlich zu Ihrer jeweiligen Zeitzone wissen möchten, wie spät es z. B. bei Ihren Freunden in Los Angeles ist, lassen Sie sich auch die Uhrzeit dieser Zeitzone anzeigen. Dazu öffnen Sie im Dialogfenster **Datum und Uhrzeit** die Registerkarte **Zusätzliche Uhren**.

Schritt 8

Dort setzen Sie mit einem Mausklick ein Häkchen vor die Option **Diese Uhr anzeigen** ❶ und verfahren dann, wie gehabt: Markieren Sie in der Liste des Feldes **Zeitzonen auswählen** die gewünschte Zeitzone, und bestätigen Sie mit **OK**.

Schritt 9

Wenn Sie daraufhin auf die Anzeige der Uhrzeit in der Taskleiste klicken, erscheint ein Fenster mit zwei Uhren: eine für die lokale Zeit und eine für die Uhrzeit der zusätzlich ausgewählten Zeitzone ❷.

Die zweite Uhr benennen

Im Feld **Anzeigenamen eingeben** ❸ auf der Registerkarte **Zusätzliche Uhren** des Dialogfensters **Datum und Uhrzeit** können Sie der zweiten Uhr einen anderen Namen geben, in diesem Fall z. B. »USA«.

Schritt 10

Sie können auch das Datum verändern, wenn Sie auf die Anzeige in der Taskleiste ❹ klicken. Im kleinen Menü, das sich dann zeigt, klicken Sie auf **Datum- und Uhrzeiteinstellungen ändern**.

Schritt 11

Im bereits bekannten Dialog **Datum und Uhrzeit** (siehe Schritt 2) klicken Sie auf **Datum und Uhrzeit ändern**. Im Dialog **Datum und Uhrzeiteinstellungen** klicken Sie dann auf **Kalendereinstellungen ändern**.

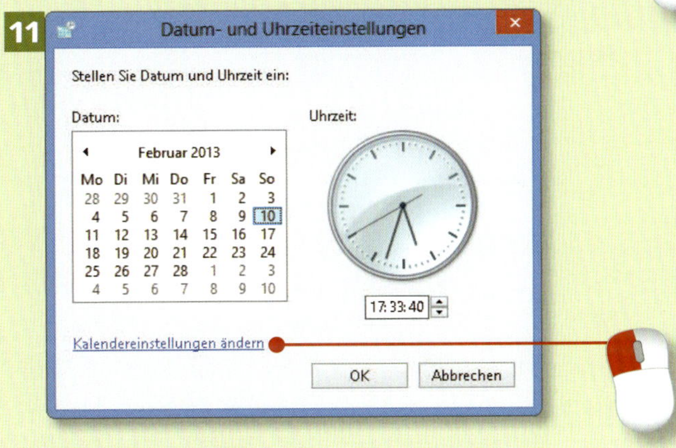

Schritt 12

Daraufhin öffnen sich zwei weitere Dialogfenster. Im Dialog **Format anpassen** sollte die Registerkarte **Datum** ❺ bereits geöffnet sein. Klicken Sie in eines der beiden Felder **Datum (kurz)** oder **Datum (lang)**, um das richtige Datum einzugeben. Bestätigen Sie mit **OK** ❻.

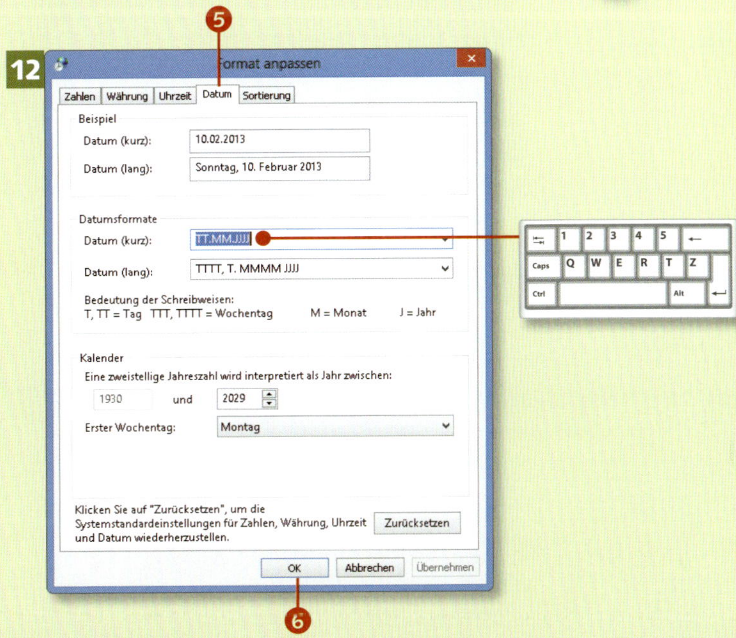

Bildschirmschoner auswählen

1

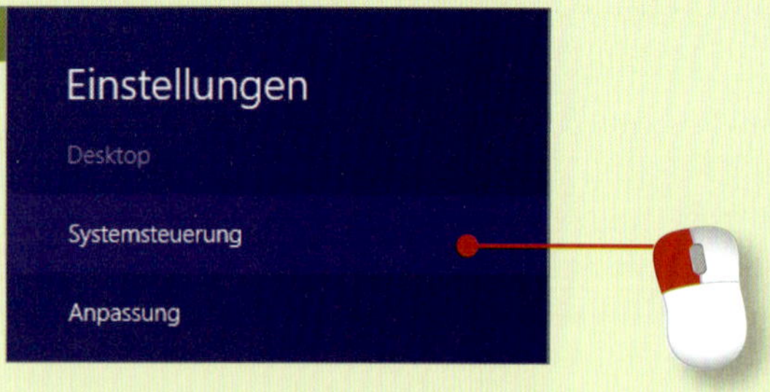

2

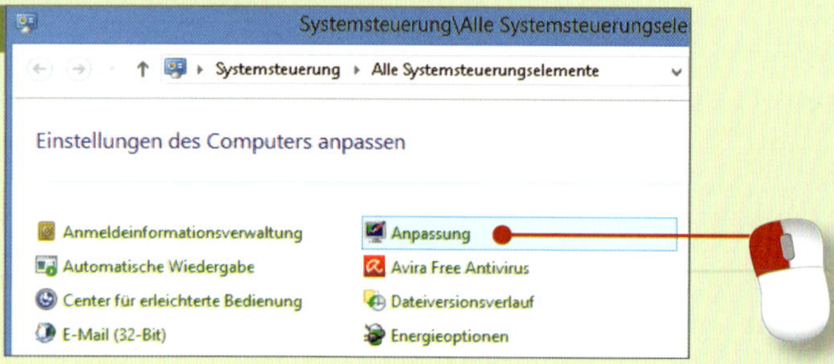

3

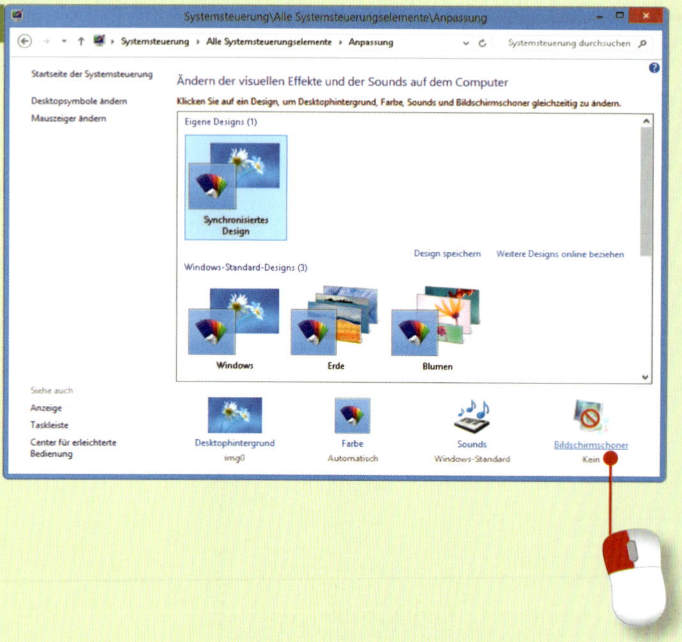

Bildschirmschoner legen sich auf den Bildschirm, wenn Sie eine Weile weder Tastatur noch Maus benutzt haben. Ursprünglich wurden sie eingesetzt, um Röhrenmonitore vor dem Einbrennen des Bildes zu schützen.

Schritt 1

Um einen Bildschirmschoner zu verwenden, rufen Sie die Systemsteuerung auf. Dazu klicken Sie in der Charms-Leiste auf **Einstellungen** und dann auf **Systemsteuerung**.

Schritt 2

Im Fenster **Systemsteuerung** sehen Sie viele Symbole für bestimmte Einstellungen am Computer. Klicken Sie auf **Anpassung**.

Schritt 3

Im Fenster **Anpassung** werden diverse Bildschirmdesigns angeboten. Ganz rechts unten sehen Sie die Schaltfläche **Bildschirmschoner**. Wenn Sie noch keinen Bildschirmschoner aktiviert haben, zeigt sie eine Art Verbotssymbol. Klicken Sie darauf.

Schritt 4

Daraufhin wird der Dialog **Bildschirmschonereinstellungen** angezeigt. Klicken Sie auf den Pfeil am Feld **Bildschirmschoner** ❶, und markieren Sie einen Eintrag in der Liste. Der kleine Bildschirm darüber gibt Ihnen einen Vorgeschmack auf den eingestellten Bildschirmschoner.

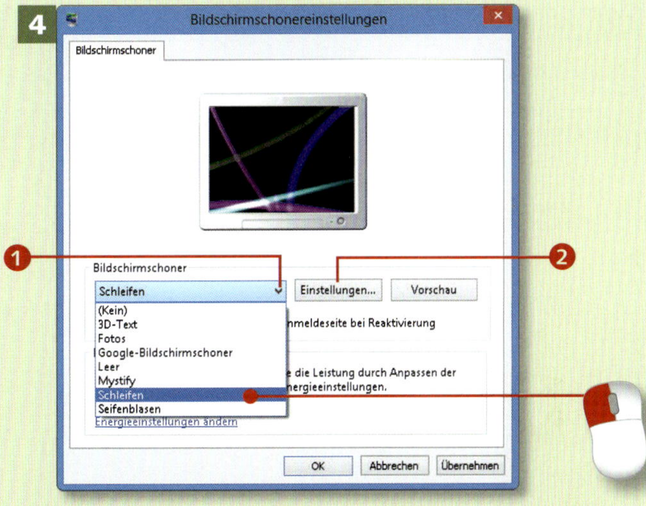

Schritt 5

Sobald Sie einen Bildschirmschoner ausgewählt haben, ist die Schaltfläche **Einstellungen** ❷ aktiv, die Sie anklicken, um festzulegen, wie sich der Bildschirmschoner verhalten soll. Ob es Einstellungsoptionen gibt, hängt allerdings von dem gewählten Bildschirmschoner ab.

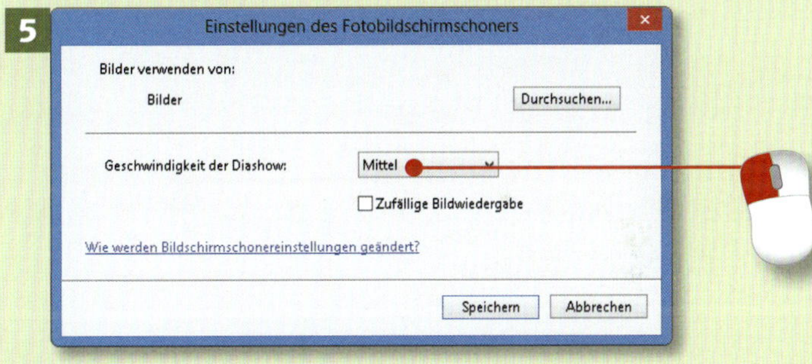

Schritt 6

Anstelle von animierten Grafiken oder Mustern kann auch Text auf dem Bildschirm erscheinen. Dazu wählen Sie den Eintrag **3D-Text** in der Liste aus und klicken dann auf **Einstellungen** ❸.

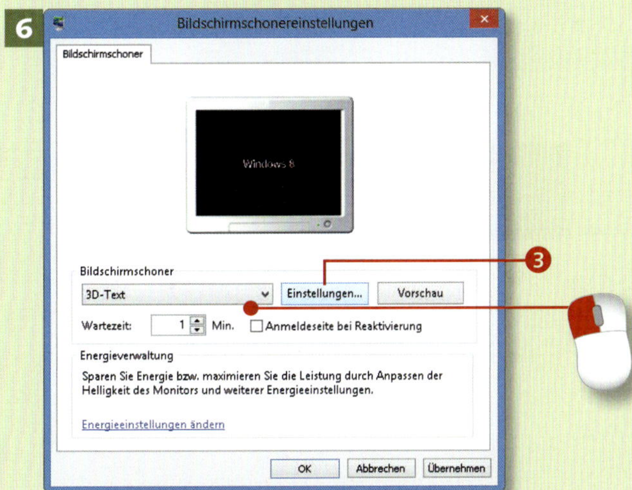

Einfache Bildschirmschoner

Manche Bildschirmschoner bieten keine weiteren Einstellungsmöglichkeiten. Sie erhalten dann einen entsprechenden Hinweis.

Bildschirmschoner auswählen (Forts.)

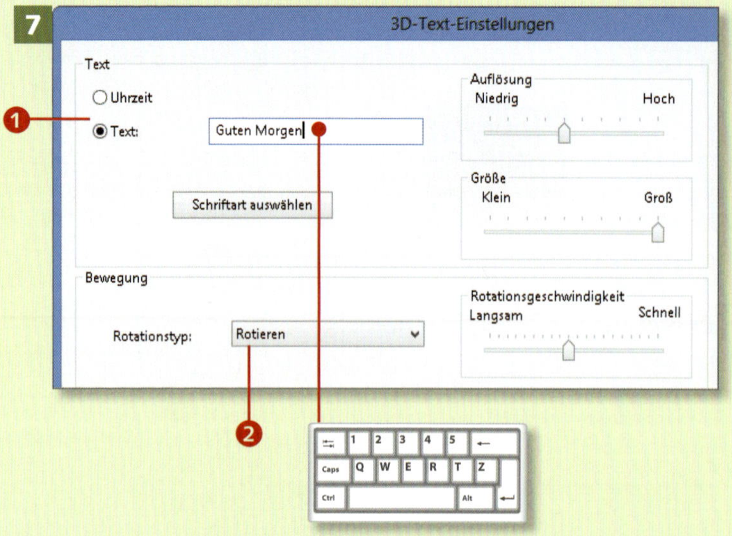

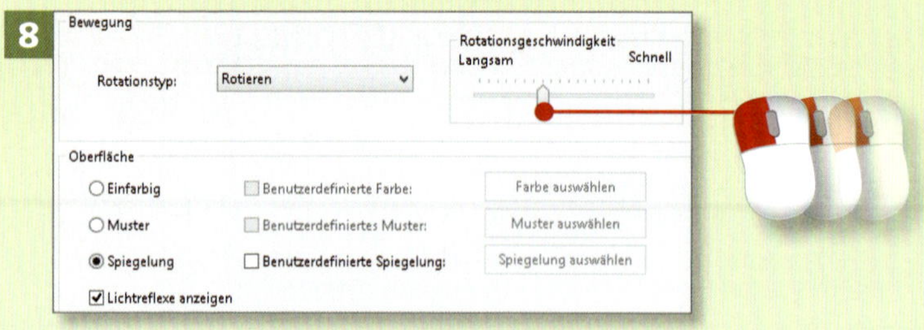

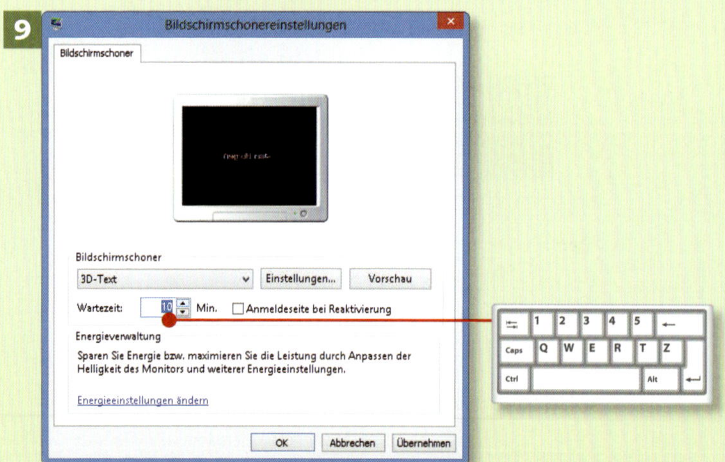

Schritt 7

Der Dialog **3D-Text-Einstellungen** öffnet sich. Achten Sie darauf, dass die Option **Text** ❶ aktiviert ist. Im Feld daneben geben Sie Ihren Text ein. In der Menüliste des Feldes **Rotationstyp** ❷ können Sie festlegen, wie sich der Text auf dem Bildschirm bewegt.

Schritt 8

Wie Sie sehen, können Sie weitere Einstellungen festlegen, z. B. die Rotationsgeschwindigkeit. Abschließend klicken Sie auf **OK**, um zum Dialog **Bildschirmschonereinstellungen** zurückzukehren.

Schritt 9

Hier stellen Sie noch ein, nach wie vielen Minuten der Untätigkeit der Bildschirmschoner erscheinen soll. Klicken Sie dazu auf einen der Pfeile am Feld **Wartezeit**, oder geben Sie die gewünschten Minuten einfach von Hand ein.

Den Bildschirmschoner beenden

Um die Ausführung des Bildschirmschoners zu beenden und zum Desktop oder Ihrer Datei zurückzukehren, bewegen Sie die Maus oder drücken eine Taste.

Schritt 10

Beliebt ist auch, eigene Fotos zu nutzen. Dazu markieren Sie im Dialog **Bildschirmschonereinstellungen** den Eintrag **Fotos** ❸ in der Liste des Feldes **Bildschirmschoner**. Um die Fotos auszuwählen, klicken Sie auf **Einstellungen**.

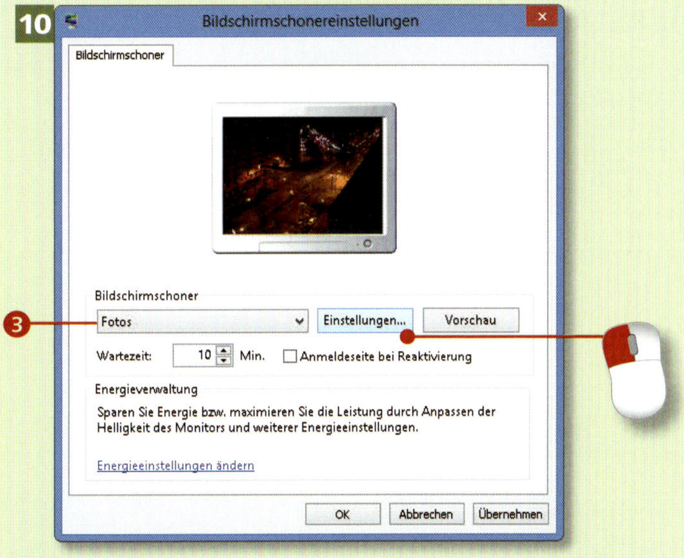

Schritt 11

Im Dialog **Einstellungen des Fotobildschirmschoners** klicken Sie auf die Schaltfläche **Durchsuchen**. Im Fenster **Ordner suchen** wandern Sie zu dem Ordner, in dem die Fotos für die »Diashow« liegen, markieren ihn und klicken auf **OK**.

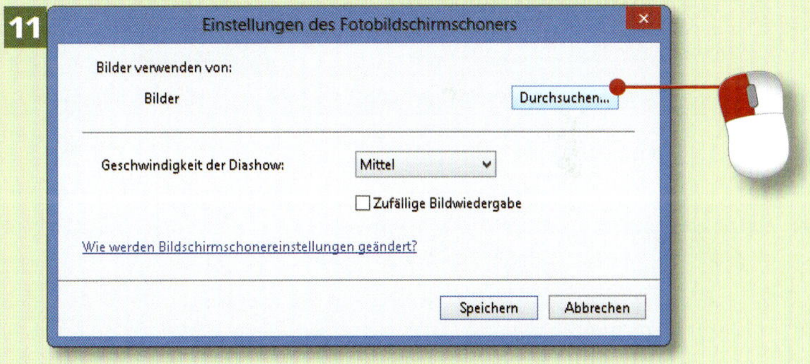

Schritt 12

Im Dialog **Einstellungen des Fotobildschirmschoners** können Sie noch festlegen, wie schnell die Diashow mit Ihren Fotos ablaufen ❹ und ob die Bildwiedergabe ❺ zufällig oder Ihrem Order entsprechend chronologisch sein soll. Dann klicken Sie auf **Speichern**.

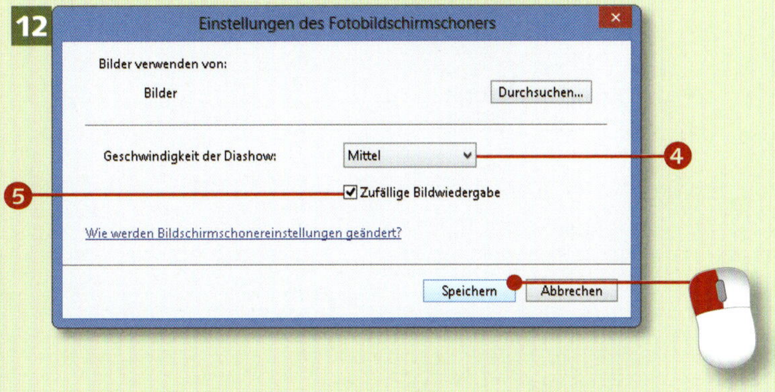

Bildschirmschoner

Laden Sie Bildschirmschoner nur aus vertrauenswürdigen Quellen herunter. Sie können Viren enthalten, die Schaden auf Ihrem Computer anrichten.

Bildschirmauflösung anpassen

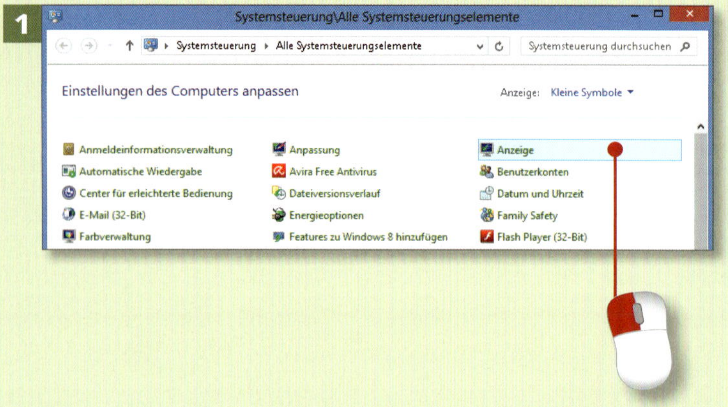

Die Bildschirmauflösung wirkt sich auf die Darstellung und Erkennbarkeit von Text und Bildern aus.

Schritt 1

Um die Auflösung zu ändern, öffnen Sie die **Systemsteuerung** und klicken im zugehörigen Dialogfenster auf **Anzeige**.

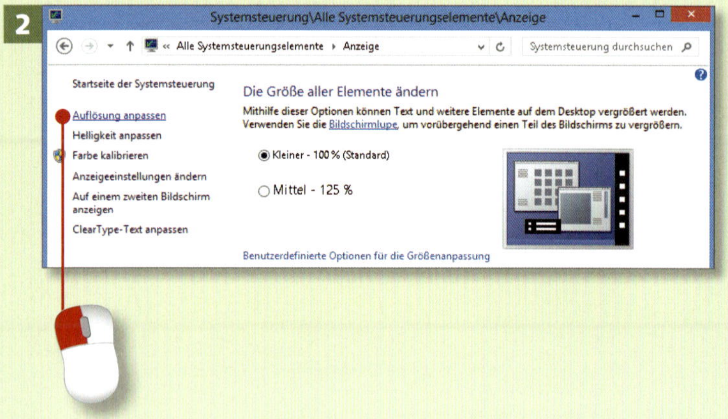

Schritt 2

Im nächsten Fenster sehen Sie im linken Bereich eine Liste unterschiedlicher Optionen. Klicken Sie auf den Eintrag **Auflösung anpassen**.

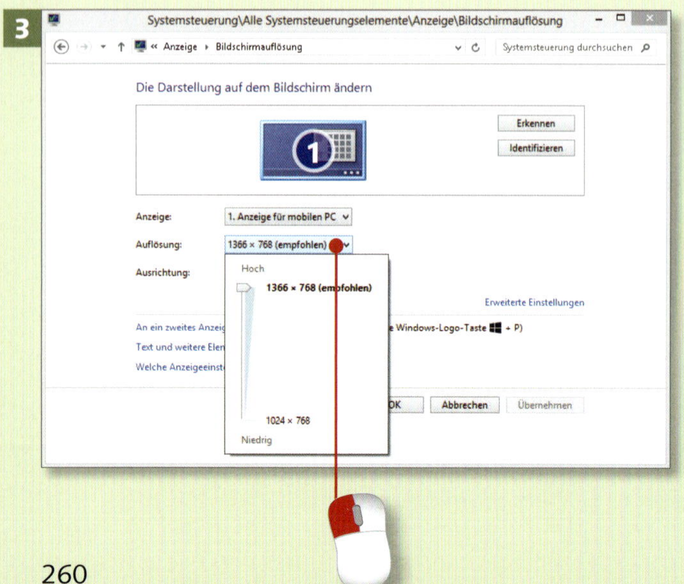

Schritt 3

Daraufhin wird der Dialog **Bildschirmauflösung** angezeigt. Um die aktuelle Auflösung zu ändern, klicken Sie hier auf den Pfeil am Feld **Auflösung**.

Monitor und Auflösung

Die alten CRT-Monitore haben normalerweise eine Auflösung bis 1.024 x 768 Pixel, Flachbildschirme unterstützen eine höhere Auflösung. Je größer der Monitor, desto höher ist meist auch die unterstützte Auflösung.

Schritt 4

Zeigen Sie mit der Maus auf den Schieberegler, und ziehen Sie ihn mit gedrückter Maustaste ein Stück nach unten. Der Regler springt von selbst zur nächsten möglichen Auflösung.

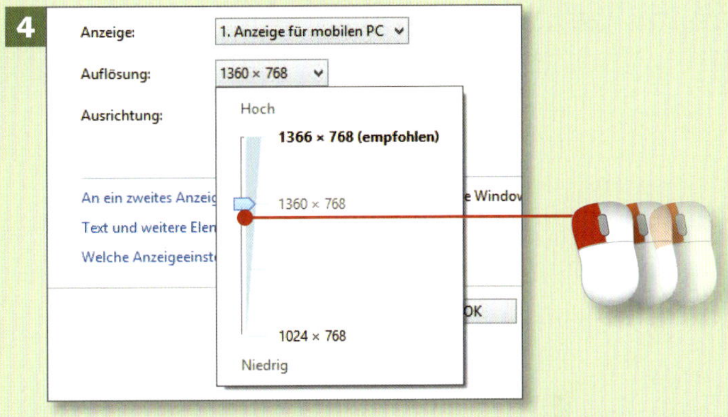

Schritt 5

Wenn Sie es bei dieser Auflösung belassen möchten, klicken Sie auf **OK** oder auf **Übernehmen** (wenn Sie auf **OK** klicken, wird das Fenster geschlossen; mit einem Klick auf **Übernehmen** bleibt es zunächst geöffnet, damit Sie weitere Einstellungen vornehmen können).

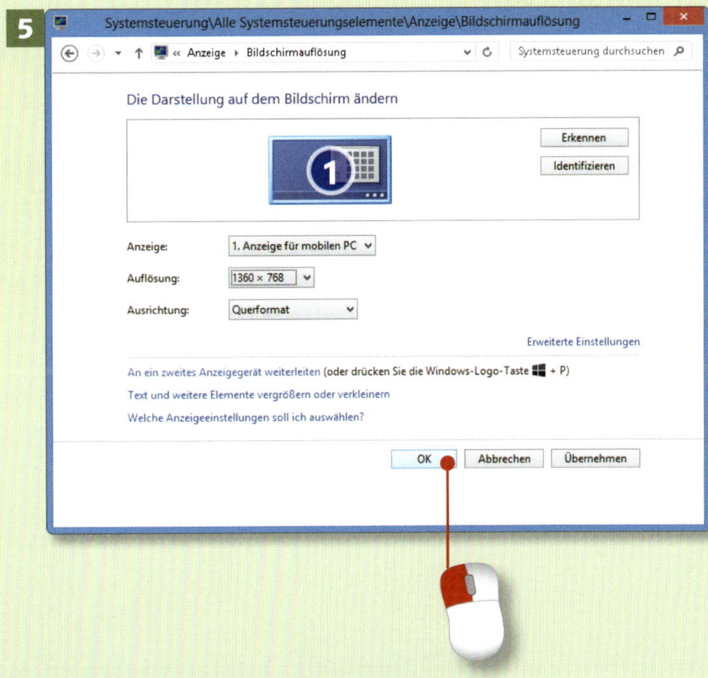

Schritt 6

Falls Sie auf **OK** geklickt haben, erscheint ein Fenster, in dem Sie gefragt werden, ob Ihre Änderungen übernommen werden sollen. Wenn ja, klicken Sie auf **Änderungen beibehalten**. Mit **Wiederherstellen** wird die Änderung unwirksam.

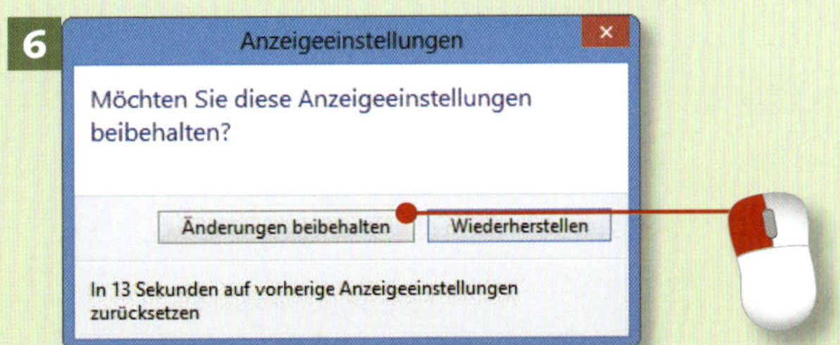

Monitor und Grafikkarte

Wenn Sie im Fenster zur Anpassung der Bildschirmauflösung auf **Erweiterte Einstellungen** klicken, wird der **Eigenschaften**-Dialog des Monitors und der Grafikkarte geöffnet. Hier können Sie die aktuellen Vorgaben überprüfen und gegebenenfalls ändern.

Die Darstellung auf dem Bildschirm verbessern

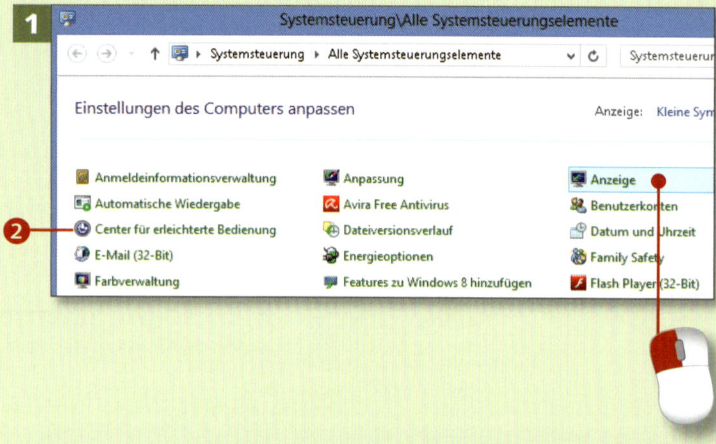

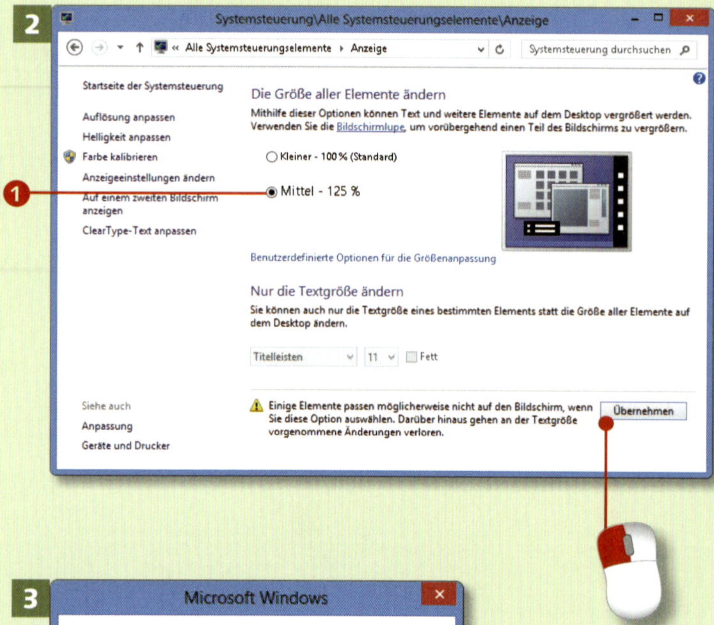

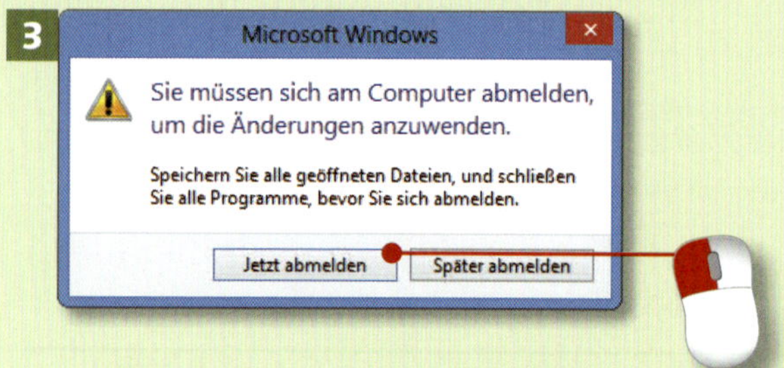

Wenn Ihnen alle Objekte irgendwie zu klein sind, wählen Sie einen anderen Anzeigemodus.

Schritt 1

Öffnen Sie die **Systemsteuerung.** Klicken Sie hier auf den Eintrag **Anzeige**.

Schritt 2

Das Fenster **Anzeige** öffnet sich. Wenn Ihnen die meisten Elemente auf dem Bildschirm ein wenig zu klein sind, setzen Sie hier mit der Maus ein Häkchen vor die Option **Mittel** ❶, und klicken Sie dann auf **Übernehmen**.

Schritt 3

Sie müssen den Computer neu starten, damit die Änderungen wirksam werden. Klicken Sie auf **Jetzt abmelden**. Der Computer wird herunter- und automatisch wieder hochgefahren.

Die Bildschirmlupe

Unter **Systemsteuerung ▸ Center für erleichterte Bedienung** ❷ finden Sie die Bildschirmlupe, mit der Sie Teile des Bildschirms so vergrößern können, als ob Sie mit einer Lupe darauf schauten.

Schritt 4

Nach dem Neustart werden Text und Symbole um einiges größer dargestellt. Wenn Ihnen diese Darstellung doch nicht gefällt, machen Sie sie wieder rückgängig (**Systemsteuerung ▸ Anzeige ▸ Kleiner**).

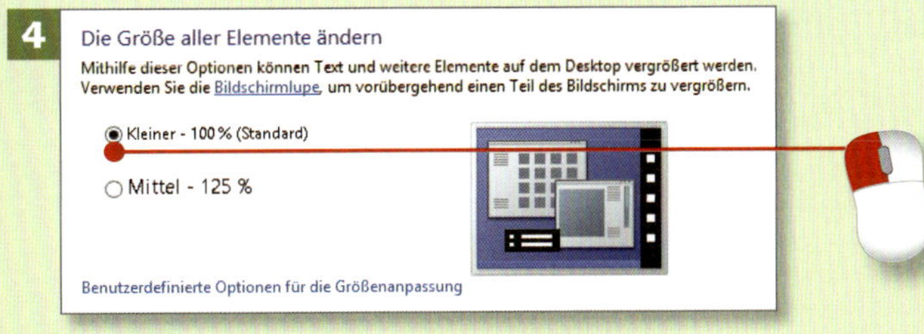

Schritt 5

Wenn Sie an einem Laptop und oft ohne Netzbetrieb arbeiten, also über den Akku, ist es sinnvoll, den Computer so einzustellen, dass weniger Strom verbraucht wird. Dazu klicken Sie im Fenster **Anzeige** auf **Helligkeit anpassen**.

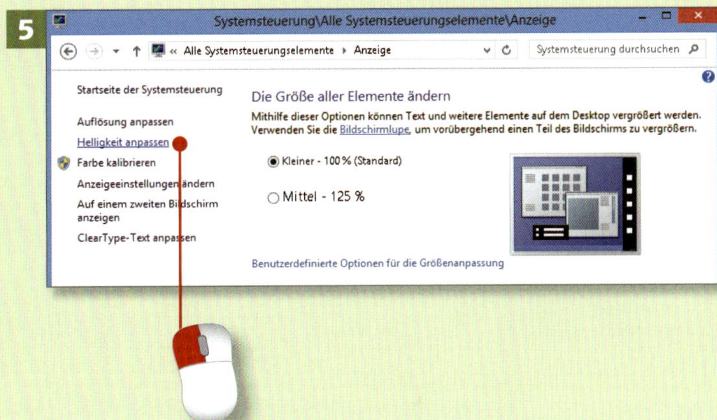

Schritt 6

Im Fenster **Energieoptionen** wird – abhängig von Ihrem Laptop – eine Option zum Energiesparen (Battery Saving) angeboten. Setzen Sie mit einem Mausklick ein Häkchen vor diese Option.

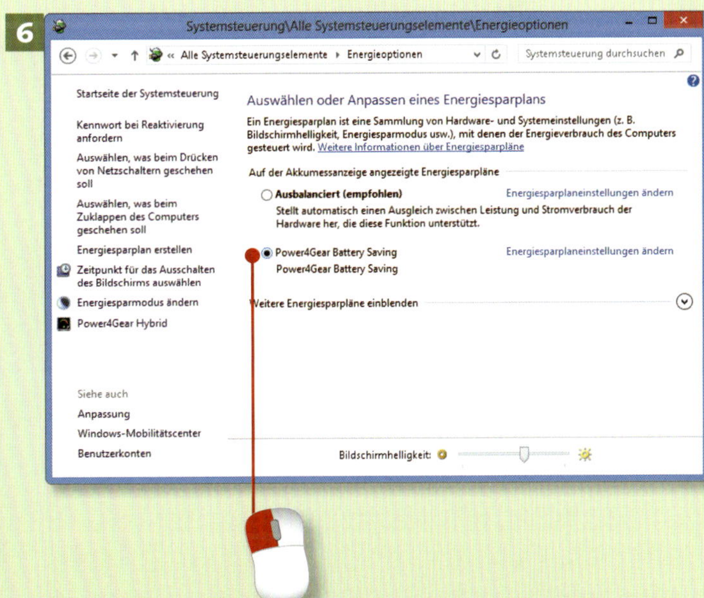

Energiesparmodus

Wenn Sie die Option zum Energiesparen einstellen, versucht der Computer, Strom zu sparen. Die Helligkeit des Monitors wird reduziert, und die Festplatte wird eher abgeschaltet, wenn kein Zugriff stattfindet.

Windows-Update

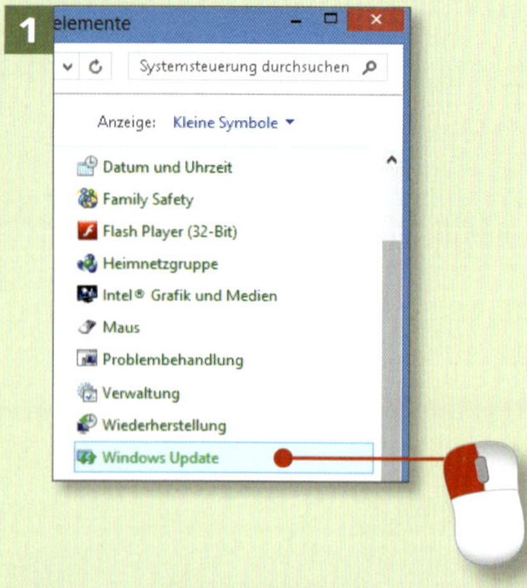

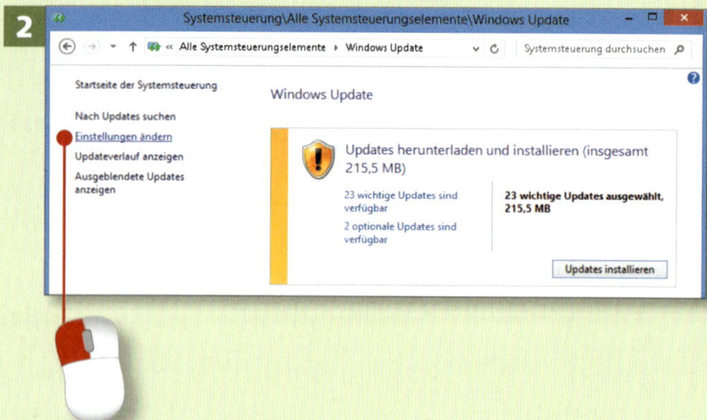

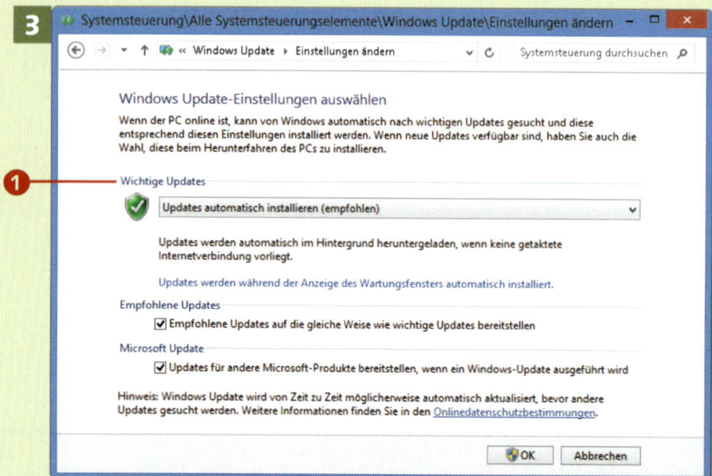

Updates sind Softwarezusätze, die dazu beitragen, Probleme zu beheben, die Leistung des Computers zu verbessern oder die Arbeit mit bestimmten Programmen zu erleichtern. Windows 8 ist so eingestellt, dass Updates automatisch heruntergeladen und installiert werden. Sie können dieses Verhalten ändern.

Schritt 1

Um selbst vorzugeben, wie mit Updates verfahren wird, rufen Sie die **Systemsteuerung** auf und klicken hier auf **Windows Update**.

Schritt 2

Im Fenster **Windows Update** gibt es eine Reihe von Optionen. Klicken Sie auf **Einstellungen ändern**.

Schritt 3

Im Fenster **Einstellungen ändern** können Sie die aktuelle Einstellung überprüfen und bearbeiten. Standardmäßig werden Updates automatisch heruntergeladen und installiert. Diese Einstellung sehen Sie im Feld unter der Überschrift **Wichtige Updates** 1.

Schritt 4

Auch wenn diese Einstellung von Windows als **empfohlen** gekennzeichnet ist, müssen Sie es nicht dabei belassen. Wenn Sie automatische Updates vermeiden möchten, klicken Sie auf den Pfeil am Feld **Wichtige Updates**.

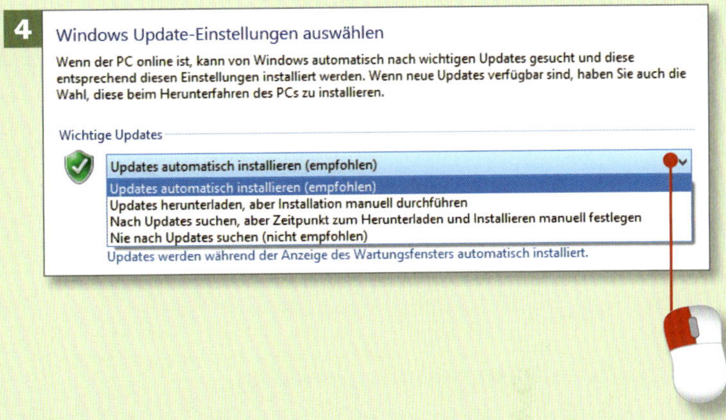

Schritt 5

Im Auswahlmenü entdecken Sie mehrere Optionen. Wählen Sie hier z. B. **Updates herunterladen, aber Installation manuell durchführen**. Mit dieser Einstellung werden Sie informiert, wenn ein Update heruntergeladen wurde, können aber selbst entscheiden, wann Sie es installieren. Wir empfehlen diese oder die nächste Einstellung.

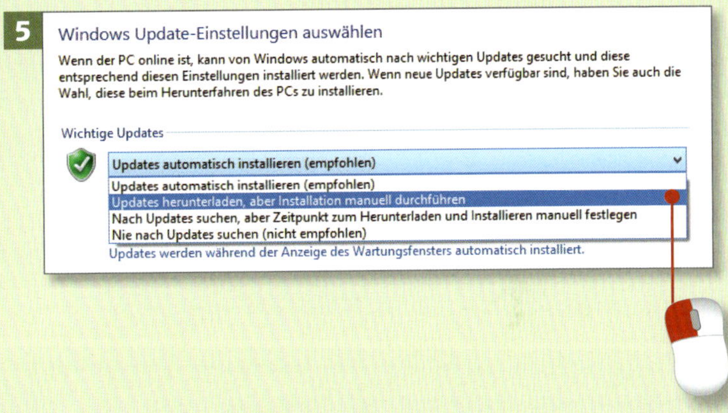

Schritt 6

Sie können auch angeben, dass Sie benachrichtigt werden möchten, wenn Updates verfügbar sind, die Updates dann aber selbst herunterladen. Dazu wählen Sie **Nach Updates suchen, aber Zeitpunkt zum Herunterladen und Installieren manuell festlegen**.

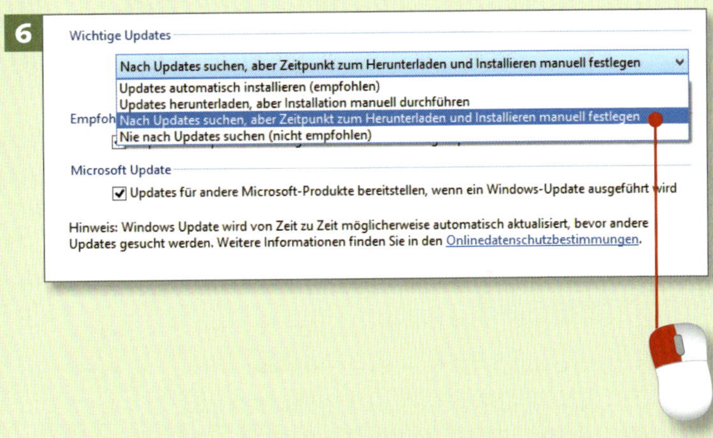

Kapitel 12
Für Sicherheit sorgen

Dass Computer von Viren befallen werden, ist leider kein Gerücht, sondern eine reale Bedrohung. Aufgrund der Datenübertragung stammt die größte Gefahr für die Computersicherheit aus dem Internet. Aber kein Grund zur Panik: Es gibt auch eine Menge wirksamer Schutzmaßnahmen und Gegenmittel!

Ein Antivirenprogramm auswählen

Auf dem Markt tummeln sich zahlreiche Antivirenprogramme; alle versprechen, Ihren Computer effektiv vor Virenbefall zu schützen. Viele dieser Programme können Sie kostenlos aus dem Internet herunterladen, manche müssen Sie kaufen. Mithilfe von Testberichten ❶ können Sie sich über Antivirenprogramme informieren und prüfen, welche Programme gut bewertet werden.

Avira Antivirus

Das kostenlose Programm Avira Antivirus bietet einen vernünftigen Schutz ❷ vor Viren und Würmern, die den Rechner befallen können. Die Freeware überwacht mit einem Echtzeit-Scanner automatisch alle Dateioperationen im Hintergrund. Verdächtige Funde können in Quarantäne geschoben werden.

Wichtige Daten sichern

Das Motto »Doppelt hält besser« gilt auch für die Datensicherung. Sie können Dateien z. B. einfach auf einen USB-Stick kopieren, aber Windows bietet auch eine spezielle Funktion ❸, mit der Sie die Daten Ihres Computers bequem sichern können.

❶ Testberichte geben Auskunft über die Wirksamkeit von Antivirenprogrammen.

❷ Avira Antivirus bietet Rechnern einen soliden Grundschutz vor Viren und Würmern.

❸ Windows unterstützt Sie beim Sichern Ihrer Daten.

Das richtige Antivirenprogramm auswählen

Computerviren können Ihren Computer infizieren und großen Schaden anrichten. Daher müssen Sie Ihren Rechner mit einem Antivirenprogramm schützen.

1

Schritt 1

Im Abschnitt »Sicherheit und Virenschutz« ab Seite 118 haben wir beschrieben, wie Sie Avira installieren. Ein weiteres Antivirenprogramm ist *Norton AntiVirus*. Um es zu kaufen, klicken Sie unter *www.norton.de* auf **1 Jahr Download** (für ein Jahr Gültigkeit).

2

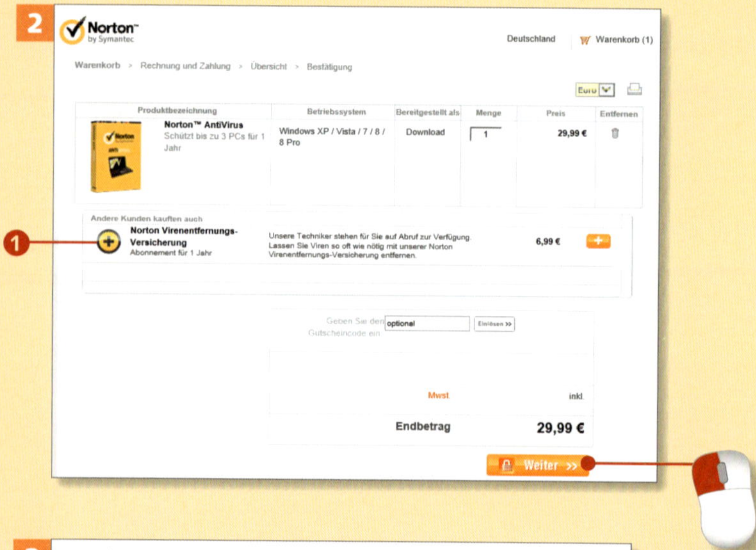

Schritt 2

Im nächsten Fenster können Sie zusätzlich die **Norton Virenentfernungsversicherung** ❶ in Anspruch nehmen, wenn Sie bei Problemen auf die Hilfe von NortonLive-Experten zurückgreifen wollen. Setzen Sie den Kauf mit **Weiter** fort.

3

Schritt 3

Einen sehr guten Ruf haben auch die Antivirenprogramme von *Kaspersky*. Allerdings kann auch diese Software nur kostenpflichtig heruntergeladen werden (*www.kaspersky.de*). Wählen Sie hier **Downloads**.

Schritt 4

Kaspersky bietet Trial-Versionen an, also Testversionen, die Sie 30 Tage lang benutzen und ausprobieren können. Klicken Sie unter **Kostenlose Testversionen** z. B. auf **Kaspersky PURE 2.0 Total Security**.

4

Schritt 5

Im nächsten Fenster tragen Sie Ihre E-Mail-Adresse in das Formular ein. Die Angabe Ihres Vor- und Nachnamens ist optional. Dann klicken Sie auf **Absenden**. Sie erhalten sehr rasch eine E-Mail mit einem Download-Link.

5

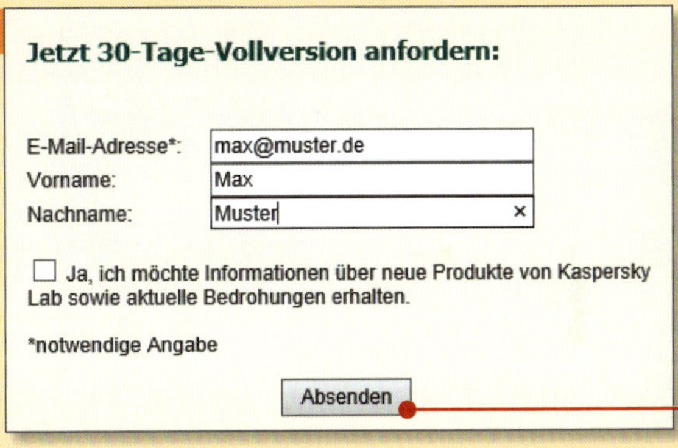

Schritt 6

Besonders gut schneidet in Testberichten auch das Programm *Titanium Maximum Security 2013* ab. Es soll Ihren PC effektiv vor Viren, Spyware, Würmern, Trojanern, Bot-Netzen und Rootkits schützen und auch gefälschte Virenschutzprogramme entfernen. Sie finden es unter der Adresse *www.trendmicro.de*.

6

Kostenpflichtige Programme

Wenn Sie eines der hier kurz beschriebenen Programme kaufen wollen, klicken Sie auf **Download** bzw. **Jetzt kaufen** und folgen Sie den weiteren Anweisungen.

Das Antivirenprogramm Avira einsetzen

1

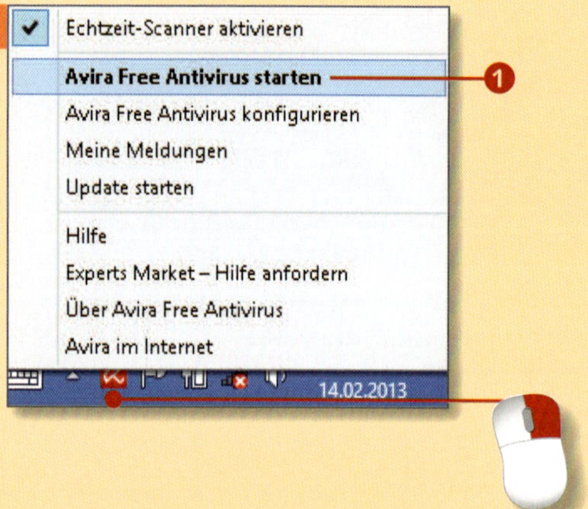

2

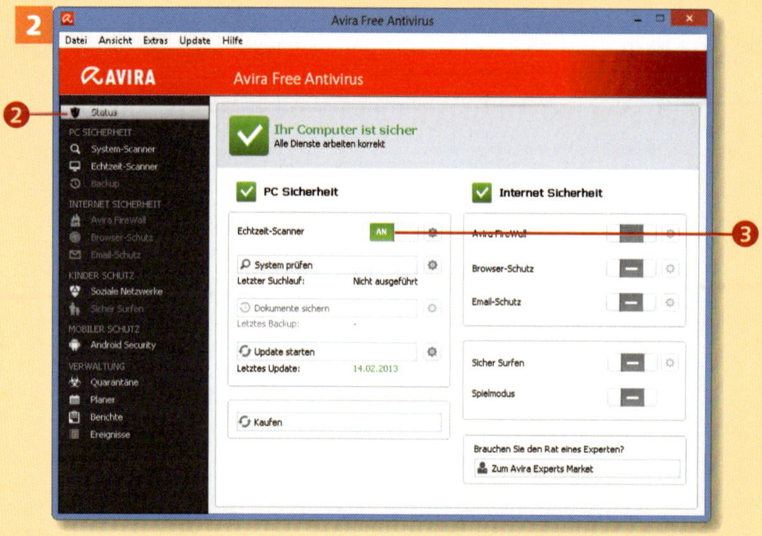

3

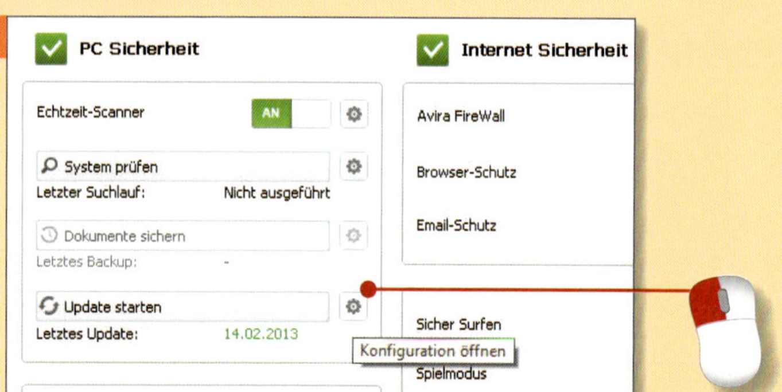

Avira ist ein wirksames Antivirenprogramm, das in der einfachen Variante umsonst zu haben ist (den Download und die Installation haben wir in Kapitel 5, »Im Internet surfen«, beschrieben). Hier erklären wir den weiteren Umgang mit diesem Programm.

Schritt 1

Klicken Sie das Avira-Symbol in der Taskleiste mit der rechten Maustaste an. Im Menü klicken Sie mit links auf die Option **Avira Free Antivirus starten** ❶.

Schritt 2

Dies öffnet den Dialog **Avira Free Antivirus**. Er zeigt Ihnen als Erstes den Status Ihres PCs an (in der linken Leiste ist **Status** ❷ markiert). Sie sollten hier sehen, dass der Echtzeit-Scanner (**An**) ❸ aktiv ist.

Schritt 3

Für einen effektiven Schutz sind regelmäßige Updates wichtig. Um zu überprüfen, in welchen Abständen Avira Updates ausführt, klicken Sie auf das Symbol neben **Update starten** (**Konfiguration öffnen**).

Schritt 4

Im nächsten Dialog sehen Sie den aktuellen Zeitplan für die Updates. Um das Intervall zu ändern, klicken Sie in das Feld und markieren hier eine der Zeitangaben, z. B. **Stunde(n)** ❹. Dann klicken Sie auf den nach oben oder unten weisenden Pfeil. Bestätigen Sie eine eventuelle Änderung mit **OK**.

4

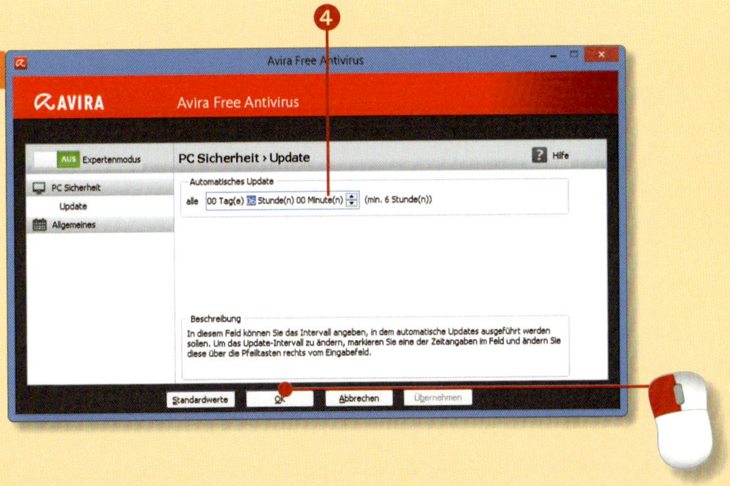

Schritt 5

Wenn Sie in der linken Leiste **Echtzeit-Scanner** ❺ markieren, werden Sie über die letzten Aktivitäten des Echtzeit-Scanners informiert. Der Scanner überprüft automatisch alle Dateien, auf die Sie zugreifen.

5

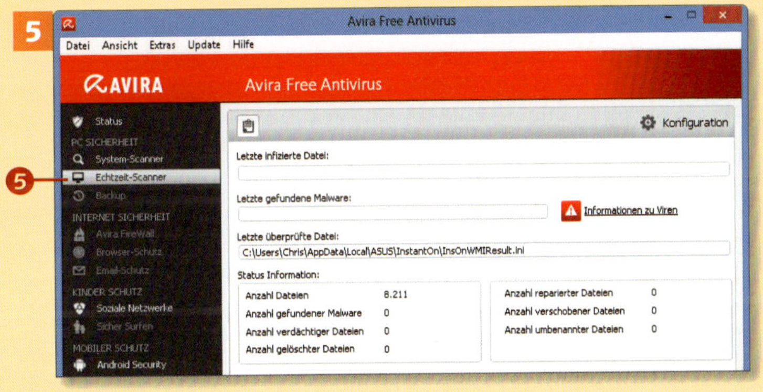

Schritt 6

Wenn der Echtzeit-Scanner von Avira gefährliche Dateien aufspürt, meldet er dies mit dem abgebildeten Dialog. Im Allgemeinen ist es sinnvoll, dem Vorschlag von Avira zu folgen und die betroffenen Dateien in Quarantäne zu verschieben. Im Normalfall klicken Sie also auf **Jetzt anwenden**.

6

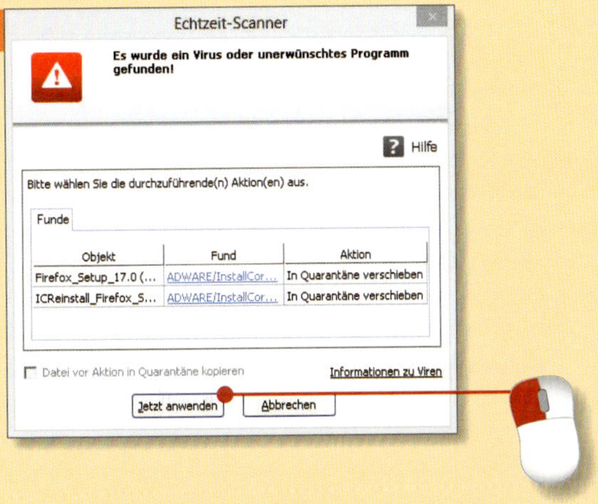

Das Antivirenprogramm Avira einsetzen (Forts.)

7

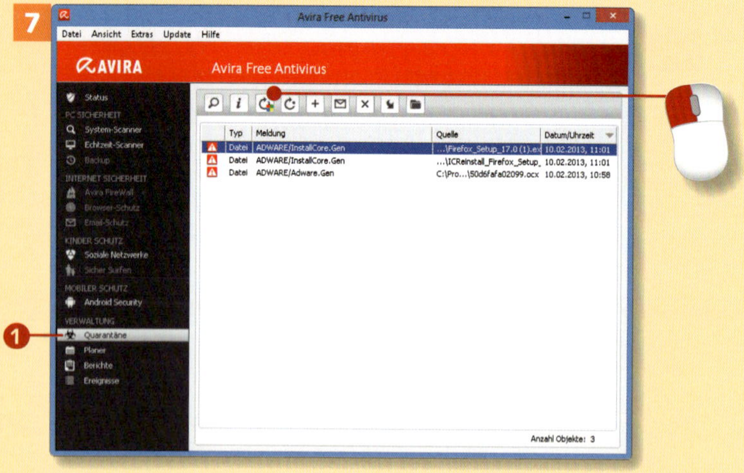

Schritt 7

Avira zeigt Ihnen die in Quarantäne verschobenen Dateien an. Klicken Sie im Bereich **Verwaltung** auf **Quarantäne** ❶. Hier können Sie einzelne Dateien wiederherstellen, falls das Verschieben in die Quarantäne die Funktionsweise des Rechners behindert. Dazu klicken Sie auf das Symbol **Ausgewählte(s) Objekt(e) wiederherstellen**.

8

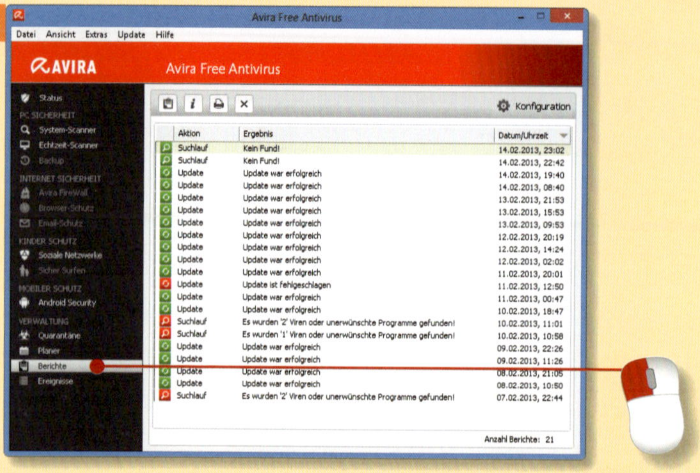

Schritt 8

Hinweise und Berichte, die Avira als Resultat eines Suchlaufs anzeigt, klickt man schnell weg. Wenn Sie nachträglich einen Blick auf alle Suchläufe, Updates etc. werfen möchten, klicken Sie auf **Berichte**.

9

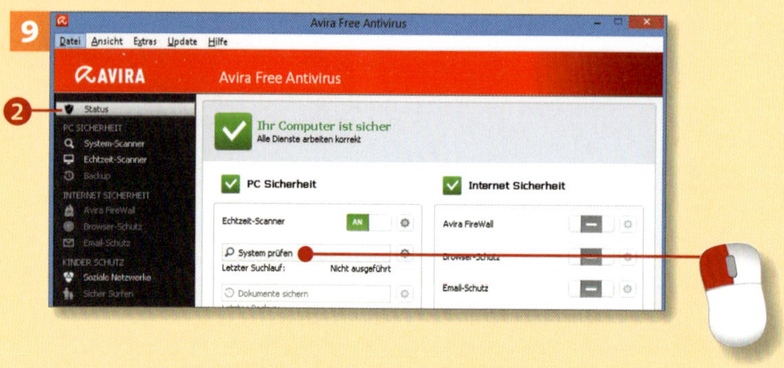

Schritt 9

Wenn Sie eine Überprüfung Ihres Computers manuell anstoßen möchten, rufen Sie den Dialog **Avira Free Antivirus** wie beschrieben auf, klicken auf **Status** ❷ und hier dann auf **System prüfen**.

System prüfen

Avira überprüft Ihren PC sehr zuverlässig, sodass es eigentlich nur selten einen Grund gibt, eine Überprüfung explizit zu veranlassen.

Schritt 10

Luke Filewalker tritt in Aktion und überprüft Ihren PC auf Schädlinge. Dieser Vorgang kann bei größeren Festplatten und langsamen Rechnern ein paar Stündchen in Anspruch nehmen. Sofern er fündig wird, zeigt er Ihnen einen Dialog, wie er zu Schritt 6 abgebildet wird.

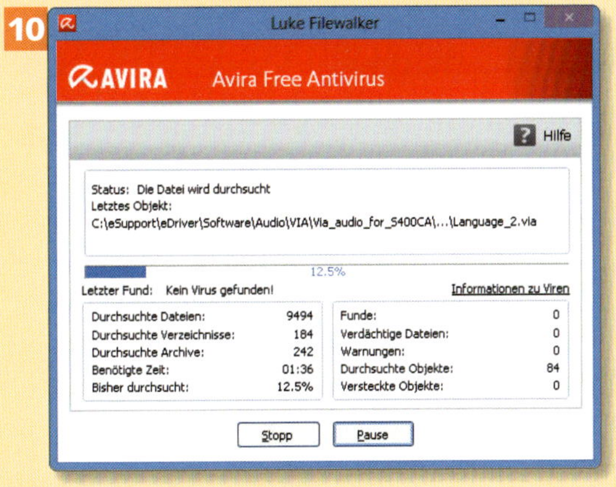

Schritt 11

Zum Abschluss erhalten Sie eine Übersicht über die Arbeit von Avira. Beenden Sie den Dialog mit der Schaltfläche **Schließen**.

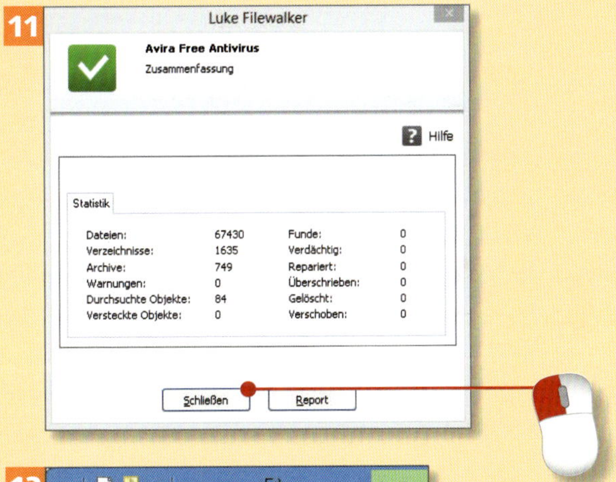

Schritt 12

Um spezielle Dateien, Ordner oder Datenträger explizit prüfen zu lassen (sinnvoll z. B. bei einem USB-Stick), klicken Sie das entsprechende Laufwerk oder den Ordner mit rechts an, und wählen Sie im Kontextmenü den Eintrag **Ausgewählte Dateien mit Avira überprüfen** ❸. Anschließend nimmt Luke Filewalker seine Arbeit auf (wie in Schritt 10 gezeigt).

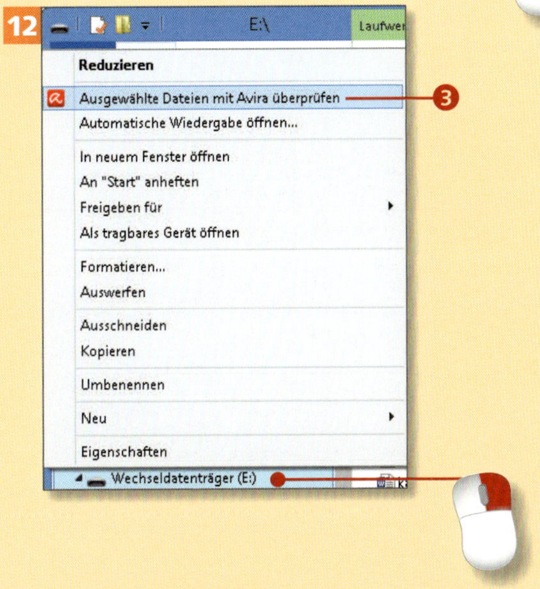

Wichtige Daten sichern

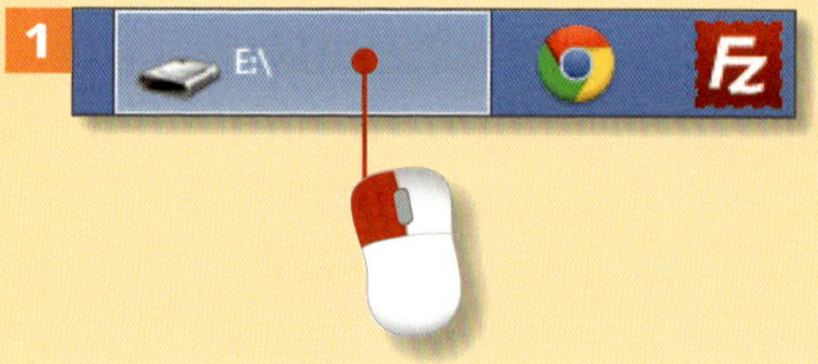

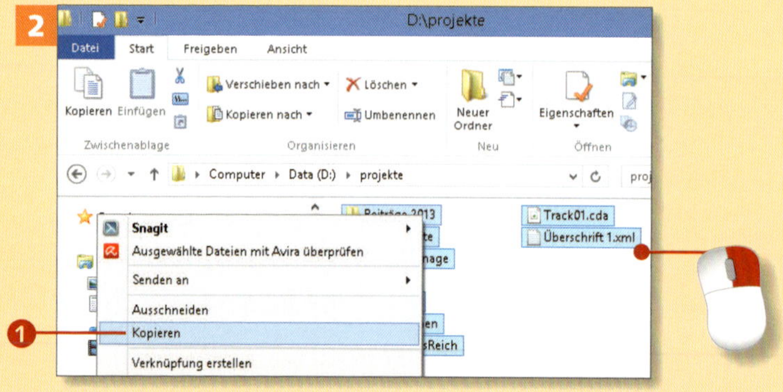

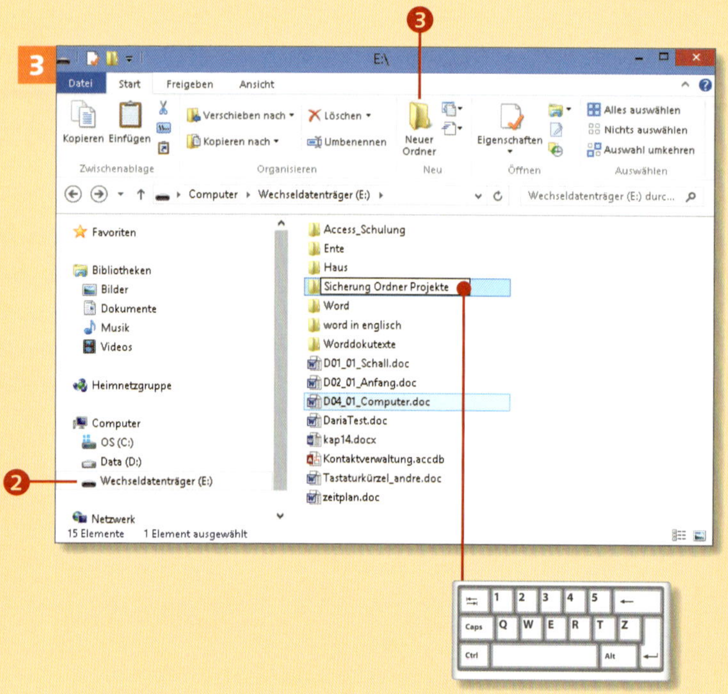

Indem Sie sie speichern, werden Ihre Dateien auf der Festplatte abgelegt. Für den Fall, dass die Festplatte einmal beschädigt sein sollte, empfiehlt es sich, wichtige Daten zu sichern oder ein Backup herzustellen.

Schritt 1

Der einfachste Weg besteht darin, wichtige Dateien auf einem USB-Stick zu sichern. Stecken Sie den USB-Stick in einen USB-Anschluss, und rufen Sie per Klick auf das Symbol für den Wechseldatenträger den Datei-Explorer auf.

Schritt 2

Im Datei-Explorer markieren Sie die Dateien bzw. den Ordner mit den Dateien, die Sie auf den USB-Stick sichern möchten. Klicken Sie mit rechts darauf, und wählen Sie **Kopieren** 1 im Kontextmenü.

Schritt 3

Aktivieren Sie den Eintrag für den USB-Stick 2 mit einem Mausklick, und legen Sie auf dem Stick einen neuen Ordner an. Klicken Sie dazu auf **Neuer Ordner** 3, und geben Sie dem Ordner einen passenden Namen.

Schritt 4

Öffnen Sie den neuen Ordner mit einem Doppelklick, und klicken Sie dann auf **Bearbeiten ▸ Einfügen**. Sie können auch mit rechts auf den Ordner und im Kontextmenü dann auf den Befehl **Einfügen** klicken.

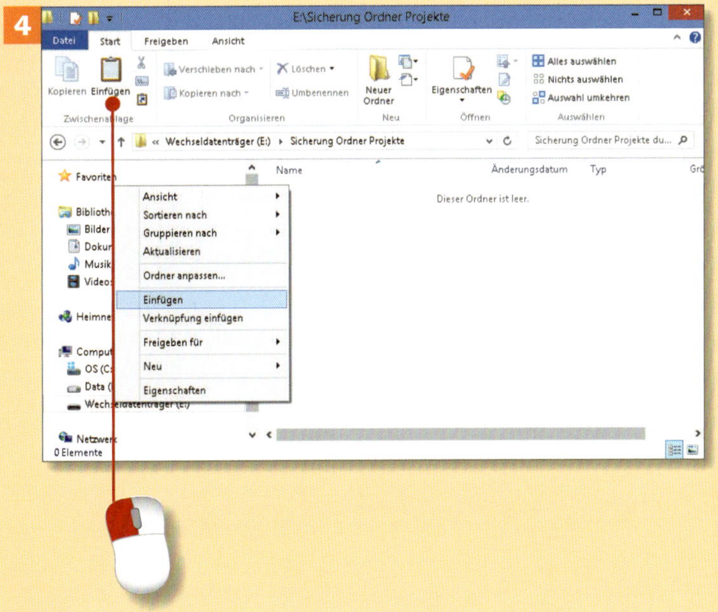

Schritt 5

Windows 8 bietet auch eine zentrale Anlaufstelle für die Sicherung und Wiederherstellung unterschiedlicher Daten. Diese Funktion öffnen Sie in der Systemsteuerung. Hier klicken Sie auf **Windows 7-Dateiwiederherstellung**.

Schritt 6

Im Fenster **Windows 7-Dateiwiederherstellung** erhalten Sie Informationen über den aktuellen Status. Klicken Sie hier auf **Sicherung einrichten**.

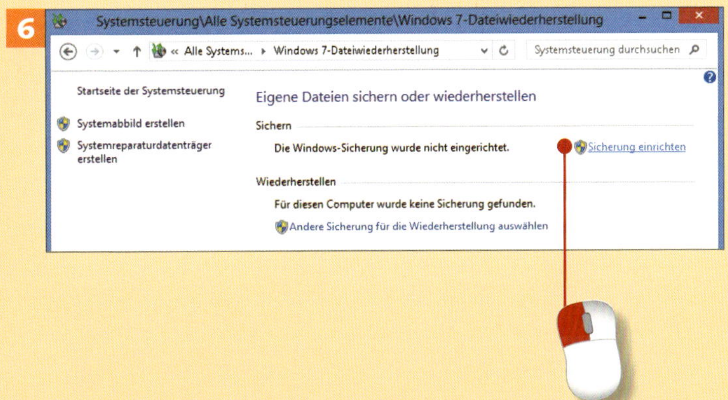

Sichern auf CD/DVD

Zum Sichern können Sie Daten auch auf eine CD oder DVD brennen. Legen Sie den Datenträger in das Laufwerk, klicken Sie den Ordner, den Sie kopieren wollen, mit rechts an, und wählen Sie **Senden an**. Im Untermenü klicken Sie auf **DVD-RW-Laufwerk**.

Wichtige Daten sichern (Forts.)

7

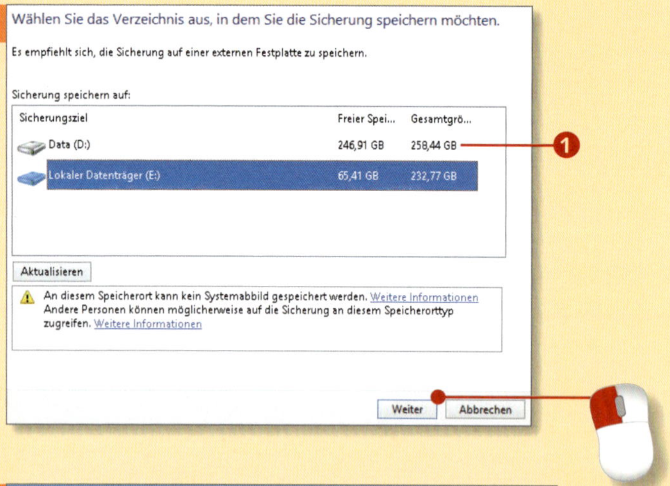

Schritt 7

Im Dialogfenster **Sicherung einrichten** markieren Sie den Datenträger für das Backup. Im Beispiel gibt es nur den lokalen Datenträger oder das DVD-Laufwerk ❶, mit dessen Hilfe Sie eine CD/DVD brennen können (es ist keine externe Festplatte und kein USB-Stick angeschlossen). Klicken Sie dann auf **Weiter**.

8

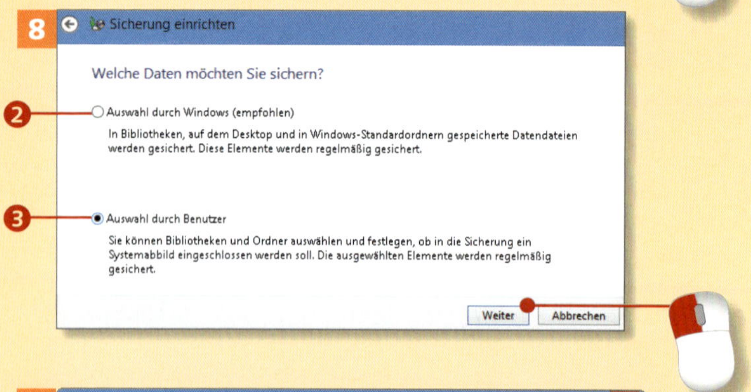

Schritt 8

Nun werden Sie gefragt, ob die zu sichernden Ordner und Bibliotheken automatisch ausgewählt werden sollen ❷ oder ob Sie die Auswahl selbst treffen möchten ❸. Aktivieren Sie die gewünschte Option, und klicken Sie auf **Weiter**.

9

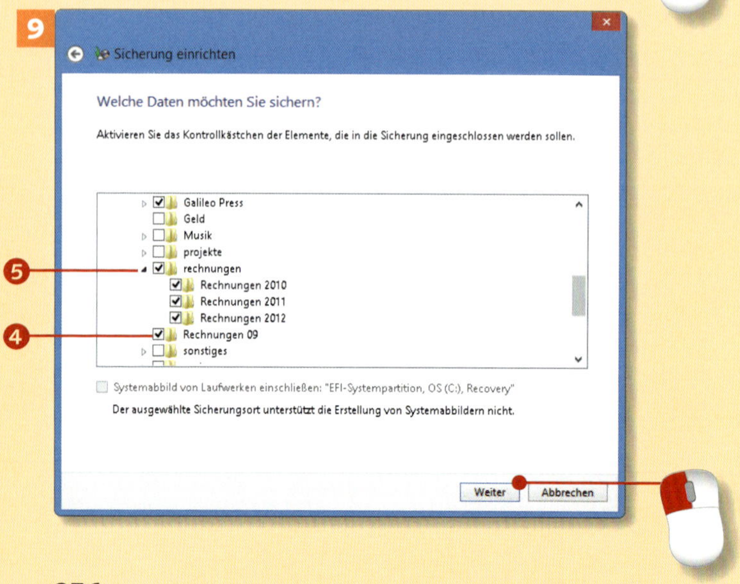

Schritt 9

Bei der manuellen Auswahl können Sie im nächsten Dialog Ordner und Bibliotheken beliebig auswählen, indem Sie sie anklicken ❹. Die übergeordneten Ordner öffnen Sie mit einem Klick auf die kleinen Pfeile ❺. Dann klicken Sie auf **Weiter**.

Schritt 10

Im nächsten Fenster sehen Sie eine Zusammenfassung Ihrer Auswahl. Wenn Sie daran nichts mehr korrigieren möchten, klicken Sie auf **Einstellungen speichern und Sicherung ausführen**.

Schritt 11

Dass die Sicherung erfolgreich durchgeführt wurde, sehen Sie im Dialog **Windows 7-Dateiwiederherstellung**. Sie erkennen auch, dass durch die Sicherung ein Zeitplan ❻ zur regelmäßigen Sicherung eingerichtet wurde.

Schritt 12

Sie können die gesicherten Daten (die nun in einem speziellen Backup-Format vorliegen) auch so wiederherstellen, dass Sie sie verwenden können. Dazu klicken Sie auf **Eigene Dateien wiederherstellen**.

Was sichert Windows?

Wenn Sie Windows aussuchen lassen, werden die lokalen Inhalte Ihrer Bibliotheken gesichert. Außerdem speichert Windows die Ordner **AppData**, **Kontakte**, **Desktop**, **Favoriten**, **Links**, **Suchvorgänge** und **Gespeicherte Spiele**.

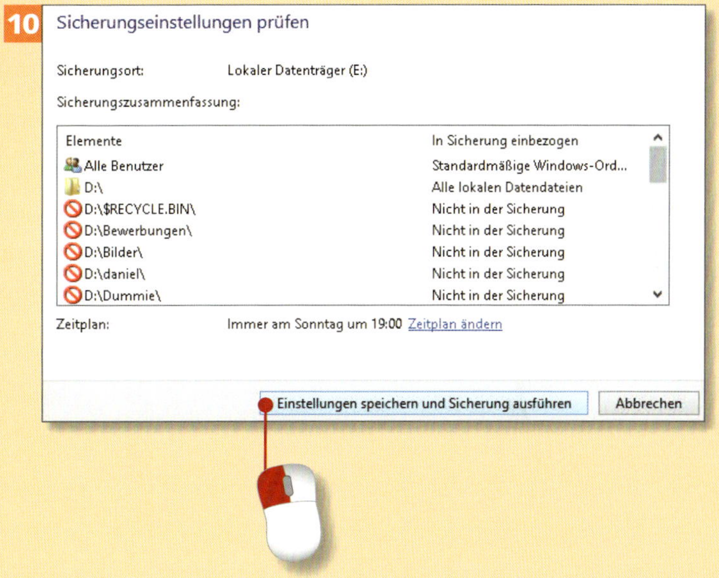

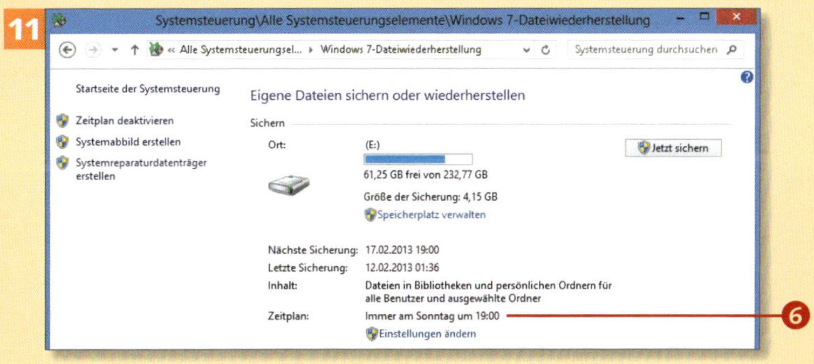

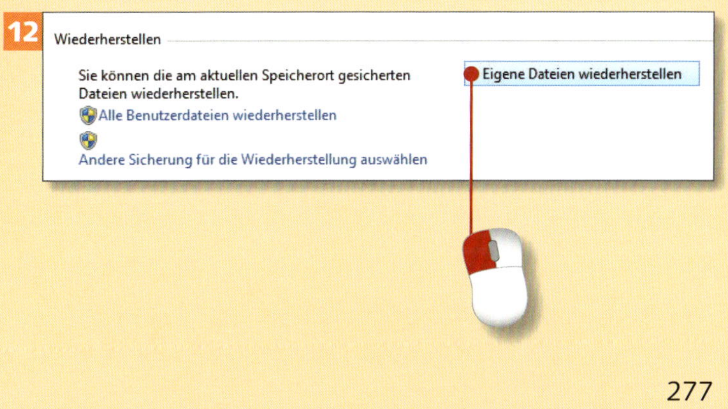

Die Systemwiederherstellung nutzen

1

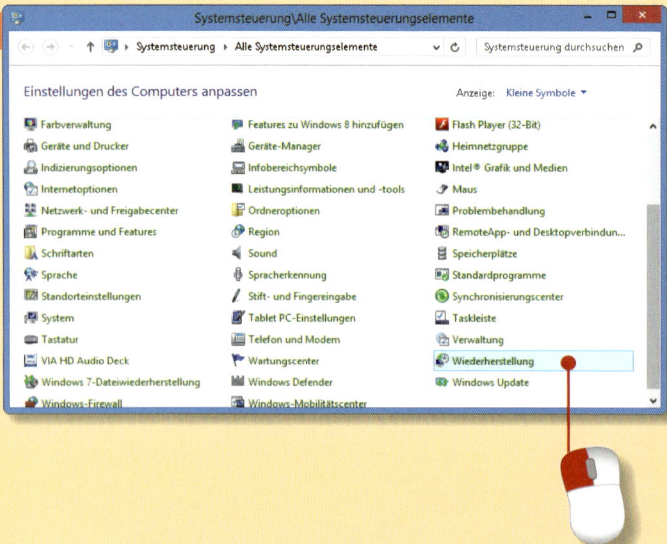

2

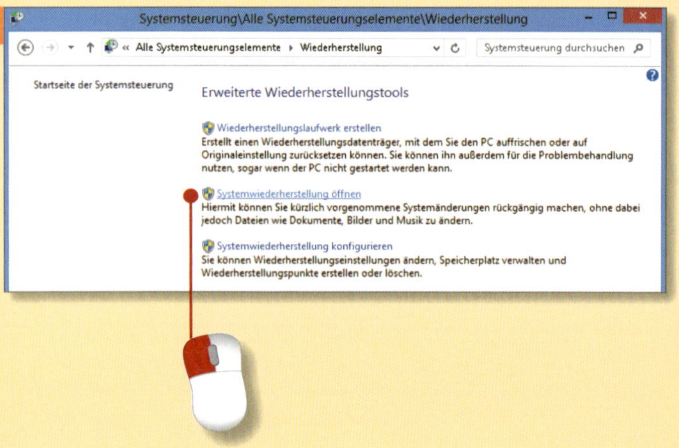

3

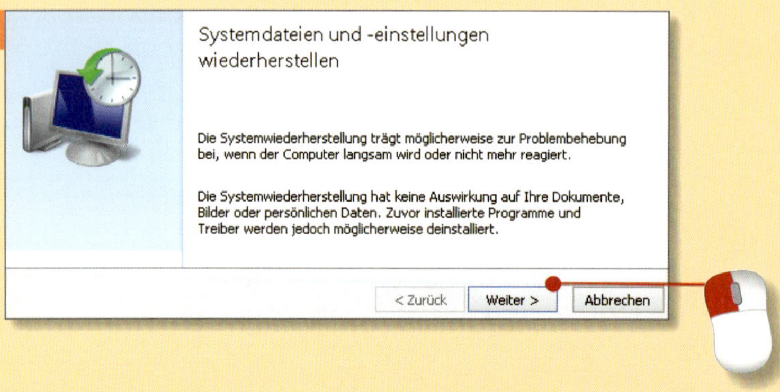

Mitunter macht Ihr Computer plötzlich Zicken, z. B. nach einem Update oder einer Neuinstallation. Die Lösung besteht oft darin, die Einstellungen des Computers auf einen älteren Zustand »zurückzusetzen«.

Schritt 1

Rufen Sie die **Systemsteuerung** auf, und klicken Sie hier auf den Punkt **Wiederherstellung.**

Schritt 2

Im Dialogfenster **Wiederherstellung** finden Sie einige Informationen zur Systemwiederherstellung. Klicken Sie auf die mittlere Option: **Systemwiederherstellung öffnen**.

Schritt 3

In der ersten Ansicht des Dialogfensters der **Systemwiederherstellung** klicken Sie lediglich auf **Weiter**.

Schritt 4

Nun legen Sie den Zeitpunkt der Wiederherstellung fest. Setzen Sie ein Häkchen vor die Option **Weitere Wiederherstellungspunkte anzeigen** ❶, markieren Sie den gewünschten Zeitpunkt ❷, und klicken Sie auf **Weiter**.

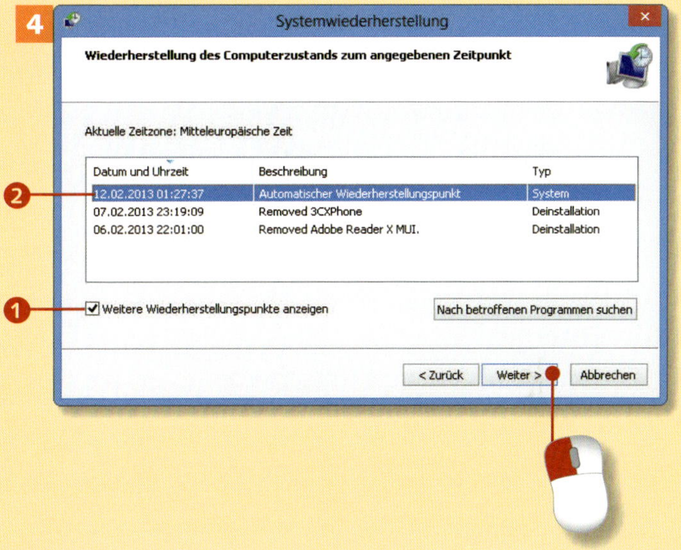

Schritt 5

Sie erhalten nun noch eine Bestätigung über den Zeitpunkt, den Sie eingestellt haben, und das Laufwerk, das wiederhergestellt wird. Um doch noch etwas zu korrigieren, klicken Sie auf **Zurück**.

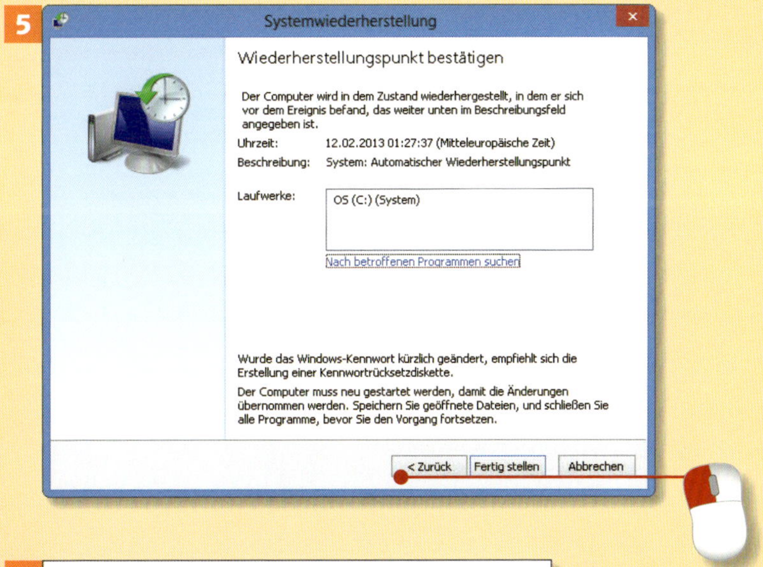

Schritt 6

Wenn Sie nichts mehr ändern möchten, klicken Sie auf **Fertig stellen**. Nun beginnt der Wiederherstellungsprozess, dessen Fortschritt anhand eines Balkens angezeigt wird.

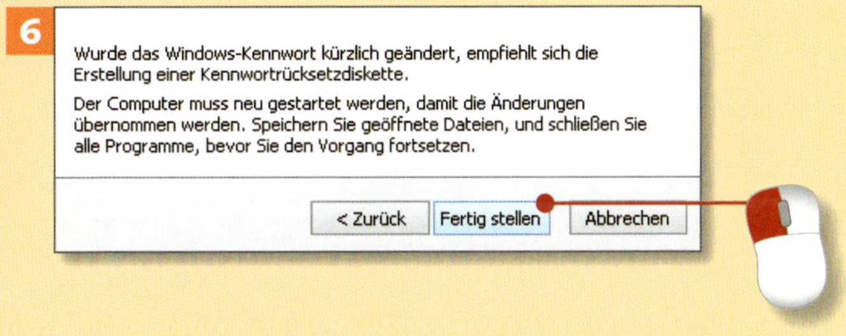

Systemwiederherstellung
Die Systemwiederherstellung ist für das Laufwerk C: standardmäßig eingeschaltet. Dies können Sie hier überprüfen: **Systemsteuerung ▸ System ▸ Erweiterte Systemeinstellungen**. Auf der Registerkarte **Computerschutz** finden Sie die entsprechende Angabe im Bereich **Schutzeinstellungen**.

Kapitel 13
Hilfe bei Problemen

Sowohl Windows als auch einzelne Programme bieten eine direkte Hilfestellung zu Ihren Fragen. Neben den programminternen Hilfefunktionen ist auch das Internet eine ergiebige Quelle für Hilfestellungen zu vielen Fragen und Problemen.

Hilfe im Internet
Im Internet finden Sie viele verschiedene Seiten, die sich mit Computerfragen befassen und Antworten bieten. Mit etwas Glück werden Sie fündig, wenn Sie bei Google einen Suchbegriff eingeben und eine der Seiten aus der Trefferliste ❶ öffnen.

Hilfe in Foren
Umfassende und praxisnahe Hilfe bieten im Internet oft sogenannte *Foren* ❷. In solchen Foren stellen Anwender Fragen, und andere Anwender antworten darauf oder geben Tipps.

Die Windows-Hilfe
Windows bietet eine recht umfassende Hilfefunktion ❸. Sie finden hier Hinweise zur Computereinstellung, zur Hardware, zum Umgang mit Ordnern und vielem mehr. Mit einer Internetverbindung können Sie zudem auf die Windows-Onlinehilfe zugreifen.

1 Auf vielen Internetseiten gibt es Hilfe zu Fragen rund um den Computer.

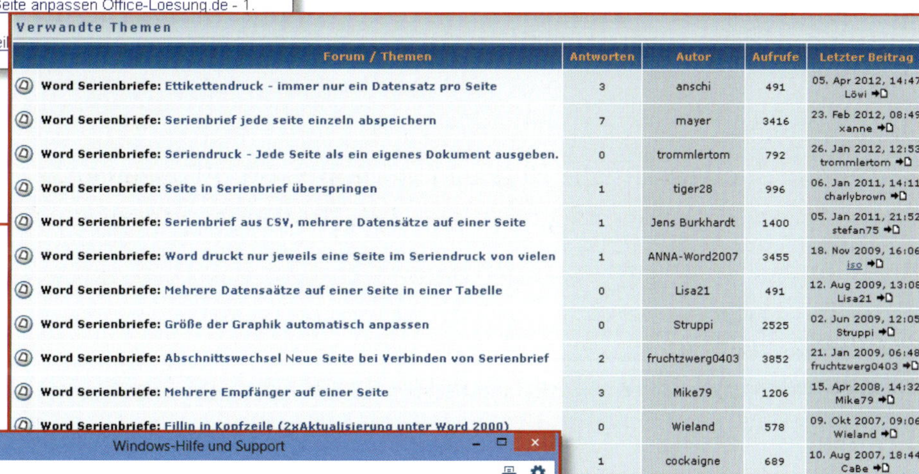
Verwandte Themen

Forum / Themen	Antworten	Autor	Aufrufe	Letzter Beitrag
Word Serienbriefe: Ettikettendruck - immer nur ein Datensatz pro Seite	3	anschi	491	05. Apr 2012, 14:47 Löwi
Word Serienbriefe: Serienbrief jede seite einzeln abspeichern	7	mayer	3416	23. Feb 2012, 08:49 xanne
Word Serienbriefe: Seriendruck - Jede Seite als ein eigenes Dokument ausgeben.	0	trommlertom	792	26. Jan 2012, 12:53 trommlertom
Word Serienbriefe: Seite in Serienbrief überspringen	1	tiger28	996	06. Jan 2011, 14:11 charlybrown
Word Serienbriefe: Serienbrief aus CSV, mehrere Datensätze auf einer Seite	1	Jens Burkhardt	1400	05. Jan 2011, 21:52 stefan75
Word Serienbriefe: Word druckt nur jeweils eine Seite im Seriendruck von vielen	1	ANNA-Word2007	3455	18. Nov 2009, 16:06 iso
Word Serienbriefe: Mehrere Datensaätze auf einer Seite in einer Tabelle	0	Lisa21	491	12. Aug 2009, 13:08 Lisa21
Word Serienbriefe: Größe der Graphik automatisch anpassen	0	Struppi	2525	02. Jun 2009, 12:05 Struppi
Word Serienbriefe: Abschnittswechsel Neue Seite bei Verbinden von Serienbrief	2	fruchtzwerg0403	3852	21. Jan 2009, 06:48 fruchtzwerg0403
Word Serienbriefe: Mehrere Empfänger auf einer Seite	3	Mike79	1206	15. Apr 2008, 14:32 Mike79
Word Serienbriefe: Fillin in Kopfzeile (2xAktualisierung unter Word 2000)	0	Wieland	578	09. Okt 2007, 09:06 Wieland
	1	cockaigne	689	10. Aug 2007, 18:44 CaBe

Internetforen **2** bieten mitunter genau die richtige Antwort, und das auch noch sehr praxisnah.

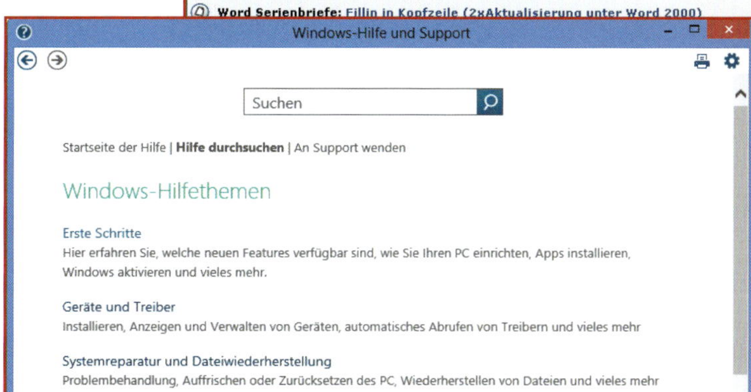

3 Im Windows-Hilfedialog finden Sie Hilfebeiträge zu vielen Themen.

Hilfe übers Internet beziehen

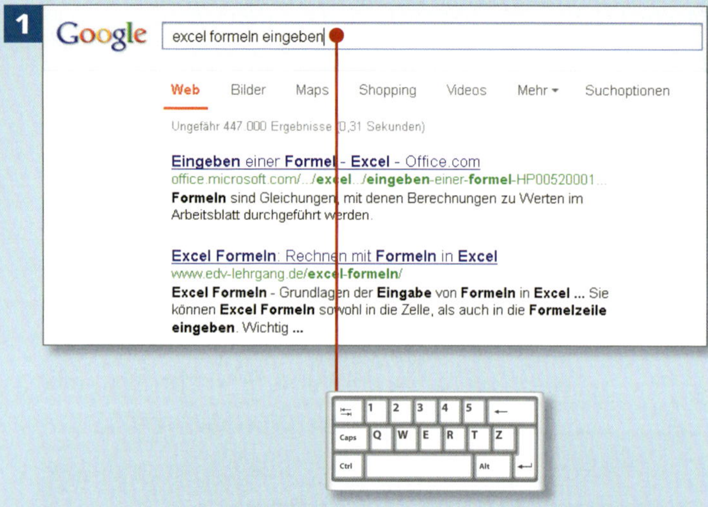

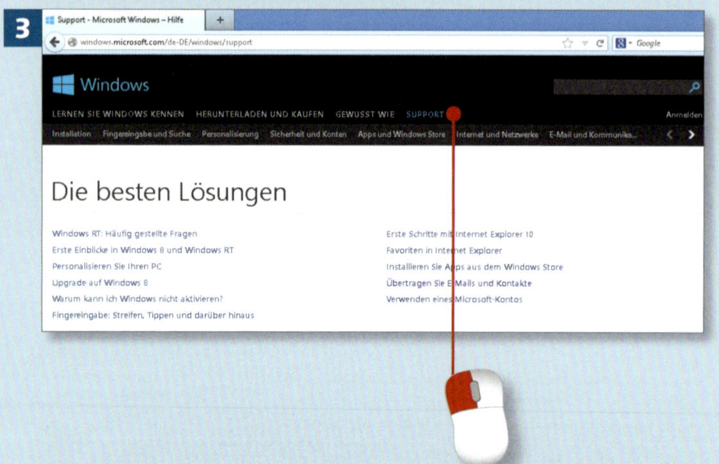

Das Internet bietet Informationen zu unendlich vielen Themen und selbstverständlich auch zu Themen, die Computerprobleme betreffen. Im Folgenden geben wir Ihnen ein paar Hinweise zur Suche nach Hilfestellung im Internet.

Schritt 1

Wenn Sie zu einem bestimmten Thema nach Hilfe suchen, können Sie damit beginnen, einfach einen passenden Suchbegriff in das Suchfeld von Google (oder einer anderen Suchmaschine) einzugeben.

Schritt 2

Sie erhalten meist viele Treffer. Achten Sie auf die Beschreibung, und klicken Sie auf einen passend klingenden Link, um die entsprechende Webseite zu öffnen.

Schritt 3

Umfassende Hilfe zu Fragen rund um Windows, Windows-Produkte, Hardware etc. erhalten Sie über die Seite *http://windows.microsoft.com*. Klicken Sie hier auf **Support**, und wählen Sie das gewünschte Thema.

Schritt 4

Bei Fragen und Problemen zu Office-Programmen schauen Sie unter *http://office.microsoft.com*. Klicken Sie hier auf **Support** und dann auf den Pfeil am Feld **Alle Produkte**. Klicken Sie auf das Programm, zu dem Sie Informationen suchen.

4

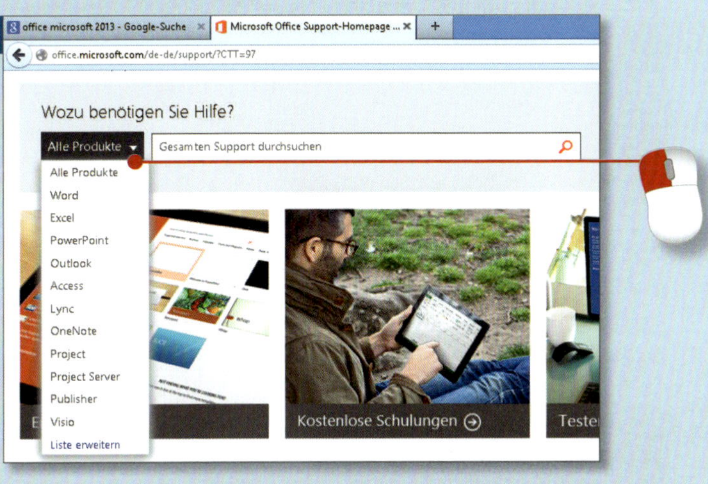

Schritt 5

Nutzen Sie auch die vielen *Internetforen*. Sie finden sie ebenfalls, indem Sie Suchbegriffe bei Google eingeben. Achten Sie in der Ergebnisliste dann auf Webadressen mit dem Zusatz »Forum«, beispielsweise *www.ms-office-forum.net*.

5

Schritt 6

In einem Forum stellen Anwender Fragen, und andere Anwender (oder auch Experten) beantworten sie. Oft finden Sie hier die passende Antwort zu Ihrem Problem (auch bei älteren Programmversionen), weil die Themen sehr praxisnah sind.

6

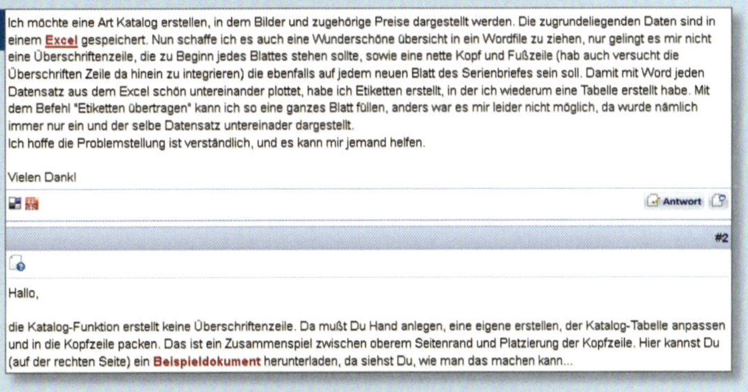

Die Windows-Hilfe

In vielen Situationen können Sie die Windows-Hilfe befragen. Mit etwas Glück erhalten Sie eine passende Antwort. Die Windows-Hilfe gibt es offline (ohne Internet) und als Online-Variante.

1

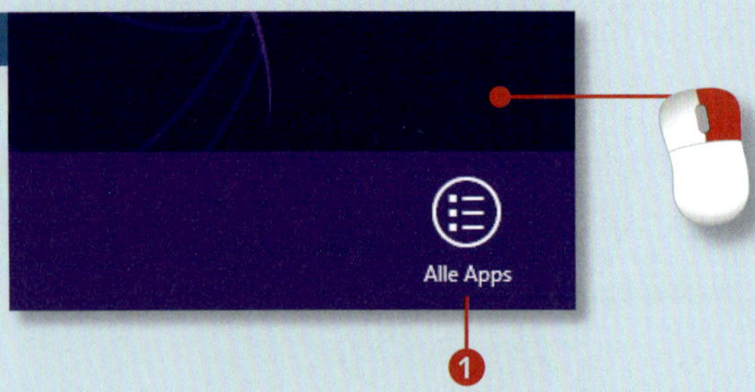

Schritt 1

Den Dialog **Windows-Hilfe und Support** können Sie über den Startbildschirm aufrufen. Blenden Sie die untere Leiste ein (per Rechtsklick oder indem Sie von unten nach oben streifen). Klicken Sie dann auf das Symbol **Alle Apps** 1.

2

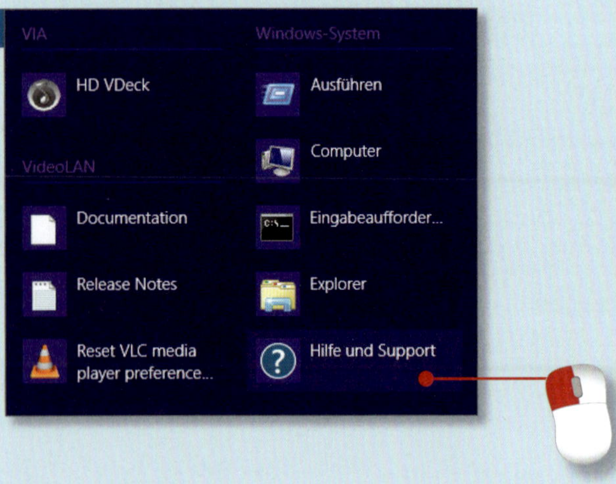

Schritt 2

Im nächsten Fenster wandern Sie so weit nach rechts, bis Sie die Überschrift **Windows-System** sehen. Hier entdecken Sie den Eintrag **Hilfe und Support**. Klicken oder tippen Sie den Eintrag an.

3

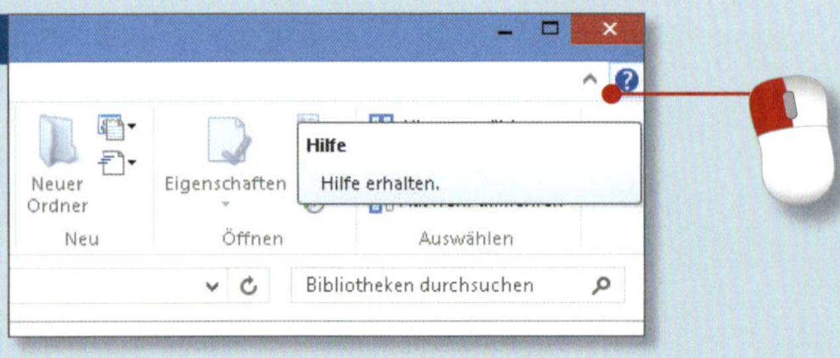

Schritt 3

Sie können das Fenster der Windows-Hilfe auch über den Datei-Explorer aufrufen. Klicken Sie oben rechts in der Menüleiste auf das Fragezeichen.

Schritt 4

Beide Wege öffnen den Dialog **Windows-Hilfe und Support**. Wenn Sie Hilfe zu einem bestimmten Thema suchen, geben Sie ein passendes Stichwort in das Suchfeld ein, z. B. »Bildschirmauflösung«, und drücken Sie [↵].

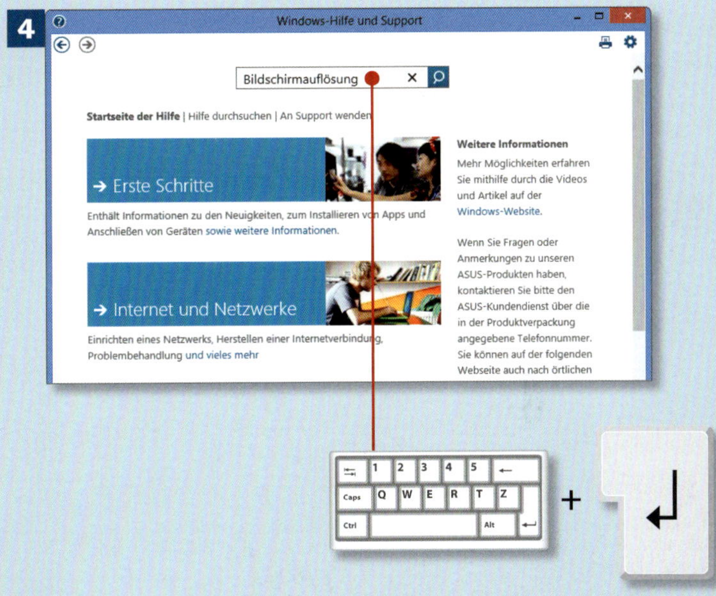

Schritt 5

Sie erhalten dann eine Liste mit Treffern (die je nach Stichwort unterschiedlich lang sein kann). Wenn eine Überschrift dabei ist, die den Eindruck vermittelt, die richtige Antwort zu enthalten, klicken Sie auf den Link.

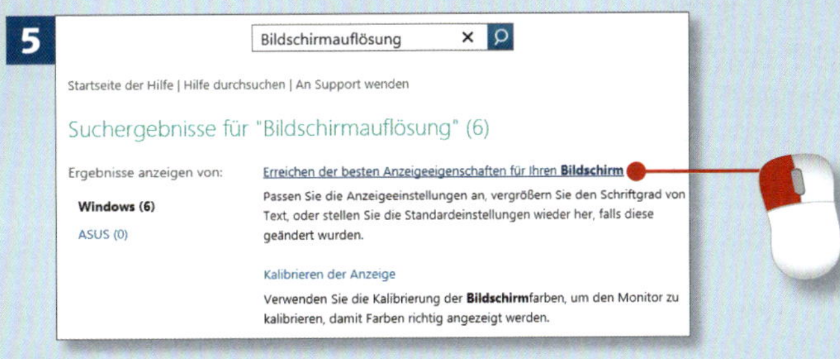

Schritt 6

Die Erklärung enthält unter Umständen Abbildungen und oft Links, die direkt zu dem Dialog führen, in dem Sie die gesuchte Einstellung vornehmen können. Im Beispiel wird der Link **Tippen oder klicken Sie hier, um „Energieoptionen" zu öffnen** angeboten.

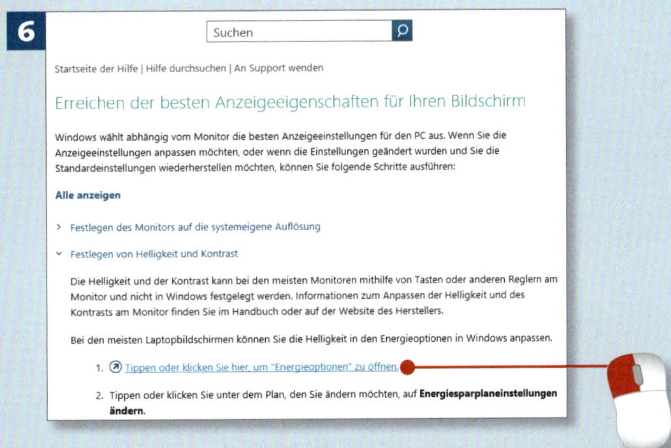

Hilfe-Text ausdrucken

Die Beschreibungen im Hilfe-Dialog können Sie ausdrucken. Klicken Sie einfach auf das Symbol **Drucken** oben rechts im Dialog.

Die Windows-Hilfe (Forts.)

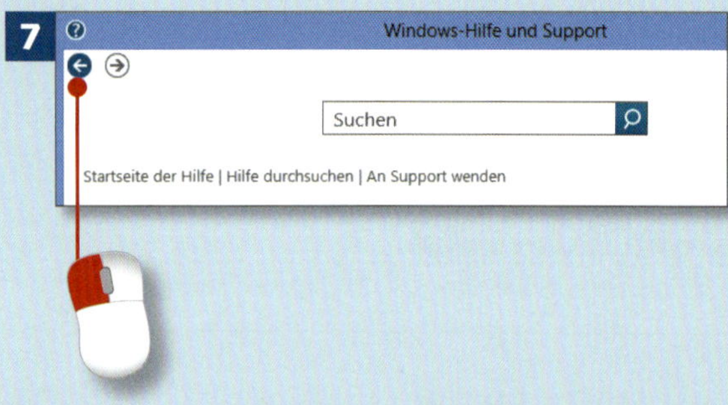

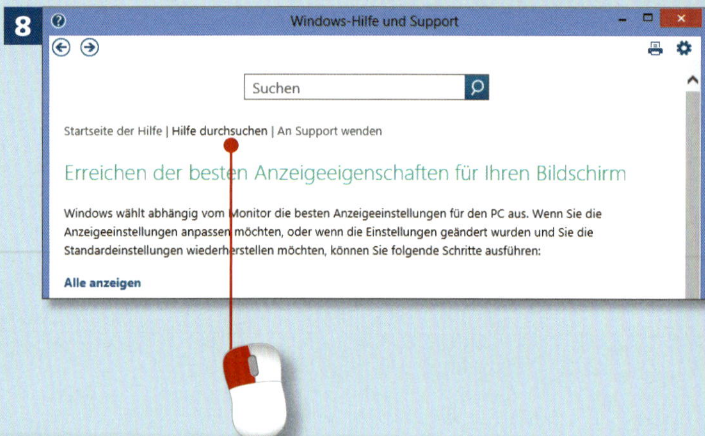

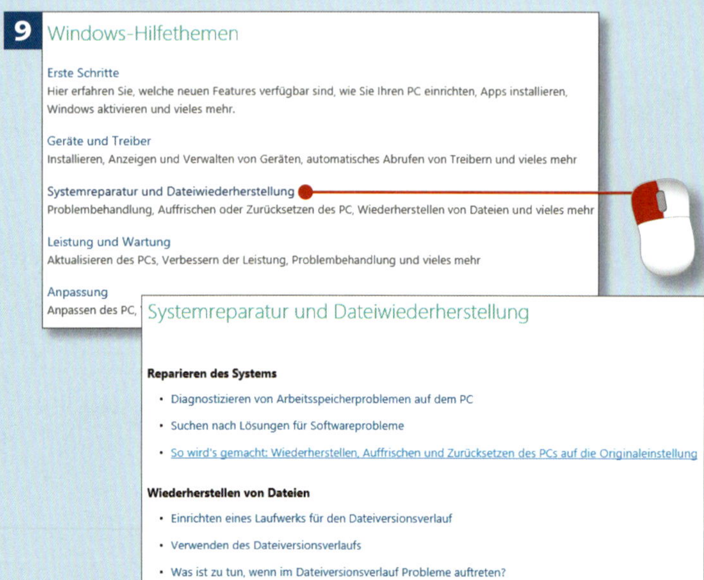

Schritt 7

Wenn der Hilfebeitrag nicht die gewünschte Antwort liefert, klicken Sie auf die Schaltfläche **Zurück** (Pfeil nach links) und dann auf einen anderen Link.

Schritt 8

Wenn Sie nicht wissen, wie Sie Ihr Problem formulieren sollen, können Sie die Hilfe auch nach Themen durchsuchen. Dazu klicken Sie in der oberen Leiste des Hilfedialogs auf die Schaltfläche **Hilfe durchsuchen**.

Schritt 9

Sie erhalten dann eine Liste mit Themenfeldern. Wenn Sie auf einen der Links klicken, öffnet sich ein Fenster mit weiteren Einzelthemen und Kategorien, die direkt zu ausführlichen Hilfebeiträgen führen.

Eingefärbte Links

Wie auch auf Internetseiten üblich werden die Links, auf die Sie einmal geklickt haben, farblich anders dargestellt (hier in einem – nicht sehr gut zu erkennenden – dunkleren Blau).

Schritt 10

Wenn Sie auf diverse Links geklickt haben, und zur ersten Seite des Hilfefensters zurückkehren möchten, klicken Sie auf den Link **Startseite der Hilfe**.

Schritt 11

Wenn Sie mit dem Internet verbunden sind, können Sie auch die Windows-Onlinehilfe zu Rate ziehen. Klicken Sie auf den Pfeil an dem Link **Offlinehilfe** (ganz unten im Fenster) und im kleinen Menü auf **Onlinehilfe beziehen**.

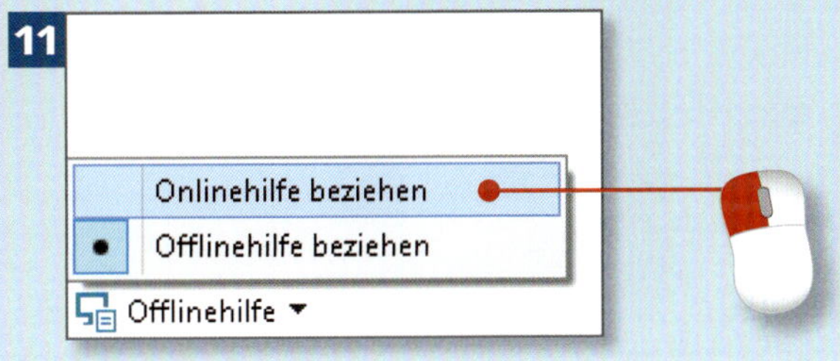

Schritt 12

Im nächsten Fenster geben Sie, wie gehabt, einen Suchbegriff ein und drücken [↵], oder Sie klicken für die Anzeige aller Hilfethemen direkt auf die Schaltfläche **Hilfe durchsuchen**. Im Online-Modus erhalten Sie teilweise mehr Themenangebote als offline.

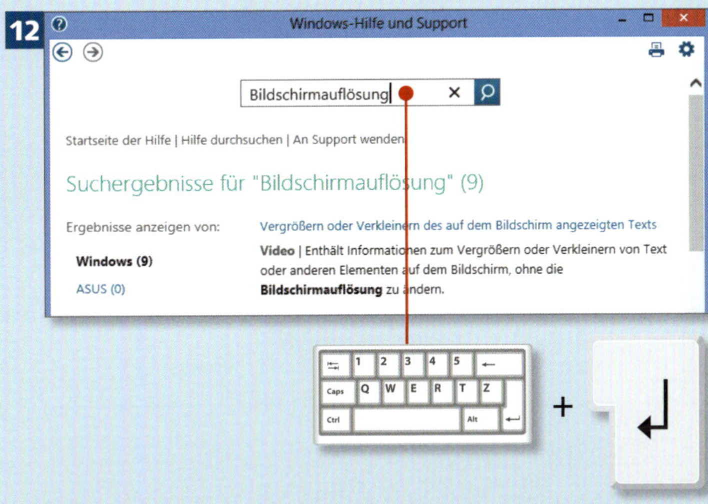

Glossar

Absatz

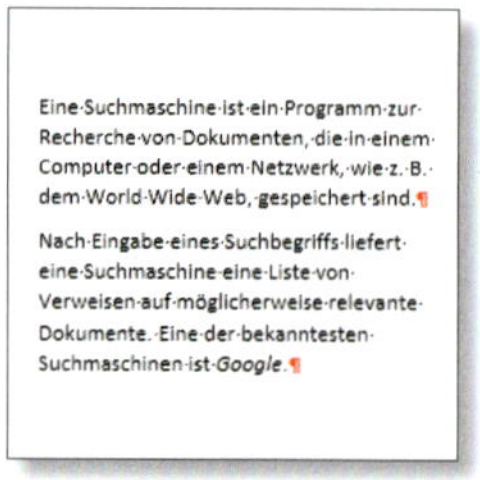
Eine Suchmaschine ist ein Programm zur Recherche von Dokumenten, die in einem Computer oder einem Netzwerk, wie z. B. dem World Wide Web, gespeichert sind.¶

Nach Eingabe eines Suchbegriffs liefert eine Suchmaschine eine Liste von Verweisen auf möglicherweise relevante Dokumente. Eine der bekanntesten Suchmaschinen ist *Google*.¶

Der Text zwischen zwei Absatzmarken. Sobald die [↵]-Taste gedrückt wird, beginnt ein neuer Absatz.

Absatzmarke

Wird durch das Drücken der [↵]-Taste in einem Word-Text erzeugt und gehört zu den Formatierungszeichen, die im Ausdruck nicht sichtbar sind.

App

Abkürzung des englischen Begriffs *Application*, der sich auf jegliche Art von Anwendungssoftware bezieht. De fakto sind mit »Apps« meistens Anwendungen für Smartphones und Tablet-Computer gemeint.

Beamer

Gerät, das an den Computer angeschlossen werden kann, um die Bildschirmdarstellung auf eine Leinwand zu projizieren.

Betriebssystem

Die Software, die die grundlegenden Funktionen des Computers ermöglicht (Gerätesteuerung, Koordination der Hardware, Dateioperationen etc.) und die anderen Programme verwaltet. Das gängigste Betriebssystem ist Windows (zurzeit in der Version Windows 8).

Bildlaufleiste

Befindet sich in vielen Programmfenstern am rechten und am unteren Rand. Man kann innerhalb der Fenster navigieren, indem man mit gedrückter Maustaste an dem Balken zieht oder auf die Pfeile klickt.

Bildschirm-schoner

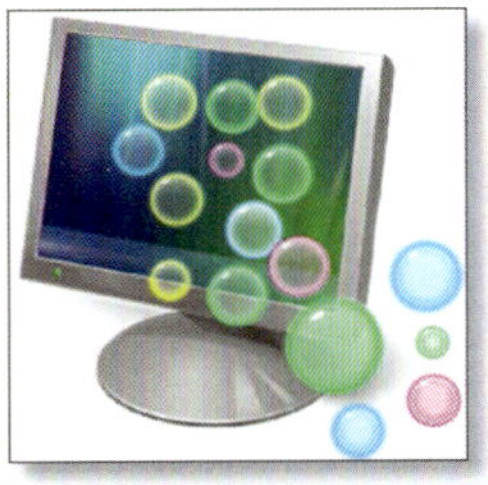

Ein Programm, das bei längerer Inaktivität am Computer wechselnde Bilder am Bildschirm anzeigt. Bei den älteren Röhrenmonitoren waren Bildschirmschoner notwendig, um das Einbrennen der Bilder auf den Bildschirm zu verhindern.

Bildschirm-tastatur

Auf Geräten, an denen keine normale Tastatur angeschlossen ist, lässt sich meistens eine Bildschirmtastatur einblenden, auf der Sie per Touch »tippen« können.

Bot-Netz

Ein Netzwerk von Computern, die mit Schadsoftware befallen sind und dadurch von außen gesteuerte Aktionen ausführen. Typisch ist hier z.B. das Aufrufen einer bestimmten Webseite, um durch die Masse der Aufrufe den Webserver zusammenbrechen zu lassen.
Bild © Tom-b (CC BY-SA 3.0)

Browser

Der landläufige Name für Programme, mit denen man Webseiten betrachten kann. Bekannte Browser sind der Internet Explorer, Mozilla Firefox oder Google Chrome.

Glossar

Cursor

Auch *Einfügemarke* genannt. Kennzeichnet die aktuelle Bearbeitungsposition in einem Computerprogramm. Bei einem Textverarbeitungsprogramm zeigt er z. B. die Stelle auf dem Bildschirm an, an der Tastatureingaben eingefügt werden. Er wird meist als senkrechter oder waagerechter Strich dargestellt.

Datei

Besteht aus inhaltlich zusammengehörigen Daten, die unter einem Dateinamen und in einem bestimmten Dateiformat auf einem Datenträger oder Speichermedium gespeichert sind. Dateien sind »persistent«, weil sie trotz der Beendigung des Programms nicht verloren gehen.

Datei-Explorer

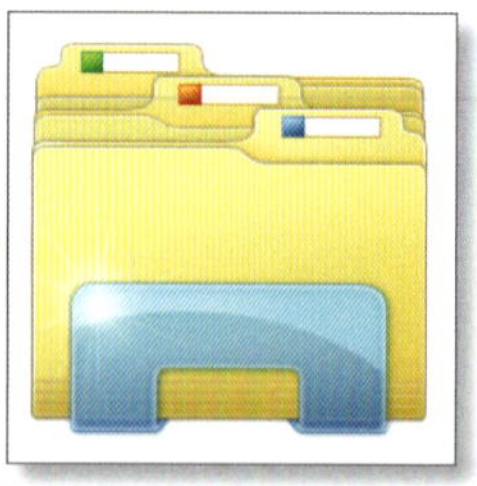

Windows-Software, die die Anordnung der Elemente (Laufwerke, Ordner und Dateien) auf dem Computer anzeigt und spezielle Funktionen zum Ordnen und Verwalten anbietet, z. B. können Sie hier neue Ordner anlegen, Dateien kopieren und/oder löschen.

Dateiformat

Legt den Inhalt von Dateien fest und ist bestimmten Anwendungsprogrammen zugeordnet. Wichtig ist dabei die Einhaltung der vereinbarten Konventionen über die Strukturierung der Informationen eines bestimmten Datentyps (beispielsweise Text, Grafik, Video oder Audio). Nur so können die Computer- und Anwendungsprogramme diese Dateiformate lesen. Ein Dateiformat wird durch die Dateinamenerweiterung gekennzeichnet, z. B. *.docx.*

Dateigröße

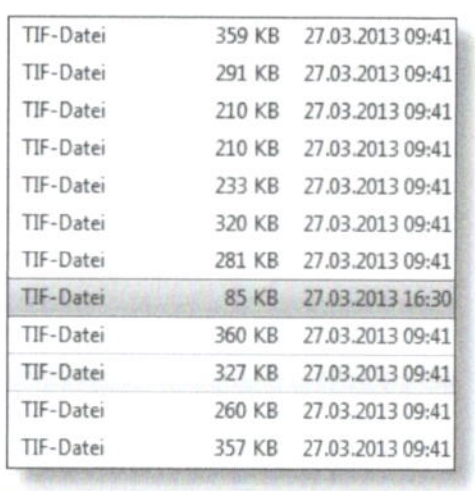

TIF-Datei	359 KB	27.03.2013 09:41
TIF-Datei	291 KB	27.03.2013 09:41
TIF-Datei	210 KB	27.03.2013 09:41
TIF-Datei	210 KB	27.03.2013 09:41
TIF-Datei	233 KB	27.03.2013 09:41
TIF-Datei	320 KB	27.03.2013 09:41
TIF-Datei	281 KB	27.03.2013 09:41
TIF-Datei	85 KB	27.03.2013 16:30
TIF-Datei	360 KB	27.03.2013 09:41
TIF-Datei	327 KB	27.03.2013 09:41
TIF-Datei	260 KB	27.03.2013 09:41
TIF-Datei	357 KB	27.03.2013 09:41

Die Anzahl der Bytes, die eine Datei umfasst. Auf Festplatten kann der benötigte Speicherplatz in Bytes größer sein als die tatsächliche Dateigröße. Das liegt daran, dass Festplatten nicht einzelne Bytes ansprechen können, sondern nur Segmente.

Glossar

Design

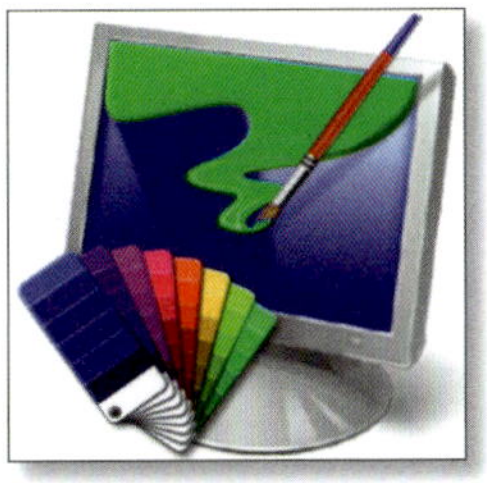

Die Programme des Office-Pakets 2013 beinhalten zahlreiche Designs. Das gewählte Design bestimmt das Aussehen des gesamten Dokuments, einschließlich Schriftarten, -farben oder Effekte.

Diagramm

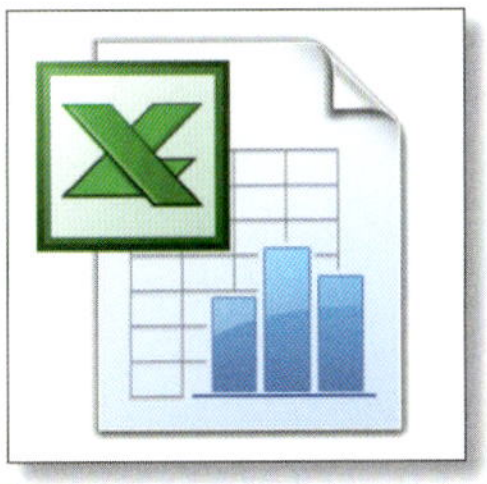

Stellt Zahlenmaterial grafisch dar. Es gibt verschiedene Diagrammtypen. Klassisch sind Balken-, Säulen-, Kreis- und Liniendiagramme.

Domain

Teil des *Domain Name Systems* (DNS), eines Dienstes, über den der Namensraum im Internet verwaltet wird, mit dem Ziel, die Domainnamen in IP-Adressen aufzulösen. (Jeder Computer hat eine eigene IP-Adresse zur Adressierung von Geräten im Internet, die in folgender Form angelegt ist: 84.168.0.254.) Die Domainnamen werden bei den Verwaltern der Top-Level-Domains beantragt.

Download

Wenn man ein Programm oder eine Datei aus dem Internet auf den eigenen Computer herunterlädt, spricht man von *Download*.

Drag & Drop

Methode, um Text zu kopieren und einzufügen. Sie markieren den Text und ziehen ihn (*drag*) mit gedrückter Maustaste an die gewünschte Stelle im Dokument. Dort lassen Sie ihn »fallen« (*drop*), indem Sie die Maustaste loslassen.

Glossar

DSL-Verbindung

Derzeit die am häufigsten verwendete Methode, um eine Verbindung zum Internet herzustellen. Das DSL-Signal wird hochfrequent zusätzlich über vorhandene Telefonleitungen übertragen. Der sogenannte *Splitter* trennt das hochfrequente Signal vom normalen Telefonsignal.

Einzug

Wenn man Text ein wenig vom eingestellten Seitenrand aus einrückt (meistens vom linken Seitenrand), spricht man von *Einzug*. Der Befehl wirkt sich auf den Absatz aus, in dem der Cursor steht.

E-Mail-Adresse

Die eindeutige Absender- und Empfängeradresse für den E-Mail-Verkehr. Eine E-Mail-Adresse ist am @-Zeichen erkennbar. Vor diesem Zeichen steht der lokale Teil (der selbst gewählte Name), hinter dem Zeichen die Domain und die Länderkennung (oder eine andere Kennung, z. B. *.com*).

E-Mail-Anlage

Man spricht von *Anlage* oder *Anhang*, wenn man eine auf dem Computer gespeicherte Datei mit der E-Mail mitschickt, z. B. ein Word-Dokument oder ein Foto. In der Regel weist ein Büroklammersymbol darauf hin, dass die E-Mail einen Anhang enthält.

E-Mail-Konto

E-Mails werden in einem weltumspannenden Netz von Mailservern verschickt, die über das Internet miteinander verbunden sind. Um E-Mails versenden und empfangen zu können, benötigen Sie ein Konto bei einem E-Mail-Anbieter, der über einen solchen Mailserver verfügt und seinen Kunden ein E-Mail-Postfach einrichtet.

Glossar

Entwurfsansicht

Eine der möglichen Ansichten in Word. Im Gegensatz zur Ansicht **Seitenlayout** werden hier keine Ränder oder Seitenumbrüche angezeigt. Das Dokument sieht also nicht so aus wie der spätere Ausdruck.

Excel

Tabellenkalkulationsprogramm, das zum Office-Paket von Microsoft gehört. Das Programm wird vor allem für einfache und komplexe Berechnungen eingesetzt. Der Bildschirm ist hier in Zeilen und Spalten eingeteilt.

Firewall

Dient dazu, den Netzwerkzugriff zu beschränken. Die Firewall überwacht den laufenden Datenverkehr und entscheidet anhand festgelegter Regeln, ob bestimmte Netzwerkpakete durchgelassen werden oder nicht.

Formatierung

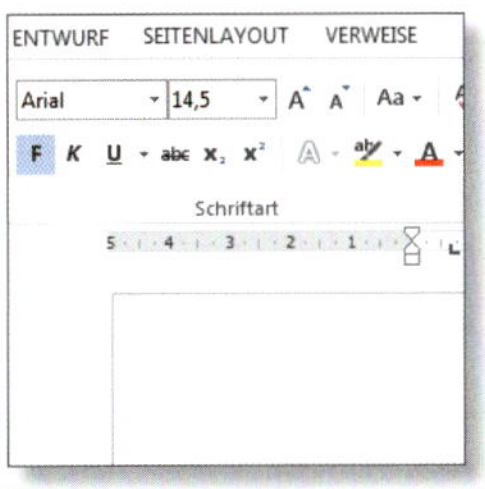

Optische Bearbeitung und Gestaltung eines Textes. Es gibt je nach Anwendungsprogramm zahlreiche Formatierungsattribute, in Word z. B. fett, kursiv, Texteffekte, Schriftfarbe etc.

Forum (im Internet)

Webseite, auf der sich Anwender zu einem bestimmten Thema austauschen, Fragen stellen und Fragen beantworten können

Glossar

Freeware

Software, die man gratis im Internet beziehen kann. Es fallen keine Lizenz- oder Nutzungsgebühren an. Mitunter wird die Freeware durch Werbeeinblendungen finanziert.

Funktion

Um Berechnungen in Excel anzustellen, verwendet man häufig eine entsprechende Funktion. Excel bietet zahlreiche Funktionen für unterschiedliche Einsätze an.

Fußzeile

Bereich am Fuß der Seite, in dem Text steht, der auf jeder Seite des Dokuments auftauchen soll. Die Wiederholung des Textes erfolgt automatisch. Typischerweise wird der Fußzeilenbereich dafür verwendet, Seitenzahlen einzufügen.

Grafikkarte

Dient der Wiedergabe der Bildschirmdarstellung. In vielen Computern ist inzwischen direkt ein Grafikchip integriert, der die Bildschirmwiedergabe übernimmt. Zumeist sind Grafikkarten jedoch leistungsstärker als Chips. Bild © Everaldo Coehlo, YellowIcon (LPGL)

Hardware

Alle physischen Bestandteile eines Computers gehören hierzu, also z. B. das Computergehäuse, der Bildschirm, die Tastatur und der Drucker.

Glossar

Hochformat

Beschreibt eine Seite, bei der sich die kürzeren Blattkanten oben und unten befinden. Öffnet man ein neues Dokument in Word, ist standardmäßig das Hochformat eingestellt. Das Pendant (mit den längeren Blattkanten oben und unten) ist das Querformat.

Hyperlink

Ein elektronischer Querverweis, der einen Sprung an eine andere Stelle innerhalb desselben oder zu einem anderen Dokument ausführt. Bekannt sind Hyperlinks vor allem im Internet. Beim Surfen klickt man auf einen Hyperlink, um zu einer anderen Seite zu wandern (oft spricht man auch nur von »Link«).

Internet

Weltweiter Zusammenschluss von Computern und Computernetzwerken. Es umfasst das World Wide Web (WWW), den E-Mail-Verkehr und den Dienst FTP (*File Transfer Protocol*), der für den Upload und Download von Daten (auf oder von einem Webserver) genutzt wird.

Junk-E-Mail

E-Mails, die unerwünscht im Posteingang landen und meistens Werbebotschaften o. Ä. enthalten. Auch als *Spam* bezeichnet.

Kontextmenü

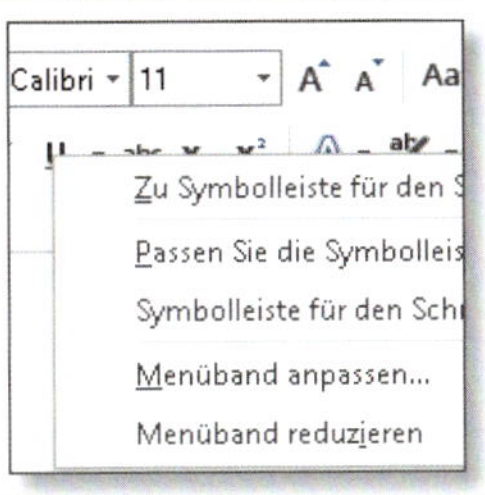

Viele Elemente des Bildschirms können mit der rechten Maustaste angeklickt werden. Das Menü, das dann erscheint, wird als *Kontextmenü* bezeichnet. Es enthält unterschiedliche Befehle, je nachdem, wo Sie geklickt haben.

Glossar

Kopfzeile

Bereich am Kopf der Seite, in dem Text steht, der auf jeder Seite des Dokuments erscheinen soll. Die Wiederholung dieses Textes erfolgt automatisch. Oft stehen in der Kopfzeile ein Firmenname, die Überschrift des Kapitels oder der Name des Dokuments.

Kopieren

In der Textverarbeitung bedeutet das, dass eine Textpassage mithilfe des Befehls **Kopieren** dupliziert wird. Auch Dateien und andere Elemente lassen sich kopieren, z. B. im Datei-Explorer.

Kursivierung

Schriftauszeichnung, die der Hervorhebung innerhalb von Texten und Textpassagen dient. Kursivschrift »läuft« im Gegensatz zur normalen Schrift schräg (üblicherweise nach rechts geneigt).

Laptop

Auch *Notebook* genannt. Tragbarer Computer. Ausgestattet mit hochwertigen Grafikkarten und leistungsstarken Prozessoren verdrängt er zunehmend den klassischen Desktop-Rechner.

Lesemodus

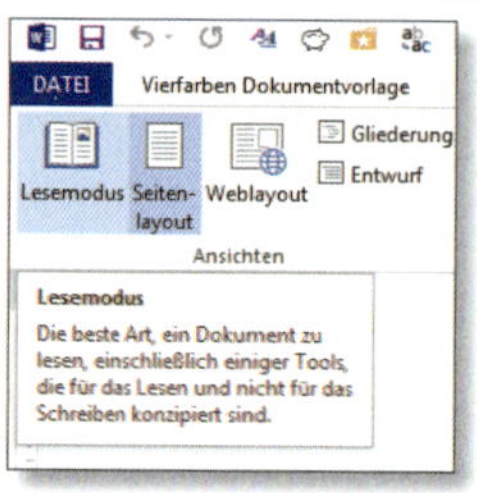

Der Lesemodus ist eine der Ansichten in Word. In diesem Modus können Sie bequem durch einen Text blättern, um ihn zu lesen.

Glossar

Lineal

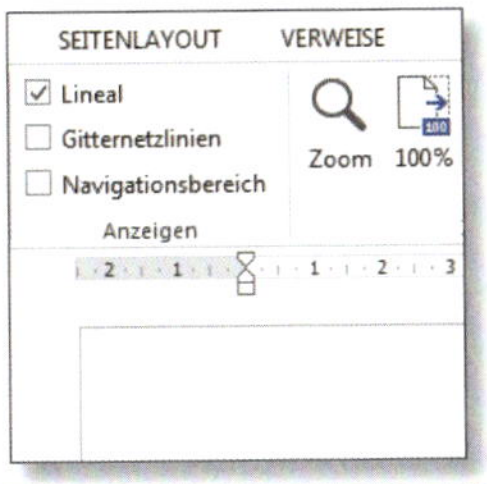

In Word lassen sich Lineale anzeigen. Es gibt das horizontale Lineal am oberen Bildschirmrand und ein vertikales Lineal am linken Rand. Beide sind in Zentimeter gegliedert und zeigen u.a. die Breite der Seitenränder an.

Markieren

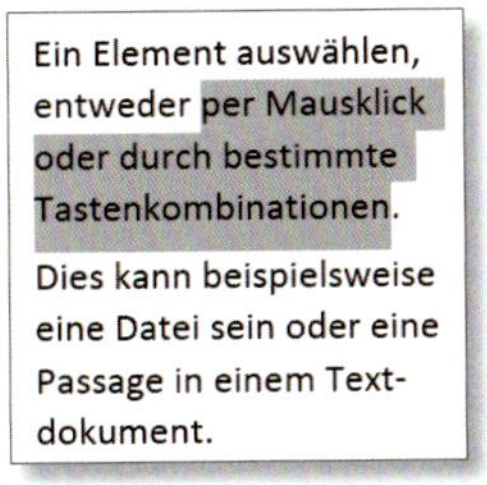

Ein Element auswählen, entweder per Mausklick oder durch bestimmte Tastenkombinationen. Dies kann beispielsweise eine Datei sein oder eine Passage in einem Textdokument.

Office-Paket

Enthält eine Reihe von Anwenderprogrammen, die privat und im Büroalltag eingesetzt werden, z.B. Word, Excel und PowerPoint. Es gibt verschiedene Ausgaben des Office-Pakets: »Office Home and Student«, »Home Office and Business« oder »Office Professional«.

Ordner

Dienen der Aufbewahrung, Ordnung und Sortierung von Dateien und Dokumenten (vergleichbar mit Aktenordern). Jeder Ordner kann weitere Unterordner enthalten.

Postausgang

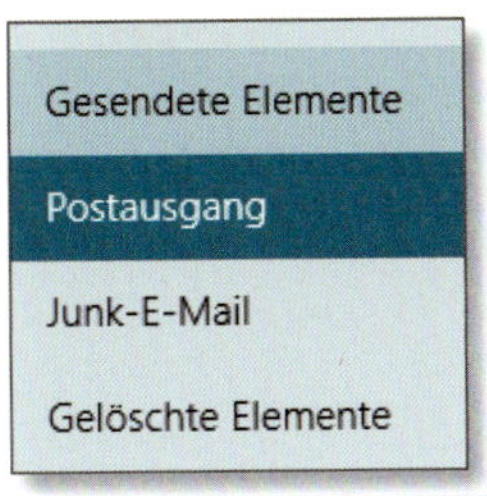

Ordner, in dem E-Mails vor dem Versand abgelegt werden

Glossar

Posteingang

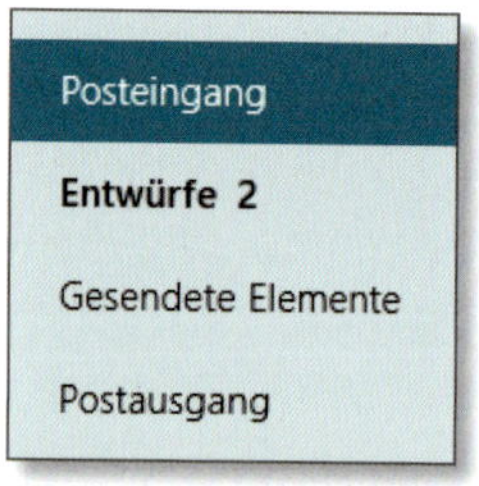

Ordner, in dem die empfangenen E-Mails gesammelt werden

PPPoE

Netzwerkprotokoll zur Verbindung von Computern (meistens eingesetzt für die Verbindung des Computers mit dem Internet-Provider via DSL). Die Bezeichnung steht für *PPP over Ethernet*. PPP ist die Abkürzung für *Point to Point Protocol*. Bild © nrkbeta (CC BY-SA 2.0)

Querformat

Beschreibt eine Seite, bei der sich die längeren Blattkanten oben und unten befinden. Dieses Format eignet sich beispielsweise für Tabellen mit vielen Spalten. Sein Pendant ist das Hochformat.

Rechtschreibprüfung

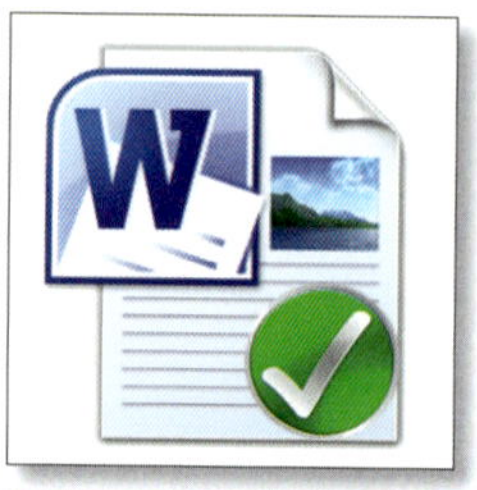

Überprüft den geschriebenen Text anhand eines programmeigenen Wörterbuchs. Wurde ein Wort nicht so geschrieben, wie es im Wörterbuch steht, oder ist der Begriff unbekannt, erscheint unter dem Wort eine rote Wellenlinie.

Registerkarte

Bereiche auf dem Menüband (z. B. in den Programmfenstern des Office-Pakets), auf denen zu unterschiedlichen Themen passende Befehle und Funktionen gesammelt sind. Auch viele Dialogfenster und Browser umfassen mehrere Registerkarten.

Rootkit		Digitale Schädlinge, die ihre Aktionen dadurch tarnen, dass die entsprechenden Prozesse und Anmeldungen im System und vor dem Betriebssystem versteckt werden. Gegen Rootkits hilft am besten ein auf diesen Schadsoftwaretyp (*Malware*) spezialisierter Virenscanner.
Schadsoftware		Auch *Malware* genannt. Unter diesen Sammelbegriff fallen Software bzw. Programme, die unerwünscht sind, über verschiedene Methoden auf einen Computer eingeschleust werden und schädliche Aktionen ausführen können.
Schriftart		Grafische Gestaltung eines Zeichensatzes. Zur Unterscheidung der typografischen Eigenschaften tragen Schriften Namen, z. B. Arial, Courier oder Times New Roman. Die Office-Programme werden standardmäßig mit einer Menge verschiedener Schriftarten ausgeliefert.
Schriftschnitt		Formatierungen wie fett oder kursiv zur Gestaltung und/oder Hervorhebung von Zeichen bzw. Textpassagen
Scrollen	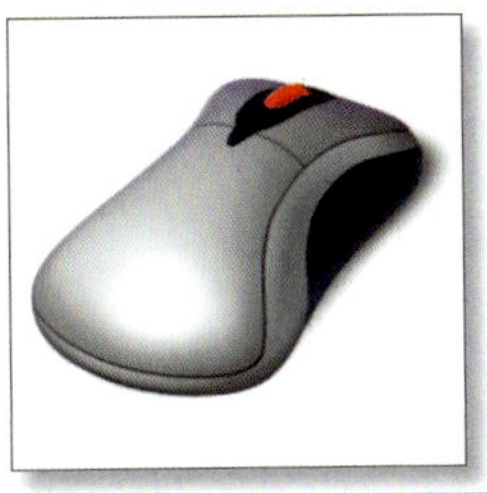	Bedeutet, sich auf der Bildschirmseite nach oben oder unten zu bewegen (zu navigieren), indem man am Mausrädchen dreht, auf dem Touchpad »wischt« oder mit gedrückter Maustaste den Balken in der Bildlaufleiste ganz rechts entsprechend nach oben oder unten verschiebt.

Glossar

Seitenlayout

Bezieht sich sowohl auf die eingestellten Seitenränder eines Dokuments als auch auf die Ausrichtung des Blattes, wobei zwischen Hochformat und Querformat unterschieden wird.

Spam

Unerwünschte E-Mails, die im Posteingang landen und in aller Regel von Absendern stammen, die per E-Mail Produkte bewerben, auch *Junkmail* genannt.

Spyware

Schadsoftware, die Informationen auf Ihrem Computer ausspäht und an Unbekannte weiterleitet. Dies können Kontaktadressen, Bankdaten oder Passwörter sein. Auch Aktionen werden mitunter protokolliert (besuchte Webseiten, Tastatureingaben oder über das Internet geführte Telefonate). Bild © Eevee dk (GPL)

Suchmaschine

Eine Suchmaschine ist ein Programm zur Recherche von Dokumenten, die in einem Computer oder einem Netzwerk, wie z. B. dem World Wide Web, gespeichert sind. Nach Eingabe eines Suchbegriffs liefert eine Suchmaschine eine Liste von Verweisen auf möglicherweise relevante Dokumente. Eine der bekanntesten Suchmaschinen ist *Google*.

Summenfunktion

Mithilfe der Summenfunktion, die als Schaltfläche in Excel angeboten wird, lassen sich Werte in einer Excel-Tabelle summieren.

Glossar

Statusleiste

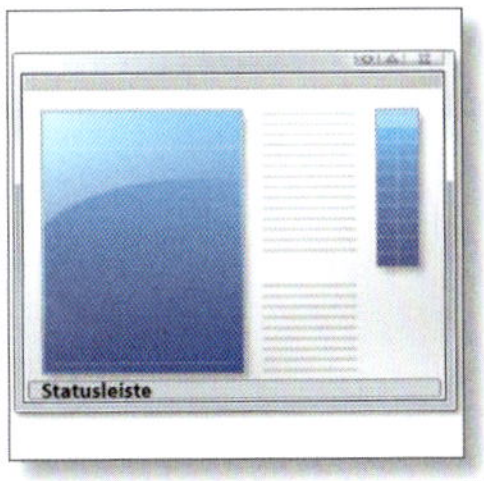

Befindet sich am unteren Rand des Office-Programmfensters. Hier werden u.a. Informationen über die Anzahl der Seiten und die aktuelle Position des Cursors im Dokument angezeigt. Rechts in der Statusleiste können Sie den Zoom einstellen und die Ansicht ändern.

Symbol

Viele Befehle, Funktionen und Programme werden in Programmfenstern oder auf dem Bildschirm als Symbole dargestellt.

Tabelle

Geordnete Zusammenstellung von Texten und/oder Daten. Die Inhalte werden dabei in Zeilen und Spalten gegliedert. In Word müssen Sie Tabellen einfügen, der Bildschirm von Excel ist dagegen standardmäßig in Spalten und Zeilen eingeteilt.

Taskleiste

Befindet sich am unteren Rand des Bildschirms und enthält Programmschaltflächen sowie Schaltflächen für geöffnete Dateien und Ordner.

Texteffekt

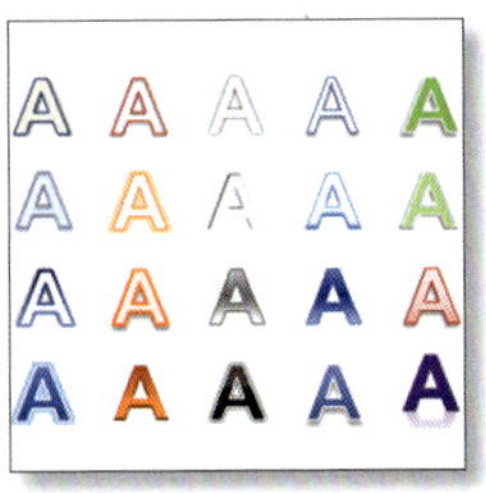

Mithilfe der Texteffekte, die Word 2013 an Bord hat, gestalten Sie den markierten Text. Zu diesen Effekten zählen z.B. Schatten, Spiegelung oder Leuchten.

Glossar

Touchpad	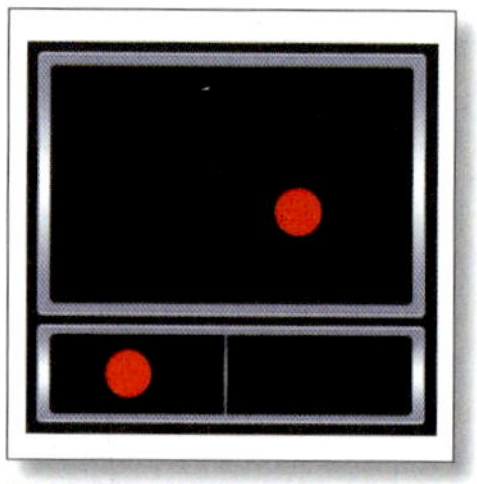	Berührungsempfindliche Fläche, die als Maus- und Tastenersatz meistens unterhalb der Notebook-Tastatur angebracht ist. Moderne Touchpads ermitteln anhand der elektrischen Kapazität die Position Ihres Fingers auf der Oberfläche, wodurch Sie z. B. die Position des Cursors auf dem Bildschirm bestimmen können.
Touchscreen	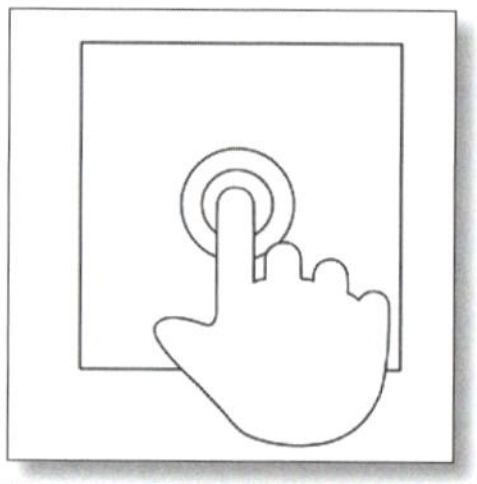	Ein Touchscreen ist ein Ein- und Ausgabegerät, bei dem durch Berührung von Teilen eines Bildes der Programmablauf eines technischen Geräts, meist eines Computers, direkt gesteuert werden kann. Anstatt einen Cursor per Maus zu steuern, kann der Finger (oder ein Zeigestift) verwendet werden.
Tower		Gängiger Ausdruck für das Gehäuse eines klassischen Desktop-Computers. Der Tower nimmt alle Komponenten eines Computers in sich auf, damit diese nicht ungeschützt äußeren Einflüssen (wie Schmutz, Wasser, Elektrizität, Druck etc.) ausgesetzt sind.
Trojaner		Ein bösartiges Programm, getarnt als harmlose Software. Trojaner können sich nicht selbst vervielfältigen wie Viren, aber sie werden zumeist durch E-Mail-Anhänge und Web-Downloads verbreitet.
USB-Stick		Ein elektronisches Gerät, das über den USB-Anschluss mit einem anderen USB-fähigen Gerät, wie beispielsweise einem Computer oder DVD-Player, verbunden wird. Es dient üblicherweise als Speichermedium. *USB* steht für *Universal Serial Bus*.

Glossar

Virus

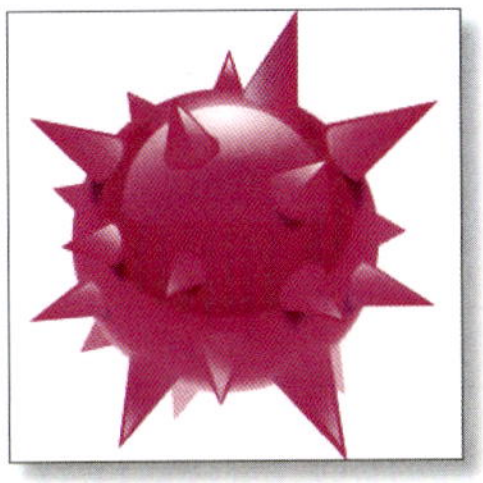

Sich selbst verbreitende Schadsoftware (auch *Malware*), die unerwünschte Aktionen auf dem Computer ausführt. Gegen potenziellen Virenbefall werden Antivirenprogramme eingesetzt. Bild © Aha-Soft (CC BY 3.0)

Webseite

Dokument im World Wide Web, das unterschiedliche Inhalte präsentiert, z. B. Text, Fotos und/oder multimediale Daten. Webseiten werden von Webservern angeboten und mit einem Browser unter Angabe der Webadresse abgerufen. Damit Browser sie anzeigen können, müssen sie in einem bestimmten Format vorliegen, meistens im HTML-Format (daher spricht man mitunter auch von *HTML-Seiten*).

WLAN

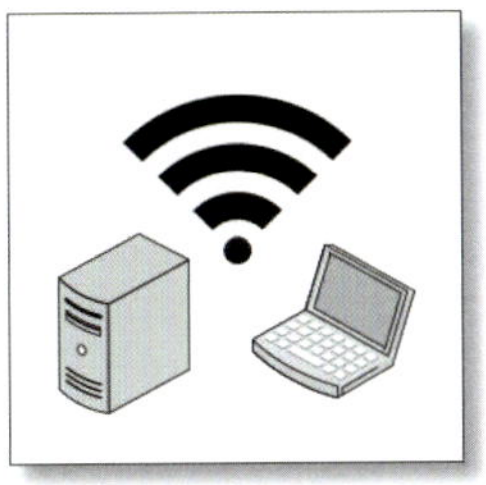

Verbindet mehrere Geräte über eine drahtlose Funkverbindung miteinander. So hat der Computerbenutzer die Möglichkeit, sich unabhängig vom Heimnetzwerk mit dem Internet zu verbinden. Der Computer muss sich lediglich in Reichweite eines Netzwerks befinden, außerdem muss der Drahtlosempfang am Computer eingeschaltet sein (sofern es einen solchen Schalter gibt).

WordArt

Mit WordArt können Sie Text in Word dekorativ gestalten. So erreichen Sie Effekte, die mit einer »normalen« Formatierung nicht zuzuweisen wären, z. B. Konturen und unterschiedlichste Verformungen von Schriftzügen (etwa Bogen oder Wellen).

Zahlenformat

Zahlen werden in Excel mit den Zahlenformaten gestaltet. Auf die Art weisen Sie z. B. die Anzahl der Dezimalstellen und ein Währungszeichen zu.

Glossar

Zeilenumbruch

Text wird in Word *umbrochen*, wenn das Ende der Zeile, also der rechte Seitenrand, erreicht ist. Der Cursor springt dann automatisch in die nächste Zeile. Die ↵-Taste drücken Sie nur, um bewusst einen neuen Absatz zu beginnen.

Zelladresse

Wird in Excel aufgrund der Spalten- und Zeilenbezeichnungen gebildet, d.h. aus Buchstaben und Zahlen. Die Zelle ganz oben links heißt A1.

Zoom

Damit wird die Anzeige auf dem Bildschirm gesteuert. Je höher der Zoomwert ist, desto größer wird die Schrift dargestellt. Doch auch der Ausschnitt verkleinert sich entsprechend.

Index

A

Absatz 288
Absatzformatierung 205
Absatzmarke 190, 288
Absturz 17
Addieren in Excel 233
Adobe Reader 116
Datei öffnen 117
herunterladen 116
Adressbuch
Details eingeben 145
Kontakt bearbeiten 146
Kontakt hinzufügen 144
Kontakt speichern 146
weitere Felder 145
Adressleiste im Internet Explorer 94
Akku 17
Energieoptionen 263
Album
in Picasa anlegen 158
Personen-Album in Picasa 160
Amazon 112
Blick ins Buch 113
Einkaufswagen 113, 114
Empfehlungen 114
Kasse 114
Kategorien 112
kaufen 115
Kundenkonto 115
Suche 112
Werbung 114
Zahlungsart 115
Änderungen speichern 74
Anhang 142
an E-Mail 140
löschen 141
öffnen 142
speichern 143
Anlage 142
speichern 143
Anmelden am Google-Konto 176
Anschluss
Audiokomponente 12
COM1 13
Drucker 13
DVI 10
Fernseher 14
FireWire 14
HDMI 14
Internet 12
Maus 11, 12
Netzteil 10
Netzwerk 12
Plug and Play 14
PS/2 12
Strom 10
Tastatur 11, 12
USB 11, 13
VGA 10, 15
Antivirenprogramm 118
Avira Antivirus 270
Norton Antivirus 268
Titanium Maximum Security 2013 269
Überblick 268
App 38, 288
Arbeitsmappe 225
Audiokomponente 12
Aufhellen von Fotos 164
Auflösung 260
Aufzählungszeichen 207
Ausrichten von Fotos 165
Ausrichtung 189, 204
Ausrichtungslinie 213
Ausschalten 17
Ausschneiden 208
Datei 68, 69
in Excel 236
Tastenkombination 209
Avira Antivirus 118, 270
Updates 270
Virenfund 271

B

Backup erstellen 275
Bahnreise
im Internet buchen 108
Online-Ticket bestellen 110
Batterieanzeige 45
Beamer 14, 15, 288
Bearbeiten von Fotos
in Foto-App 153
in Picasa 164
Bearbeitungsleiste 224
Berechnung in Excel 234
Beschriftung von Fotos 165
Betriebssystem 16, 36, 288
abgestürzt 17
Big Tower 11
Bildbearbeitung mit Picasa 154
Bildbibliothek 152
Bildlaufleiste 57, 60, 289
Scrollbalken 61
Bildschirm
Anpassung 18
Auflösung 260, 261
Darstellung 262
Helligkeit 19
Position 18
Bildschirmlupe 50, 262
Bildschirmschoner 256, 289
aus dem Internet 259
beenden 258
eigene Fotos 259
Einstellungen 257

Index

Text 257
Wartezeit 258
Bildschirmtastatur 26
Bildunterschrift 173
Blick ins Buch 113
Blitzvorschau 230
Blocksatz 205
Bot-Netz 269, 289
Brennen
auf CD/DVD 275
DVD 84
Fotos 174
Browser 94, 289
Google Chrome 95
Internet Explorer 94, 95
Mozilla Firefox 95

C

Center für erleichterte Bedienung 50
Charms-Leiste 26, 39
Chrome 95
Cinch-Kabel 15
Cloud 74
COM1 13
Cursor 23, 28, 30, 182, 290

D

Datei 290
auf USB-Stick kopieren 82
ausschneiden 68, 69
aus SkyDrive öffnen 80
einfügen 69
freigeben 75
kopieren 70
löschen 68
öffnen 78
speichern 72
suchen 81
verschieben 68, 69, 70
Dateianhang 142
speichern 143
Datei-Explorer 37, 290
auf Taskleiste legen 66
Dateiformat 79, 290
Dateigröße 290
Dateiname 215
Dateityp ändern 73
Daten filtern 238
Daten sichern 275
Datum 252
ändern 255
Datumsanzeige 255
einstellen 252
Datumsformat 53
Deinstallieren 51
Design 203, 291
Designfarbe 201
Desktop 44, 47
Hintergrund anpassen 46
Dezimalzahl in Excel 228
Diagramm 291
Diashow 163
Digitalkamera, Speicherkarte 14
Dokument
drucken 216
speichern 214
Domain 291
Doppelklick 28, 31
Download 154, 291
Adobe Reader 116
Avira Antivirus 118
Drag & Drop 69, 291
Drahtlosnetzwerk 92
Drittbelegung 25
Drucken
Einstellungen 216
einzelne Seiten 217
Fotos 172
in Word 216
Drucker 246
anschließen 247
hinzufügen 246
installieren 247
lokaler 246
paralleles Kabel 13
Treiber 247
DSL-Anschluss 88
DSL-Splitter 88
DSL-Verbindung 292
Durchschnitt in Excel berechnen 235
DVD brennen 84, 174
DVI-Kabel 10

E

Echtzeit-Scanner 270
Einfügemarke 182
Einfügen
Datei 69
Text 209
Einkaufswagen 113, 114
Einschalten 16, 17
Einzug 205, 206, 292
E-Mail
als ungelesen markieren 133
Anhang löschen 141
Anhang öffnen 142
Anhang speichern 143
an mehrere Empfänger 136
antworten 137
Cc 136
formatieren 135

Index

Junk 139
löschen 138
mit Anhang 140
mit Smiley 135
Postausgang 297
Posteingang 132, 298
Priorität 136
schreiben 134
senden 134, 137
verschieben 133
Werbung 295
E-Mail-Adresse 134, 292
aus Kontakt 147
bearbeiten 136
E-Mail-Anlage 142, 292
E-Mail-Konto 292
an Startbildschirm heften 132
einrichten 128
IMAP 130
POP 130
E-Mail-Server 131
Emoticons 135
Energieoptionen 52, 263
Energieschema 52
Entwurfsansicht 293
Erleichterte Bedienung 50
Erstbelegung 25
Excel 293
Excel 2013 220
Arbeitsmappe 225
aufrufen 222
Ausschneiden/Kopieren 236
Bearbeitungsleiste 224
Berechnungen 232
Dateiformat 225
Daten eingeben 226
Daten filtern 238
Dezimalstellen hinzufügen 228
Filter ausschalten 240
Filter mit Bedingung 240
Formeleingabe 233
Gitternetzlinien 222
korrigieren 227
mathematische Zeichen 234
mehrere Zellen markieren 227
Mittelwert berechnen 235
Operatoren 234
Programmfenster 222
Prozentrechnung 234
Rechnen mit Zelladressen 235
Registerkarten 222
sortieren 238
Spalten- und Zeilenköpfe 224
Tabellenblatt 225
Textfilter 241
Währungszeichen 229
Werte ausfüllen 237
Zahlen formatieren 228
Zelladresse 224
Zellbreite verändern 226
Zelle 222
Zelle markieren 225
Zellinhalt löschen 227
Externe Festplatte 13, 244
anschließen 244
Speicherkapazität 245
trennen 245
Externes Gerät
anschließen 244
trennen 245

F

Farbstich 169
Farbtemperatur 169
Favoriten
ablegen 102
aufrufen 103
Ordner anlegen 103
verschieben 103
Fenster
als Vollbild 62
Anzeige verändern 60
Größe verändern 61
verkleinern 60
verschieben 61
wechseln 62
Fernsehen im Internet 123
Fernseher anschließen 14
Fernsehprogramm im Internet 122
Festplatte, externe 13, 244
Feststelltaste 22
Filter
ausschalten 240
in Excel 238
mit Bedingung 240
Fingereingabe 186
einstellen 49
Markieren in Word 193
Fingereingabe-/Mausmodus 186
Fingerzeig-Gesten 32
Firefox 95
Firewall 120, 293
FireWire-Anschluss 14
Flash-Fill 230
Flatrate 90
Formatierung 293
Absatz 205
in Word 200
rückgängig machen 203
Formatierungszeichen 190
Formeleingabe 233
Forum 283, 293
Foto
aufhellen 164
aus Picasa entfernen 158
ausrichten 165

Index

beschriften 165
drucken 172
Farbe verbessern 168
hochladen 177
im Internet suchen 101
in Picasa 164
in Picasa drehen 162
in Picasa importieren 156
markieren 160
zuschneiden 166
Fotoalbum
in Picasa anlegen 158
Personen-Album in Picasa 160
Foto-App 150
Fotos importieren 150
Fotos zuschneiden 153
Freeware 266, 294
Freigeben 75
FRITZ!Box 88
Funktion 294
Funktionstasten 25
Fußzeile 294

G

Gesichtererkennung 160
Namen hinzufügen 161
Gitternetzlinien 222
Google
aufrufen 98
News 104
Suchbegriff 98
Webseiten suchen 98
Google+ 176
Kreise 179
Google Chrome 95
Google-Konto 176
Google Maps 106
Grafik 212
Größe verändern 213
in Word 212
verschieben 213
Zeilenumbruch 213
Grafikkarte 18, 261, 294
Grammatikprüfung 199
Großschreibung 22

H

Handy, Speicherkarte 14
Hardware 294
HDMI-Anschluss 14
Herunterfahren 17, 59
Hilfe 282, 285, 286
im Internet suchen 282
in Foren 283
zu Office 283
Hochfahren 16
Hochformat 295
Hochladen von Fotos 177
Hotspot 93
Hyperlink 100, 104

I

Icon 37
IMAP-Konto 130
Importieren von Fotos 150, 156
Infobereichsymbole 53
Installieren eines Druckers 247
Internet 295
Auto suchen 125
Fernsehen 123
Fernsehprogramm 122
Landkarte 106
Nachrichten 104
Netzwerkanschluss 12
Orte suchen 106
Preise vergleichen 125
Rezepte suchen 124
Sicherheit 118
Telefonbuch 124
Veranstaltungskalender 125
Wettervorhersage 123
WLAN 303
Internet Explorer 94
Adressleiste 94
aufrufen 94
Favoriten 102
Registerkarte 97
Startseite 94
Startseite festlegen 95
Tab 97
Internetforum 283, 293
Internetlink 100, 104
Internetoptionen 95
Internetverbindung
einrichten 88
Zugangsdaten 89

J

Junk-E-Mail 139, 295

K

Kabel
Adapter Kopfhörer 15
Cinch 15
DVI 10
paralleles 13
serielles 13
USB 11
Kachel
entfernen 43
Größe verändern 42

hinzufügen 43
verschieben 42
Kalender 255
Kartenleser 14, 156
Kontakt
als E-Mail-Adresse nutzen 147
bearbeiten 146
hinzufügen 144
im Adressbuch 144, 145
Kontextmenü 28, 31, 295
Konto für E-Mail 128, 292
Kontur 202
Kopfhörer 12
anschließen 248
Buchse 15
Lautstärke einstellen 248
Kopfzeile 296
Kopieren 209, 296
Datei 70
in Excel 236
Ordner 274
Tastenkombination 209
Korrigieren
im Kontextmenü 198
mit Rechtschreibprüfung 196
Text in Word 194
Kundenkonto 115
Kursivierung 296

L

Landkarte
Google Maps 106
im Internet 106
Laptop 296
Laufrahmen 232
Lautsprecher 12
ausschalten 248
Lautstärke
einstellen 248
Lautstärkemixer 249
Lautstärke regeln 47
LED-Anzeige 22
Leere Seite 185
Lesezeichen 102
Lineal 297
Link 100, 104
Lokaler Drucker 246
Löschen 24
Datei 68
E-Mail 138
Ordner 77

M

Mail-App 128, 132
aufrufen 128
Konto einrichten 128
Malware 269
Markieren 297
in Excel 227
in Tabelle 211
in Word 192
mit Fingereingabe 193
mit Tastatur 192
per Befehl 193
Mathematische Zeichen in Excel 234
Maus 11, 12, 13, 28
Mauseinstellung 48
Mauspad 28
Maustaste
linke 28, 30
rechte 28, 31
vertauschen 48
Mauszeiger 30
verändern 49
Maximieren 62
Mediathek 123
Menüband 222
Microsoft-Konto 54
Microsoft Office 297
Excel 293
Excel 2013 220
PowerPoint 297
Word 297, 303
Word 2013 182, 297, 303
Midi-Tower 11
Mikrofon 12
Buchse 15
Mini-PC 11
Mittelwert berechnen 235
Monitor
Anpassung 18
Auflösung 261
Helligkeit 19
Position 18
Mozilla Firefox 95
Musikanlage anschließen 15

N

Nachrichten im Internet 104
Navigieren
im Fenster 60
im Internet Explorer 95
Touchscreen 60
Netzteil 10
Netzwerkanschluss 12
Netzwerkschlüssel 93
Neuer Ordner 76
Norton Antivirus 268
Notebook 296
Nummerierung 206
Nummernblock 23

Index

O

Office-Paket 182, 220, 297
Öffnen einer Datei 78, 184
Onlinegrafik
einfügen 212
suchen 212
Onlinehilfe 287
Online-Shopping bei Amazon 112
Online-Ticket
Bahnreise 110
PDF-Format 111
Ordner 67, 297
anlegen 76
kopieren 274
löschen 77
öffnen 67
verschieben 77
Ort im Internet suchen 106

P

Paralleles Kabel 13
PC 10
PDF-Datei 117
PDF-Format 116
Personalisierte Werbung 114
Pfeiltasten 23
Picasa 154
Album anlegen 158
Diashow 163
Foto bearbeiten 164
Foto beschriften 165
Fotodarstellung 162
Foto drehen 162
Foto hochladen 177
Fotos brennen 174
Fotos drucken 172
Fotos entfernen 158
Fotos importieren 156
Fotos laden 156
Fotoübersicht 157, 158
Foto verbessern 168
Foto zuschneiden 166
Gesichtererkennung 160
herunterladen 154
Markierung 160
Ordner-Manager 157
Plug and Play 14
POP-Konto 130
Popupblocker 96
Postausgang 297
Postausgangsserver 130
Posteingang 126, 132, 298
PowerPoint 297
PPPoE 298
Preisvergleich im Internet 125
Programm
aufrufen 38, 56
auf Taskleiste ablegen 63
herunterladen 116
schließen 57, 63
Prozentrechnung in Excel 234
PS/2-Anschluss 12

Q

Querformat 298
QuickInfo 62

R

Rechnen
in Excel 232
mit dem Windows-Rechner 221
Rechtschreibprüfung 198, 298
in Word 196
Registerkarte 182, 298
Gruppen 183
im Internet Explorer 97
Rezept im Internet suchen 124
Rootkit 269, 299
Routenplaner 107
Rückgängig 223

S

Satellitenbild 107
Schadsoftware 269, 299
Schatten 202
Schließkreuz 57
Schriftart 201, 299
Schriftfarbe 201
Schriftgrad 201
Schriftschnitt 299
Scrollbalken 61
Scrollen 31, 57, 299
Scrollrad 29
SD-Card 14
Seite
Ausrichtung 189
einrichten 188
Seitenränder 188
Seitenlayout 300
Seitenumbruch
entfernen 191
erzwingen 191
Senden von E-Mails 134, 137
Serielles Kabel 13
Sicherheit
Antivirenprogramm 118
im Internet 118
Sichern und Wiederherstellen 275
Sicherung einrichten 275

Index

SkyDrive 74
  Datei öffnen 80
Smiley 27
  in E-Mail 135
SMTP-Server 130
Sortieren in Excel 238
Sound
  einstellen 248, 249
  Warntöne 249
Spaltenkopf 224
Spam 300
Speicherkarte 14, 156
Speichern 72
  Dokument 214
  E-Mail-Anhang 143
  in SkyDrive 74, 215
  Kontaktdaten 146
  Ordner festlegen 214
Spiegelung 202
Spyware 269, 300
Startbildschirm 38
Startseite im Internet Explorer 95
Statusleiste 183, 301
Stift- und Fingereingabe 49
Strom 10, 17
Suchen
  Datei 81
  im Internet 98
Summenfunktion 300
Symbol 301
  auf Desktop legen 47
  auf Taskleiste legen 47
Symbolleiste für den Schnellzugriff 183
Systeminformationen 52
System prüfen 272
Systemsteuerung 37, 40, 48
Systemwiederherstellung 278, 279

T

Tab 97, 100
Tabelle 210, 301
  bearbeiten 211
  einfügen 210
  formatieren 211
  markieren 211
  Zellen verbinden 211
Tabellenblatt 225
Tagesschau im Internet 105
Taschenrechner 220
Taskleiste 44, 301
Tastatur 11, 12, 22
  Belegung 25
  Drittbelegung 25
  LED-Anzeige 22
  Nummernblock 23
  Pfeiltasten 23
  Zweitbelegung 25
Tastenkombination 209
Telefonnummer im Internet herausfinden 124
Text
  Ausrichtung 204, 205
  ausschneiden 208
  Blocksatz 205
  Effekte 202
  einfügen 209
  Einzug 205, 206
  farbiger 201
  Farbverlauf 202
  fett formatieren 200
  Füllung 202
  gestalten 200
  kopieren 209
  linksbündiger 204
  mit Aufzählungszeichen 207
  nummerieren 206
  Schatten 202
  unterstreichen 200
  zentrierter 204
Texteffekt 301
Textfilter 241
Titanium Maximum Security 2013 269
Touchpad 11, 30, 302
  Doppelklick 31
Touchscreen 32
Tower 10, 11, 302
Treiber 247
Trojaner 269, 302

U

Uhrzeit 252
  andere Zeitzonen 254
  einstellen 252
  Zeitumstellung 253
Umschalttaste 22, 25
Update
  Avira Antivirus 270
  Windows 264
USB 13
  Kabel 11
USB-Festplatte
  anschließen 244
  trennen 245
USB-Stick 82, 302

V

Veranstaltungskalender im Internet 125
Verschieben
  Datei 68, 69, 70
  Ordner 77

Index

VGA-Anschluss 10, 15
Virus 269, 271, 303
Vollbild 62
Vorlage 185

W

Währungszeichen 229
Warnton 249
Webseite 303
  als Favorit 102
  aufrufen 100
  auf Startbildschirm 97
  in Registerkarte aufrufen 100
  mit Google suchen 98
  sichere Seite 111
Werbung, personalisierte 114
Wettervorhersage im Internet 123
Wiederherstellung 278
Wikipedia 122
Windows 16, 34
  abgestürzt 17
  Benutzeroberfläche 37
  Charms-Leiste 39
  Desktop 44, 47
  Hilfe 282, 285, 286
  Kacheln 42
  Mail-App 132
  Programme 53
  Startbildschirm 38
  Suche 81
Windows-Firewall aktivieren 120
Windows-Hilfe 284
  aufrufen 284
  online 287
Windows-Rechner
  aufrufen 220
  Menüleiste 221
  rechnen 221
Windows Update 264
WLAN 40, 303
  Sicherheit 91
WLAN-Hotspot 93
WLAN-Verbindung 91
  herstellen 92
  Netzwerkschlüssel 93
  trennen 93
  verbinden 92
Word 297, 303
Word 2013 182
  aufrufen 182
  Ausrichtung 189
  Ausrichtungslinie 213
  Datei öffnen 184
  Designs 201, 203
  Drucken 216
  Farbverlauf 202
  Fingereingabe 186
  Formatierung löschen 203
  Füllung 202
  Grafiken 212
  Grammatikprüfung 199
  neues Dokument 185
  Ordner anlegen 215
  Rechtschreibprüfung 196
  Registerkarten 182
  Schriftart ändern 201
  Schriftgröße ändern 201
  Seitenränder 188
  Seitenumbruch 191
  Speichern 214
  Statusleiste 183
  Tabelle 210
  Text ausschneiden 208
  Texteffekte 202
  Text einfügen 209
  Text eingeben 190
  Text kopieren 209
  Text korrigieren 194
  Text markieren 192
  Vorlagen 185
  Wörterbuch ergänzen 197
  Zeichen löschen 194
  Zeilenumbruch 190
WordArt 303
WordPad 36
WPA-Modus 91

Z

Zahlenfilter 240
Zahlenformat 303
  in Excel 228
Zeichen löschen 194
Zeilenkopf 224
Zeilenumbruch 190, 213, 304
Zeitumstellung 253
Zeitzone 253
Zelladresse 224, 235, 304
Zelle 222
  Breite verändern 226
  Inhalt löschen 227
  markieren 225
Zoom 304
Zubehör 53
Zugangsdaten 89
Zuletzt verwendete Dokumente 78
Zuschneiden
  Foto in Foto-App 153
  Foto in Picasa 166
Zweitbelegung 25

- Für alle Windows-Editionen geeignet
- Foto, Musik, Videos, Internet, Mail, Netzwerk, Sicherheit u.v.m.
- Mit klaren Schritt-für-Schritt-Anleitungen

René Gäbler

Windows 8

Der umfassende Ratgeber

So haben Sie Windows 8 schnell im Griff. René Gäbler zeigt und erklärt Ihnen das System mit all seinen Möglichkeiten. Von der Installation und dem Umgang mit Dateien und Ordnern über die Einrichtung von Hard- und Software bis hin zum eigenen Heimnetzwerk. In Farbe, mit vielen Bildern und anhand zahlreicher Schritt-für-Schritt-Anleitungen führt Sie René Gäbler in diesem umfassenden Ratgeber durch Windows 8. Kompetent, praxisnah und vollständig.

778 S., 2013, komplett in Farbe, mit DVD, 29,90 Euro
ISBN 978-3-8421-0058-9
www.vierfarben.de/3173

Vierfarben